新时代大学生美好生活观教育探索

罗银春 著

吉林大学出版社
·长春·

图书在版编目(CIP)数据

新时代大学生美好生活观教育探索 / 罗银春著. —
长春：吉林大学出版社，2024.3
ISBN 978-7-5768-3124-5

Ⅰ.①新… Ⅱ.①罗… Ⅲ.①大学生－思想政治教育
－研究－中国 Ⅳ.①G641

中国国家版本馆 CIP 数据核字(2024)第 079066 号

书　　名：	新时代大学生美好生活观教育探索
	XINSHIDAI DAXUESHENG MEIHAO SHENGHUOGUAN JIAOYU TANSUO

作　　者：罗银春
策划编辑：黄国彬
责任编辑：王寒冰
责任校对：孙　琳
装帧设计：姜　文
出版发行：吉林大学出版社
社　　址：长春市人民大街 4059 号
邮政编码：130021
发行电话：0431－89580036/58
网　　址：http：//www.jlup.com.cn
电子邮箱：jldxcbs@sina.com
印　　刷：天津鑫恒彩印刷有限公司
开　　本：787mm×1092mm　1/16
印　　张：20.25
字　　数：320 千字
版　　次：2025 年 1 月　第 1 版
印　　次：2025 年 1 月　第 1 次
书　　号：ISBN 978-7-5768-3124-5
定　　价：98.00 元

版权所有　翻印必究

前 言

大学生是实现人民对美好生活向往的中坚力量，代表着国家与民族的未来和希望。高校肩负着为党育人、为国育才的职责使命。本研究基于思想政治教育学科视域，立足落实立德树人根本任务，从教育同个人与人类、思想政治教育同美好生活的应然关系切入，提出思想政治教育关涉人民和大学生未来美好生活的论题；从关照大学生未来美好生活的实现和着眼于大学生自由而全面的发展出发，考虑到新时代大学生的成长实际需要，对其展开美好生活观教育的理论建构与实践思考；从教育出场背景与源流演变的梳理、理论基础与指导思想的探寻、实践基本原则的建立、教育内容的完善、运行机制的创设、教育方式的创新和教育路径的优化等维度助力提升新时代大学生美好生活观教育实践的实效性，为大学生追寻和实现美好生活提供方向指引、思想引领和行动指导。

本书研究新时代大学生美好生活观教育，首先回溯人类生活视域下新时代美好生活观教育的演进历程，梳理众多学者关于美好生活观和美好生活观教育研究的现状特点与问题不足；厘清新时代大学生美好生活观教育的出场背景，从华夏文明的变迁中、民族复兴的使命中和个人生活的美好愿景中探索其源流演进；从新时代经济、政治、文化、社会和生态等五个发展维度阐释美好生活观的基本内涵，并据此分析美好生活观及其教育的特质，为新时代大学生美好生活观教育研究奠定基础。

本研究的教育理论探索以传承中华优秀传统文化追求更好生活的理念为底色,以继承马克思主义的个人自由全面发展思想为根本,以马克思主义中国化新时代理论中的个人美好生活论述为内核,呈现为以实现人民对美好生活的向往为中心的新时代理论主张。教育的价值从国家、社会、个人和人类四个层面阐释了新时代大学生美好生活观助力建设美好生活之安定国家,建设美好生活之和谐社会,教育美好生活之德善个人和构建人类美好生活共同体的明确定位。教育的目标通过培育正确三观形成大学生对新时代美好生活的科学认知,回顾人类社会生活理想产生对美好生活的积极情愫,立足当今时代提升美好生活的能力素养,展望人类未来坚定美好生活的伟大实践;并以此目标体系作为新时代大学生美好生活观教育的实践指南和行动纲领。

本研究的教育实践研究将习近平新时代中国特色社会主义思想、马克思列宁主义经典文本的教育思想和古今中外教育文化科学中的先进教育思想作为新时代大学生美好生活观教育实践的指导思想。在教育过程中积极探寻新时代大学生美好生活观教育实践基本原则,在教育实践中坚持人本性和主体性相统一、目的性和导向性相统一、科学性与价值性相统一、针对性和创新性相统一、综合性和实效性相统一、连贯性和系统性相统一的基本原则。并努力从健康的身心素质、过硬的政治意识、优秀的学习习惯、高尚的道德品质、开阔的国际视野和类型丰富的榜样等六个方面完善新时代大学生美好生活观教育的实践内容,从而建立起新时代大学生美好生活观教育的实践基本遵循。

本书的实证研究通过问卷调查和访谈调研,分析美好生活观及其教育的现状,发现美好生活观教育存在的问题及其问题成因,为更好地推进新时代大学生美好生活观教育实施提供可靠信息和科学依据。新时代大学生美好生活观在总体上呈现出价值取向正确、内容健康向上、态度积极进取,他们是热爱生活、积极乐观、开放自信、勇敢追梦和大有可为的一代。他们高度关注新时代美好生活观,并热衷于讨论美好生活的相应内容;但是他们对美好生活观基本内涵的正确认知率不高,对美好生活观的知识概念体系缺乏深度理解和生活运用。新时代大学生美好生活观教育备受各方重视,但家庭影响要素的偏差或缺失、学校教育体系的疏漏或误导、社会现实问题的冲击或诱导、个人生活认知的错觉或错误、个人生活体验的差异或误判等较多负面因素的存在,造成大学生美好生活观教育中出现了教育机制运转不畅、教育方式运用欠佳、教育路径选择不优、教育要素发挥不力等现实问题,严重阻碍了新时代大学生正确美好生活观的顺利生成。

本研究最后针对实证中的现实问题,思考新时代大学生美好生活观教育的实施对策。首先,从它的教育实践机制建设切入,系统完善其教育的实施机制,采用三位一体联合教育的外在机制、个人内在修德自省的内在机制和生活实践体验反省的统合机制。然后,着力改进其教育的实施方式,实施机制以三全育人体系为依托,实施过程以思想政治教育为主导,实施场域以多维路径整合为阵地,实施效果以评价考核标准为指引。最后,持续优化其教育的实施路径,灌输观念时抓住思想政治课堂灌输引领的主渠道,提升能力时融入专业理论学习和实践锻炼大平台,丰富内涵时利用校园文化建构以文化人多维路径,实践体悟时发挥模范人物引领和朋辈示范高效度,实践应用时重视社会主义核心价值观教育统合力。从而系统性营造美好生活观教育的良好氛围,促成其教育实践的实效提升。

在写作过程中,本研究参阅了国内外大量相关专业文献和书籍,在此对各位作者表示衷心感谢。同时,限于自身研究水平有限,书中难免存在不足之处,恳请各位读者和学者们批评指正。

目 录

第一章 导论 …………………………………………………………… (1)

第一节 选题缘起与意义 …………………………………………… (1)
一、选题的缘起 …………………………………………………… (2)
二、选题的意义 …………………………………………………… (6)

第二节 国内外研究现状与评析 …………………………………… (8)
一、国内研究现状 ………………………………………………… (9)
二、国外研究现状 ………………………………………………… (25)
三、研究现状述评 ………………………………………………… (30)

第三节 研究的思路与设计 ………………………………………… (37)
一、研究的思路与方法 …………………………………………… (37)
二、研究的重点与难点 …………………………………………… (39)
三、研究的创新与不足 …………………………………………… (40)

第二章 新时代大学生美好生活观教育的概述 ……………………… (42)

第一节 新时代大学生美好生活观及其教育的概念界说 ………… (42)
一、新时代美好生活观及其教育的相关概念 …………………… (43)
二、新时代大学生美好生活观教育的基本内涵 ………………… (48)
三、新时代大学生美好生活观及其教育的特点 ………………… (57)

第二节 新时代大学生美好生活观教育的出场背景 ……………… (67)

一、历史更迭时代变迁的初心呼唤 …………………………… (67)
　　二、国家富强民族复兴的使命感召 …………………………… (70)
　　三、社会物质文化生活的环境形塑 …………………………… (71)
　　四、家庭民主和谐温馨的氛围熏染 …………………………… (73)
　　五、个人自由全面发展的目标引领 …………………………… (74)
　第三节　新时代大学生美好生活观教育的源流演变 ………… (75)
　　一、源自于中华文化在传承求索中的发展 …………………… (75)
　　二、始发于中国共产党奋进中的伟大梦想 …………………… (78)
　　三、形成于努力追寻和实现人的全面发展 …………………… (82)

第三章　新时代大学生美好生活观教育的理论建构 …………… (87)
　第一节　新时代大学生美好生活观教育的理论基础 ………… (87)
　　一、起源于中华优秀传统文化追求更好生活的理念传承 …… (88)
　　二、植根于马克思主义中的个人自由全面发展思想继承 …… (96)
　　三、发展于马克思主义中国化的个人美好生活需求论述 …… (98)
　　四、形成于中国共产党以人民为中心的新时代理论主张 …… (103)
　第二节　新时代大学生美好生活观教育的价值阐释 ………… (105)
　　一、引领新时代大学生建设美好生活之安定国家 …………… (106)
　　二、引导新时代大学生建设美好生活之和谐社会 …………… (110)
　　三、倡导新时代大学生塑造美好生活之德善个人 …………… (113)
　　四、鼓励新时代大学生构建人类美好生活共同体 …………… (117)
　第三节　新时代大学生美好生活观教育的目标定位 ………… (118)
　　一、培育正确三观，形成美好生活的科学认知 ……………… (118)
　　二、呼应社会理想，产生美好生活的积极情愫 ……………… (123)
　　三、立足当今时代，提升美好生活的能力素养 ……………… (126)
　　四、展望人类未来，坚定美好生活的伟大实践 ……………… (131)

第四章　新时代大学生美好生活观教育的实践遵循 …………… (133)
　第一节　新时代大学生美好生活观教育的指导思想 ………… (133)

目 录

    一、用习近平新时代中国特色社会主义思想为实践领航 ………… (134)
    二、用马克思列宁主义经典文本的教育思想为实践开路 ………… (138)
    三、用古今中外教育文化科学中的先进思想为实践助力 ………… (141)
  第二节 新时代大学生美好生活观教育的基本原则 ………………… (145)
    一、坚持人本性和主体性相统一原则 …………………………… (145)
    二、坚持目的性和导向性相统一原则 …………………………… (148)
    三、坚持科学性与价值性相统一原则 …………………………… (150)
    四、坚持针对性和创新性相统一原则 …………………………… (152)
    五、坚持综合性和实效性相统一原则 …………………………… (154)
    六、坚持连贯性和系统性相统一原则 …………………………… (156)
  第三节 新时代大学生美好生活观教育的主要内容 ………………… (158)
    一、以健康的身心素质保持内容为美好生活奠基 ……………… (159)
    二、以过硬的政治意识辨别内容为美好生活导航 ……………… (160)
    三、以优秀的学习行为习惯内容为美好生活助力 ……………… (161)
    四、以高尚的道德品质修身内容为美好生活提质 ……………… (163)
    五、以开阔的国际视野创新内容为美好生活增效 ……………… (164)
    六、以类型丰富的榜样教育内容为美好生活领航 ……………… (165)

第五章 新时代大学生美好生活观教育的调查分析 ………………… (173)

  第一节 新时代大学生美好生活观教育调查简介 …………………… (173)
    一、大学生美好生活观教育调查的实施 ………………………… (174)
    二、大学生美好生活观教育调查的结果统计 …………………… (181)
  第二节 新时代大学生美好生活观教育的调查现状 ………………… (191)
    一、大学生美好生活观的整体状况正向积极 …………………… (192)
    二、大学生美好生活观教育的现实基础良好 …………………… (208)
    三、大学生美好生活观教育的影响因素错综复杂 ……………… (219)
    四、大学生美好生活观教育的内容理解存在困难 ……………… (221)
    五、大学生美好生活观教育的目标达成存在阻碍 ……………… (223)
  第三节 新时代大学生美好生活观教育的问题成因 ………………… (229)

一、教育机制运转不畅造成教育的整体成效弱化 …………（229）
二、教育方式欠佳造成教育内容的作用发挥不足 …………（232）
三、教育路径选择不优造成受教育者的意愿降低 …………（236）
四、教育环境存在标准的差异造成教育协作困难 …………（238）
五、教育要素发挥不力影响美好生活观形成 ………………（241）

第六章 新时代大学生美好生活观教育的实施对策 …………（246）

第一节 完善新时代大学生美好生活观教育的实施机制 ……（246）
一、三位一体联合教育的外在机制 …………………………（247）
二、个人内在修德自省的内在机制 …………………………（250）
三、生活实践体验反省的整合机制 …………………………（254）

第二节 改进新时代大学生美好生活观教育的实施方式 ……（256）
一、以三全育人体系为依托 …………………………………（257）
二、以思想政治教育为主导 …………………………………（259）
三、以多维路径整合为阵地 …………………………………（260）
四、以完善标准评价为指引 …………………………………（263）

第三节 优化新时代大学生美好生活观教育的实施路径 ……（266）
一、抓住思想政治课堂灌输引领的主渠道 …………………（266）
二、融入专业理论学习和实践锻炼大平台 …………………（270）
三、利用校园文化建构以文化人多维路径 …………………（273）
四、发挥模范人物引领和朋辈示范高效度 …………………（278）
五、重视社会主义核心价值观教育统合力 …………………（281）

结语 ……………………………………………………………………（286）

参考文献 ………………………………………………………………（290）

附录 新时代大学生美好生活观教育调查问卷 ………………………（302）

后记 ……………………………………………………………………（312）

第一章　导论

高校思想政治教育是用马列主义、毛泽东思想和中国特色社会主义理论体系教育武装大学生的实践活动。马克思说："思想的闪电一旦彻底击中这块素朴的人民园地……人就会解放成为人。"[①]他深刻地揭示了思想是行动的先导，党要领导人民追寻美好生活，必须要先教育和引导人民群众具有美好生活的观念。马克思主义传入中国以来，经过历史与实践证明，马克思主义呈现真理的力量一定要与中国具体实际和中华优秀传统文化相结合，中国化时代化的马克思主义理论应该成为中国人民追求理想社会和寻求美好生活的指导思想。2021年《中共中央关于党的百年奋斗重大成就和历史经验的决议》指出中国特色社会主义道路是创造人民美好生活的康庄大道。高校思想政治教育实践必须立足于马克思主义理论视域，为大学生追寻和实现美好生活提供方向指引、思想引领和行动指导。

第一节　选题缘起与意义

对美好生活的向往是人的内源性需求和人类永恒的追求，伴随着人类社会生产生活的始终。这与马克思主义整体学说统摄、纵贯实现人类的解放和人民美好生活的主题、主线完美契合，是马克思毕生从事理论研究与实践探

[①] 马克思恩格斯选集(第1卷)[M]. 北京：人民出版社，1995：15-16.

索的核心视域和价值旨归。中国共产党第十八届中央领导集体当选之初就向全国人民宣示：实现人民对美好生活的向往就是党领导人民为之奋斗的目标。党的十九大报告以新时代的三阶段奋斗蓝图呈现了中国共产党"为中国人民谋幸福，为中华民族谋复兴"的初心和使命，指出当前社会主要矛盾已经转变为"人民日益增长的美好生活需要和不平衡不充分的发展之间的矛盾"①，其中多次提到人民的"美好生活"和"幸福"，并以"实现人民对美好生活的向往继续奋斗"结束。党的二十大报告明确走中国式现代化道路要深入贯彻以人民为中心的发展思想，"必须坚持在发展中保障和改善民生，鼓励共同奋斗创造美好生活，不断实现人民对美好生活的向往。""人民群众获得感、幸福感和安全感更加充实、更有保障、更可持续。"②显然，带领人民群众探寻、认知和实现美好生活已经成为新时代中国特色社会主义建设的指南针和主旋律。如何更好地服务和引导大学生实现人民对美好生活的向往必然成为高校思想政治教育实践的指南针和主旋律。系统梳理马克思主义视域下的新时代美好生活观，以此加强对大学生进行教育和引导，并作为新时代高校思政的拓展内容和创新方式，可以进一步深化大学生对新时代美好生活观基本内涵与核心要义的理解和掌握，可以更好地对大学生日益增长的美好生活需要进行合理引导，可以有典型性地对人民群众美好生活实践给予关注与呼应，并且给世界上其他希望过上美好生活的国家和人民提供启迪、借鉴和指引。

一、选题的缘起

2012年11月15日，习近平在十八届中央政治局常委同中外记者见面时的讲话中，强调"人民对美好生活的向往，就是我们的奋斗目标"③，同年12月，他在广东考察时又强调"老百姓对美好生活的追求，就是我们的努力方向。"④并在后续的多次考察活动和座谈讲话中从教育、就业、收入、社会保

---

① 习近平. 决胜全面建成小康社会 夺取新时代中国特色社会主义伟大胜利——在中国共产党第十九次全国代表大会上的报告[N]. 人民日报, 2017-10-28(1).
② 戴木才等. 实现人民美好生活之道：中国式现代化道路[M]. 北京：人民出版社，2022：63.
③ 十八大以来重要文献选编（上）[M]. 北京：中央文献出版社，2014：70.
④ 《习近平关于实现中华民族伟大复兴的中国梦论述摘编[M]. 北京：中央文献出版社，2013：13.

障、医疗卫生服务、居住条件、环境等多个方面逐步阐释了美好生活的基本内涵。显而易见，"美好生活"已经成为新时代的高频词和核心词，服务于人民对美好生活的需要与向往就是习近平新时代中国特色社会主义思想的价值目标和鲜明底色。基于新时代社会主要矛盾已转化为人民日益增长的美好生活需要和不平衡不充分的发展之间的矛盾这一重大政治论断，在党的十九大、二十大报告中，习近平总书记要求全党务必"永远把人民对美好生活的向往作为奋斗目标""坚持把实现人民对美好生活的向往作为现代化建设的出发点和落脚点"，同时列出人民对"美好生活"的需要，不仅对物质文化生活提出了更好更高的品质要求，而且在民主、法治、公平、正义、安全、环境等方面的要求也在日益增长。国人对美好生活的关注焦点逐渐从"生产之镜"转向"生活之场"，就主流意识形态而言，大家纷纷主张从马克思主义学说中挖掘"生活观"的思想观念，马克思美好生活观、马克思主义美好生活观、习近平美好生活观和新时代美好生活观等相继被提出，由此形成了异彩纷呈的美好生活观理论。在此过程中西方生活世界的各种理论传入国内，很多学科也纷纷将"美好生活世界"作为本学科的研究范式和理论工具，主流意识形态美好生活观的研究受到中西方多种生活世界的理论影响，人民群众对美好生活的认知也受到这些理论和研究的深刻影响，为帮助人民群众建立马克思主义视域下的正确美好生活观，对人民群众进行新时代美好生活观教育亟待引起重视，尤其是对大学生这样的未来社会建设生力军群体进行美好生活观教育就显得更加必要和紧迫。

实现人民对美好生活的向往就是中国共产党的奋斗目标，大学生一直是国家和民族复兴伟业的中坚力量，是中国特色社会主义事业的奋斗者和接班人，新时代人民对美好生活向往的实现需要新时代大学生沿着正确的道路坚定前行和接续奋斗。习近平总书记强调"教育决定着人类的今天，也决定着人类的未来"[1]"教育是国之大计、党之大计"[2]，要求"始终把教育摆在优先发展的战略位置。"[3]并用无数的历史事实告诉我们，再怎么强调青年大学生的教育

---

[1] 清华大学苏世民学者项目启动仪式在京举行[N]. 人民日报，2013-4-22(01).
[2] 习近平总书记教育重要论述讲义[M]. 北京：高等教育出版社，2020：13.
[3] 习近平总书记教育重要论述讲义[M]. 北京：高等教育出版社，2020：18.

问题都不为过，青年兴则民族兴，青年强则国家强。青年大学生必将成为引领先进风尚的社会力量，其美好生活观取向必然影响未来整个社会的生活方向。新时代大学生作为肩负民族复兴伟业的先锋队和主力军，他们对美好生活的科学认知和正确美好生活观的确立，不仅仅涉及他们自身的人生选择、生活意义，更重要的是他们的生活观代表着未来社会的发展方向，他们的生活观取向会对新时代中国特色社会主义建设产生至关重要的影响，直接关涉人民群众美好生活的现状。因此，加强新时代大学生对美好生活观的认知教育、实践教育和养成教育至关重要，只有新时代大学生群体的美好生活观按照党和国家主导的社会主流意识形态形塑成功，中华民族实现美好生活的愿景才有可靠的接续力量。由此，对新时代大学生的美好生活实现不仅有一个如何满足的问题，更应该有一个如何正确引导和教育他们形成新时代正确美好生活观的问题。较之满足、引导和教育大学生形成美好生活观明显具有前置性的关键向度，因为它决定着大学生的生活能否真正走向美好，也规约着美好生活的方向和内容。研究对他们进行什么样的美好生活观教育和研究如何对他们进行美好生活观教育可以引导大学生慎思明辨，抓住美好生活的本质内涵和教育关键，为他们过上美好生活提供思想引领和智慧启迪，这既是当前中国社会现实所急需，也是新时代高校立德树人使命所需。

"美好生活"已然成为新时代的高频词和核心词，那么，什么是美好生活、为什么要建设美好生活、怎样建设美好生活，就是一个需要从理论和实际上深入研究的美好生活观课题。自然而然，围绕美好生活形成的美好生活观概念就成为马克思哲学中的一个重要概念，它是个人世界观、人生观和价值观在个人生活世界的主观反映，主要包含了个人对整体生活的态度、观点和看法，尤其是对人民美好生活各个实践领域的态度、观点和看法，其核心观点是努力通过劳动实践不断实现人的完全解放和自由而全面的发展，这就是马克思主义关于个人创造和实现人民美好生活目标的基本态度、观点和看法。马克思主义美好生活观隐含着关于现实个人和人民美好生活的本质、内涵、样态及其实现路径这一微观视域，隐含着对人的生活解放和自由全面发展理想生活状态的深刻论述，并在与中华优秀传统文化的融合中不断丰富和发展，在中国化时代化的马克思主义思想中得到进一步的完善和创新，尤其是在习近平新时代中国特色社会主义思想中得到集中体现，并且已经形成了"指引人民创造美好生活的行动指南"。但是，国内也存在一些有影响力的学者在一定程度上偏离了马克思主义应有的观点和立场，造成对马克思主义生活理论的错误解读和歪曲理解。新时代大学生正处在美好生活观形成的关键时期，极易受到误导和攻击而产生错误的生活观念。然而，从学术界既有的研究成果来看，针对大学生开展新时代美好生活观教育时所出现的问题和疏漏，并没有相对应的研究进行系统性的弥补和矫正，大多侧重于对未来理想生活作笼统、抽象的形上之思，侧重于对美好生活进行纯技术性、学理性、知识性解读，常常满足于对生活概念的厘定、结构的分析、价值的强调等宏大叙事上，鲜有结合某类群体进行新时代美好生活观生成的微观调研和美好生活观教育理论与实践研究。由此，新时代高校用什么样的美好生活观指引大学生才能帮助其走好大学之路和成为有理想、有本领、有担当的新时代青年？新时代大学生才能承担起实现人民对美好生活向往的时代责任？新时代高校该如何承担培育大学生形成新时代美好生活观的使命？新时代大学生美好生活观教育制定什么目标和选择什么内容？新时代大学生美好生活观教育的指导思想、原则方略和实践路径有哪些？怎么解决新时代大学生美好生活观教育面临的现实问题？上述问题视域构成了本书选题的缘起。

习近平总书记指出：实现人民对美好生活的向往，"'两个一百年'奋斗目标的实现、中华民族伟大复兴中国梦的实现，归根到底靠人才、靠教育。"[①]为此，新时代教育如何"培养担当民族复兴大任的时代新人"成了重大战略命题。中国近十年适龄青年的大学生毛入学率达到57.8%，当代青年大学生生逢其时，他们必将成为新时代美好生活建设的主力军，应当以"有理想、有本领、有担当"的"时代新人"标准严格要求自己，积极响应党和国家的号召"立志做有理想、敢担当、能吃苦、肯奋斗的新时代好青年"[②]，在这个机遇与挑战并存、矛盾与问题交织的时节，努力突破悖论性生存的现实境遇，通过不懈奋

---

① 习近平. 做党和人民满意的好老师——同北京师范大学师生代表座谈时的讲话[N]. 人民日报，2014-09-09(01).

② 习近平. 高举中国特色社会主义伟大旗帜 为全面建设社会主义现代化国家而团结奋斗——在中国共产党第二十次全国代表大会上的报告[N]. 人民日报，2022-10-26(1).

斗，使自己和人民群众过上更加幸福、美好、自由的生活。研究新时代大学生美好生活观教育课题将有助于高校理解和认识当代大学生的美好生活观状况，建立和优化新时代大学生美好生活观的教育机制，建设多维的新时代美好生活观教育路径，引导大学生习得符合新时代要求的美好生活观，从而广泛地凝聚人民美好生活共识和激发大学生的美好生活斗志，助力中华民族伟大复兴和人民对美好生活向往的实现。这不但是时代的呼声、群众的期盼，更是新时代思想政治教育理论学科必须面对、回应和承担的重大时代课题。

二、选题的意义

思想政治教育研究的视域从来都不能偏离人的现实生活，其全部研究的视域都需要根植于人的现实生活，激发现实生活中人的实践能力与活力，为实现人民对美好生活的向往而努力奋斗。因此，研究新时代大学生美好生活观教育的理论与实践活动，不仅仅要完成解释何为美好生活观的内涵本质梳理，更要讲清楚如何引导大学生形成新时代所需要的美好生活观，鼓励大学生在美好生活观的指引下积极进行美好生活实践；还要对新时代大学生美好生活观教育实践中的现实问题进行诊断与反思，进而不断调整、规范、优化和创设新时代大学生美好生活观教育的实践机制和方法路径；从而助力培养更多承担实现人民对美好生活向往历史使命的建设者和接班人。

从理论意义讲：

第一，有助于从总体上把握新时代美好生活观的内涵。新时代的美好生活观继承和发展了马克思主义经典著作、中国化马克思主义理论和中华优秀传统文化中关于美好生活的相关论述，并在习近平新时代中国特色社会主义思想中得到进一步完善和集中的体现，是中国共产党治国理政以人为本思想的重要理论成果，是中国共产党以人民为中心执政理念的凝练，是新时代中国人民关于美好生活向往和追求的理论表达。将马克思主义经典著作和中外文化中关于美好生活观的零散论断进行系统性梳理，提炼符合时代和个人所需的正确美好生活观的主要内容和基本特征，使得新时代美好生活观这一理论能够逐渐系统化呈现。

第二，有助于深化对习近平新时代中国特色社会主义思想价值旨归的理解。美好生活观是马克思主义"生活观"在新时代中国发展的最新诠释。在新时代,中国共产党正带领全国人民走在向往美好生活的新时代中国特色社会主义道路上,说到底就是探寻一种使人们逐步过上"美好生活"的社会实践形式。习近平新时代中国特色社会主义思想正是以不断满足人民群众对美好生活的需求为旨归,以科学的理论和真切的实践行动从根本上回答了"为了谁"的问题,彻底彰显了以人为本的马克思主义价值取向,充分体现了中国共产党追求美好生活是以人民为中心的价值立场。

第三,有助于丰富大学生思想政治教育的理论内涵。迄今为止,对于新时代大学生美好生活观教育的目标、内容、原则、策略、路径等基本问题仍无统一的定论。本研究努力构建新时代大学生美好生活观教育的理论框架和建立其实践遵循,丰富和创新了高校思想政治教育的方式;尝试对大学生美好生活观教育的目标、内容、原则、策略、路径等方面进行了一些研究,试图发现和解决大学生美好生活观教育中的一些理论问题,为新时代大学生美好生活观教育的后续研究奠基。

从实践意义看:

第一,有助于大学生树立正确的"三观"。世界观决定人生观,世界观影响价值观,人生观是人们的世界观在处理人生问题上的具体表现,人生观受价值观影响,价值观赋予了世界观、人生观的价值意义。用新时代美好生活观关联大学生的世界观、人生观和价值观,能为个人健康成长奠基;被美好生活观联系在一起的大学生"三观",能为个人美好生活助力。引导大学生形成基于正确三观基础之上的美好生活观本身就是加强和改进大学生思想政治工作的核心诉求,还是社会主义精神文明建设的重要内容,更是实现个人美好生活目标和助力中华民族伟大复兴的要求。

第二,有助于大学生弄清"美好生活怎么选择"的问题。用新时代美好生活观指导大学生在现实生活中发展进步,既要让大学生记住新时代美好生活向往的长远目标是实现人人自由而全面发展的共产主义理想;又要强调大学生应立足于新时代美好生活实际制定近期目标,在当前社会的现实物质生产条件下,遵从社会生产生活发展规律,通过劳动实践,为实现个人和社会所向往的美好生活而不懈奋斗;尤其要让学生理解真正美好的生活体现的是人自由而全面的发展,是人摆脱物质必然性支配后达到的自由、全面、理想的存在状态。这为新时代大学生应该过什么样的生活指明了目标和方向。

第三,有助于大学生弄清"美好生活靠谁创造"的问题。用新时代美好生活观凝心聚力,在其教育视野下,人是美好生活得以生成和实现的前提条件。正如习近平总书记所说:新时代是奋斗者的时代,在这样的时代建设美好生活,需要充分发挥人民群众的主观能动性和创造性。没有人,就没有生活的存在,人是生活生成的主体,即生活实践的主体。美好生活观为成就"人民对美好生活的向往"和坚定新时代中国特色社会主义共同理想凝心聚力。将人民对美好生活的向往形成休戚与共、互利协作的共存关系,为实现个人的美好生活目标和社会共同理想提供价值指引。由此可见,美好生活的生成离不开作为主体的现实的人及其劳动实践。换言之,建设美好生活,既是为了人,更要依靠人,依靠人自身的创造性实践活动。

第四,有助于大学生理解"美好生活怎么实现"的问题。用新时代美好生活观教育大学生,了解大学生美好生活观的现状及其存在的问题,在马克思思想视野中,人的生活本质上是一个不断发展和不断生成的辩证过程,马克思将美好生活观目标建立在人与自然关系的调适以及社会矛盾的解决和社会关系的改造过程中,只有在真正共同体中,个人才能获得全面发展其才能的手段,也就是说,只有在真正共同体中才可能有个人自由,并合规律性地调节人与自然之间的物质变换,从而为美好生活的实现打下坚实的自然基础。用新时代美好生活观引导大学生在遵守社会发展规律的基础上,为追求美好生活理想和实现个人生活意义而充实地生活,既在现实中生活,又在美好的理想中生活,不但要对美好物质生活有追求,更要注重美好精神家园的建设。

第二节 国内外研究现状与评析

本研究的主题是"新时代大学生美好生活观教育","新时代"是研究对象的时间界定,即本研究的时间主要从党的十八大召开以后算起,"大学生"是研究对象的主体界定,即本研究是针对大学生这一群体而展开的;"新时代大学生美好生活观教育"是研究对象的论题主旨,即本研究是在思想政治教育学科从理论和实践维度探讨新时代大学生美好生活观教育的时代意蕴、指导思想、目标内容、现状问题、基本特征、问题成因、实践方略和路径铺设等问题。基于此,本研究将国内外学者的相关研究进行了广泛筛选和系统梳理,努力确保研究文献获取的充足性和丰富性,并结合课题研究需要展开论述、分析和评价,为本研究奠定相应基础和选准突破方向。

一、国内研究现状

大学生生活观教育是一个思想政治教育的必谈话题,美好生活观教育是这个话题在新时代的具体任务,因此,关于大学生生活观及其教育问题的研究成果较为丰富。截至本书写作时,以"生活观"为书名关键词,通过读秀学术高级检索,在马克思主义学科领域中找到相关著作3本:2019年顾燕峰著的《马克思生活观及其当代价值》、2019年肖祥著的《马克思主义生活观研究》和2021年肖冬梅著的《马克思美好生活观及其当代启示》;教育领域"生活观"相关著作为0;在其他学科领域有"生活观"相关著作90本:如1993年戴文妍著《100个当代中国青年的生活观》、2000年何培忠著《中日青年生活观比较》、2016年李良荣和郑雯等著《新时代、新期待:中国人民美好生活观调查报告》等。而关于新时代大学生美好生活观及其教育问题的研究成果相对不足,以"美好生活观"为书名关键词,通过读秀学术高级检索,在文库中只检索到与生活观相重合的著作2本:《新时代、新期待:中国人民美好生活观调查报告》和《马克思美好生活观及其当代启示》。以"大学生生活观""大学生美好生活观"和"生活观教育"为书名关键词,通过读秀学术高级检索,在全库均未找到相关著作。在万方数据库以"美好生活观"和"美好生活观教育"为篇名关键词精确检索,分别查阅到20条和2条相关文献数据;在维普中文期刊网以"美好生活观"和"美好生活观教育"为篇名关键词精确检索,能分别查阅到46条和1条相关文献数据;在中国知网以"美好生活观"和"美好生活观教育"为篇名关键词精确检索,能分别查阅到78条和2条相关文献数据。中国知网文献资源相对丰富,对中国知网的文献进行详细梳理,其中与两个主题相关的文献分别有152条和234条,以"美好生活观"为题名的硕士论文18篇,博士论文1篇,相关报纸等其他文献共计4篇;最后以"大学生美好生活观教育"为主题进一步精准检索,能查阅到20条相关文献数据,其中主题相关期刊13篇,主题相关硕士论文7篇。综上所列文献资料显示:国内学术界传承和发展马克思主义的生活观主要从马克思主义的生活世界理论中挖掘,从国内外多元文化思想理论中汲取其思想精华来丰富和发展马克思主义的生活观,从对人生存和生活给予的关注中取得了丰硕成果,将其中国化表达为新时代美好生活观,并尝试在国内社会多领域中展开美好生活观教育的实践研究,通过对上述文献资料的仔细梳理和深入挖掘为课题研究奠定了扎实的基础并提供了有益参考。

(一)关于新时代美好生活观理论阐释的研究

新时代的美好生活观就是马克思生活观在当代中国新历史发展阶段上的具体彰显和最新形态,我们对新时代的美好生活观的研究既不能只局限于某个历史时期,也不能只局限于某个向度,其深层意蕴必须结合马克思生活观发展的全面性和整体性来理解。整体观之,关于美好生活观的研究在党的十八大之前学界关注较少,自十八大之后逐渐增多,到十九大后逐渐与新时代紧密关联,演进为习近平美好生活观或新时代美好生活观的相关研究。他们主要是在传承马克思主义生活观的基础之上结合新时代中国的经济政治发展形势需要,密切联系社会生活实际,对新时代的美好生活观进行了多维度的相关理论阐释。

第一,关于新时代美好生活观背景语境的研究。众多学者认为美好生活观提出的背景是中国社会发展进入中国特色社会主义新阶段,整个国家和人民的生活向往升级,提高人民美好生活的水平成了整个国家的新阶段奋斗目标。新时代的美好生活观蕴藏在习近平总书记围绕"人民对美好生活的向往"的系列论述之中,已经初步形成围绕美好生活观概念进行阐释的理论体系。罗健围绕党的初心和使命研究美好生活观,以中国梦的实现和人民美好生活需要为依托。陈欣等认为马克思主义生活观是新时代美好生活观发展的源头,人民日益增长的美好生活需要是新时代美好生活观发展的动力,中国共产党

第一章 导论

立足现实社会主要矛盾，系统持续推进党的自我革命和社会革命为人民谋幸福是背景，始终坚持人民群众是"美好生活的创建主体、美好生活的享有主体、美好生活的评判主体"①。项久雨认为新时代美好生活观的出场背景是由中国共产党的奋斗目标所指引，由新时代中国的社会经济迅猛发展所推动，由社会主要矛盾的演化历程相承接而具有了物质、文化、价值和制度等相应的美好生活基础。魏传光认为美好生活观是由改革开放的生产力推动和人们思想观念解放的引领而促成，他认为：中国人的美好生活观演进与中国社会各领域的改革、发展和进步同行，深刻而准确地呈现了中国人生活观念的转换图景。由此可知，美好生活观出场背景是人类永恒追寻更好生活主题的生活场域，源于新时代社会现实生活所需，遵循了中国社会发展规律，顺应了新时代的发展所需，更蕴含了中国特色社会主义需要不断向前发展的动力。

美好生活观源于人的历史生活累积和现实生活需要，会随时代的发展和现实生活的需要而不断发展和演进，美好生活的实践和实现需要正确的美好生活观加以指导，二者彼此依赖、彼此促进和彼此需要。李建华等学者从主客语境切入研究发现美好生活观是一个源于主体需要而又必须要先于客观表达的理论命题，需要有一个相对客观的标准来达成大众的共识，它系统回答了"什么是美好生活""有哪些美好生活"与"美好生活如何实现"等问题，其语境和语义的表达需要随时代而发展变化。张林从语义来源研究发现："新时代美好生活的话语理念，体现了物质与精神相统一、理想与现实相统一的时代价值。'美好'意味着对过去某个图景的追思，意味着对现实局限性的确认与改善，意味着对未来怀有热烈的想象与期待。"②纵观历史，不同阶段"美好生活"观的出场语境会存在显著差异，不同的时空和不同的国别会是语境的真实载体，西方文明中"美好生活"的求索语境从神秘的"天国生活"回到人的"尘世生活"。东方文明中"美好生活"的求索语境从小我的"修身齐家"到大我的"天下大同"。中华人民共和国成立后的"美好生活"求索语境从国家的"独立自主"到社会的"全面小康"。随着社会生产力的不断发展，社会的方方面面都得到

---

① 陈欣，康秀云．中国共产党美好生活观演进的历程、价值取向与内在机理[J]．广西社会科学，2021(9)：52-58.
② 张林．思想政治教育助益美好生活建设的逻辑理路[J]．思想理论教育．2020(5)：48-53.

了充分的发展，人的生产和生活方式也会发生深刻的变化与演替，新时代的"美好生活"使命求索语境：从社会的"全面小康"转变到人民的"美好生活"，习近平总书记更是在多个场合多次提及"美好生活"概念，并强调确定的："中国共产党坚持执政为民，人民对美好生活的向往就是我们的奋斗目标。"①。喻文德等基于此，从宏观视野认为习近平新时代中国特色社会主义思想是探讨和研究美好生活的基本理论框架和学术语境。李磊则从微观视域对其具体的内容语境进行了梳理，主要"涉及'五位一体'总体布局、'四个全面'战略布局、'四个自信'、军队国防建设、'一带一路'建设、世界科技强国建设、人类命运共同体建设等治国理政新理念新思想新战略"。② 时伟等众多学者则主张从历史逻辑、理论逻辑和现实逻辑生成的语境来系统探究美好生活观。综上所述，新时代美好生活观的语境就是马克思主义及其生活观中国化和时代化的内容，以新时代人民对美好生活的向往该如何实现为内核，是对新时代生活的真正体悟和超越，更蕴含了为新时代社会生活发展和未来社会理想实现提供实践和理论指南的重要责任。

第二，关于新时代美好生活观本质内涵的研究。从哲学层面看，新时代的美好生活观是马克思生活哲学在新时代的中国化发展，从生活的现状出发，经过对生活的认识，复归于对生活的改造进程，是马克思主义生活观的中国化和系统性表达。在马克思主义看来，生活观的基本问题是对生活实践中的基本问题或基本矛盾的一种阐述和解释。王福民从对生活主体、生活结构和生活实践本质等的探究中建立了马克思主义生活哲学体系，即马克思生活观的基本框架体系。高炳亮认为新时代美好生活观是新时代的马克思主义生活观，它开启了新时代人们审视生活的新视域，构建了解释和创造美好生活的理论基石。武素云等基于马克思主义生活观将《共产党宣言》中的美好生活设想进一步完善优化为美好生活的图景："在那里……劳动成为他们发挥和发展个性、才能的手段，人人充分享受着自由王国的美好生活。"③并将美好生活观从目标观、内涵观、矛盾观、路径观、务实观等五个角度切入进行深入解读，

---

① 杜尚译，陈效际. 习近平接受俄罗斯电视台专访[N]. 人民日报, 2014-02-09(01).
② 李磊. 习近平的美好生活观论析[J]. 社会主义研究, 2018(1)：1-8.
③ 武素云，胡立法. 人民美好生活需要的三重追问[J]. 思想理论教育导刊, 2018(08)：8-12.

构成独具特色且逻辑性强的美好生活观，展现了人的需要的全面性和丰富性，从根本上体现了马克思主义"以人为本"的价值取向和中国共产党"以人民为中心"的社会主义本质要求，是中国共产党"为人民谋幸福"在新时代进程中的政治和哲学层面的语义表达。

从现实维度看，人从事实践活动的最终目的就是生活得更加美好，众多学者认为美好生活观本质上是人对未来将要实现的美好生活构想，物质生活资料极大丰富是基础，涵盖自然与生命良性的延续；人民主体地位的确立是实质，达成个体自由而有意识地活动；生产资料社会占有是关键，丰富完善人这个一切社会关系的总和；促成人自由而全面的发展是目标，达成美好生活的终极目标。习近平总书记在党的十九大报告中指出："人民美好生活需要日益广泛，不仅对物质文化生活提出了更高要求，而且在民主、法治、公平、正义、安全、环境等方面的要求日益增长。"[①]周梅玲从美好生活观对当代中国的现实意义论析要把"坚持发展生产和改善生活统一，坚持人民中心，建设共享社会；倡导劳动幸福，扩充自由时间，丰富休闲生活，依靠劳动创造美好生活。"[②]李磊和郑金鹏等从生活需要被满足的角度解读为物质条件要十分充裕、政治权力能当家作主、精神食粮可多元化供给、社会秩序良善和谐和生态环境优美环保；龚天平等提倡美好生活基本元素有："物质奠基、享用适度、生态和谐、身体健康、自由自主、安全和平，精神充实、意义深远。"[③]并强调"美好生活"必须是丰富的物质文化生活，有尊严的、平等的、独立自由的生活和生态良好生活的有机统一，认为美好生活要从"量""质""时""雅""界"这五个字上满足人民对美好生活的期盼，从而保障人民美好生活的全面性和品质性。

从人的发展来看，从劳动解放到人的解放，再到促成人自由而全面的发展，实现人的解放和人本质的复归一直是美好生活的主旋律。人通过劳动实践逐渐达成人的"自由"，人通过学习实践逐渐达成自由而全面的发展，最终

---

① 习近平.决胜全面建成小康社会 夺取新时代中国特色社会主义伟大胜利——在中国共产党第十九次全国代表大会上的报告[N].人民日报，2017-10-28(1).
② 周梅玲.马克思"美好生活"观及其中国意义[J].中共中央党校（国家行政学院）学报，2021(8)：64-70.
③ 龚天平，孟醒.美好生活的基本元素[J].南通大学学报（社会科学版），2020(4)：1-8.

通过人民这个劳动实践主体的共同努力，形成自由人的联合体，完成美好生活观的目标建构。新时代中国共产党人的美好生活观立足于中国实践，及时回应了我国人民的理论需要和现实利益诉求，建构时要以人为中心，注重自由地回归生活本体，达成个体需要与社会发展需要的融合，以追求更高形态的发展为目标，把提高人民生活水平、增进人民福祉作为一切工作的出发点和落脚点。刘进田认为："美好生活是听从自己'内心深处的声音'的生活，是人的本质力量全面自由实现的生活，是人在自由时间里的创造性审美生活。"[①]李志强调新时代"美好生活"是"社会与个体的双赢，社会凭借共同体为个体潜能的实现提供尽可能多的条件，个体凭借自身潜能不断实现对社会的回馈"[②]。陈新夏从人的本质发展所需维度将美好生活观解读为一种与人的本质相一致的生活理念，并通过这种生活方式的实践呈现出人的良性发展状态。周梅玲认为人的美好生活以发达的生产力为基础，以实现普遍的交往建立自由联合体形成真正的生活共同体，以自由的时间充分发展自己，以自觉地劳动创造自我价值并获得美好生活体验，并强调："人的自由自觉劳动全面展开的过程，就是自由个性得以全面发展和丰富呈现的过程，也就是实现美好生活的过程。"[③]在过程中全面占有人的本质，摆脱人同人的异化，达成人与自然的和解，实现共同体中的个人自由，将人类的幸福和自身的完美融为一体。翟绍果等从新时代人的心理实际出发，认为人发展的需要具体表现为："多层次生活需要、精致化生活理念、复合型生活内容和多元化生活状态的现实追求共同构成新时代美好生活。"[④]从而使人的发展状态从对人的依赖状态和对物的依赖状态中摆脱出来，最终走向自由自觉的美好生活状态。

从综合维度来看，美好生活既是个体生活的美好，也是一种人分别与自然、社会、他人、自身关系逐渐融洽相处的和谐状态。学者们尝试从不同维

---

① 刘进田.幸福价值：本体显化及其多维展开[J].西北大学学报（哲学社会科学版），2013(3)：19-28.
② 李志.中国式美好生活的哲学解读[J].吉林大学社会科学学报，2018(6)：141-147+207.
③ 周梅玲.马克思"美好生活"观及其中国意义[J].中共中央党校（国家行政学院）学报，2021(8)：64-70.
④ 翟绍果.共建美好生活的时代蕴意、内涵特质与实现路径[J].西北大学学报（哲学社会科学版），2017(6)：20-26.

度对新时代美好生活观进行系统性建构，从主体内在需要的层面讲，美好生活观是中国人民追求美好生活需要的现实表达；从主体生活理想层面讲，美好生活观是新时代中国人民理想生活向往的整体呈现；从生活样态的层面讲，新时代美好生活存在主体样态、发生样态、实现样态与外部样态，"它们分别以'人民主体，政党引领''矛盾转变，供需融合''劳动为本，共创共享''理想同构，世界延伸'为理论支柱"[1]，共同组成了独特的美好生活样态；从生活内容的层面讲，美好生活观统合了人们在经济、政治、文化、社会、生态等各个生活领域的美好生活期许。美好生活观本身的价值就是谋求高质量的发展，坚持发展以人民为中心，坚持发展的公平正义，坚持追求良善、和谐、德性的美好生活；它确证中国式现代化道路是实现人民美好生活向往的必由之路，认同新发展理念是实现人民美好生活的动力之源；它主张基于对现实生活的理解基础之上，构建新时代美好生活观要做到从马克思的"现实的个人"出发实现对个人主义的彻底超越，恢复美好生活的丰富性、深刻性、社会性，确立人民群众实现美好生活的价值引领。

第三，关于新时代美好生活观时代意蕴的研究。美好生活观呼应习近平在新时代的"美好生活"独特命题，它承继和彰显了马克思主义中国化的科学真理和人性关怀，其核心主旨是对马克思主义核心思想的传承和超越，是在新时代对人的多维需要和人全面发展的深层观照，它更彰显了新时代价值追寻的美好、理论导向的美好、实践旨归的美好和未来图景的美好。郑金鹏认为研究新时代"美好生活观"对"推进中国特色社会主义事业、实现中华民族伟大复兴中国梦具有重要的现实启迪意义"[2]。从理论意蕴看，袁祖社和钟明华等认为，提出新时代美好生活观是回归人类追求美好生活的发展本性，批判了单纯强调经济增长的发展观，重构了21世纪的人本性发展价值观。张懿认为美好生活观以人民为中心的话语表达，具有浓厚的生活气息和强大的感召力，从微观层面推动了民众的日常生活建设从自发向自觉的全面转变，形成中国式现代化建设的基础性原动力。从时代意蕴看，宋芳明等学者认为美好

---

[1] 项久雨. 新时代美好生活的样态变革及价值引领[J]. 中国社会科学, 2019(11): 4-24+204.
[2] 郑金鹏. 习近平"人民美好生活观"的逻辑阐释与现实启迪[J]. 山东社会科学, 2020(4): 115-120.

生活观蕴含人民美好生活的实践逻辑，体现了人民主体性发展的需要，内蕴探寻中国发展模式的思想智慧，为人民美好生活的实现奠定了理论基础。学者王鹏等认为新时代美好生活观彰显以人民为主体的人本价值、体现发展价值、提倡生态价值和守护伦理价值。项久雨更通俗易懂地指出新时代的美好生活观就是共同富裕的时代表达和实践的指导思想，是"在中国共产党的组织、领导下，人民真实地、现实地追求着属于自己的理想生活图景与共同富裕状态"[1]，意味着社会发展对西方现代性的扬弃与超越，意味着指明了未来社会的演进方向，意味着坚定道路自信与贴近民族复兴，意味着新时代的中国对马克思主义的坚持与不断丰富和发展。总体来讲，美好生活观是对新时代人民生活的整体定位，它引领人民追求美好生活的理想图景，它强调以人民为中心的价值旨归，它主导新时代社会美好生活建设的基本价值引领，它指引社会和个人向上向善的道德风尚，它蕴含人与自然和谐共生的生态智慧，它饱含新时代人民美好生活的基本价值内涵，它既是新时代中国进行美好生活实践的理论指南，也是新时代人民群众追寻美好生活的行动纲领。

第四，关于新时代美好生活观特征解读的研究。新时代的美好生活观揭示了人是现实生活的第一要素，众多的学者围绕人这个主体及其人向往的美好生活所需展开对美好生活观的多方面特征解读。罗建从党的初心和使命解析美好生活观具有"科学性和务实性、人民性和阶级性、实践性和创造性、时代性和开放性"[2]等鲜明品格。秦维红等基于主体需要揭示其具有历史性、丰富性和层次性的特征。李晶等部分学者从价值引领维度发现其具有鲜明的阶级性、过程性、人民至上性、人本性、和谐性、自由性和全面性等特征。张三元等学者从基本内涵维度发现其具有人民性、理想性、现实性、实践性、发展性、客观性和多样性等特征。冯建军将其特征总结为"个体性与公共性的统一、人本性与社会性的统一、多样性与一致性的统一、现实性与未来性的统一、客观性与主观性的统一"[3]。时伟等学者还从美好生活观的具体方面指

---

[1] 项久雨. 新时代美好生活的样态变革及价值引领[J]. 中国社会科学，2019(11)：4-24+204.

[2] 罗健. 新时代中国共产党人美好生活观的理论内涵及其科学品格[J]. 思想理论教育导刊，2021(2)：33-39.

[3] 冯建军. 新时代美好教育生活及其创造之路[J]. 中国教育学刊，2018(12)：43-48.

出：在生活理念和生活方式上要注意自由性和边界性的统一，在生活过程和目标上要注意现实性和超越性的统一，在生活需要和实践中要注意整体性和多层次性的统一，在生活个体和群体上要注意冲突性与共同性的统一。纵观学界，新时代美好生活观的人本性、发展性、多样性、全面性和美善性等特征已被广泛认同，充分理解美好生活观的内涵本质及其典型特征是更好开展新时代大学生美好生活观教育的重要前提。

（二）关于新时代美好生活观教育的理论与实践研究

人的美好生活需要促进美好生活观的社会意识发展，并以此为人的美好生活实践提供精神家园。但这种意识不是人与生俱来的意识，也不会自发产生，需要人接受教育和自主学习才能不断改变和成长。只有理念的变革才会催生实践的强劲动力，拥有新理念才能拥抱新发展，要想创造和实现人的美好生活，必须要先具有新时代美好生活观。具体而言，要想使人获得一种美好生活的思想观念和行动能力，必须充分发挥思想政治教育的动员、规范、引导、激励、协调和整合作用，以美好生活观教育引领个体在共同体中的正确生活方式，引导个体追求真善美相统一的生活内容，适应新时代美好生活的时代规定，为社会和个人实现美好生活做必要准备。众多学者呼吁通过加强美好生活观教育的理论和实践研究来形塑新时代人的美好生活观的稳定性，激发人将美好生活观转化为美好生活实践的聚合性，以及确立人遵守美好生活观践行过程中的规则性。

第一，关于新时代美好生活观教育的理论研究。向往和追寻美好生活是每个人的终极梦想，美好生活能否实现的基本矛盾是人的素质能力现状与社会客观现实需要的矛盾，要解决这对矛盾的根本途径就是通过美好生活观教育去提高人的素质能力，进而去实践和创造美好生活的社会现实。薛晓阳在《希望德育论》中呼吁：寻找美好的生活，这永远应当成为教育的基本哲学需要，也是教育永恒的价值理想。项久雨等众多学者认为美好生活观教育必然成为新时代教育的灵魂和主线，培育个体产生追寻美好生活的自觉意识，培养和提升创造美好生活的行动能力，引领美好生活的正确方向和制定美好生活的正确目标；因此，教会个人如何实现美好生活应该作为新时代教育活动的逻辑起点和实践旨归，否则教育活动将没有完整的意义。

从教育逻辑层面来看，人的生活需要教育，人民对美好生活的向往是美好生活观教育存在的依据，需要依靠教育构筑生活的知识体系、需要依靠教育建构生活的价值体系；教育为人的生活服务，形成服务生活的育人体系，并围绕人和服务人的生活而进行实践活动，美好生活观教育是助力人民实现美好生活的基础，也是人民美好生活向往得以实现的不竭动力。张传燧等提倡："教育需要理想，这种理想既要根植于现实生活的土壤，更要超越现实生活，着眼于人类未来美好生活的引导与建构。"[①]谢锚逊认为："教育的主题是生活……教育应该基于现实生活，超越日常生活，引领未来美好生活。"[②]金生鈜基于教育关涉生活的理念认为探究美好生活是教育的哲学任务，并指出："教育作为人的存在方式，作为帮助人揭示人生意义的途径，教育必须关涉美好生活的问题。"[③]对大学生进行美好生活观教育既是新时代社会矛盾转变的要求，又是高校思想政治教育的职责所在。众多学者认为美好生活观教育就是引导和帮助人建设美好生活，它与美好生活具有必然的内在关联性，它是满足美好生活精神需要的重要途径，它的实践指向构建美好生活，它以个体现实生活为完整而真实的载体，回归生活世界是美好生活观教育的人本追求。项久雨指出，美好生活需要美好生活观教育予以共同体生活中进行正确引导，需要其在追求真善美的过程中发挥价值引领作用，需要其对现实美好生活的规定性进行宣传阐释。美好生活观教育本身所具有的整合价值、引领价值和协调价值与实现人民美好生活的需要相契合，这为美好生活观教育服务于人民美好生活需要提供了可能。傅松涛等进一步提出教育不可能完全满足人的各种美好生活需要，但是教育可以引导人形成符合时代需要的价值观念，帮助人获得美好生活的基本价值并建构价值系统，奠基人追寻美好生活的过程；"只有从追求、创造和享受美好生活的目标着眼和出发……人类的教育智慧才有了产生发展的可能和必要……离开了对美好生活的追求、创造和享受，教

---

① 张传燧，赵荷花. 教育到底应如何面对生活[J]. 教育研究，2007(8)：47-52.
② 谢锚逊. 教育：从"主体"到"人"之超越——兼论"教育回归生活"[J]. 教育理论与实践，2012(25)：12-15.
③ 金生鈜. 教育哲学怎样关涉美好生活？[J]. 华东师范大学学报（教育科学版），2002(2)：17-21+48.

育活动将会变得毫无意义。"①新时代美好生活观教育必须与美好生活向往相适应，同时它自身还必须是美好生活的重要组成，它教会人们如何通过劳动实践走向拥有生命活力和精神自由的幸福美好生活。陈华洲等基于新时代社会主要矛盾解决的实际需要提出新时代美好生活观教育的主要任务是"如何满足人民的美好生活需要，引导人们走向并拥有美好生活"②，从两者关系看，美好生活实践为美好生活观教育提供内容，美好生活观教育助益实现美好生活需要，美好生活和美好生活观教育的共同价值旨归都是指向人的自由而全面的发展，两者互为依存并相互促进。

从教育价值层面来看，坚持正确价值导向是美好生活观教育成功的关键，也是新时代美好生活观教育的立足点和出发点。众多学者都提倡培育社会主义通往美好生活的理想信念，认同劳动创造人民美好生活的观念，充实丰富大学生美好生活的精神世界，促成其美好生活所需的素质能力不断提升。苏振宏指出美好生活观教育应注重大学生理想信念教育、升华其爱国主义精神、强化其服务人民意识、树立其奋斗拼搏观念和引领其自由全面发展。李铭等学者认为美好生活观教育要为个人实现自由全面发展服务，从构建自我成长观、丰富生活知识储备，从勤于生活实践体悟、克服拜金价值侵蚀，从善于生活自省自励、改善生活物化困境等方面引导大学生形成科学正确的美好生活观，从理想信念引领、爱党爱国行动、生活情感激励和道德情操等维度助力新时代大学生实现美好生活。颜晓峰、宋芳明、李伟和李敏等学者从思想政治教育的维度深入研究提出："思想政治教育为美好精神生活需要提供思想指引、确立价值坐标和培育心态基调。"③"思想政治教育以富含诸多积极价值主张的新理念作为团结社会、凝聚社会、引领社会的核心，为人民美好生活的实现指明方向……思想政治教育在引领社会公平正义、帮助人们获得生存

---

① 傅松涛，刘树船. 教育生活简论[J]. 河北大学学报(哲学社会科学版)，2004(5)：1-5.
② 陈华洲，赵耀. 美好生活视域下思想政治教育的现代转型[J]. 思想教育研究，2018(11)：29-35.
③ 颜晓峰. 人民日益增长的美好精神生活需要对思想政治教育提出的新课题[J]. 思想教育研究，2018(3)：10-13.

意义感、进行精神动员三个维度上发挥助益人民美好生活追求的特殊价值。"①"思想政治教育提供美好精神生活的内容，解答满足美好精神生活需要的矛盾，给予达到美好精神生活的途径。"②"思想政治教育具有服务人民美好生活的功能价值，即主要体现在丰富人民的精神生活、培养担当民族复兴大任的时代新人以及引领健康和谐的生活方式。"③邵广侠从德育的维度研究提出："德育能满足主体需要，使之拥有愉悦体验；德育能使主体获得自由，拥有幸福生活；德育能完善主体德性，使之分享美好生活。"④

从教育目标层面来看，制定正确的教育目标是美好生活观教育实践成功的起点。美好生活是向善、求真、审美的生活，是有意义、有意思和有意境的生活。而关于新时代美好生活观教育的目标应该有哪些建构，国内学者从不同层面进行了探究。有较多的学者从宏观层面研究教育目标，认为应该帮助大学生认识新时代美好生活的基本内涵，坚定选择美好生活的正确方向，倡导积极健康的美好生活方式，培养大学生追求美好生活所需要的综合能力与素质，学会正确选择美好生活的内容和掌握实现美好生活的方法。李振等认为"健康生命与整全性人格养成"是新时代美好生活观教育的重要目标和首要目标。项久雨主张引导教育对象定位"我是谁""我们是谁""我要到哪里去"，形成创造美好生活的自觉意识；引导教育对象习得特定的生活观念、生活规范与生活本领，培养和提升创造美好生活的实践能力；引导教育对象以合理的方式、共同的目标创造美好生活，引领创造美好生活的实践方向。张楠等学者认为："美好生活需要……引导人们树立正确的世界观、人生观、价值观，最终实现人的自由全面发展。"⑤强调应满足人民美好生活的多元需求，引导形成健康和谐的生活方式；"要引导新时代建设者以坚定的理想信念筑牢精神之基，切实发挥社会主义核心价值观的引领作用，不断培养出在思想水平、

---

① 宋芳明，余玉花. 人民美好生活视域下思想政治教育发展的新任务[J]. 思想理论教育，2018(2)：44-49.
② 李伟. 论思想政治教育对美好精神生活需要的满足[J]. 思想理论教育，2020(3)：46-50.
③ 李敏. 实现人民美好生活的思想政治教育路径探析[J]. 思想理论教育，2019(2)：24-29.
④ 邵广侠. 道德教育要引导人过上美好生活[J]. 云南社会科学，2005(3)：28-31.
⑤ 张楠，林建辉. 美好生活需要视域的思想政治教育新使命[J]. 中学政治教学参考，2019(6)：55-56.

政治觉悟、道德品质、文化素养、精神状态等方面同新时代要求相符合的时代新人。"①侯怀银在《试论生活教育理论的现实意义》中呼吁将生活教育的意义扩展到学生生活能力养成、良好生活素质的形成等方面,要使学生能在现实的生活和未来的生活中成为自我建构的主体。杨进等认为:敬畏善,去妄存真,重视德性养成;澄澈本心,树立尊严,培养独立、自由之人格;重视知识与智慧在生活中的共同增长;在教育和生活中践行美好、累积美好和实现美好是教育影响人的总体目标,最终体现为教会学生认识美好生活和引导学生思考美好生活的形式并通过行动不断追求美好生活,对人投视于人们在经济、政治、文化、社会、生态等众多领域的美好生活向往实现正确的需求导向。

从教育内容层面来看,众多学者将其融入思想政治教育视域下进行定位,基于美好生活观教育的可为性,针对美好生活观教育对象的特点,从宏观层面认为美好生活观教育内容应该引导大学生树立正确的世界观、人生观和价值观,正确认识新时代美好生活观的内涵和外延;并积极回应大学生在现实生活中的合理诉求,帮助其树立积极的生活态度,教育提升其美好生活创造能力,引导其做新时代实现人民对美好生活向往的奋斗者。更多学者从具体层面研究教育内容,项久雨指出以美好生活的概念术语为美好生活观教育知识体系的基础概念,以服务和引领"现实个人"的美好生活实践丰富美好生活观教育知识体系的内涵,从培养美好生活需要之人的角度引导教育对象树立大历史观,掌握历史唯物主义关于人类社会发展规律的基本观点,培养德智体美劳全面发展的社会主义建设者和接班人。刘小文等指出:"教育可通过加强社会主义核心价值观教育、理想信念教育、群众性精神文明教育等措施,引导、培育、熏陶人民群众的思想行为,满足人民日益增长的美好精神文化需要。"②"教化人民追求善以成就美好生活的超越需求,用新时代价值观教育引领人民美好生活的精神需求,以思政课一体化功能培养人民获得美好生活

---

① 陈华洲,赵耀. 美好生活视域下思想政治教育的现代转型[J]. 思想教育研究,2018(11):29-35.
② 刘小文,冀学锋. 社会主要矛盾转变与新时代思想政治工作的着力点[J]. 社会科学家,2018(3):54-58.

的能力。"①李伟倡导："用科学理论明确美好精神生活需要之'真'、用价值观念规范美好精神生活需要之'善'、用审美意识廓清美好精神生活需要之'美',丰富美好精神生活需要的基本内容。"②梁广东等学者认为需要通过"劳动教育厚植美好生活内涵的文化基因",以关涉美好生活何以可能和何以实现,只有通过劳动教育和劳动创造,才能实现人民美好生活需要。也有学者支持补充中国特色社会主义文化熏陶等内容以适应和满足人民日益增长的美好精神生活需要。

第二,关于新时代美好生活观教育的实践研究。新时代美好生活观教育的好坏直接由美好生活观教育实践过程中的每个环节决定。其影响因素很多,源自各种因素自身或者因素彼此配合出现缺陷的情况总是会影响到教育的最终效果,国内学者研究发现在美好生活观教育实践过程中存在一些共同性和差异性的问题,并针对相应问题解决拟定了基本的教育原则和提出了相应的解决办法;也针对不同的教育目标和内容创设相应的教育路径和搭建相应的教育平台;还系统梳理和总结了各个实践环节的成败经验与得失教训。

关于现实问题研究。从共性维度看,众多学者的调查研究发现当前大学生美好生活观教育存在运行体系自在、缺乏专业人才、认知情况混乱、政治色彩过重、整体内容缺乏、实践不被重视、与现实相脱离、外部环境复杂等问题困境。谢镒逊认为现代教育的危机和困境主要包含教育主体和教育环境的混乱。王振存认为制度化教育、应试化教育等导致教育被异化为知识和功利,使教育远离人的生活性,导致了教育中的生活与人的双重失落。杨进认为："在现实学校教育中,模式化的生活设计、成人化的生活构想、竞争化的生活方式、抽象化的生活样态使学生背离了美好生活的生存状态。""是由于学校教育的理念迷茫和教育信念缺失让受教育者丧失了生活的自主性;教育的日常生活和非日常生活割裂而丧失了生命的完整性,沦为自己生活的牺牲品。"③从差异性维度看,有部分学者认为："受现代性的影响,教育空间在工

---

① 韩英丽. 新时代思想政治教育与人民美好生活的融通点[J]. 学校党建与思想教育,2019(8):4-6.
② 李伟. 论思想政治教育对美好精神生活需要的满足[J]. 思想理论教育,2020(3):46-50.
③ 杨进. 论美好生活与学校教育[D]. 东北师范大学,2009.

具性色彩鲜明的实践中逐渐发生了形变"①，教育空间被既定固化、独立虚化和技术窄化，一定程度上使人的成长远离真实生活场域出现了异化。邵广侠从德育维度发现问题有："强行灌输，无视人的需要；管理控制，束缚人的心灵；社会本位，忽视个人的尊严。"②颜晓峰等学者从思想政治教育维度发现："新时代思想政治教育对自身满足美好精神生活需要的功能重视不够，对如何满足美好精神生活需要的研究不够，对建构美好精神生活的引导力不够。"③"个体知行不一，践行程度与认同水平存在差异；群体认同高度统一，践行参差不齐；认同和践行存在反复性和不稳定性等等。"④甚至有少量学者以世界眼光观察认为："实事求是地处理好中国人民的美好生活需要与世界人民的美好生活需要之间的关系，还是一个亟待研究的重大课题。"⑤

关于原则方略的研究。新时代美好生活观教育实践发展历程较短，目前关于原则方略的研究更多体现为教育策略研究。从教育总体视域研究，冯刚和张芳等提倡"在教育中要做到坚定教育的根本方向、构建协同育人的教育模式、丰富马克思主义教育的育人载体、夯实马克思主义教育的文化根基，从关注学生需求出发，丰富思政教育的内容，创新思政工作方法，从实现学生人生价值上面发力，以提高思想政治教育的实效性。"⑥从教育主体视域研究，强调注重社会、家庭、学校的高度配合；李振等呼吁注重家庭教育、加强爱国和民族教育、强化公共和义务教育、教育与物质生产和社会生活相结合的教育原则，并致力于在实践中采用"个体美好生活""社会美好生活""人与自然和谐"和"人、社会、自然"和谐。从受教育主体视域研究，强调调动受教育主体的积极性和主动性。从教育实践视域研究，众多学者主张："强化当代青年对'美好生活观'的认知、提升当代青年美好生活获得感、将'美好生活观'融

---

① 刘旭东，王稳东.儿童美好生活与教育空间的重构[J].西北师大学报(社会科学版)，2019(3)：95-102.
② 邵广侠.道德教育要引导人过上美好生活[J].云南社会科学，2005(3)：28-31.
③ 颜晓峰.人民日益增长的美好精神生活需要对思想政治教育提出的新课题[J].思想教育研究，2018(3)：10-13.
④ 朱晨静.当代日常生活视域中社会主义核心价值体系认同研究[D].苏州大学，2012.
⑤ 沈湘平，刘志洪.正确理解和引导人民的美好生活需要[J].马克思主义研究，2018(8)：125-132+160.
⑥ 冯刚，张芳.新时代高校文化育人的理论与实践探析[J].湖北社会科学，2019(5)：176-183.

入思想政治课程。"①倡导美好生活观教育中采用"洋溢民生改善与民心所向的生活气息、勾勒纵横交织与真实全面的完整图景、彰显共同富裕与全面发展的价值追求、遵循生活需求与生产供给的客观规律、描绘创造主体和实现路径的中国方案、激发肩负使命与实际行动的持久动力"②的实践策略。

关于实践路径的研究。学者们从宏观角度研究，提倡要重视大学生自己、高校、家庭和社会在教育路径创设中的作用，完善美好生活观教育的运行体系，重视发挥家庭在美好生活观教育中的核心作用，优化高校美好生活观教育的主要内容，弘扬美好生活观教育的劳动光荣的时代风气，加强美好生活观教育的网络环境监管和应用。从具体学科视野研究，众多学者认为应主动抓好课堂教学的主渠道，应重视学校文化建设的实践路径，注重现实生活中的"知""行"结合体悟，并充分利用好互联网与大数据，积极创新铺设教育实践新路径。李伟建议将"理论教育路径、文化熏陶路径、实践养成路径"③相结合。韩英丽呼吁"发挥大中小学思政课一体化功能培养人民获得美好生活的能力"④，并且要注重科学地进行课程规划，实事求是地丰富课程内容，与时俱进地改进教学方法和转变教师观念。

关于实践经验的研究。从个别角度考察，邵广侠坚持："倡导平等的对话，实现生活化的道德交往；营造自由的教育氛围，实现个体的解放；搞好意义教育，引导个体追求美好生活；引导个体学会选择，帮助他更好地面对生活。"⑤冯建军认为教育实践需要"创造良好的外部条件，创造生命自觉的内在条件和培养创造美好生活的人"⑥。杨进倡导："学校教育应当关照人的美好生活，立足于为了人的生活的出发点，重视人的德性养成，培养独立、自由的人格，重视智慧的成长，在当下的'教育生活'中践行美好、累积美好，从

---

① 谢开明. 美好生活指引下的当代青年思想政治教育向度[J]. 中学政治教学参考，2019(30)：64-65.
② 韩中谊. 美好生活观引领理想信念教育话语创新[J]. 中学政治教学参考，2019(21)：56-58.
③ 李伟. 论思想政治教育对美好精神生活需要的满足[J]. 思想理论教育，2020(3)：46-50.
④ 韩英丽. 新时代思想政治教育与人民美好生活的融通点[J]. 学校党建与思想教育，2019(16)：4-6.
⑤ 邵广侠. 道德教育要引导人过上美好生活[J]. 云南社会科学，2005(3)：28-31.
⑥ 冯建军. 新时代美好教育生活及其创造之路[J]. 中国教育学刊，2018(12)：43-48.

而唤醒、带领、指引、培养人过美好生活。"[①]柏路认为："当前大学生幸福观教育应该以马克思主义幸福观为指导，借鉴国外大学生幸福观教育的有益经验，最终通过'明确方向—融入生活—学生参与'的策略来实现"[②]。从整体视域考察，张林倡导通过形塑价值观，增强获得感，激发创造力，共筑中国梦，引导人们过上美美与共的美好生活。黄刚倡导："坚持以生为本，优化教育理念；创新工作思路，优化教育模式；突出教学重点，优化教育内容；营造幸福氛围，优化教育环境。"[③]陈华洲认为"要注意教育内容的丰富性，注重教育方式的艺术性，要改进话语方式、优化传播策略，注重宣传手段的艺术化和大众化，用人民群众喜闻乐见的方式进行理论宣传和灌输"[④]，推动教育实践接入地气，深入人心。沈湘平等呼吁："引导人们从理论与现实角度正确理解'美好生活'及其'需要'、引导人们更加注重自身的全面发展以获得幸福美好生活、高度重视大众文化对人们美好生活的影响、引导人们在实现中国梦中共同创造幸福美好生活。"[⑤]

二、国外研究现状

在人类思想史上，西方社会对人自身生活的省察与反思经久不衰、历久弥新。无论是古希腊的本体论，还是中世纪的神学抑或是近代的认识论，都对人自身的生活有着不同角度、不同层面的关注与探究，并形成了各具特色的"美好生活"论述。党的十八大以来，习近平的新时代"美好生活"这一议题的提出引起了世界各国、各政党领导人的高度关注和兴趣，在国外思想界、理论界引起了强烈反响，不少国外学者开始认真探讨和研究"美好生活"这一议题的学术和思想内涵。现代西方学者的研究主要集中在对人的自身生存、

[①] 杨进. 论美好生活与学校教育[D]. 东北师范大学，2009.
[②] 柏路. 大学生马克思主义幸福观教育研究[D]. 东北师范大学，2014.
[③] 黄刚. 幸福生活观视域下大学生思想政治教育路径优化探究[J]. 南方论刊，2020(10)：107-109.
[④] 陈华洲，赵耀. 美好生活视域下思想政治教育的现代转型[J]. 思想教育研究，2018(11)：29-35.
[⑤] 沈湘平，刘志洪. 正确理解和引导人民的美好生活需要[J]. 马克思主义研究，2018(8)：125-132+160.

生活的眷注和反思等维度，而关于新时代美好生活观的直接研究成果几乎没有，相关研究主要聚焦在两个方面，他们更关注什么样态的"生活世界"会美好和什么样的举措能实现美好生活。

(一)关于人类美好生活本质内涵的研究

从苏格拉底对"至善的生活"的追求和柏拉图极端空想的"理想国"到亚里士多德所向往一种沉思的至善生活，到古罗马时期《上帝之城》中对至善至美生活的追求，再到莫尔的《乌托邦》和康帕内拉的《太阳城》都呈现了人们对美好生活的向往和设想。16 至 19 世纪的英法空想社会主义在头脑中想象构建了一种没有阶级压迫的、公正合理的美好社会生活。而马克思、恩格斯则基于对近代资本主义生产关系的认识，科学阐释了人类历史发展的客观规律，提出了实现共产主义社会理想和建构人自由而全面发展的美好生活，在共产主义社会中，人人生而平等，物质财富极大丰富，人人自由而全面发展。

追求真正的美好生活或良性生存内在地构成了当代西方哲学家思索的焦点。胡塞尔回归"生活世界"的呼唤，海德格尔"诗意地栖居"的畅想，弗洛姆"重生存"的召唤，马尔库塞"审美革命"的主张，哈贝马斯对"生活世界的殖民化"的抵制，美国超验主义思想家梭罗对美好生活进行的思考以及实践等等，都是如此。直到今天，现代西方学者一直受到上述美好生活求索的影响并不断追寻人的美好生活，研究主要涉及"什么是美好生活"的内容。生活观价值取向多元化既是西方社会的客观现实，也是政府和学术界的一贯主张，因此，不同国家有不同的生活观选择，甚至在同一国家内部生活观价值取向也是多元化的。所以他们并没有在国家和社会内部明确针对美好生活观一词去进行学术探究和系统建构，更没有上升到观念的层面加以固化，他们最在乎的是人民对美好生活的某些现实需要，研究的领域主要涉及幸福、社会公平、正义、社会保障等方面。西方学者克里夫·贝克认为人的价值世界中最重要的莫过于学会过美好的生活，他在研究中宣称："过去我想知道，现在也想知道，在生活中追求什么才是值得的，怎样理解生活，到哪里去寻求特殊的帮助。我认为每个人都在有意或无意地思考这些问题。我们都想使自己的生活有所成就，都想寻求'幸福人生'或'美好生活'。"①英国大哲学家罗素在其1926年出版《教育与美好生活》一书中对教育与个人美好生活的作用进行了深入探讨。美国人本主义心理学家罗杰斯认为："一个人在生命完全自由、随心所欲的状态下，能够听任自己的整个身心选择一个生命发展的方向，一条生命走向完善的道路，并且他得以自由地沿着这个方向前进，走在他所选择的人生道路上，当人处在这样的生命过程之中时，他的人生就是美好的人生了。"②面对20世纪的人类惨痛教训，弗洛姆积极思索人类美好生活是什么，能否实现和如何实现的问题，回归人本主义，积极"构建了一套完整的、以人本主义伦理学为理论基础的美好生活理论，并主张对资本主义制度进行全面改革，以实现美好生活。"③"罗萨对美好生活的研究过程，有三个紧密相关的基本问题构成其美好生活观的问题域：什么是美好的生活、为什么生活不美好以及如何实现美好生活。"④发展伦理学之父德尼·古莱教授认为维持健康的生命、获得完全的尊重、实现充分的自由是美好生活的三大核心要素。

从国外社会现实生活研究中看，目前国外学者研究美好生活主要体现在两个方面：一是侧重于建立和优化国家和集体层面的个人生活福利保障。比如在美国市场化的社会福利制度中，将工作态度考察、工作价值表现、职业道德水准等要素作为享受社会福利的标准；日本正在尝试建立福利供给和服务由政府主导向民间资本、居民参与等多方主体的福利社会治理方式的转变；瑞典等北欧国家则建立了相对完善的国家福利制度或社会福利制度，社会保障体系基本涵盖生活的各个方面，全体国民享受很高的保障水平。二是侧重于鼓励个人通过创造和创新提升个人价值，从而拥有高质量生活水平。在西方学者的话语语境中，美好生活就预示着生活质量的极大提高；只有让生命处于休闲的状态，生活的质量才会提高，拥有休闲的生活就是相对自由的高

---

① 贝克.学会过美好生活—人的价值世界[M].詹万生等译.北京：中央编译出版社，1997年：05.
② 刘济良.生命教育论[M].北京：中国社会科学出版社，2005年：283.
③ 李晶.时代变局下美好生活观的价值选择及超越.弗洛姆生活哲学的价值向度及其当代启示[J].国外理论动态，2022(2)：157-164.
④ 张彦，李岩."共鸣"何以超越"加速"：罗萨批判性美好生活观的逻辑演进[J].浙江社会科学，2021(10)：87-96.

质量生活，它能使个人在自由的环境中充分展现自我，实现自我信仰，美好生活的价值才能更好地体现出来。

(二)关于公民美好生活实践机制的研究

通过梳理发现，近些年国外学者对"美好生活"这一新议题的研究主要集中在国家社会保障、个人教育成长和教育实践探索三个方面探讨人们如何过上有意义、有目的、有价值的美好生活这一根本问题上。

在国家社会保障方面：美国学者罗尔斯认为，只要社会能捍卫民众的自由平等权利，能保护弱势群体的利益，它就是合理的、正义的，而不一定要从私有制变革到公有制社会。著名学者阿玛蒂亚森也大致持此种观点，他探讨了公平正义与实质平等之间的关系，并给出了具体实践社会公平正义的途径。英国学者吉登斯提倡建立"福利国家"，要求对所有民众实现从生到死，即"从摇篮到坟墓"各方面全方位的生活保障；庇古强调社会保障制度的确立，需要国家政府建立失业救助制度和养老金制度，通过提高穷人所获得的实际收入的绝对份额，来增加经济福利；凯恩斯认为要通过国家宏观调控，并制定合理有效的财政政策影响居民消费；美国学者 Omedi Ochiengis 在《为美好生活的实践打下良好的基础》中认为实现美好生活至少应该解决现实生活中的生态根植性问题、社会关系问题、知识表达问题和审美实践等问题。奥地利学者沃尔弗拉姆·曼彻莱特（Wolfram Manzenreiter）在《幸福与美好生活在日本》中认为，人际关系、家庭、身份、社区和自我满足等因素至关重要，平衡社会规范和机构的行为是当今体验幸福的多样性不断增长的根源；德尼·古莱认为发展隶属于美好生活，并能助力美好生活的实现。

在个人教育成长方面：英国学者约翰·怀特在《教育与美好生活：超越国家课程》中提出了教育的目的应当最大限度地帮助学生追求幸福，要关注学生的当下幸福，并培养其一生自主追求幸福的能力。美国学者内尔·诺丁斯在其学术著作 *Happiness and Education* 中强调教育应更关注人一生的幸福，即如何培养追求幸福的人。Wolfram Manzenreiter 也认为："有很多方法可以让我们得到幸福，我们应该有意识地去探索，最终每个人都有责任为幸福、充实的生活而奋斗。"心理学家罗杰斯认为美好的生活应是遵从自己身心选择发展方向，并且沿着方向自由前进。英国学者哈克（Robin Haack）认为："美好生活就是自我完善。教育不能直接提供美好的生活，但是能够为它提供必要条件……一个自由的人具有选择行动的有效性和按照自己的意愿进行选择和活动的能力。"[1]美国的施特劳斯学派将美好生活分为哲人的和大众的两种，其中只有哲人的美好生活才是真正的美好生活。沃诺克（M. Warnock）认为美好生活应具有美德、想象力和工作三个特点，注重教育关涉美好生活，教育助力个人的美好生活，教育关涉国家的美好生活和"公共的利益"。加拿大学者克里夫·贝克强调了教育在人们追寻和体验美好生活中的重要作用。培根主张依据社会发展需要，与时俱进地完善和发展道德教育，助力公民道德的形成和品行的养成；西方社会注重教育对象的感受，提倡人本教育和道德教育相结合，重视人文素质教育对美好生活的作用，充分发挥人文素质促成人的全面发展，助力人类追寻美好生活。

从教育实践层面，19世纪的教育家斯宾塞强调指出为我们的完美生活做好准备才是教育所应完成的功能。教育家杜威的教育即生活深刻认识到了教育本身就是生活的重要组成部分，强调必须重视教育对生活的促进与引领。教育家卢梭强调要通过教育来提升认识、合理控制受教育者的需求，使心灵得到健康发展，从而实现物质幸福和精神幸福的协调发展。他还主张通过教育来提升实现美好生活需求的能力，让美好生活的需求和能力得到可持续发展。在如何培育人们"美好生活"观念和价值取向方面，西方学者的研究成果非常丰富，西方学者经常采用的教育通行实践模式有"价值澄清"模式、社会行动模式和榜样示范模式。应用20世纪60年代美国的"价值澄清"模式可帮助人们澄清"美好生活"观念，使人了解"美好生活"的观念并形成自己的"美好生活"理念，认同并践行"美好生活"理念。应用20世纪70年代欧美各国的社会行动模式可针对不同的受教育对象实施"美好生活"行动训练，提高受教育者对现实生活环境的胜任能力，为实现其美好生活目标奠定扎实的基础。应用20世纪70年代西方各国的榜样教育模式可帮助受教育者在当前生活观价值取向教育过程强调"美好生活"价值观的学习、内化主要靠观察学习或间接学习，即通过他人（榜样）示范进行的学习。

---

[1] 哈克，方允臧，何晓因. 教育与美好生活[J]. 现代外国哲学社会科学文摘，1983(04)：38-39.

三、研究现状述评

在关于"美好生活"的理论和实践探讨中，国外对于"美好生活"相关的研究大多集中在发达国家或者富裕国家，广大发展中国家和贫困国家还处在温饱问题的解决层面，对"美好生活"的研究少之又少。从已有国外的"美好生活"研究成果来看，国外学者更强调个人对"美好生活"的自由性，他们也在宗教或道德的约束下追求真、善、美的生活，也是从不同维度建构一种个人与自然、个人与社会和个人与个人交互性的生活，然后逐渐产生生活体验和积累生活经验并转变为理念与观念层面的知识体系，形成美好生活观。因而，对美好生活观的把握还需要通过不断的实践探索去促进其体系的完整，进而帮助人们进行美好生活实践和指引人们以实现美好生活。这为我们研究"美好生活"提供了一些借鉴和参照。国外学者还从多个不同学科角度来研究"美好生活"教育实践的相关主题，西方国家在教育内容上也重视促进学生的自由全面发展，尤其强调掌握基本的社会生活技能；西方多数国家也讲究物质需要与精神需要并重，倡导德育以人文精神为指导，重视平等沟通、重视受教育者的主体体验，倡导采取隐性教育实践策略调动受教育者的主动性和积极性。这些研究成果可以从理论层面丰富美好生活观及美好生活观教育的本质内涵，研究中的好方法和新视角可以拓展研究的深广度和提升研究的时效度，研究的实践经验和资料也在一定程度上为新时代大学生美好生活观教育研究提供了重要的研究参照和对比借鉴。

在关于"美好生活"的理论和实践探讨中，国内对美好生活观及美好生活观教育的研究成果主要集中在对其本质内涵、价值意义与实践探讨三个方面，其研究的成果数量与质性、方式与方法和总体情况如下。

从研究成果的数量来看，"美好生活"的关注度迅速提升，使美好生活观相关研究稳步递增，研究热点持续保持。自党的十八大以来，关于"美好生活"的研究逐年增加。2017年党的十九大报告中14次提到"美好生活"，5次提到"幸福"，并以"实现人民对美好生活的向往继续奋斗"结束，相关"美好生活"的研究几乎呈倍数递增。近几年来，有关"美好生活"的理论探讨也仍然是理论界的一个研究热点。截至2022年12月，以美好生活观为题名关键词在

第一章 导论

维普期刊官网和万方数据库精确检索,分别检索到45篇和20篇文献。以美好生活观为篇名关键词在知网上精确检索,结果显示有68篇文献,本研究对知网检索到的文献做详细分析,2010年以来的文献增长情况如图1-1所示,其中党的十九大召开之前仅有2条,十九大之后呈现快速增长,2018年6条,2019年6条,2020年10条,2021年20条,2022年为22条。

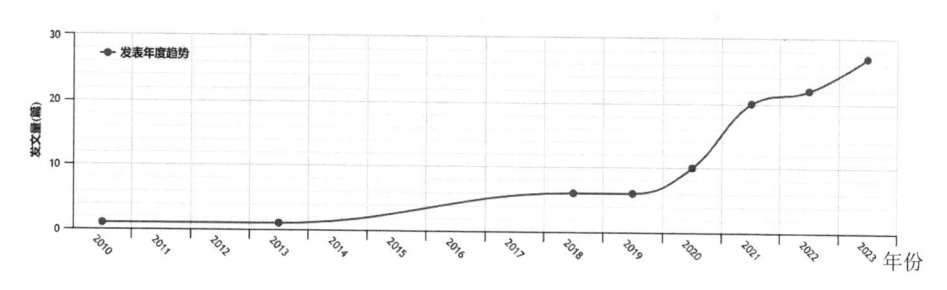

图1-1 新时代的美好生活观年度研究成果增长趋势图

聚焦于美好生活观研究并作出较多贡献单位如图1-2所示,其中高校居多,排在前两位的分别是东北师范大学和兰州大学。

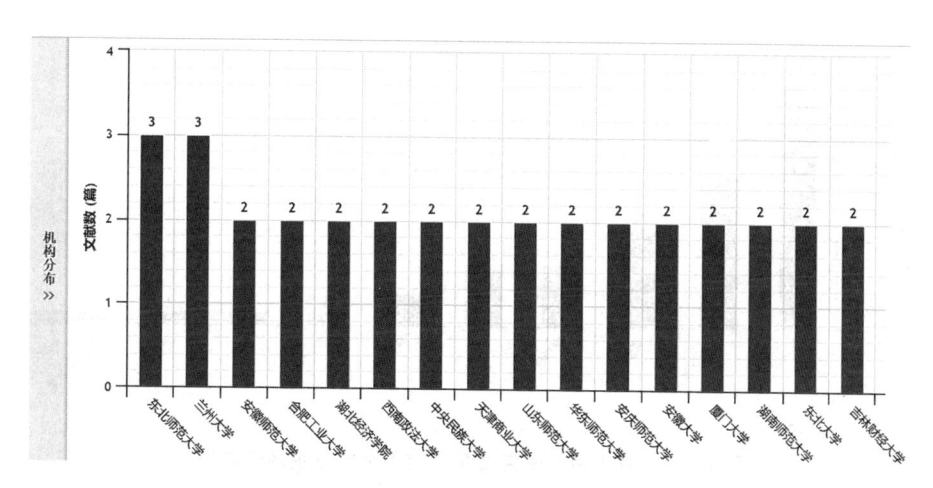

图1-2 新时代美好生活观研究成果贡献量前十六的单位分布图

聚焦于美好生活观研究并作出贡献的前十名学者如图1-3所示,全是高校教师,排在前列的分别是兰州大学的甄晓英、东北大学的于春玲和湖南师范大学的吴新颖等等。

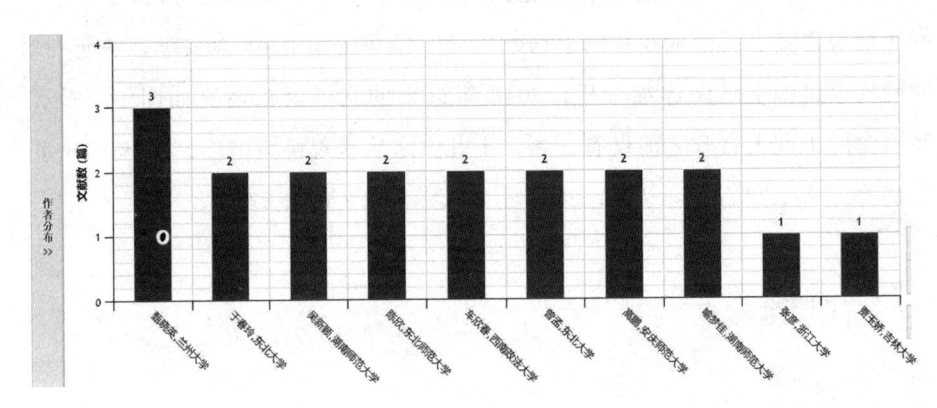

图 1-3 美好生活观研究成果贡献量前十的学者及所属单位分布图

聚焦于美好生活观研究作出最多贡献的学科是中国政治与国际政治，贡献文献 36 篇，马克思主义学科贡献 14 篇，而思想政治教育学科仅贡献 3 篇文献，排在第 5 位。围绕美好生活观进行研究排在前十位的主要主题占比情况如图 1-4 所示，生活观是主题中的核心要义，美好生活是外显形式，其中美好生活观主题排在第 3 位。

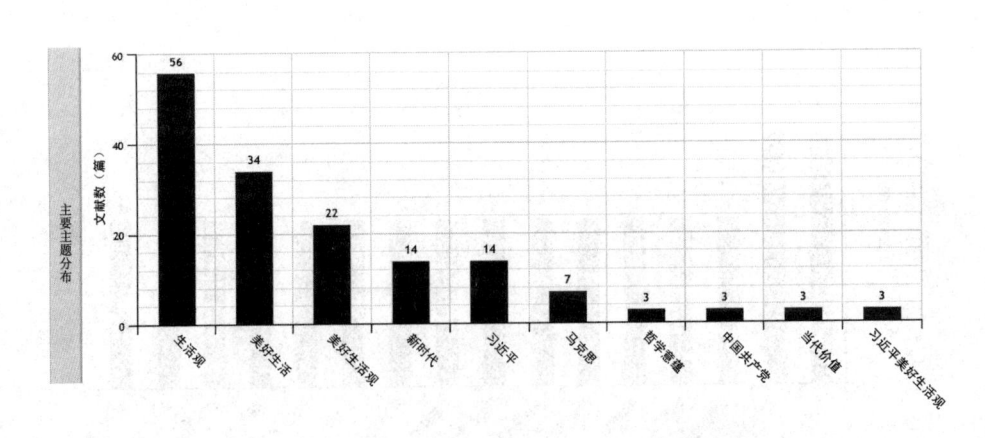

图 1-4 美好生活观研究成果的前十个热点主题分布图

以"美好生活观教育"为题名在维普期刊官网和万方数据库模糊检索都分别检索到 6 篇文献。以"美好生活观教育"为篇名关键词在中国知网上进行精确检索和模糊检索，分别检索到的文献为 2 条和 7 条。以"美好生活观教育"为主题关键词在中国知网上进行检索，可检索到文献 203 篇；本研究对知网

第一章 导论

主题检索到的文献做详细分析，党的十八大召开后每年约为 5 篇，十九大召开后每年约为 31 篇，数量在近 5 年呈现爆发式增长趋势。聚焦于"美好生活观教育"研究并做出较多贡献单位如图 1-5 所示，其中高校居多，尤其是师范类高校，排在前三位的分别是东北师范大学、华南师范大学和北京师范大学。

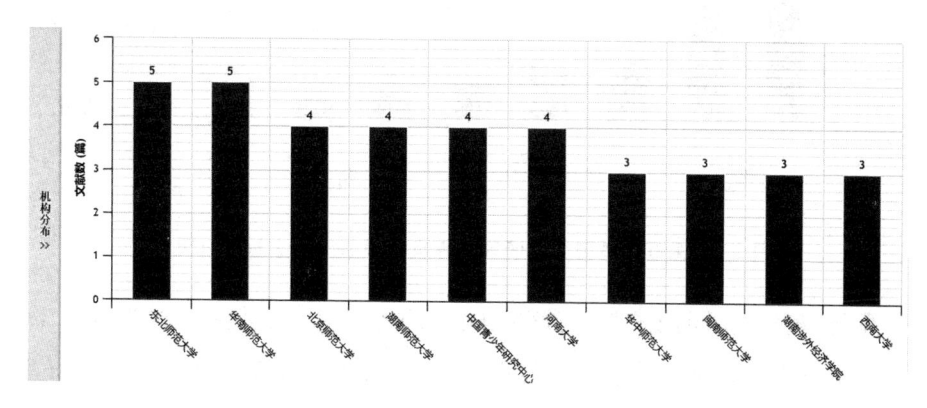

图 1-5 美好生活观教育研究成果贡献量前十的机构分布图

聚焦于"美好生活观教育"研究并作出贡献的前十二名学者如图 1-6 所示，其中的主要贡献者是高校教师，排在前列的分别是中国青少年研究中心的洪明、河南大学的邓远萍和湖南师范大学的张春叶等等。

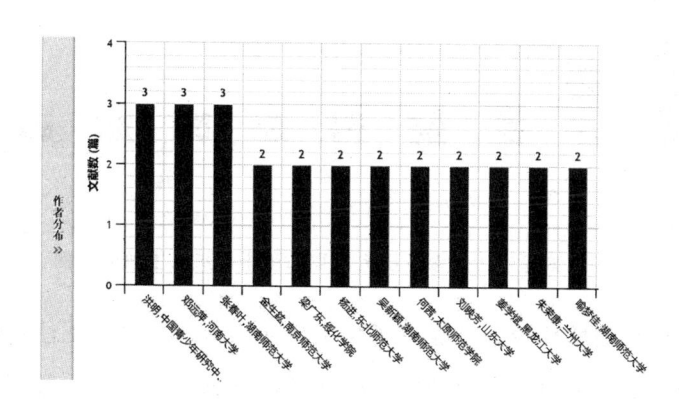

图 1-6 美好生活观教育研究成果贡献量前十二位学者分布图

聚焦于"美好生活观教育"研究并作出贡献的前十个学科如图 1-7 所示，其中贡献最多的学科是教育理论与教育管理，贡献文献 72 篇，高等教育学科贡献 33 篇文献排在第 2 位，而思想政治教育学科贡献 19 篇文献排在第 3 位。

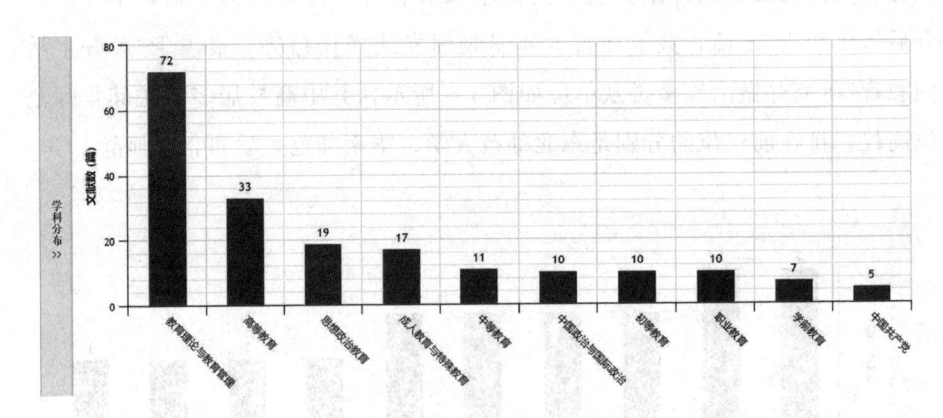

图 1-7 美好生活观教育研究成果贡献量前十的学科分布图

围绕"美好生活观教育"进行研究排在前十位的主要主题占比情况如图 1-8 所示，美好生活是该研究主题中的主旋律，思想政治教育、生活观、美好生活需要等主题分列其后。

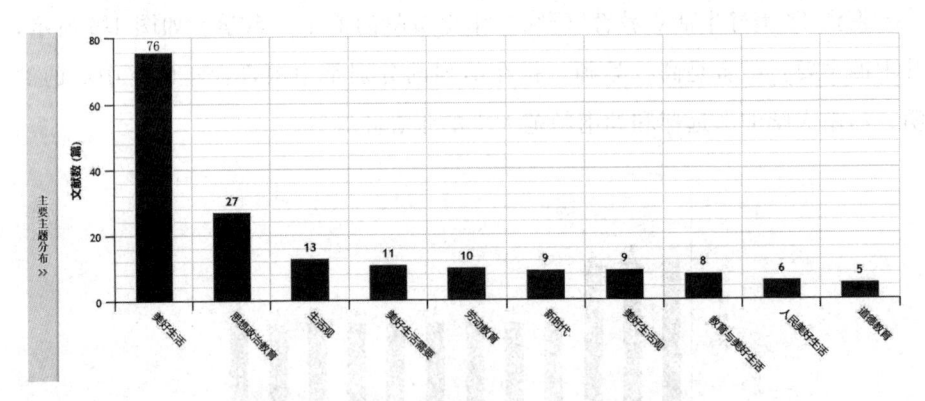

图 1-8 美好生活观教育研究成果的前十个热点主题分布图

从研究成果的质性看，马克思哲学不仅注重解释世界，更注重改变现实生活的本质功能，国内众多学者已经确立了马克思主义理论研究应当观照人的现实生活的主基调，只是关照的效果还未完全到位，美好生活观理论的价值未得以充分彰显。国内学术界对美好生活观的探讨比较广泛，已经从最初简单地与日常生活相关联和做简要评价，转向将美好生活观的理论研究嵌入了社会生活实践的方方面面，并开始注重于对生活做抽象概括的形上之思，侧重于对美好生活观进行学理性、知识性解读和侧重建立美好生活观理念和概念体系，常常用力于对美好生活观概念的厘定、结构的分析、理论价值的强调等宏大叙事上。但是在用建立的美好生活观观照当代人的生活境遇方面做得不够，导致美好生活观教育的研究并未随美好生活观的理论和实践研究而相应快速递增。"马克思生活观"的中国化实证研究比较薄弱，新时代美好生活观的理论研究和实践研究相结合还比较薄弱，美好生活观教育理论研究未能及时满足新时代人民美好生活的需要，尤其是针对新时代的生活问题（特别是当代社会个人的生存困境引导）的研究成果较少，既有的研究大多还是在以一种概念性的方式解释着这个变动的生活世界，以一种描述性追求来满足人们日益显露出来的多重生活需要，以一个思维性推演的学术设定完成美好生活观念学术体系的完备性和科学性，极度缺乏社会和个人美好生活观念相融合的教育理论和实践研究，为正确美好生活观的大众化传播定位导航，为社会主流意识形态所需个人美好生活观的形成奠基助力。

从研究的方式方法看，美好生活观教育研究存在着脱离新时代现实背景与理论语境、简单移植和照搬西方发达国家概念的倾向。国内一些理论研究者未能坚持回到经典、学深悟透、尊重经典、忠实于经典作家本意的原则，而是简单将西方哲学中的现代性生活概念（譬如生活世界）及其话语方式搬运过来，构建所谓"马克思的生活观"或者"马克思主义生活观"理论体系，一定程度地偏离了马克思主义应有的角度和立场，势必造成新时代对"马克思主义生活观"理论本真意涵的歪曲理解，这将直接影响美好生活观教育的理论基础和前提。美好生活观教育的研究还混杂在思想政治教育的多个领域，未得到应有的重视和未形成相应的教育体系，在教育研究中套用思想政治教育研究的方式方法比较普遍，同时，还有一些美好生活观教育实践研究者的应用型研究则直接套用西方所谓自由世界中的美好生活理论来观照新时代美好生活向往的具体问题，甚至还加以浮夸和美化，这样不加批判地吸收和借鉴容易造成"水土不服"，也容易造成教育中的意识形态错位和学术话语权的丧失。亟须大量学者立足高校实际，实事求是地开展新时代大学生美好生活观教育理论与实践研究。

综上国内外研究所述，针对美好生活观及"美好生活观教育"的研究，其理论研究的丰富性有待增进和完善，实践研究的系统性都有待提升和优化。目前，国外学术界聚焦主体的研究涉及较少和较晚，研究取得成果的数量较少，但相关研究呈现出主题明确、多元发展的态势；国内学术界对美好生活观教育理论的研究还相对比较零散，大多选择某一教育领域、某一教育角度、某一受教育主体或者某一教育部分内容进行论述，或是对美好生活观教育中的某些实践问题进行研究和解决，处在一种"零敲碎打"的分散状态，研究的系统性和全面性有待提升。美好生活观教育的理论研究成果探讨较少，且多为平移借鉴和想象性学术探讨，缺乏深入观察教育实践并结合美好生活观本质进行针对性架构的理论研究；更缺乏对美好生活观教育理论和实践进行系统、全面梳理的研究成果。美好生活观教育的实践经验性研究探讨较多，但是多为教育现象描述和问题解决层面的经验性研究，结合某类人群进行美好生活观微观生成的调研不多，缺乏全方位多领域的人群美好生活观和美好生活观教育实况调研，更缺乏美好生活观教育实践问题发现和研究机制，缺乏系统性建构的实践原则与方略，缺乏全方位的路径架构与铺设。鉴于此，本研究围绕"什么是'美好生活观'""培育和践行什么样的'美好生活观'""怎样培育和践行'美好生活观'"这一系列问题展开。针对第一个问题，在广泛阅读文献的基础上，对新时代美好生活观的理论语境和基本内涵进行梳理、挖掘和丰富，并对其进行系统性建设；针对第二个问题，认真探寻新时代高校思想政治教育和大学生美好生活观教育的新目标、新内容和新任务，重新审视新时代美好生活观教育的价值引领，制定恰当的教育目标和选择适宜的教育内容；针对第三个问题，积极从教育实践层面展开深入和系统的研究，尝试摸清美好生活观教育实践现状和建构有效的美好生活观教育机制，从而丰富我国高校思想政治教育对新时代大学生美好生活观教育这一问题的理解，还能帮助个体寻求更优的美好生活观教育实践方式。

第三节 研究的思路与设计

一、研究的思路与方法

(一)研究思路

对于新时代大学生美好生活观教育研究,笔者通过与导师协商和独立思考,在了解本学科研究前沿和趋势的基础上,结合自身专业发展的知识积累和能力素养现状,并考虑自身研究兴趣和综合研判当前时代需要,确定了本书的基本框架和章节的大体内容;在认真梳理新时代美好生活相关研究文献的基础上,以新时代美好生活观为内容,以科学的思想为教育实践指导,以前人的实践经验为启示,以大学生为对象,在遵循思想政治教育教学规律的基础之上,结合当前高校教育生活实际情况,探索符合大学生特点的教育理论框架和实施对策,对于促进大学生思想政治教育工作具有重要意义。为此,本研究以新时代大学生的美好生活观教育研究为论题,遵循"'美好生活观'教育的概述——'美好生活观'教育的理论探索——'美好生活观'教育的实践遵循——'美好生活观'教育的调查分析——'美好生活观'教育的实施对策"的逻辑开展研究。

根据上述逻辑,本研究的具体研究思路如下:首先,从出场背景、源流演变和内涵特质等三个层面对新时代大学生美好生活观教育的基本情况进行了概述;其次,对新时代大学生美好生活观教育的理论探索从理论基础出发,围绕教育的价值阐释进行教育目标定位;再次,对新时代大学生美好生活观教育的实践遵循从实践的指导思想挖掘开始,对教育实践的基本原则进行了梳理,并围绕目标创设了实践需要的主要内容;然后,对新时代大学生美好生活观教育的现状进行实证调查,并分析其现状及问题成因;最后,针对调查中存在的问题,积极思考应对之策,对新时代大学生美好生活观教育的实施机制进行了建设,对实施方略进行了创设,对实施路径进行了铺设,努力从系统上创建高校美好生活观教育的实施体系,力求形成新时代大学生美好生活观教育实践的多维合力,以此来营造新时代大学生美好生活观教育的良好氛围。

(二)研究的方法

1. 文献研究与综合分析法。文献是思想理论的载体。本研究通过万方数据库、维普期刊网、中国知网和部分大学图书馆对该研究主题相关的文献和资料进行收集,主要对马克思主义不同时期的相关文献著作和中华优秀传统文化相关著作进行广泛查阅和深入解读,还要考察借鉴西方"自由生活""快乐生活"和"幸福生活"等思想出场的理论语境,也需要借助中国共产党建党以来事关人民群众生活改善和提升的文献资料,形成对本研究相关文献现有情况的总体认知,并据此结合课题对现有的文献资料进行针对性和综合性研究,在此基础上去阐明新时代美好生活观的思想内涵及其基本特征,为后续的研究奠定基础。

2. 跨学科交叉整合研究法。新时代大学生美好生活观的教育工作是高校立德树人工作的核心使命,它不仅仅是思想政治教育理论学科的重要任务,也是高校其他各学科和体系与思想政治教育理论学科相辅相成的共同任务。运用哲学、教育学、社会学和思想政治教育学等多学科的理论、方法和成果对大学生美好生活观教育进行综合研究。通过多学科、多维度分析大学生现实生活的境遇、大学生的新时代发展需要及大学生美好生活的向往等问题,这样的跨学科交叉整合研究法可以更好地形成教育系统合力,从而提升教育的针对性和实效性。

3. 实证研究法。通过生活访谈提纲收集调查问题,在广泛查阅文献资料的基础上编制新时代大学生美好生活观教育调查问卷,调研新时代大学生美好生活观及其教育中存在的问题。为了充分了解当前大学生对美好生活观的认知、认同和践行的现实困境,并在样本高校内随机抽取大一到博士研究阶段的学生进行问卷调查。按照"问卷初稿设计→专家指导修改→问卷预调查→问卷分析再修改→问卷定稿"的设计程序,以问卷调查的形式,对新时代大学生美好生活观的认知、认同、践行等基本情况和新时代大学生美好生活观教育各方面的情况进行实证调研分析,梳理当前大学生对美好生活观的认知认同、践行和教育的现状和问题,并针对发现的系列问题探寻其生成原因,进而有针对性地提出解决现实问题的改进对策,尝试建构新时代大学生美好生活观教育实施体系。

4. 理论与实践相结合的方法。建构新时代大学生美好生活观教育所需的基本理论框架,既要立足于新时代现实生活的基础,又要回到马克思的文本中和教育学的学科中去做理论研究,更要把理论置于当下的新时代语境中,通过与实践的紧密联系彰显理论的时代在场性。研究新时代大学生美好生活观教育的基础理论和实践经验既需要来自对新时代大学生美好生活观教育的现实生活抽象和提炼,又需要得到新时代大学生美好生活观教育实践的现实生活检验。因此,借用新时代大学生美好生活观教育的基础理论和实践经验观照当代大学生的现实生活境遇,指引高校对新时代大学生美好生活观的教育实施方向,乃是理论与实践相结合方法的具体应用。

二、研究的重点与难点

(一)研究的重点

本课题重点致力于尝试用发展着的马克思主义的生活观观照当下人民美好生活实践,系统梳理人的全面发展视野下中国新时代美好生活的内涵本质,探索建构新时代大学生美好生活观教育的基本目标和内容。力求通过深入、系统的研究,发现并建构当前新时代大学生美好生活观教育中的理论框架和实践遵循,并系统创设高校对新时代大学生美好生活观教育的实施体系,建立三位一体联合教育、个人修德内在自省和生活实践体验反省的全方位教育路径层次,力求形成新时代大学生美好生活观教育的多维合力。采用抓住思想政治课堂灌输引领的主渠道、融入专业理论学习和实践锻炼大平台、利用校园生活文化全方位育人多维度、发挥专家引领与朋辈榜样示范高效度和重视社会主义核心价值观教育统合力等路径铺设,以此来营造新时代大学生美好生活观教育实施的良好氛围。为参与新时代大学生美好生活观教育的各方把握教育规律、提高教育实践的效果提供策略和方法参考。

(二)研究的难点

本课题研究需要采用问卷在全国范围进行大样本的取样调查,如何保证问卷编制的科学性？实施过程中如何保证取样的科学性？统计分析调查结果的方法采用什么样的方法如何准确匹配？如何保障问卷分析结果的信度和效度？上述这些问题都是本研究的难点，也是保证研究成果有效的关键性节点。

三、研究的创新与不足

(一)研究的创新

新时代美好生活观如何被大学生接受、认同和践行已经成为新时代亟须研究的课题。学者们近十年的研究成果累积已经为本研究奠定了良好的基础。本研究尝试从以下两个方面进行创新：

本研究选题的研究视角创新，通过大学生将新时代和主流意识形态美好生活观的发展进行连接，立足于生活完整视域，尝试用马克思主义视域下的新时代美好生活观观照当下大学生的美好生活追寻，梳理出人的全面发展视野下中国人民对新时代美好生活向往的内涵本质。从深刻把握新时代美好生活观的丰富内涵入手，从中华文明历史传承与新时代中国现实社会发展需要的两个维度来揭示新时代美好生活观的本质属性。从中华文明历史传承维度来分析，主要是将新时代美好生活观的本质意蕴考察置于人类文明生活的历史框架和中华优秀传统文化的历史传承与创新关系来进行。从中国现实社会发展纬度来分析，主要是将新时代美好生活观本质考察置于当今中国式现代化道路发展需要与大学生个人发展的需要的维度中进行。

本研究选题的研究内容创新，以"新时代大学生'美好生活观'教育"作为论题，从理论探索和实践遵循两个维度去考察新时代大学生美好生活观教育的基本框架和实践对策。在厘清新时代美好生活观的理论内涵基础上，展开对其教育基本框架的考察，主要立足于马克思主义哲学和思想政治教育学、社会学等多学科视域，探索新时代美好生活观教育的理论基础，阐释其教育的价值，并为其厘定教育目标，尝试构建新时代大学生美好生活观教育的理论框架。在梳理新时代美好生活观教育实践遵循的基础上筛选其关键教育内容，并通过实证研究来分析新时代大学生美好生活观教育的现实状况和存在的实际问题，在深入挖掘产生问题的成因之后，立足于思想政治教育专业，采用跨学科理论视角，思考解决其教育现存问题的实施对策，并尝试构建新时代大学生美好生活观教育的实施体系。

(二)研究的不足

理论研究有待精进。因学术积累有限，以新时代"美好生活"和美好生活观的相关研究成果为依据，在新时代美好生活观理论的研究中，基础性理论、主导性理论和拓展性理论之间的层次性和逻辑性有待论述；在新时代大学生美好生活观教育框架的创设中，所作尝试的理论支撑和教育实践逻辑有待进一步阐述；新时代大学生美好生活观教育研究的论述内容还在不断丰富和发展的过程当中，本研究仅是课题研究的阶段性成果，还存在较多需要优化和提升之处，有待在后续研究中进一步完善和深化。

实践研究有待深化。本研究对新时代大学生美好生活观教育的论述进行梳理，旨在建构新时代大学生美好生活观教育实践遵循和实施体系的重要内容。但是，因受新冠疫情影响，在研究过程中对实践层面的关注不够，对新时代大学生美好生活观教育所创设的施行机制、实施路径与实施方略还需要在后续研究中进行实践检验和进一步优化调整。

第二章 新时代大学生美好生活观教育的概述

新时代美好生活观是人类社会生活思想精华的结晶,是新时代大学生向往美好生活的经验宝库和实践指南。新时代大学生既是国家的希望又是民族的未来,对他们进行新时代美好生活观教育的重要性不言而喻,这需要党和国家、社会、家庭、学校等各方对其加以了解并高度重视。新时代大学生美好生活观教育不是凭空产生的,它是从人类社会历史生活中慢慢演变发展而来,是基于人们对更好生活的思索和追寻而来,是一代又一代人的生活实践总结反思升华而来。追根溯源,新时代大学生美好生活观教育既有其特定的历史出场背景,又具有其独特的教育语境,更彰显了深厚的思想政治教育学科属性。

第一节 新时代大学生美好生活观及其教育的概念界说

新时代是中国特色社会主义发展在时间和空间上的新坐标,也是发展的新阶段,从宏观上意味着中国进入了全面建设社会主义现代化国家的新阶段,从微观上意味着中国进入旨在实现人民美好生活的新阶段。解决人民日益增长的美好生活需要和不平衡不充分发展之间的矛盾是新时代的中心任务。对美好生活观与美好生活观教育如何界定?它们有什么样的特点?这一系列问题构成了新时代大学生美好生活观教育的研究前提。

第二章　新时代大学生美好生活观教育的概述

一、新时代美好生活观及其教育的相关概念

新时代美好生活观从人类社会最初的生活观演进而来，一直以来，人类都在积极追问生活的本质和探讨人应该秉持什么样的生活观，在不同历史时期和不同政治、经济、文化、社会等因素的影响下，人们所形成的生活观存在明显差异。自从马克思主义诞生以来，马克思主义生活观的讨论和研究逐渐增多；自从马克思主义传入中国以来，中国化的马克思主义生活观也在逐渐演进和逐步完善。进入新时代以来，党、国家、社会、人民关于美好生活的认知在政治话语、生活实践、学术研究中逐渐形成共识——新时代美好生活观。

一是关于生活观的界定。一直以来，人类从未停止对生活本质的追问，更未停止过对生活相关问题的思考，对"人的生活是什么？生活该怎么过？什么样的生活值得过？生活有什么意义？人应该追求什么样的生活意义？"等一系列问题的研究共同构成了生活观的研究领域。生活观来源于人的生活，由人们的生产生活实践决定，人的生活观是随人类社会生产生活实践发展而变化，生活观既要与时俱进，也要入乡随俗，世界不可能存在一种一成不变的生活观，也不存在完全相同的生活观。

学者杨魁森认为"哲学就是生活观"，从自然哲学、宗教哲学、理性哲学、实践哲学来看，不同时代的哲学表达着不同时代人们所秉持的生活观念；学者范世珍指出生活观通常是指关于人类生活的根本观点，是人对真实生活世界的深刻观察和理解，是对于人类"生活目的、特点、意义等理念"的系统表达。人的生活观一旦形成，就对人们的生产生活实践产生反作用，生活观的基本内容就是人们关于人类生产生活实践的看法、思想、评价和态度，是人们选择生活方式的灵魂，是人们进行生产生活实践的决策、指挥、组织和调节中枢。黑格尔认为生活观本质上是逻辑思辨生活观，是精神运动在社会历史生活中的呈现。费尔巴哈认为生活观本质上立足于现实生活，把人的生活归结于"类生活"，是对直观生活认识的整体性概括呈现。学者刘宝三提出生活观"是人们的生活活动在人们头脑中的反映，它是人们对生活活动的看法、

思想、评价和态度，是人们对生活活动进行思维的结果"①。学者朱鲁子阐释生活观为"人对生活的基本看法和态度，其本质上是人生观问题，又是价值观的外部表现形式"②。学者王洪波从大学生主体出发研究，认为"大学生活观是对大学生活的本质、价值、目的、态度、成才过程及其规律的基本观点和看法，主要包括成才模式和目标观、成才行为和态度观、成才机遇和条件观等"③。

综上所述，本研究认可的生活观是以生命的积极存续为根本，以积极存续的生命状态外化展现为良善生活形态为内容，它是建立在个人世界观、人生观和价值观基础上的生活认知体系，是一种建立在三观基础上对人类社会生活的事实认知、价值判断和行为选择的思想观念体系。

二是关于马克思主义生活观的界定。从马克思主义诞生以来，关注人的生活和指引人更好地生活一直是其核心内容。马克思主义从认识生活的主体、分析生活的场域和揭示生活的本质对生活展开研究，既教我们认识人，也教我们认识生活，更引领我们怎样过上更好的生活。现实的个人是生活的主体，现实的世界是生活的场域，人的劳动成了切入人生活本质的重要内核，提出了"全部社会生活在本质上是实践的"④，揭示了人类生活的本质，将劳动实践作为探寻有关人类重大生活问题的密钥；人是生活与实践的共同主体，生活以物质生产实践为基础，生活目标的达成以实践为途径，生活发展以实践为动力；从而将劳动实践引入了人类生活世界的解释原则，使实践唯物主义哲学成了研究人类生活的重要基础。

列宁曾言明："生活、实践的观点，应该是认识论首要的和基本的观点。"⑤人的生活世界不仅有自然生活，更重要的是社会生活，自然生活与社会生活的有效联结必然成为人类社会发展的前提基础，马克思主义站在社会的

---

① 刘宝三. 关于生活观的几个问题[J]. 学术论坛, 1988(3): 41-45.
② 朱鲁子. 对生活的重新阐释——探讨价值观的一个可能视角. 理论与现代化, 2000(12): 16-20.
③ 王洪波. 树立现代大学生活观塑造高素质创新人才[J]. 中国青年政治学院学报, 2001(7): 37-39.
④ 马克思恩格斯文集(第1卷)[M]. 北京: 人民出版社, 2009: 501.
⑤ 列宁. 唯物主义和经验批判主义[M]. 北京: 人民出版社, 1998: 144.

第二章 新时代大学生美好生活观教育的概述

高度关注人的自然属性，使实践唯物主义哲学视域下的人的生活达成了自然主义和人本主义相统一的解释原则。马克思主义的唯物史观也是从研究人的现实生活出发，界定生活为现实个人的存在和生命活动的展开，承认"人们首先必须吃、喝、住、穿，就是说首先必须劳动"，对生活的要素、关系、现实、价值等多方面进行了相应阐述，并基于此进一步具体化使其既能解释社会群体生活，也能解释个人生活，揭示人类"生活世界"的内在结构，从而还原人类生活世界的丰富性。马克思主义关照人和关怀人，它提倡人通过劳动创造一个理想自我，鼓励人有理想的生活目标和追求应有的生活意义，并在《共产党宣言》中为人民的美好生活观作指引，指出共产主义是人类理想生活的表达，即人类美好生活的远大理想目标。有的学者从狭义角度聚焦于研究马克思的生活观，学者周新原认为它是"马克思关于生活世界生成、本质、结构、内涵及其变迁规律的阐述和思想体系"[1]；顾燕峰认为它是"马克思关于人类生活世界和生活活动的基本观点"[2]。学者高炳亮认为"马克思生活观是马克思考察与反思生活的基本态度、基本方法和基本观点，包括对生活的本质、主体、内容、特征及其发展变迁规律等方面的看法"[3]。有的学者则从广义角度关注众多马克思主义者的思想进行综合研究，学者尹红领认为马克思主义生活观是"马克思、恩格斯关于'生活'的一系列论述，反映了他们对'生活'的理论把握和现实追寻"[4]。学者陈敏认为马克思主义生活观揭示了人的劳动实践是生活的本质，生活的基本矛盾运动是生活的内驱力，人的自由而全面发展是生活的最终指向。

综上所述，本研究认同的马克思主义生活观是一种基于马克思主义的视域下，建立在正确三观基础上的生活认知体系，是一种追寻共产主义道路上对人类社会生活的事实认知、价值判断和行为选择的思想观念体系。

三是新时代美好生活观的界定。进入新时代以来，中共第十八届中央领导集体当选之初就向全国人民宣示：实现人民对美好生活的向往就是党领导

---

[1] 周新原. 从马克思的生活观到新时代美好生活：理论逻辑与现实路径[J]. 东南学术，2021(4)：36-45.
[2] 顾燕峰. 马克思生活观及其当代价值[M]. 上海：上海社会科学院出版社，2021：50.
[3] 高炳亮. 马克思生活观之生成逻辑[J]. 理论与评论，2020(2)：13-24.
[4] 尹红领. 马克思主义"生活观"探析[J]. 河南社会科学，2019(9)：19-24.

人民为之奋斗的目标。从此掀起了对新时代美好生活观研究的热潮，这些美好生活观都是在遵循人类社会发展历史规律的基础上，以马克思主义为指导思想，以崇尚劳动为底蕴，认为劳动实践才是人民群众创造美好生活的根本；在追求美好生活的道路上以人民群众为中心，以实现人民对美好生活的向往为路径，认同共产主义追求每个人自由而全面发展的终极目的。新时代美好生活观是指处于新时代的人民对于美好生活的总体观点和根本看法。这些新时代美好生活观都在尝试回答"人民的美好生活是什么""人民的美好生活为什么"与"人民的美好生活会怎样""人民的美好生活如何实现"等问题。

学者武奎等认为新时代美好生活观是"新时代人民群众对美好生活的根本观点和看法，主要涵括'谁的美好生活''什么样的美好生活'和'怎样实现美好生活'，具有时代性、多元性和可选择性"[①]。学者刘萍认为新时代美好生活观是"新时代建设中国特色社会主义事业的新理念与新指向，是小康社会建设的逻辑演进"[②]。也有部分学者认为新时代美好生活观是新时代人民对美好生活的系列观念看法，是个人世界观、人生观和价值观在生活中的综合反映，其真正内涵和终极目标在于促成生产力的不断发展、普遍交往的实现、自由自觉的劳动、人的自由而全面发展。目前国内关于新时代美好生活观的理论性研究侧重于宏观意义上应然层面的价值引领和思想教育，实证研究欠缺针对特定人群的具体深化，鲜少具象研究某类人群的美好生活观。

本研究针对新时代大学生群体进行具体深化，找准家、国、社会层面和个人层面所需美好生活观的结合点，梳理出大学生应形成的新时代美好生活观，是一种基于马克思主义世界观、人生观和价值观基础上的美好生活认知体系，是对新时代人类社会美好生活的事实认知、价值判断和行为选择的思想观念体系。它指导大学生建立科学的世界观、人生观和价值观，指导人更好地追寻美好生活和创造美好生活，既满足美好生活的共同体意识所需，建立"自由人的联合体"，又满足个人的全面发展所需，建立更加立体和全面的生活需求观念体系。

---

① 武奎，董玉节.新时代主流美好生活观培育的逻辑和机制[J].学术探索，2021(10)：137-142.

② 刘萍.小康社会建设发展视阈下的美好生活观探析[J].思想理论教育导刊，2021(7)：58-62.

第二章 新时代大学生美好生活观教育的概述

四是新时代美好生活观教育的界定。进入新时代，中国共产党制定了为人民实现美好生活向往的奋斗目标，人民就是实现美好生活向往的奋斗主体，也是创造和共享人民美好生活的主体，党和国家亟须对广大人民群众进行美好生活观教育，尤其是针对重点人群展开新时代美好生活观教育。帮助人们正确认识什么是美好生活，美好生活该如何实现，为什么要追求美好生活，人民的美好生活向往怎样才能顺利实现，个人的美好生活目标该如何定位和如何践行。

部分学者基于这一系列问题的教育追问展开了新时代美好生活观教育的研究，早在2002年金生鈜就指出"教育的本体论的价值使命就是为了美好生活，即教育以美好生活的价值作为终极的、基础性的价值取向"[①]。冯建军认为新时代人民的美好生活需要本身就包含了教育，因为"教育是人类传承文明和知识、培养年轻一代、创造美好生活的根本途径"[②]，其实质就是关涉新时代美好生活观教育，立足于唤醒人民向往和追求美好生活的意识，培养人们积极的健康心态，营造良善和谐的社会关系，培育他们为美好生活奋斗的精神和创造美好生活的能力。这不仅是新时代教育的新要求和新目标，也是新时代人们得以创造美好生活的根本。武奎等从思想政治教育视角定义认为新时代美好生活观教育是"指社会或社会群体对人民群众施加有目的、有计划、有组织的影响，使他们形成符合新时代要求的主流美好生活观念的社会实践活动"[③]。喻梦佳等认为新时代美好生活观教育是"指通过教育者对受教育者施加有目的有计划的影响来帮助人们形成主流的美好生活价值观念，树立正确的美好生活认知"[④]。它是对新时代下"什么是美好生活""为什么要建设美好生活"以及"怎样实现美好生活"的合理解答和系统培育。

本研究立足于思想政治教育视域下，认为新时代美好生活观教育就是人

---

① 金生鈜.教育哲学怎样关涉美好生活？[J].华东师范大学学报（教育科学版），2002（2）：17-21+48.

② 习近平.致联合国"教育第一"全球倡议一周年纪念活动的贺词[N].人民日报，2013-09-27（03）.

③ 武奎，董玉节.新时代主流美好生活观培育的逻辑和机制[J].学术探索，2021（10）：137-142.

④ 喻梦佳，吴新颖.新时代大学生美好生活观教育：生成逻辑、价值意蕴和实现路径[J].和田师范专科学校学报，2022（2）：32-37.

主动或被动接受、培育和形成党、国家、社会、个人在新时代所需要的美好生活观的一种活动。它立足于马克思主义理论视域下建立人的正确三观，形成人对美好生活的科学认知，产生人对美好生活的积极情愫，提升人的美好生活能力素养，促成人向往美好生活的伟大实践。

二、新时代大学生美好生活观教育的基本内涵

依据上述关于新时代美好生活观教育的概念界定，新时代大学生美好生活观教育就是针对大学生开展的新时代美好生活观教育。只有梳理出新时代大学生美好生活观的基本内涵，对新时代大学生进行美好生活观的培育才有了教育内容依托。大学生是未来美好生活的主人，过上什么样的美好生活才会使其感受到认同和感受到美好是其对美好生活的定义。新时代大学生美好生活观是一个包含生活全域在内的整体性理论体系，是人民对未来美好生活向往的全面展望和建构。对其基本内涵的研究和梳理务必从马克思主义整体观出发，充分考察后统揽人在现实生活中的多种场域、多种需要和多种样态，就目前新时代的全域视野建构维度来看，美好生活观教育内涵的阐释维度主要包含对物质、社会、政治、精神和生态等生活领域的基本认知和要求。

其一是释放生产力充分发展的核心动力引导物质美好生活。人类能更好生活的前提是必须先能够生存，而人能够生存的重要依靠是占有满足生存需求的物质，如果无法实现这一点，人类的生存就无法得到延续；如果没有生产力的发展促成人类物质财富的不断涌现和丰富，实现更好生活的向往就无从谈起，美好生活的向往和实现就变得更不可能。因此，人类通往美好生活的道路是从能够生存到能够生活，从能够生活到过上更好生活，从过上更好生活到向往美好生活，从向往美好生活到实现美好生活，这一过程变化的核心要素必须依靠生产力不断向前发展，生产力的充分发展必须是实现美好生活的核心动力。

具有为人类美好生活而奋斗情怀的马克思在《莱茵报》时期就已经开始关注贫苦人民的物质生活，意识到物质生活的丰裕是美好生活实现的必要前提，并在其《手稿》著作中进行明确和阐述，这也是马克思第一次将物质生活的丰裕列进自己关于美好生活样态的设想和架构。针对物质生活地位的重要性和

第二章 新时代大学生美好生活观教育的概述

基础性,马克思进行了更具体的论述,确保人人都拥有丰裕的物质生活条件是美好生活实现的前提条件,只有每个人的物质生存条件得到保障和满足时,人才能更好地从事其他活动,进而激发和满足人民其他美好生活的需要。马克思和恩格斯在他们合著的《神圣家族》中进一步明确:工业生产和自然生产的齐头并进为社会发展提供了丰富的物质生活资料,极大地促进了生产力发展进入良性循环,生产力得到飞速提升,为人类实现对美好生活的向往提供了充足的物资和动力。综上可知物质生产在生活中居于基础地位,是社会和历史发展的发源地,是美好生活实现的基础。① 习近平总书记强调只有人民的物质需要得到保障和实现满足,人民对美好生活向往的实现才有可能尽早到来。

那么如何才能引导人民追求物质美好生活呢?物质美好生活主要依托于特定的历史场域和既定的客观环境条件,因人的创造而来。新时代大学生必须首先从物质生产的源头着手,从促进生产力的发展入手,不断提升自己的物质美好生活创造能力和水平,为促进生产力的充分发展贡献力量。正如马克思所说,"在再生产的行为本身中,不但客观条件改变着,例如乡村变为城市,荒野变为清除了林木的耕地等等,而且生产者也改变着,炼出新的品质,通过生产而发展和改造着自身,造成新的力量和新的观念,造成新的交往方式,新的需要和新的语言"②;从源头提升人的素质、能力,促进人不断发展,使人的素质、能力对象化,为美好生活创造更加丰裕的生活物资。然后是做好物质生活目标调试,不断调适自己的物质生活需求,不要被欲望所吞噬,让自己的物质生活需求更贴近现实生产力,为促成人民美好生活实现缩短距离。物质美好生活的实现由一个一个物质美好生活需求的不断实现所累积而成,新时代大学生对物质美好生活的向往实现不仅需要奋斗,更需要认清自身条件和时代现实,实事求是地对自己制定的物质美好生活方向和物质美好生活需要进行审视,并进行合理引导,最终对初始物质生活目标进行实事求是的调试,这是物质美好生活目标能够达成的助力。最后是做好物质享有过

---

① 马克思恩格斯文集(第1卷)[M].北京:人民出版社,2009:258.
② 马克思恩格斯全集(第46卷上册)[M].北京:人民出版社,1979:494.

程管控，面对特定的历史条件下的生活物质生产能力，社会生活物质总量是一定的，面对公共生活物质所需和个人生活物质所需发生冲突的时候，我们应秉持集体优先原则。面对个人生活物质需求欲望出现困惑和迷茫时，对个人生存发展有益的正当物质需求应该力求优先解决，对个人自由全面发展有益的正当物质需求应该努力在未来解决，而不切实际的物质享受欲望膨胀绝不可姑息助长；新时代的社会生活物质的供给已经出现了不平衡和不充分的问题，不断减少无效供给，不断增加高效供给，在社会不断优化物质生产能力的同时还能直接对准人民的物质生活所需，使人民普遍对物质生活感到满意、让美好生活能够从物质维度开始建构合理，真正实现高水平的生活物质供需平衡。

其二是激活文明文化更繁荣的深层力量贡献文化美好生活。全世界关于文化的定义太多，一般意义上讲，文化因人类共同生活的需要由人类自己创造，指一个国家或民族的历史、地理、文学艺术、传统习俗、风土人情、思维方式、价值观念、行为规范、生活方式等的内容总和。人民对美好生活向往的内涵必然包含文化美好生活，文化美好生活具象为社会文化繁荣和呈现为社会文明，美好文化对于提高人们美好生活的质量和丰富人民文化生活具有明显作用，美好文化生活可以为人民对美好生活的向往提供正确的生活方向指引和提供正确的生活方式；美好文化生活内容可以提高人民群众的整体文化素质，还能凝聚民心民意起到精神纽带作用，对社会精神文明和社会文明建设大有裨益。美好文化生活中的价值观念和行为规范是人类既往共同生活成功的经验积累，是人们通过比较选择后认为合理的和该被集体生活接受的价值观念和行为准则，对稳定社会秩序有助力作用，为实现人民对美好生活向往贡献美好文化生活的深层力量。

"满足人民过上美好生活的新期待，必须提供丰富的精神食粮。"[①]是党的十九大报告中为新时代文化建设指明的方向和部署的任务。经过百年积淀，新时代的生产力已经得到较大发展，生活物资的丰富促成人们思想观念活跃，

---

① 习近平. 决胜全面建成小康社会 夺取新时代中国特色社会主义伟大胜利[N]. 人民日报, 2017-10-28(01).

第二章 新时代大学生美好生活观教育的概述

生活中的文化需求日益多元,走什么样的文化发展之路事关美好生活的方向和方式。文化自信使全党全国各族人民建设美好生活的凝聚力和向心力得到极大提升,为第二个百年奋斗目标和人民对美好生活向往的实现提供了坚强思想保证和强大精神力量。习近平总书记指出:"没有高度的文化自信,没有文化的繁荣兴盛,就没有中华民族伟大复兴"[①],没有中华民族的伟大复兴也就没有人民的美好生活向往。

文化会融入民族的血脉,是民族的精神家园。文化自信要求以文化举旗帜、把方向,以文化感人心、聚民心,以文化传价值、育新人,以文化兴文化、激活力,以文化蕴精神、展形象。

做到文化自信是增强四个自信的根本,是新时代"四个全面"战略布局的保障,是民族复兴伟业中人民向往美好生活的精神支撑。首先,以优秀传统文化奠基人民群众美好生活的底蕴精华。马克思主义理论之所以行,是因为中华优秀传统文化能与其核心理念相符和相融,为其后续接地气的发展奠定了基础和扎牢了根脉。为中华优秀传统文化资源注入实事求是的马克思主义精髓,家国情怀、道德观念和民族品性就熔铸成了中华民族持久的向心力和强大的凝聚力,融聚中华传统文化思想精华,包含中华民族对真善美的价值追求,凸显中华传统文化的开阔胸襟和精神品格。习近平强调要提炼出优秀传统文化的精神标识,精神标识一旦形成,就会像一面旗帜,呈现出强大的民族内聚力,使中华儿女产生一种精神的认同感和归属感,以主人翁的责任感和荣誉感实现人民对美好生活的向往。然后,以红色革命文化凝结人民群众对美好生活的奋斗气魄。中国共产党领导之所以能,是因其领导人民进行中国革命实践产生了革命文化,为中国文化发展开辟了新天地。中国共产党的理想信念、家国情结、为民初心、担当品行、敢于创新、勇于奋斗、默默奉献和不怕牺牲的精神形成了革命文化的生命内核,是革命年代中华民族的文化成果总和。在新时代的社会主义建设热潮中,革命文化是当今中国战胜一切困难的信心来源,中华民族的复兴伟业需要从中汲取养分,我们必须在

---

① 习近平. 决胜全面建成小康社会 夺取新时代中国特色社会主义伟大胜利[N]. 人民日报,2017-10-28(01).

传承革命文化中深化情感认同,在提炼革命精神中锤炼意志品质,在弘扬革命精神中培育新人。如今,浩然正气的革命文化已融入中华文化的血脉,是中华儿女文化自信的源头活水,浸润着中华民族最深层的精神追求,影响着中华民族的精神意志和决定着中华民族的精神品质,凝结成中华儿女实现美好生活向往的奋斗气魄。最后,以先进时代文化生产人民群众美好生活的现实神韵。中国特色社会主义道路之所以好,是因其为文化发展指明了正确的方向和开辟了坚实的道路,并激发人民群众产生了惊人的发展伟力,形成了符合时代所需的先进文化,指引中华民族进行伟大斗争、建设伟大事业、推进伟大工程,实现伟大梦想,为文化自信提供实力支撑。先进文化是中国共产党夯实执政基础、巩固执政地位的核心内容,也是新时代中国硬软实力的核心支撑,影响着中华民族伟大复兴进程。它必须以实现共产主义为最高理想,以习近平新时代中国特色社会主义思想为实践指导,以文化为美好生活服务为路径导航,以满足人民群众的美好文化生活需要为首要目标,顺应人类社会发展规律,"激发全民族文化创造活力""更好构筑中国精神、中国价值、中国力量"[①]。为中国经济发展和社会全面进步提供精神动力。它对弘扬民族精神,形成民族凝聚力,有着极大的激励和促进作用,能为中华儿女实现美好生活的向往提供强有力的思想保证、精神动力和智力支持。与时俱进的先进文化是中华文化的灵魂,是中华儿女文化自信的现实依托,承载着中华民族的伟大梦想,影响中华儿女的精神内核和决定中华民族的精神品格。

其三是形成政治价值更充分的核心追求引领政治美好生活。政治源于生活又融于生活,政治为生活服务,美好政治生活中的正确政治价值能得到更充分的彰显,美好政治生活能保障新时代人民美好生活的实现。新时代人民渴求"海晏河清、朗朗乾坤"的政治美好生活需要引领,中国共产党担起了为人民服务的责任。坚持马克思主义理论,走中国特色社会主义道路;坚持人民民主专政,擘画人民美好生活蓝图;强力推进铁腕反腐,牢记执政为民初心;大力奉行"三严三实",坚定不移践行"群众路线",深入推进"党史学习教

---

① 习近平. 决胜全面建成小康社会 夺取新时代中国特色社会主义伟大胜利[N]. 人民日报, 2017-10-28(01).

第二章 新时代大学生美好生活观教育的概述

育";倡导贯彻落实"五大发展理念",统筹推进"五位一体"总体布局和协调推进"四个全面"战略布局;为新时代的社会政治生态环境带来持续向好的变化,人民期盼"海晏河清、朗朗乾坤"的政治生态正在逐渐生成。中国共产党用实际行动让更多正确的政治价值得到充分的彰显,国泰民安、以人为本、人民民主、风清气正、社会和谐、公平正义、民风淳朴、安居乐业,正逐步达成对人民政治美好生活的有效引领。

新时代伊始,以习近平同志为核心的党中央将实现人民对美好生活的向往作为政治生活中的核心议题,围绕美好生活的核心议题,党的执政理念、路线、方针、政策等方面的内容需要创设和转变,习近平新时代中国特色社会主义思想的指导地位得到确立,政治生活中的一系列新理念、新思想和新战略将直接或间接地影响人民的美好生活实现。党在十九大报告中明确指出新时代的社会主要矛盾已经出现转化,社会发展必须坚持以人民为中心,以促进人的全面发展为目的,走全体人民共同富裕的社会主义道路。这样的政治理念传承了中国共产党的初心和使命,反映了党治国理政的理念做到了以人为本,是对当前人民对美好生活向往愿景的积极回应,彰显了新时代中国共产党的政治理论之美、政治道路之美、政治制度之美和政治生活之美。

首先是坚持马克思主义理论在政治生活中的指导地位,为美好生活指引正确方向。马克思主义中国化过程中对新时代人民美好政治生活及其相关问题的积极应答和阐释,现实地构成了习近平新时代中国特色社会主义思想的政治任务和政治课题。新时代的新思想从人民群众政治生活的痛点、热点、难点中研究和分析问题,为实现人民美好政治生活提供理论指导和解决方案。其次是坚持走中国特色社会主义道路,为美好生活擘画理想愿景。方向决定前景,道路决定命运。坚持走中国特色社会主义道路是党的全部理论和实践的立足点,走这条路是党领导人民群众穿越百年沧桑追寻梦想所做出的正确选择,走这条路从根本上改变了中华民族和中国人民的命运,走这条路是党团结带领亿万人民群众共同开创的,是党同人民群众共同努力拼搏和奋斗的结果。新时代恰逢百年未有之大变局,实现人民对美好生活向往所需要解决的矛盾和问题比以往更加错综复杂,坚持走中国特色社会主义道路是顺应人民美好生活期待的必由之路。再次是服从党的集中统一领导,为美好生活提供政治保障。习近平总书记要求加强党对一切工作的集中统一领导,这也是政治工作的核心任务,即要求全党肩负起创设政治美好生活,为人民群众美好生活服务的政治责任。将党的领导体现和落实在党对美好政治生活建设的目标、道路、方向和内容进行把握的各个方面,对人民群众美好生活全域建设进行全面领导,同时把政治挂帅的思路贯穿到为人民美好生活服务的各个领域,并强调这些根本要求和做法是人民美好生活得以实现的重要政治保障。最后是坚持人民民主专政,保障以人民为中心的美好政治生活。坚持人民民主专政就是坚持以人民为中心,坚持以人民为中心的价值理念就是坚持深入人民群众的观点,走人民群众路线,抓住人民群众最关心最直接最现实的利益问题,把实现人民对美好生活的向往作为发展的根本目的,必须关心人民的美好生活需求,倾听人民的美好生活呼声,不断完善公共服务体系,促进社会公平正义,真正做到权为民所用、情为民所系、利为民所谋,充分彰显人民的政治生活诉求,从根本上调动人民创造美好生活的积极性。

其四是激发安定和谐新风尚的内在要求助力社会美好生活。作为马克思主义哲学基础概念的社会生活,是人类以一定的社会关系为纽带,由社会的经济、政治、文化、心理、环境诸因素综合作用,形成一系列极为复杂的、多层次的社会现象。本研究的社会美好生活不是"全部的社会美好生活"而是指与物质、政治、文化和生态等美好生活相并列的一种美好生活领域,是特指与个人美好生活相对应的一种带有公共性、普遍性的社会美好生活,是让每个人和任何人,即人民群众都能参与到、感受到和享受到的社会美好生活。"美好"是对"什么样的社会生活"的特殊规定。"什么样"则特指人们在社会交往中组成家庭、学校、社区等不同的社会组织,通过交往产生一定的社会关系,进而实现社会生活。马克思视域下的社会美好生活更注重人类在社会关系中的公正、法治、自由、平等等社会价值理念的氛围营造,人民群众在社会生活中是否提倡自由、平等、公正、法治、和谐等价值理念,将直接决定美好社会生活氛围是否能建设成功,即安定和谐新风尚的美好社会生活是否能让人民群众感受到美好。社会生活是否美好又直接影响着人们之间的社会关系,最终会影响着该社会中人民群众的美好生活状态。

新时代的快速发展,人民美好生活中的物质生活、政治生活、文化生活和生态生活都得到了长足的发展,与上述生活相关联且并行存在的社会生活更是受益颇多且飞速发展,"全部的社会生活"中带有公共性、普遍性的社会美好生活需要人人参与建构和作出贡献。首先是社会美好生活建设需要个人无条件支持党和国家进行顶层设计。人民群众实现美好生活的基础条件必须依靠党和国家来保障,因此他们是社会美好生活顶层设计天然的责任主体,承担着与生俱来的初心和使命。在恰逢百年未有之大变局的新时代,党和国家政府对人民美好生活的基本责任就是实现社会的安稳和善治,通过安稳提供美好生活的大环境,通过善治在发展中不断解决人民群众关心的一个又一个"急难愁盼问题",个人的义务和责任就是积极响应和无条件支持。其次是每个人自觉做讲诚信、讲道德、讲法律、讲秩序和守规范的合格公民。再好的顶层设计和社会制度安排都需要靠人的行动去落实和体现,缺乏了每个人的行为自律和道德修为,再好的美好社会生活蓝图都无从绘制,唯有从引导人的微观生活领域开始抓起,从各方面争做合格好市民,用自觉讲公序良俗和遵章守纪,做诚信之人、有德之人、守法之人,共同为营造美好社会生活环境托底。再次是每个人主动作为和积极贡献进行社会问题的有效治理。百年未有之大变局的国际国内环境不断冲击着党和国家为人民做好的顶层设计,人民群众的美好生活观不断地受到误导和歪曲,社会生活价值观念容易在接受挑战中被西化和极化,有的需要阻止,有的需要引导,有的需要修复,有的需要调整,有的需要管控,面对美好生活信心不足和美好生活理想丧失等系列问题,党和国家需要每个人都积极参与社会问题治理,用真切实例来兑现人民群众对美好生活的期盼,用实际行动来增强人民对美好生活的信心。最后是人人参与社会风气引领和共同构建合理和谐的人际关系。社会风气的营造本身就是一个系统工程,既需要顶层设计,也需要中层的组织和机构的协调和给力,更需要人民群众的全面参与,社会生活处处做到以人为本,社会生活治理体现以人民为中心。新时代美好生活中的每个人都离不开别人的服务和贡献,都需要别人的劳动和帮助才能实现自己的美好生活。所以,社会需要人人都参与共建共享,社会需要更多诚信和善意,人与人之间需要彼此尊重和理解,需要彼此关爱和支持,人人为我,我为人人,人人为人人,人是什么样,社会就是什么样,只要人人参与社会风气引领和共同构建合理和谐的人际关系，安定和谐新风尚必然成为人民群众社会生活的内在要求。

其五是生成友好绿色更环保的核心需求保护生态美好生活。生态环境是影响美好生活能否全面实现的重要影响因素，拥有良好的生态环境是人民最真切的美好生活愿望，这也是人民群众最普惠的民生福利。只有友好绿色更环保的生活核心需求得到人民认同和守护，才能保障人民群众过上生态美好生活。过去的盲目发展导致了粗放型的经济增长，自然资源被过度浪费，生态环境遭到严重破坏，人的生活环境也被殃及，曾经以牺牲环境而专注发展的模式已经被国家和人民群众意识到是一种错误。当人们已经意识到生态环境对生活的重要性以后，回溯马克思主义的经典著作，人在自然界中生存和人与自然是生命共同体已经成为人民群众的广泛共识。新时代的美好生活环境必然是美好生活的有机构成部分，用友好绿色更环保定义生态美好生活，既是一种生活理念，也是一种生活态度，更是一份生活责任，注重保护生态美好生活有助于全面提高人们的生活质量和美好生活感受，也关乎着人民群众美好生活向往的逐步实现。

进入新时代，人民群众对美好生活环境的生态质量要求越来越高，建设生态美好生活，已经成为人民群众实现美好生活向往的基础和支撑。党和国家在党的十九大及时回应民心所向，把保护生态和保护环境提到了与发展并重的位置，甚至比发展本身还要重要，提出建设"美丽中国"的新目标，明确了新时代的现代化是人与自然和谐共生的现代化，绘制了友好绿色环保的生态发展路线图，做出了"要提供更多优质生态产品以满足人民日益增长的优美生态环境需要"的庄严承诺。党旗所指必是民心所向，新时代保护生态美好生活的呼唤需要人民群众积极行动起来。首先，要引导人民群众认识自然、尊重自然和保护自然。马克思主义认为只有认识了自然，人才能融入自然并通过自己的劳动生产人民群众所需和生活所需的生产生活资料；只有尊重自然，人才能在生产劳动和生活实践过程中学会与自然和谐相处；只有保护自然，人类的更好生活状态才能得以持续，才能真正实现和享受美好生活。然后，要引导人民群众认识环境、改善环境和保护环境。只有认识了环境的重要性，才能做到社会发展遵循生态原则，彻底转变以牺牲生态环境来换取经济发展的短视理念；只有掌握了改善环境的方式方法，才能做到在社会发展中合理配置环境资源，让人民群众更为公平地共享环境资源；只有具有了保护环境的意识理念，才能创新环境资源管理模式，让人民群众共同努力保护环境资源，合理利用环境资源为实现人民对美好生活的向往而助力。最后，要引导人民群众认识生态、关心生态和爱护生态。只有认识了生态的作用本质，才能将人民群众的生产劳动目的回归到满足人民群众合理美好生活需要的轨道上；只有关心生态的发展现状，才能将美好生活发展所需的经济增长模式调整到适宜状态，以此维持生态的良性持续发展；只有形成爱护生态的良性循环，才能将人民群众追求美好生活的价值目标引领到实现人生意义和获得精神层面的丰盈和满足上来。总之，在保护生态美好生活中，处理好人与自然这对最基本的关系是成败关键，人是属于自然界和依附于自然界，人与自然界和社会都需要实现有机统一的和谐发展；自然界是人类和社会生产发展的必要基础条件，合理开发和利用自然界更是美好生活实现的必然前提；推崇友好绿色环保的生态环境保护理念，更好地满足个体的环境利益与生态需求，可以真正促成人与自然之间、自然系统与社会系统之间进行合理有效的物质、能量和信息的交换，最终助力人民群众美好生活愿景的普遍实现。

三、新时代大学生美好生活观及其教育的特点

新时代的美好生活观不等同于美好生活的实现，它是美好生活实现道路上的指路明灯，也是美好生活实现过程中的行动指南。新时代美好生活观是马克思美好生活观的最新样态，新时代美好生活观同其他系列的马克思美好生活观一样，都经历了一个孕育萌芽、初步形成、逐渐完善和发展创新的生成过程，是一个从零散到系统、从形象到具体、从隐性到显性、从生涩到成熟、从庞杂到科学的内在逻辑展开过程，如今已自成体系并具有独特的内涵特质。新时代大学生美好生活观与马克思生活观在本质上具有一致性，它揭示了大学生生活世界的理论内涵和发展变迁规律，这为我们审视、破解和引导大学生的生活世界系列问题提供了方法论指导。从一般意义上来讲，美好生活观教育就帮助个体从美好生活观的产生起点、形成过程和发展现状来更好地形成新时代美好生活观，其被个人接受、培育和形成的过程具有显著的教育特征。充分认识其自身的概念特质和教育活动过程中的显著特征是有效

开展美好生活观教育的基础,对促进新时代大学生美好生活观教育的健康发展,具有十分重要的意义。

(一)大学生美好生活观的显著特点

其一是具有人本性。马克思十分重视人的生活,揭示了人及人生活的本质,并为人类的美好生活指明了方向和擘画了未来美好生活蓝图。马克思毕生追求的使命就是为人类求解放,从而创造社会生活的主客观条件,使人真正成为理想生活的主体,以人为本就成了马克思主义思想的典型特征。新时代大学生的美好生活观正是马克思主义生活观的中国化最新形态,它的形成、丰富、完善、发展和创新过程一直都是围绕人的生活和为了人的美好生活,这里的人是处于社会现实生活中的人,人既是拥有美好生活观的主体,人也是美好生活观的服务对象,因此,新时代大学生的美好生活观具有明显的人本性。美好生活观以人为本的特点是肯定人在美好生活中的主体地位,强调只有人才能在美好生活中发挥主体作用,激发人创造美好生活的智慧和活力。美好生活观以人为本的特点体现的是创造美好生活要尊重人和理解人,因为尊重人才会重视人的生活,理解人才会为人民群众创造他们愿意接受并喜欢的美好生活。美好生活观以人为本的特点强调美好生活要注重人的感受,要关注人民群众的美好生活需求,尊重民意,理解民心,在美好生活过程中真正满足人民群众对美好生活的合理需求。

其二是具有生成性。美好生活观简单说来就是个体对美好生活的认知结构,它的形成源于一个又一个来自生活的观念和思想的学习、体悟、累积、修正、提升、优化和整合而成。美好生活观所关注的"生活"是人的生活,它所涵盖的是一个动态的概念,是一个连续性的能动发展过程,马克思将其定义为"生活过程"。从现实生活观察,个体美好生活观的形成就是一个伴随个体生活而不断演变和完善的过程,也是一个循序渐进并逐渐走向成熟的生成过程。正是因为其具有生成性,所以它的生成过程需要接受家庭、学校和社会各方面为个体灌输的文化系统中的生活文化精华,完成主要内容的学习原始积累,为生成性打好基础;个体在成长过程中也可以与周围环境进行自主性的生活观念和思想交互,从而不断丰富其生成性的多个维度,促成个体产生生活体悟,有一个生活观念和思想的再次累积、进行修正和提升的过程,

第二章　新时代大学生美好生活观教育的概述

为生成性开辟多样化领域和渠道；个体还可以与生活对话和与自己对话，进行自我美好生活观的反思调整，促成个体美好生活观进行自主优化和整合，为生成性保驾护航。

其三是具有客观性。人不能凭空创造历史，人是在过去历史积累的客观世界总和的前提条件下去规划和创造未来的生活。客观现实与人的生活联系尤为紧密，"现实"代表的是空间，又涵盖了时间，人就是主体，人的生活就是一系列完整的事件，马克思在其著作中将生活强调为"物质生活""感性生活""现实生活""社会生活"等等，并指明人的完整生活过程必须发生在现实的社会和自然环境之中。这就是人的美好生活场域具有不依赖于人的意志为转移的客观实在性，也就是表明人的美好生活实践要受到客观环境条件的制约，要遵循人类社会的自然历史规律，要承继社会遗传为之准备好的客观环境。这样的客观现实给予个体或群体的是一种客观结构和无形的生活规范，并提供感性的生活内容、客观的生活条件和真实的生活背景。客观现实以人类的生活实践为共同主题，是建立在个体或者群体生活实践之上的一段客观历史。美好生活观作为一种具有哲学意蕴的思想观念，它既是对一定历史时期生活的整体反映，是一定历史时期的产物，又是既定现实生活的整体反映，是客观现实生活的产物。所以，新时代大学生的美好生活观首先必须尊重生活场域之中的现存客观事实，先顺应、适应，而后进行改造和创造；其次必须遵循生活场域之中的自然规律和社会规律，因为规律发生作用不以人的意志为转移；再次必须尊重个体自身发展和实现的规律，如身心健康基础、天赋能力水平、兴趣爱好状况等因素的影响；最后在美好生活的创造过程中实现人与自然、人与社会、人与人和人与自我之间的和谐美好。因此，新时代大学生的美好生活观具有实实在在的客观性。

其四是具有发展性。新时代大学生的美好生活观是马克思主义生活观在当代中国的最新形态，它同其他形态的马克思主义生活观一样是那个时代所认同的先进生活观，是科学的生活观，也是与时俱进的生活观。新时代大学生的思想洗礼和行动塑造是进行时，大学生的美好生活观不应墨守成规和停滞僵化，而应紧跟时代的发展不断进步。这个要求直接体现了辩证唯物主义世界观和认识论的基本观点，是完全适合于新时代大学生美好生活观的，即保持新时代大学生美好生活观的发展性是完全正确的。人的生活与社会发展相伴随，与社会发展共同进步，在马克思主义者看来，整个人类生活过程与这个世界永远处于运动之中，停滞不变是相对的，变化发展是必然的。新时代大学生是与时俱进的典型人群，他们是时代前沿的放哨人和警醒人，他们是最具有时代发展烙印的先锋群体，他们喜欢用最贴近新时代的眼光去感知、去认识、去体验、去评价、去对待自己和他人的生活，他们所应该建立的美好生活观必然是马克思主义生活观的最新形态。保持发展性就是鼓励新时代大学生主动顺应时代的发展变化，自觉做生活时代潮流的先锋，始终把握科学的、先进的和正确的美好生活观，并以此作为自己生活实践的指南，不断充实和更新自己的美好生活知识，全面地提高自己的美好生活素质和能力。

其五是具有从众性。人无法孤立于这个世界而独自存在，从众性可以说是人在生活中的一种本能反应，个人美好生活观的形成很容易受到人群的牵制，与群体共同存在的从众性生活环境和全球化加速的类存在性思考都在影响人关于美好生活的建构，让自己的生活理念和行为判断表现出符合大众行为的方式，即个体的美好生活观具有从众性。我们是生活在众人中的个体，善于向周围人进行学习、模仿和借鉴是人的天性本能，从众就是指个人受到周围或社会中多数人的影响，而在自己的知觉、判断、认识上表现出符合于公众舆论或多数人的理念和行为方式。通常情况下，当个体从事某项活动时，没有客观的权威性标准可供参考，往往以他人的意见或行为作为自身行动的参考依据，因为社会现实是由多数人的共同信念和思想所构成的，多数人的意见往往是正确的，人们总是倾向于把大多数人认为正确的事物作为判断标准。美好生活观的社会维度需要很好地应用个体的从众心理，并加以引导形成符合社会所需要的大众标准。而美好生活观的个体之维则需要排除盲目的从众心理，要帮助个体从群体里获得的安全感和信任感，基于自身实际情况和社会现实状况进行理性思考，从而找到适合自己的和自己想要的美好生活方向和道路，而不仅仅是盲目跟从大众标准。

其六是具有全面性。美好生活观蕴含着人的理想生活目标，内含人的全面发展指向，依靠更好更美生活需求的驱动。随着生产力的不断发展，人的生活会逐渐趋近于马克思恩格斯在《共产党宣言》中所描述的"自由人联合体"

第二章 新时代大学生美好生活观教育的概述

图景构想,它涵盖了充裕的物质生活、丰富的精神生活、民主的政治生活、和谐的社会生活和美丽的生态生活等全域的统一整体。"自由人联合体"的图景本身就内蕴着美好生活的全面性,在中国特色社会主义现代化建设的道路上,从经济、政治、文化、社会、生态等全面生活要素的相互协调中追求人民对美好生活向往的实现。新时代大学生美好生活观的全面性特点要求美好生活观拥有主体成员涵盖的全面性,即实现美好生活是要社会全体成员都能实现个人美好生活目标的全员性美好生活,这样就能联合一切可以联合的社会力量共同创建人民所向往的美好生活。全面性特点要求新时代大学生的美好生活观内容必须涵盖全面,在美好生活内容的设计与构想上从经济、政治、文化、社会、生态等维度进行全面性规划,从美好生活实践的全域路径中不断满足人民对美好生活的期待,不断增加美好生活内容的丰富度和多维度,不断追求美好生活内容的全面性。全面性特点要求新时代大学生美好生活观的形成过程是一个逐步推进、不断完善、全面提高的全时段过程,大学生美好生活观的形成与社会生活的发展和个人劳动素养的提升息息相关,美好生活观引领社会生活发展和个人劳动素养提升,社会生活发展促成社会与个人美好生活不断实现和个人劳动素养不断提升,个人劳动素养提升促成社会美好生活不断实现和个人美好生活观不断形成,明确追求美好生活的价值理念,坚持以人为本,不断促进人的全面发展、全体人民共同富裕;三者互为条件,互为因果,互相促成,全面发展和全面进步。

其七是具有多样性。美好生活观的主体视角存在三个维度,一个是类的维度、另一个是群体维度,还有一个是个体维度。从类的维度来看,它的主要关注点涵盖了所有个人和群体在美好生活观共性层面的需求和要求;从群体的维度来看,它既要满足类和群体在美好生活观共性层面的需求和要求,又要关照到群体和个体在美好生活观个性层面的需求和要求;从个体的维度来看,它在满足类和群体的需求和要求以后,主要关注点则是个体在美好生活观个性层面的需求和要求。由此可知,本研究的新时代大学生美好生活观的主体视角也应该存在三个维度,既要考虑类的维度,也要关注个体的维度,但关注的重点维度应该是群体的维度,即从新时代大学生群体的现实生活情境出发,既要满足类和其他群体在美好生活观共性层面的需求和要求,又要重点关照到新时代大学生群体和大学生个体在美好生活观个性层面的需求和要求，因此，新时代大学生的美好生活观必然呈现出多样性。首先从类和群体维度看，新时代大学生由来自不同地域、不同民族、不同文化和不同家庭的其他群体成员构成，他们的美好生活观对美好生活的需求和要求存在认知的多样性；其次从个体维度来看，新时代大学生个体的性别、年龄、知识结构、教育背景和生活方式各不相同，他们的美好生活观对美好生活需求和要求的理解存在多样性，对美好生活向往的目标追求存在多样性，对美好生活向往实现的过程认知存在多样性。总体来看，新时代大学生美好生活观的多样性是基于满足类和其他群体共性需求和要求之后的个性层面的合理需求和要求。

其八是具有美善性。美好生活观就是美善的生活观。它是源自人对更好生活的追求，是在人类追求更好生活道路上的理想生活愿景，其本身就是对人类历史过程中更好生活经验教训的提炼和升华，在生活中的各个场景和各个领域，惩恶扬善、厌丑喜美已经是人类生活的共性追求。首先从生活的源头来看，生命的存在本身就是一种美善的开始。美好的生活追求必然以高质量的完满生命个体存在为逻辑起点，愉悦美好的生命存续状态和体验既是美好生活的追求目标，也是美好生活的重要标准。其次，从生活的过程来看，良善的公共秩序是美好生活得以实现的根本保障。绝大部分学者认为美好生活就是"善"的生活，它立足于融进现实生活，又着眼于改善和超越现实生活，以社会主义核心价值观念引领人民群众的社会生活，融入"五位一体"的社会主义建设总体布局，以"美"和"善"的理念为依托、以主体间的"美"和"善"包容互惠为旨归、以权利义务的履行为规约，美好生活内在包含"美"和"善"的价值意蕴，融入个人的美好生活过程。再次，从生活的原则来看，人民至上的美好生活根本原则体现了美善性。人民至上是社会主义生活的根本原则，党从成立之初就秉持人民立场，为人民谋幸福是中国共产党的根本立场。党的十八大以来，习近平总书记对美好生活的重要论述深刻体现了美好生活的人民至上性，"以人民为中心"的发展立场是其对人民至上的新时代表达，新时代的建设热潮也将"以人民为中心"淋漓尽致地体现在开创美好生活的实际践行之中，人民至上已经成为党和国家权力运行的合法性依据。最后，从生活的目标来看，追求个人自由而全面的发展本身蕴含着美善性。美好生活概念凸显了生活的真、善、美及其统一，蕴涵内在的"自由"和"全面发展"意蕴，"自由"蕴含着人民群众日常生活的自在性，"全面发展"意味个体自我价值实现的美满状态，即人民群众独立自由地创造以"美"和"善"为基础的新世界，个人的能力和才智则获得自由而全面的发展，这也是人类美好生活的最高目标。

(二)大学生美好生活观教育的特点解析

时代在不断地改变，国内外的政治格局在变，大学生的整体生活环境在变，对于大学生的美好生活观教育也需要及时调整和改变，只有根据国家制定的高校立德树人根本目标以及大学生的美好生活观教育实际状况，以创新的方式和手段开展大学生美好生活观教育，才能达成大学生通过自身努力奋斗实现美好生活向往的教育目的。从美好生活观教育的逻辑起点和实践诉求来看，新时代大学生的美好生活观教育具有以下特点。

其一是具有人本性。接受美好生活观教育的主体是人，动物不在生活中，人只能被理解为生活中的人，教育助力大学生美好生活观的形成必须源于人、围绕人和为了人，所以美好生活观教育必须要做到以人为本。人有三种维度，人既是个体，也属于群体、更属于类存在物，美好生活观教育的以人为本必然是而且应该是这三个维度的统一。从"类"的维度来定义美好生活观教育既要体现人类向度，又要防止轻视或蔑视其他物类，做到人与自然和谐共存；从"群体"的维度来定义美好生活观教育既要体现集体向度，又要防止压制或侵害个人取向，做到集体保护个人，个人服从集体，如《共产党宣言》描述的那样"每个人的自由发展是一切人的自由发展的条件"[①]；从"个体"维度来定义美好生活观教育既要提倡将以人为本落实到个体的人，又要防止出现极端个人主义，马克思主义者所追求的"以人为本"是要将以人为本中的"人"必然落实到一切社会成员中的"每一个"个人，而社会主义初级阶段的教育体现以人为本必须贴合社会生活现实，它必然受到历史的制约、政治的影响和国家的调节，无法聚焦和满足每个个体的所有诉求，务必从每个个体的美好生活观

---

① 马克思恩格斯选集(第1卷)[M].北京：人民出版社，1995：294.

中提炼出一个最大公共共识——最广大人民的最根本利益。因此，新时代大学生的美好生活观教育的人本性就是要做到以"最广大人民的根本利益"为本。

其二是具有时代性。美好生活观教育是为这个社会培养具有美好生活意愿、掌握美好生活技能和进行美好生活实践的合格公民和人才，其教育实践活动必须具有时代性。时代即时势也，人的进步、社会的发展、民族的复兴、美好生活的实现都要基于事实和时势，美好生活观教育的实践更应该顺应当前的这个时代，其实践的各个方面均受到当前时代生产力发展水平及其生产关系状况的制约，从而使美好生活观教育实践打上这个时代的深刻烙印。人总是生活在时代之中的，在生活中要识时务，个人的发展也要跟着时势走，生活的目标要懂得变通趋势、适应时势和顺应这个时代，与时俱进。适应新时代的需求，就要随着时代的进步实现美好生活观教育的创造性引领，按照时代的特点和要求，对美好生活观教育的目标、内容与形式加以补充、改造、拓展、完善，赋予其新的时代内涵和现代表现形式，使美好生活观教育在教育的性质、目的、机制、内容、方法、路径和目标等各个维度都具有这个时代该有的特点。美好生活观教育的时代性就是立足时代和面向未来对人的生活思想和理念进行塑造和引领，从而激活新时代大学生的生命力，增强其影响力，以实现个人美好生活的创新性发展。

其三是具有主导性。美好生活观教育的主导性即是指施教者对受教育者在其美好生活观的培育和塑造过程中所起的引导和调节作用，与影响美好生活观形成的其他因素相比，这种教育因素具有引导和调节优势，起着主导作用。首先，美好生活观教育是在以帮助人更好地实现人对美好生活的向往为目的而组织起来的特殊环境中的一种可控活动，它将人类积累起来的美好生活经验和文化成果传授给受教育者，按实现人民对美好生活向往的这个既定目标和方向，系统、连续地影响人的发展和成才。其次，美好生活观教育的主导性还体现在它是根据人的身心发展规律对受教育者施加影响的活动，这种主导性的体现就是能有意识地调动受教育者的主观能动性，并激活受教育者在受教育时具有较高的效率。最后，美好生活观教育的主导性不是绝对的，它具有相对性，它只能控制和调节教育过程中的某些因素，创造一个相对有利于教育实践活动的教育环境。总之，新时代高校是为党育人和为国育才的

第二章　新时代大学生美好生活观教育的概述

重点场域,在美好生活观教育中更好体现高校对个人美好生活追寻方向的引领也是当前高校的核心任务;当前加强党对高校的全面领导,可更好地将新时代大学生培养成未来美好生活社会所需要的合格建设者和接班人。

其四是具有渗透性。美好生活观教育的渗透性就是向教育对象潜移默化地灌输正确的世界观、人生观和价值观以及在生活中该如何为人处世的原则和正确的知识。首先,这种渗透性体现在教育环境的熏陶作用,熏陶是个体在真实的生活环境、生活事件当中受到的无意识的感染、教育和启蒙、启示,是外在生活环境和教育环境的真实要素无意中施加给人的影响,是一种潜移默化、能给人以更大影响的力量,是个体在生活成长中的一种无意识的自觉、自悟、自醒、自进。其次,这种渗透性教育强调教育的实效性,指的是美好生活观教育不是靠单纯说教,而是靠相关生活知识的灌输渗透,使受教育者在不知不觉中逐渐接受各个层面的美好生活观教育内容,潜移默化地受到感染和教育。最后,这种渗透性教育强调教育的长效性,指的是美好生活观教育是陪伴个人成长的一种长情性活动,这种对个人观念塑造的教育是一个不断完善的过程,在这个过程中,组成生活教育的各个要素之间是互相促进、互相激励的,只有它们长期的共同作用才能打造一个完美的教育契机,促成对个体美好生活观形成的长期保障、帮助和守护。总之,教育渗透性无处不在,教育渗透性的开发应用十分必要,因为著名教育家陶行知先生说过:"到处是生活,即到处是教育。"①即整个社会是生活的场所,亦是教育之场所。

其五是具有超越性。美好生活观教育具有自己的规律,而这样的规律不会以人们的主观意志为转移。美好生活观教育的理念、规章、体制、目标、内容、方法和手段必然是在继承历史经验的基础上,立足于生活现状需要又超越社会现实面向未来生活目标进行引领。教育必须面向未来,生活也必须面向未来,新时代大学生的美好生活观教育必须灌注一种超越现实生活的力量,既珍视现实的生活状况,又不满足于现实的生活成就;既珍惜现在已经达成的美好生活状态,又不停地向更好生活目标发起挑战;既立足于眼前的现实生活又超越眼前的现实去追寻未来。"生命不息,战斗不止。""美好生活"

---

① 陶行知.陶行知全集(第2卷)[M].长沙:湖南教育出版社,1985:633.

的追寻是无限的,美好生活观教育的超越也是无止境的,正是依赖于人和人类的这种超越性,人民对美好生活向往的现实性才有了可能性。一方面,集体的超越必须依赖于个体的超越,由个体超越的合力贡献实现集体超越,离开个体超越就无法实现集体超越;另一方面集体超越反过来推动个体超越,集体超越的水平可以引领个体超越,并决定个体超越水平的高低范围。因此美好生活世界的创造需要美好生活观教育对个体和集体进行超越性的引领,立足于现实条件,又超越现实条件,基于理想引领未来。

其六是具有综合性。关心教育就是关心未来,世界各个民族都很重视教育,主要是源于教育的关键目标就是围绕教育对象从完整个体需要出发对接社会需要对个体进行引导和培养,从国家、社会、家庭和个人等各个层面的需要来看,抓好教育都是其发展和前进的基础。美好生活的基本领域构成,既包含物质生活,也包含政治、文化等精神生活,人都是这些活动的主体。美好生活观教育活动也不例外,从人民对美好生活的向往和追寻活动来看,它就是人类综合性的一种学习活动,是一种关于认知何为"美好生活"、如何具备"美好生活"能力、如何实现"美好生活"的重要学习活动,更是一种完善自我美好生活观和将自我美好生活观应用于生活全域实践的学习活动。美好生活观教育助力上述各个层面的发展和前进又都是为了实现人民对美好生活的向往,抓好对每个个体的美好生活观教育就显得特别重要,从家庭的示范教育开始,到学校的引导教育发力,再到社会的实践教育检验,围绕个体展开全方位的美好生活观教育一直都是一种综合性的存在。个体从出生开始就接受家庭教育的熏陶,逐渐长大要接受学校教育和社会教育,成年后步入社会也在一直进行不断学习和反思,直至个体生命老去,围绕个体进步展开的全过程的美好生活观教育也一直都是一种综合性的存在。美好生活的实现是人类社会进步和发展的综合性结果,是人类社会各种物质财富和精神财富的积累,是全部社会关系总和的和谐展现。上述两个维度开展的美好生活观教育内容均需要围绕个人成长的全域全员施教者全程参与,方能实现将高校立德树人的宏观目标转化为培养德智体美劳全面发展的社会主义建设者和接班人的生动实践,这本身就是美好生活观教育的综合性外化体现。

第二节　新时代大学生美好生活观教育的出场背景

新时代大学生美好生活观既是新时代大学生理解、向往和追寻美好生活的理论基础,又是实现美好生活的实践指南。它既遵循历史唯物主义的延续,又遵从辩证唯物主义的发展,它通过人来理解现实生活和实现美好生活。综观有关文本和研究资料,可以说,众多先贤笔下关于"好的生活""更好的生活""美的生活""更美的生活""美好生活"等系列论述产生的时间、空间、系列事件和人等众多场域因素构成了新时代大学生美好生活观教育的出场背景。它们源于急剧变迁历史时代的初心呼唤,奠基于社会物质文化生活的环境形塑,发展于新时代实现中国梦的使命感召,优化于家庭民主和谐温馨的氛围熏染,实现于个人自由全面发展的目标引领。

一、历史更迭时代变迁的初心呼唤

一部人类史就是人追求更好生活的历史,人类诞生以来的历史更迭和时代变迁总是内含着人类对更好生活的向往和追寻,实现更好的生活始终是人类锲而不舍的初心和孜孜以求的梦想。这种对更好生活的思考和追寻贯穿了整个历史更迭与时代变迁的进程,成为推动人类社会实现更好发展的内生动力,并伴随人类社会的发展而演进,发挥着引领社会前行的重要作用。

在人类数千年的历史变迁中,新时代的美好生活观念源于历史中人们对更好生活追寻的初心呼唤,从追求生存状态的更好,到追求生活状态的更好,再到追求生活状态的美好。事实上,一部人类生活发展史就是对更好生活样态的探索过程。在此种意义上说,人类的生活就是围绕如何过上更好生活展开的,在追求更好生活样态的过程中,社会生产力、人的需要与人类生活时空一直在协同进化,社会生产力水平是反映人类生活样态的关键要素,按照农业社会前段(原始社会和奴隶社会)、农业社会时段(封建社会和资本主义社会初中期)和非农业社会阶段(资本主义社会后期和共产主义社会)的历史变迁回顾人类追寻更好生活的初心,从农业社会形成前的低效生产状态演进到农业社会形成后的中级生产状态，再到非农业社会形成后的高效生产状态，目前已经进入高效生产状态的开端。

在农业社会前段，人与自然界中其他生物的区别在于人不仅追求生物性生命延续，人还追求社会性生活更好。自人类诞生以来，人类社会的发展进程得益于人类逐渐演化的进程，对更好生活的向往和追求是该演化进程的内生动力。在这个时期，追求生物性生命延续表现为人类对更好生存状态的向往，追求更好社会性生活则表现为对生活状态更好的向往，其中追求生存状态更好显得尤为突出。回顾历史，人类最早的生存状态是以采摘野果和狩猎动物为食，基本是靠天吃饭；住宿以巢居和穴居为主，基本是凭借天然环境；保暖主要靠自己的毛发、树叶和兽皮御寒，处于蒙昧和野蛮状态。此时，人类想要的更好生活是食物充足不至于忍饥挨饿，更好的居住是考虑安全能防范侵扰，更好的保暖是兽皮多多能防风御寒。人类历史发展和更好生活的初心呼唤，从工具的发明、火的使用、可食用植物的栽培、可食用动物的圈养，从挖掘式穴居、半穴居、地面式建筑的搭建，从树叶的串联、兽皮的缝制和工艺的改进，我们发现人类每一次生存状态的更好跃迁均得益于人类独特实践能力和思维能力的成果由量变引起质变。更好的生存状态促进了生活状态的优化，人类独特的实践能力和思维能力得到了进一步的提升，二者相互促进是对人类追求更好生活初心的积极回馈，助推了人类社会逐渐进入农业社会。

在农业社会时段，人类已经可以栽种选育农作物和圈养选育一些动物，并积累了一定的劳作经验，基本解决了因食物短缺而无法延续生命的问题，人类在追求生物性生命延续时的注意力开始集中在生命健康问题，进而有更多时间开始思考社会性生活中人类更好的生活状态问题。梳理该时期从西方到东方的人类生活，农业逐渐发展，家庭逐渐固化下来，市民社会逐渐生成，人类社会生活的理想维度也逐渐丰富起来，人类不再仅仅依赖自然界的现成食物，从物质匮乏到基本能满足生存所需；社会关系从群居依存到部落共治，后来又出现城邦治理，再到国家政体，人类政治文明的诉求被逐渐重视；从简单的工具制造到先进科技成果的不断产生，文字、金属器具、陶制工艺、造纸工艺、印刷术和指南针等的出现提升了人类的生产能力，促进了人类社

第二章 新时代大学生美好生活观教育的概述

会的经济繁荣；从自给自足到经济活动的增多，人类社会的关系得到进一步深化，并促进了社会生活中的文化发展。我们发现人类通过不断地创造条件去解决生活中的主要矛盾和满足生活中的现实需求，不断助力达成农业社会文明和实现人类上述多维生存状态螺旋式前进，带动人类更好生活的愿景不断调整和优化。现实生活条件的改善促使人类独特的学习能力和创造能力得到了进一步的提升，二者相互促进使信息科技时代及早到来，这将是对人类追求更好生活初心的强力支持，极大地助推了人类社会快速进入非农业社会。

在非农业社会阶段，农业社会累积的文明成果促进了科学和技术的大发展和大爆发，科学技术的成果应用使人类进入了工业社会和信息社会，工业生产效率的逐步提升促使人类社会生产大发展，人类社会生产大发展又为科学技术的进步奠定了更好的基础，两者相互促进，带动了整个人类社会实现全域大发展，从物质丰盈到政治民主，从政治民主到社会和谐，从社会和谐到文化繁荣，从文化繁荣到生态美丽，人类对美好生活状态的思考和个人对生命意义价值的追寻越来越具备基础条件和受到极大推崇。从农业革命助力文艺复兴，到数次工业革命催生经济全球化，再到目前的信息革命推进生活数据化，人类一直在理解人自身和追寻符合人性的美好生活。在东方，中华优秀传统文化深藏着美好生活的理论主张、生活样态、制度设计等人文底蕴，关于美好生活的样态论述从《诗经》的"乐郊"和"乐土"开始，美好生活的追寻让孔子、孟子、墨子等历代思想家沉醉其间，孟子描绘的"老吾老以及人之老，幼吾幼以及人之幼"的社会状态，《桃花源记》中"桃花源"式的生活样态，农民运动追求的"人间天国"，康有为提倡构建"人人相亲""人人平等""天下为公"的理想社会，到孙中山的"三民主义""天下为公""世界大同"，其中都蕴含着对美好生活的向往和憧憬。关于美好生活的理论主张，儒家倡导构建"大同世界"中秉持"天下为公"的理念，道家提倡人要秉持与自然世界和谐共生的理念，墨子提出"兼相爱""爱无差"的理想社会等等，这些理论主张都是中华先贤们对追求更好生活及其"美好生活"的构想和概括。在西方，从古希腊神话中的美好生活建构开始，到用哲学理解美好生活，有苏格拉底追求用"精神""理性"和"至善"来引领个人追求更好的生活，有柏拉图在《理想国》中建构"财产共有、人人平等，责任共担、物质共享"的理想生活，亚里士多德对现实生活考察后的道德品性"沉思生活";到中世纪的宗教哲学解读美好生活,有奥古斯丁在《上帝之城》中论述的一切美源自天主的"永福"生活;到文艺复兴以后西方先哲们对美好生活的哲学理性构想,有康德主张的"永久和平"和黑格尔提倡的"理念世界";再到空想社会主义者建构的美好生活图景,有建构在头脑中的"太阳城""乌托邦""新和谐公社"等虚幻而美好的场域生活;最后是马克思恩格斯等伟大革命导师立足社会实际,在科学社会主义思想指引下奋力建构的人类美好生活远大理想目标——实现共产主义。

二、国家富强民族复兴的使命感召

新时代的中国梦就是一个实现国家富强和中华民族伟大复兴的宏伟目标,党的十八大以来,习近平总书记立足新时代围绕如何实现中国梦进行了系列阐述,形成了马克思主义中国化和时代化的最新成果——习近平新时代中国特色社会主义思想,它准确把握时代大势,实事求是,勇于创新,自觉立足中国国情和时代机遇,密切联系群众,不忘初心,倾听民心,积极回应人民的现实需要,最终将中国梦体现在千千万万个家庭美好生活向往得以实现上,体现在亿万人民群众的美好生活向往得以不断实现上。千百年来中国人民期盼的就是"过上好日子",用实现人民对美好生活的向往铸就中国梦,这就是中国梦最深层的根基。中国共产党紧紧依靠人民和凝聚人民的目标和使命就是要团结带领人民奔向他们所期盼的"过上好日子",带领十四亿人民心往一处想,劲往一处使,汇聚起向往和建设人民美好生活的强大力量,在2012年11月15日的中外记者见面会上,习近平总书记庄严承诺:"人民对美好生活的向往,就是我们的奋斗目标。"新时代以来,以习近平同志为核心的党中央听民声、察民情、汇民智、解民忧,致力于不断实现人民对美好生活的向往和满足人民对美好生活的期待。习近平总书记在2013年会见21世纪理事会北京会议外方代表时曾精辟论述:"中国梦与中国人民追求美好生活的梦想是相连的,也是与各国人民追求和平与发展的美好梦想相通的。"[①]中国梦以实现人民美好生活为内核,以国家民族美好为外延,以世界美好为拓展;它既涵

[①] 来源于人民网:http://cpc.people.com.cn/n/2013/1103/c64094-23413755.html

盖个人的美好生活诉求,也包含着民族的伟大复兴,更关联着世界的美丽与和平。这就是新时代中国梦感召下的新时代美好生活观,也是中国共产党领导下的美好生活观,满足个人、国家、民族和世界对美好生活的期待。

生逢伟大的时代盛世,在伟大的祖国与伟大的人民同行,新时代大学生与祖国和时代同步成长的机会更多,人生出彩和梦想成真的机会更多,个人美好生活向往得以实现的机率更大。大学时期是人生成长的关键阶段,也是求学成才路上最宝贵的时期,树立正确的人生目标,拥有坚定的理想信念,培育先进的思想观念,塑造优秀的品质道德品性,培养良好的行为习惯,把个人对美好生活的追求融入国家富强、民族复兴的伟业之中,把实现个人梦、家庭梦融入国家梦、民族梦之中,今天做追梦的好青年,明天做祖国的建设者,未来做美好生活的创造者和实现者。

三、社会物质文化生活的环境形塑

马克思主义确认了人类社会生活首要前提是具有物质性,人类社会生活发展的根基高度依赖于整个物质世界。整个世界(包括自然界和人类社会)都是物质的,人类社会存在就是由一定物质资料的生产方式以及人口因素、地理环境等条件构成的复杂的物质体系。社会物质资料的生产方式是人类社会存在和发展的基础,人类社会的经济发展集中依赖并体现着人类社会生活的物质性生活方面,生产活动是形成人类一切社会关系的基础,人类社会的一切关系,归根结底都是物质或物质派生的关系。人类社会的物质文明时期往往以相应生产工具及其主要材料为代表,已经从石器时代、青铜器时代、铁器时代、钢筋水泥时代,过渡到硅材料时代,目前已经触及纳米材料时代。自新中国成立以来,中国共产党一直致力于带领人民群众摆脱贫困的现实生活环境,追求以物质丰裕为基础的更加全面的美好生活。若没有人类社会赖以生存的物质资料的生产,人类将无法从事其他一切活动,美好生活当然也不例外。中国共产党的施政纲领清晰地记录和呈现了社会物质文化生活环境的变迁历程,从党的八大报告中的表述"人民对于经济文化迅速发展的需要同当前经济文化不能满足人民需要的状况之间的矛盾"[①]到十一届六中全会中的表述"人民日益增长的物质文化需要同落后的社会生产之间的矛盾"[②]。改革开放四十多年来，中国共产党带领人民群众取得了巨大的发展成就，我国全面建成了小康社会，人民群众的文化水平得到极大提升，这无疑为追寻和建设美好生活奠定了良好的物质文化基础。再到党的十九大报告中的表述："人民美好生活需要日益广泛，不仅对物质文化生活提出了更高要求，而且在民主、法治、公平、正义、安全、环境等方面的要求日益增长。"[③]再到党的二十大召开的前夕，完全消除社会极度贫困，脱贫攻坚取得巨大成就，人民实现全面脱贫；我国经济总量稳居世界第二，逐渐接近世界第一，人均国民总收入突破一万美元；社会发展"五位一体"促成经济发展、政治稳定、文化繁荣、社会和谐、生态美丽，社会生活各个领域取得的巨大成就已经惠及人民生活，实现了建党百年的宏伟目标。

法国作家雨果在《悲惨世界》中说过："人有了物质才能生存，有了理想才谈得上生活。"倘若没有解决人赖以生存的物质基础，人民群众理想中的美好生活的实现便无从谈起。从物质需要到物质文化需要，再到新时代的美好生活需要，这样的变化进程反映的是社会进步和发展阶段的推进，暗含着人类社会生活中物质层面的日益丰富和满足。在春秋时期，齐国管仲就提出"仓廪实而知礼节，衣食足而知荣辱"，这意味着美好生活的实现唯有以物质生活上的满足为基础，这和马斯洛需要层次理论中的物质需要为基础的底蕴不谋而合。物质丰裕为精神丰裕提供了前置条件，而精神丰裕又会助力物质丰裕得以升级和升华，无数的历史事实证明，人类社会的进步和全面发展必须是物质与精神二者相互作用，两者同向发力。美好生活的需要就是内心渴望各种合理需要被满足，也正是社会物质文化生活的环境形塑，才促成了美好生活观念在人民心中被激发和激活。

---

① 中共中央文献研究室. 十六大以来重要文献选编（上）[M]. 北京：中央文献出版社，2005：756.

② 中共中央文献研究室. 十一届三中全会以来重要文献选读（上）[M]. 北京：人民出版社，1987：528.

③ 习近平. 决胜全面建成小康社会 夺取新时代中国特色社会主义伟大胜利——在中国共产党第十九次全国代表大会上的报告[N]. 人民日报，2017-10-28.

四、家庭民主和谐温馨的氛围熏染

家庭环境具有的综合教育力量对个人的教育成长具有决定性的影响。人是和环境共同成长的产物，家这个独特的环境是每个个体生活的发源地，家庭环境的一切要素都会影响和决定个体生活的习惯、价值的秉持、品行的习得、性格的养成和成才之路。人际关系氛围是家庭环境营造的核心要素，客观物质条件是家庭环境打造的重要因素，精神文化氛围是家庭环境生效的关键因素，家庭环境的整体演进是家庭成员在个人思想、居家物质条件、生活行为习惯、生活态度情感、精神情趣状态及其他心理因素等多种成分的综合体。为了个体的健康成长成才，营造更好的家庭环境既需要温馨、愉快、平等和民主的人际氛围，又需要充足、整洁、美观和舒适的生活环境，还需要正向、积极、乐观和美好的文化氛围。家庭教育对个体的影响是通过日常生活产生全方位的效用，从意识层面的三观塑造，到行为层面的德性习惯，再到美好生活层面的业务能力和通识素养全面培育，每个层面都被家庭教育深深浸润。

家庭教育是一门学问，影响家庭教育的因素是复杂多样的，时代的发展条件、家长的文化程度、家庭的社会地位和家庭的家训文化都是其中的关键因素。从古至今，从东方到西方，每个家庭都在尽最大努力为每个个体的成长创造一个有利于他们成长的生活环境。相对于家庭物质环境建设，培养孩子形成有规律、有节制的生活方式和培养良好的生活习惯，营造安定和睦、民主平等、融洽温暖的家庭氛围，构建和给予愉快欢乐的心理环境建设对孩子的成长更为重要。家庭的结构功能会随社会发展而变迁，家庭教育的性质与功能、内容和方法也会随之发生变化。迈入新时代，党和国家高度重视家庭、重视家教和重视家风，家庭教育逐渐从原来的封闭独立走向现在的开放协作，从原来的所谓家族内部私事走向现在的遵循一定社会规范，从原来的家长制单向灌输走向现在的家人们互相影响，从原来的阶段性教育责任走向现在的终身性教育，从原来的教育内容关注相对单一走向现在的辅助个人全面成长。家庭教育的这种转变逐渐催生了民主和谐温馨的家庭教育氛围，美好生活的需要和观念就在家庭民主和谐温馨的氛围熏染中逐渐生成。

五、个人自由全面发展的目标引领

个人自由全面发展是人类秉持的崇高价值追求，也是社会主义所必然内蕴的价值导向，是共产主义社会形态中人的发展样态。马克思揭示人的本质在其现实性上是一切社会关系的总和，是在其现实生活社会中的一切社会关系总和。人的发展样态就与人现实生活中的社会关系总和息息相关，马克思在其三大社会形态理论中将其描述为最初人依赖于人的生活样态，发展到人独立依赖于物的生活样态，再发展到人自由全面发展的生活样态。新时代个人自由全面发展的目标引领从《共产党宣言》中"代替那存在着阶级和阶级对立的资产阶级旧社会的，将是这样一个联合体，在那里，每个人的自由发展是一切人的自由发展的条件"①的阐述开始，马克思后来又进一步将其阐述为"以每个人的全面而自由的发展为基本原则的社会形式"②。从此，实现个人自由全面发展的生活样态成了马克思主义继承者的奋斗目标。

以马克思的理论和观点解读个人自由全面发展的实质就是通过人的"自由自觉的劳动"促成人的类特征的自由全面发展，通过人的解放和积极构建高度丰富的社会关系促成人的社会特征的自由全面发展，通过上述两个维度的达成最终促成个人的自由全面发展。这和恩格斯的描述几近相同，在未来社会，"人终于成为自己的社会结合的主人，从而也就成为自然界的主人，成为自身的主人——自由的人"③。由此可以看出，马克思主义者的价值导向是追求社会中的每个人都能自由全面发展，根本点在于个人自由全面发展的普遍性和全面性，落脚点在于回到现实生活建立"自由人的联合体"来保障有条件实现个人自由全面发展。首先要重视个人生活中的实践活动的自由全面发展，其次是个人成长发展中的综合素质能力的自由全面发展，再次是人的社会关系的自由全面发展，关键是个人生活中的合理需要的全面满足，最终实现每个人的自由全面发展。这正与新时代中国共产党对人民的承诺是一致的，通过共建共享新时代美好生活，不断在实践中实现人民对美好生活的向往，美好

---

① 马克思恩格斯选集(第1卷)[M].北京：人民出版社，2012：42.
② 马克思恩格斯全集(第23卷)[M].北京：人民出版社，1972：649.
③ 马克思恩格斯选集(第3卷)[M].北京：人民出版社，1995：760.

生活的内在本质就是追求和促成个人自由全面发展。

第三节　新时代大学生美好生活观教育的源流演变

新时代美好生活观教育从何处来？受到哪些因素的影响？经历了哪些演变？涵盖哪些核心诉求？对当下的美好生活有哪些指导？对未来美好生活有哪些指引？这一系列问题的探索都需要到美好生活观教育的源流演变中去寻求答案，可助力推进新时代大学生美好生活观教育厘清方向和找寻道路。新时代是中国发展在时间和空间上的新坐标，也是中国特色社会主义发展的新阶段，在宏观上意味着中国进入了全面建设社会主义现代化国家的新阶段，在微观上意味着中国进入旨在实现人民对美好生活需要的新阶段。梳理美好生活观教育的源流演变可以帮助我们更好地认识新时代大学生美好生活观教育的产生根源、发展历程和未来指向，进一步推动其实现更好的发展和进步。

一、源自于中华文化在传承求索中的发展

中华文化发展的源泉和动力是助力华夏儿女实现更好的生活样态，是新时代人民对美好生活的现实需要。人类对于更好生活的期盼与生俱来，华夏儿女也不例外，什么是美的生活？什么是好的生活？什么是美好的生活？对这些问题的探讨一直与社会发展进程相伴随，最终将那些对未来社会生活有借鉴和指导价值的答案凝结成人类文化向世人进行传播和传承。因此，美好生活求索的生长基点源于人类文化的变迁，古代先贤在文化变迁中为新时代的大学生追求美好生活提供了宝贵的生活经验和思想资源，新时代大学生美好生活观的理论语境基础必须植根于中华文化的传承求索之中，并且伴随社会生活的不断演进而不断发展。

中华优秀传统文化拥有数千年的历史传承，是东方文化的典型代表和主要代表，是世界文化库的珍宝，也是新时代大学生美好生活观根基生长的深厚给养。中华优秀传统文化中的主流生活观念以"仁"为核心，以"德"为基础，以"礼"为规范，以"和谐"为目标境界。先秦时期学术文化百家争鸣，儒家学

说的美好生活重"仁爱""民本""民权"等核心思想,渴望构建和美的家庭关系与和谐的社会关系,正如孟子所言"民为贵,社稷次之,君为轻"。道家学说的美好生活主张以"无为"顺应自然规律,强调人是自然的一部分,倡导与自然和谐共生。魏晋玄学的美好生活试图融合儒家与道家的精华,既提倡"无为"而治,又坚持用"礼法纲常"进行社会治理,正如陶渊明在"采菊东篱下,悠然见南山"诗句中所构建出理想社会的自然淳朴。佛学的美好生活则用净土世界净化社会风气和提升人的精神素养,并展现了中国式的"乌托邦"向往。宋明理学在美好生活的认知上主张"格物致知",在道德修养上主张"存天理,灭人欲",在理想境界上主张"修身、齐家、治国、平天下",在个人和社会的关系中,"天下兴亡,匹夫有责"是强调个体对社会责任的典型代表,并用"成贤成圣"来表达对道德修养和人格完善的不懈追求。综上所述,中华文化在与自然相处时注重顺应自然之美,在与家人、朋友、他人等相处注重构建和谐关系之美,在与人类社会和这个世界相处时追求大同世界之美。它的主流叙事中处处体现着前人的精神之美、心态之美、情怀之美、德行之美、生态之美和生活之美,中华文明的经典故事和历史故事中彰显了自尊、自信、自立、自强是华夏民族所特有的精神境界,也呈现了华夏儿女勤劳勇敢、踏实奋进、乐观昂扬、积极向上、和谐有序的精神风貌和生活样态。

革命文化形成于中国共产党领导中国人民长期进行艰辛革命实践的过程,它既是我们党的宝贵精神财富,也是新时代大学生美好生活观支柱形成的源头活水,势必在实现美好生活向往的进程中为我们凝聚人心和汇聚力量。革命文化是在马克思主义理论指导下的中国共产党人和中国人民,将马克思主义理论与中华优秀传统文化相结合,在革命实践推进和取得革命胜利过程中所创造出来的各种物质和精神财富总和。其所呈现的昂扬斗志和丰富内涵展现了中国共产党领导中国人民取得革命胜利进程中的精神升华轨迹。其一,坚定信仰共筑爱国长城的源头意识展现了革命者的担当精神,也饱含革命者善于创造和敢为天下先的家国情怀。从每一次危急困局的斗争中诞生了一系列革命文化,如红船精神、井冈山精神和长征精神等等,这些革命文化唤醒了人民群众对救亡图存和独立自主的责任担当,彰显了中国共产党人及其领导的人民能够为了实现革命目标所具有的必胜信念和坚定信仰,这是新时代

第二章　新时代大学生美好生活观教育的概述

中国共产党人及其领导的人民为实现人民对美好生活的向往所必须保有的文化认同和精神传承。其二，甘为人梯群策群力为民的初心坚守展现了革命者的奉献精神，也浓缩了革命者艰苦奋斗、团结一致向前看的拼搏精神。面对每一次危险和灾难，都有革命者挺身而出，把危险留给自己，把安全带给组织和同志，把死亡和悲痛留给自己，把胜利和希望带给党和人民；革命者舍身忘己、舍己为公的崇高言行体现着中国共产党为了人民的尊严与更好的生活而主动担当的价值追求，这将是新时代大学生面对任何困难都会一往无前的力量源泉和精神保证。其三，不畏艰难实事求是的革命乐观精神和进取精神，也内蕴了革命者一切从实际出发的求真精神。面对每一次挑战和机遇，共产党人努力做到一切从实际出发，坚持实事求是的工作态度，力争客观全面地分析当前形势，并善于积极从实践中总结经验和教训，如伟大的延安精神和西柏坡精神，这些革命文化中所内蕴的实践经验和革命理论永远是我们中华民族伟大复兴道路上的理论指导和实践指南。

新时代中国特色社会主义先进文化，它坚持以马克思主义为指导，扎根于中华优秀传统文化的沃土和吸收革命文化的精华，并立足于中国特色社会主义发展的实际，积极吸收和借鉴国内外有益的文化发展成果，产生于新中国的社会主义发展进程，集中体现人民在新时代的精神追求，始终代表着新时代大学生美好生活观的前进方向。社会主义先进文化的生成经历了新中国成立初期的满怀期待、受挫中的曲折发展、清醒后的自信重构、新世纪的自信绽放和新时代的文化自信，人民的生活样态一直与文化历程偕行，新时代中国特色社会主义先进文化的繁荣能为人民的美好生活样态提供更加丰富的精神养分，如"两弹一星"精神、改革开放精神、抗震救灾精神、载人航天精神、探月精神、塞罕坝精神、脱贫攻坚精神和抗疫精神等一系列精神食粮将为新时代大学生美好生活观的灵魂升华提供更基本、更深沉、更持久的力量。第一，新时代中国特色社会主义先进文化始终坚持马克思主义在意识形态领域的指导地位，社会层面的美好生活观共识需要用它引领人民实现价值共识；第二，新时代中国特色社会主义先进文化坚持以社会主义核心价值观引领文化实践，坚持文化为实现人民对美好生活的向往服务，社会层面的美好生活观践行需要用它引领人民建设美好生活环境和展现实现美好生活的信心；第三，新时代中国特色社会主义先进文化牢固坚定文化自信，立足当代中国实际，文化创造中不忘本来、吸收外力、立足未来，个人层面的美好生活观培育需要用它在开放包容的胸怀中为之铸魂；第四，新时代中国特色社会主义先进文化始终认为文化自信的核心在于文化的创新，在创新中彰显中华民族的特色，在创新中引领个人实现自由而全面的发展，个人层面的美好生活观践行需要用它为之注入文化自信的动力基因，为美好生活实现增添新活力。

二、始发于中国共产党奋进中的伟大梦想

百年前的旧中国积贫积弱，国家蒙辱、人民蒙难、文明蒙尘，中华大地生灵涂炭，人民生活在水深火热之中。一大批有志之士聚集在中国共产党的旗帜下，以马克思主义中国化的理论成果为指导，用智慧与青春、热血和生命点燃了民族复兴的希望，承担了民族复兴的使命，从建党、建国、兴国、富国等伟业的道路走来，如今已迈入新时代的强国征程，民族复兴的伟大梦想从未离我们如此之近，实现人民对美好生活的向往就在前方。

建党是为人民谋求独立自主。习近平总书记强调："我们党的百年历史，就是一部践行党的初心使命的历史，就是一部党与人民心连心、同呼吸、共命运的历史。"[①]中国共产党成立之初的救亡图存革命就是为了家国和人民，人民的幸福和民族的复兴早已成为其不忘的初心和牢记的使命。党的章程也早已规定：中国共产党没有自己的特殊利益，要为实现最广大人民的根本利益而坚持奋斗。中国共产党一经成立就用马克思主义指导救国为民运动，将为中国无产阶级和广大农民求解放作为自己最神圣和最直接的使命，并将"成立一个纯粹的为了人民利益而奋斗的无产阶级政党"写进了1922年的《关于共产党的组织章程决议案》。大革命时期致力于推翻帝国主义和军阀统治，以建立真正为民之国家而英勇革命；土地革命战争时期致力于打倒土豪劣绅，以建立守护农民利益的苏区红色政权而革命；抗日战争时期致力于赶走日本帝国主义等侵略者，以带领中国人民谋求民族独立而革命；解放战争时期致力于

[①] 习近平. 在党史学习教育动员大会上强调：学党史悟思想办实事开新局 以优异成绩迎接建党一百年[N]. 人民日报, 2021-2-21(01).

打倒挑起内乱的国民党反动派，以为人民建立独立自主的国家而革命。一路走来，中国共产党一直致力于为人民获得利益而革命，将其为人民而革命的理念直接表述成为人民服务的思想，并写入了党的章程。从此，中国共产党就成了实现人民美好生活向往的主心骨。

建国是为人民谋求人人平等。中国共产党带领中国人民通过28年的浴血奋战，推翻了"三座大山"，于1949年成立了新中国。新中国的成立使中国人民从此站起来了，人民成了新中国和新社会的主人，新生政权保障人人生而平等，新生政权的建立就是为了人民，由此开启了中国共产党带领中国人民建设人民民主专政的社会主义国家的新征程。毛泽东在《论人民民主专政》中指出："人民是什么？在中国，在现阶段，是工人阶级，农民阶级，城市小资产阶级和民族资产阶级。这些阶级在工人阶级和共产党的领导之下，团结起来，组成自己的国家，选举自己的政府。"[①]这充分表明中国共产党为人民服务的执政价值理念："建立国家需要依靠人民，国家的建立是为了人民。"从《共同纲领》的庄严宣誓，到人民代表大会制度的确立和政治协商制度的建立，再到社会主义国家改造的完成和社会主义制度的确立，中国共产党引领人民在执政过程中始终坚持为人民服务，秉持人人平等和人民利益至上的价值理念，使人民当家作主和建立一个人人平等的新中国进入了章程化、制度化和法治化的新阶段。从此，新中国的成立为人民实现对美好生活的向往提供了美好生活场域保障。

兴国是为人民过上温饱生活。1956年社会主义制度的正式确立，人民对社会主义事业有了新的期待，期待独立自主以后能过上更好的生活。更好生活的实现必须要紧紧依靠人民群众和发动人民群众，面对一穷二白的社会主义事业现状，中国共产党发动和鼓励劳动人民积极投身社会主义建设的伟大热潮，致力于改善人民群众的物质生活水平，实实在在地解决人民群众的吃饭问题，将努力让人民群众都能解决物质生活问题作为第一要务。在此期间，尽管经历了严重的曲折，但我们党依然在整体上取得了巨大的成就，"两弹一星"的成功研制打破了超级大国的核垄断和核威胁，工业体系和国民经济体系

---

① 毛泽东选集(第4卷)[M]. 北京：人民出版社，1991：1475.

的建立和逐渐完善为后续发展奠定了坚实基础。最终的拨乱反正和真理澄清使我们明确了方向和掌握了真理，要始终坚持人民民主专政为人民、兴建安定国家为人民、确立优越制度为人民和兴国建设伟业为人民等更好生活需要的价值立场，使党为人民谋求更好生活的初心和价值观在兴国实践中得到充分彰显，并为后续人民对美好生活向往的顺利开启奠定了坚实的民心基础。

富国是为人民过上小康生活。十一届三中全会的召开是实现人民对更好生活向往的重要转折点，"把党和国家工作中心转移到经济建设上来、实行改革开放的历史性决策"[①]是党中央富国行动的冲锋号。改革开放总设计师邓小平在1978年视察东北三省时强调：必须要"加速发展生产力，使人民的物质生活好一些，使人民的文化生活、精神面貌好一些"[②]。从此，抓经济发展和民生建设成了党执政富国的第一要务。近三十年，中国经济蓬勃发展和高速增长，社会主义国家的人民生活环境保持长期稳定并不断得到优化，致力于维护世界和平让中国的国际环境保持长期和平稳定。国内致力于改善民生和构建和谐社会，生产力持续快速发展，家庭电话、彩电、冰箱、洗衣机、空调、电脑、手机、汽车几乎成了中国绝大多数家庭的标配，人民衣食住行等物质需要的舒适度和满意度得到极大提升，教育、文化医疗、卫生、科学研究等领域的发展成果和创新成果也是硕果累累，政府的公共服务能力水平得到极大提升，从而使人民的物质生活实现明显改善和精神生活得到明显提升，总体小康的生活目标得以实现，人民的生活水平跨越与中华民族从站起来到富起来的伟大飞跃相伴随。中国共产党人一直坚持"权为民所用、情为民所系、利为民所谋"[③]，改革是为了人民，发展要依靠人民，把是否有利于提高人民生活水平作为衡量发展成败的核心标准，将"人民拥护不拥护，人民赞成不赞成，人民高兴不高兴，人民答应不答应"[④]作为检验我们工作成效的试金石。中国共产党领导中国人民在富国阶段取得的斐然成绩为新时代人民追寻美好生活的向往积聚了充足的信心和底气。

---

① 习近平新时代中国特色社会主义思想学习纲要[M].北京：学习出版社、人民出版社，2019：23.
② 邓小平文选(第2卷)[M].北京：人民出版社，1994：128.
③ 十六大以来重要文献选编(中)[M].北京：中央文献出版社，2006：317.
④ 江泽民.论党的建设[M].北京：中央文献出版社，2001：194.

第二章　新时代大学生美好生活观教育的概述

强国是为人民过上美好生活。新时代"人民对美好生活的向往，就是我们的奋斗目标"是习近平总书记在 2012 年 11 月 15 日代表党中央对人民的庄重承诺。党的十八大以来，中国发展进入新时代。立足于富国阶段的发展基础，新时代人民对美好生活的需要有了新的期待，新时代的中国人民更加热爱生活，更有意愿向往美好生活，更有能力实现对美好生活的向往。正如习近平总书记在党的十九大报告中所阐述的那样：新时代是人民美好生活需要日益广泛的时代，更是我们党带领人民不断创造美好生活、逐步实现全体人民共同富裕的时代。并明确了未来的奋斗目标——2020 年全面建成小康社会，2035 年基本实现社会主义现代化，2050 年建成社会主义现代化强国。新时代人民对美好生活的期待既要体现在生活环境有自然之美，又要体现在生活资源物质丰裕，还要体现在人民合法权益得到保障，更要体现在个人能追求自由全面的发展。美好生活是包括经济、政治、社会、文化、精神等一切生活领域在内的一个有机整体。习近平总书记直接将其表述为："我们的人民热爱生活，期盼有更好的教育、更稳定的工作、更满意的收入、更可靠的社会保障、更高水平的医疗卫生服务、更舒适的居住条件、更优美的环境，期盼孩子们能成长得更好、工作得更好、生活得更好。"[①]十余年来，以习近平同志为核心的党中央不忘初心、牢记使命，始终践行这一庄严承诺，带领中国人民创造了举世瞩目的成就。近亿农村贫困人口脱贫，经济总量突破 100 万亿元，人均 GDP 突破 1 万美元，人民的物质生活接近美好；"复兴号"领跑世界，C919 成功首飞，港珠澳大桥落成通车，人民的出行感觉美好；自然和社会的环境治理成效显著，防疫抗疫效果亮眼，相对有效的社会保障体系基本建成，人民的生活水平提高和预期寿命显著提高，人民的生活环境相对美好；中国的经济实力、科技实力、国防能力、创新能力、综合国力得到显著增强，人民的生活样态自信美好。习近平总书记已经向全党同志发出号召："永远与人民同呼吸、共命运、心连心，永远把人民对美好生活的向往作为奋斗目标。"[②]新时代的强国之路已然开启，中国共产党领导人民实现美好生活的向往之路

---

① 习近平.习近平谈治国理政[M].北京：人民出版社，2014：4.
② 习近平.决胜全面建成小康社会 夺取新时代中国特色社会主义伟大胜利——在中国共产党第十九次全国代表大会上的报告[N].人民日报，2017-10-28.(01).

已经翻开了崭新的篇章。

综上所述,中国共产党始终是马克思主义的坚定信仰者和忠实践行者,始终坚定共产主义远大理想和中国特色社会主义共同理想,坚信人民才是历史的创造者和美好生活的奋斗者,牢记实现人民对美好生活的向往正是中国共产党的信仰所在和理想所系。中国共产党在前进道路上的一切奋斗目标都是基于有利于实现人民对美好生活向往的人民立场,一切奋斗过程都始终秉持美好生活实现过程中"以人为本"理念,一切奋斗成果都始终指向人民美好生活的实现。

三、形成于努力追寻和实现人的全面发展

美好生活观源于曾经的美好生活、现实的美好生活和向往的美好生活。人才是上述美好生活的主体,无论哪一种美好生活的实现都与人的发展密不可分,无论哪一种美好生活观都是人对美好生活的图景、场景和愿景。立足于马克思主义研究视域,"美好生活是在生产力高速发展和合理的共在关系基础上,'现实的个人'在'真正的共同体'中自由全面发展的生命状态"[①]。新时代的人就是新时代美好生活的主体,新时代的美好生活观教育蕴含着马克思主义丰富的人学观照,展现了新时代人的美好生活愿景——努力追寻和实现人的全面发展。

完全占有自己的整个劳动是实现美好生活的基础。人类社会生活的历史揭示了人类只有通过自身的劳动才能实现自身对更好生活的向往,劳动创造美好生活的结论已经成为人民共识。新时代人民对美好生活的向往是更好生活的理想形态,在理想形态中,每个人的劳动积极性都能得到充分的激发和调动,每个人对劳动的内生需求都能为美好生活的实现贡献力量;充分激发和调动个人劳动的积极性需要创造条件使社会生活中的个人完全占有自己的整个劳动,充分发挥每个人的劳动贡献价值需要创造条件促进个人劳动能力的不断提升,这两种积极因素相互影响相互促进,人的劳动自然成为美好生活的动力之源。全体人民共同积极劳动,人人尽力而为的共建、共创和共享,

---

[①] 肖冬梅. 马克思美好生活观及其当代启示[M]. 天津:天津人民出版社,2021:32.

第二章　新时代大学生美好生活观教育的概述

这样的目标、过程和结果本身就是一种生活美好的状态。而劳动的异己性则是个人积极劳动的天敌，马克思曾说"劳动的异己性完全表现在：只要肉体的强制或其他强制一停止，人们就会像逃避瘟疫那样逃避劳动"①，这也表明完全占有自己的整个劳动是保护个人劳动积极性的重要根基。它具体体现在两个方面，第一，劳动是人类与生俱来的能力，马克思早在《1844年经济学哲学手稿》中就指出："人以一种全面的方式，就是说，作为一个完整的人，占有自己的全面的本质。"②这种能力优先于其他能力，是人获得一切其他能力的基础，也是人得以逐渐完整的依托，是个人美好生活得以完全实现的前提，因此它必然具有完整性、至上性和神圣性。第二，劳动是人类与生俱来的权利，是人获得其他一切权利的基础，任何人都不应该将其转让和放弃，转让和放弃部分劳动的权利就意味着人的属性会部分缺失，美好生活也将出现缺失，因此它具有先天性和不可让渡性。人的美好生活指向劳动共同体意识，意味着个人和社会的内在结合，是"自由人的劳动联合体"这一理想的现实化。马克思以"自由人的劳动联合体"为基础对未来的社会形式做出预想，提出在社会劳动中的"各个人在自己的联合中并通过这种联合获得自己的自由"③，可见，能促成个人美好生活实现的劳动需要通过形成自由人的劳动联合体来促成。

中国共产党已经掌握这个规律，首先，建立了中国特色社会主义制度来争取保障每个人都拥有完全占有自己整个劳动的权利；其次，找到了走向无产阶级联合的中国式道路，社会共同培育个人劳动能力和共享劳动成果；再次，是探索出以文化和伦理引导，以社会美德系统支持，以社会福利兜底的美好生活民生保障体系；最后，从社会意识形态和人民精神系统的再造和重构维度明确指出："新时代的美好生活的实现需要依靠人民的劳动创造，美好生活的实现需要人民持续奋斗。"习近平总书记也强调：人民对未来美好生活向往的实现"必须依靠辛勤劳动、诚实劳动、创造性劳动"④。人民完全占有自

---

① 马克思恩格斯文集(第1卷)[M].北京：人民出版社，2009：159.
② 马克思恩格斯文集(第1卷)[M].北京：人民出版社，2009：189.
③ 马克思恩格斯文集(第1卷)[M].北京：人民出版社，2009：571.
④ 习近平.习近平谈治国理政[M].北京：外文出版社，2014：44.

己的劳动，并以"自由人的劳动联合体"为基础，形成人民共建、共创、共享美好生活的生动局面。

充分满足自己的合理需求是实现美好生活的动力。党的十九大报告中社会主要矛盾转变的论断一出，社会发展的关注点立即发生了变化，将原来以提高生产力水平为导向的发展目标转变到了现在的以满足人民的美好生活需要为发展目标。新时代的主要矛盾转化论断是基于生产力发展水平与人民生活需求的关系现状所反映的问题本质，这也意味着处理好生活需要和不平衡不充分的发展之间的关系问题已经成为实现人民对美好生活向往的首要任务。新时代的发展势头总体上表现为物质文明高速发展，精神文明迅速增长，但物质和精神两种发展本身也存在不平衡和不充分的现象，而且两种发展本身在不同区域就差异明显，在不同阶层更是差异显著，甚至还出现了发展中的代际差异，这就自然形成了国内生产力发展水平不充分和不平衡的大环境。人类美好生活需要的界定源于人类文化发展变迁的大背景，从个体层面的需要来看，人不仅需要获得经济层次的满足，还要获得政治、文化、艺术、审美等其他层次的满足；由个体提出的个体需要具有多样性和异质性特征，是能通过主观能动性进行自我调节的需要。从社会层面的需要来看，是个体需要的集体表达，新时代社会发展的总目标不仅要观照人的物质维度，还要观照人的精神维度和心灵维度，物质富足是社会美好生活的基础，爱美、审美和赞美是社会美好生活的灵魂，至善价值追求的道德品性生活之美更需要被推崇；由社会成员共同提出的社会需要具有同质性和共享性特征，是依托社会整体和政治力量进行调控的一种需要。具体来讲，个人实现美好生活需要的层面体现在两个方面，一个是人作为社会共同体层面的社会美好生活需要，另一个则是人作为个体层面的自我美好生活需要。无论是哪一个需要被满足都必须通过人的劳动才能得以实现，唯有劳动才能创造美好生活。

因此，社会与个人劳动的能力水平高低和成果多少就决定了美好生活的实现情况。从社会美好生活层面的合理需求看，美好生活向往中只有那些立足于现实基础而又限定于生产力发展水平可及的合理需求才可能会实现，也只有这些合理需求才能真正成为推动社会层面美好生活不断向前和向好发展的动力。从个人美好生活层面的合理需求看，美好生活向往中只有那些立足

第二章 新时代大学生美好生活观教育的概述

于个人现实能力而又限定于个人能力发展水平可及的合理需求才可能会实现，也只有这些合理需求才能真正成为助力个人层面美好生活不断向前和向好发展的动力。

实现自身的自由全面发展是实现美好生活向往的核心目标。实现人民对美好生活的向往是新时代以人民为中心的外化具象表达，发展以"人民的需要"为落脚点，超越以往注重"发展生产力"的物化发展逻辑，彰显出中国共产党治国理政以人为本的为人民服务情怀。以习近平同志为核心的党中央对人民做出了实现美好生活向往的承诺，也意味着新时代的发展是围绕人民的美好生活需要不断实现来持续展开，按照马克思主义的哲学观照解读，实现人民对美好生活向往的价值旨归是促进人的发展，最高目标是实现人的自由全面发展。人是劳动者，是影响生产力的重要因素，是现实生活中的生产者、创造者和贡献者；人也是需求者，是形成生产关系的核心要素，是现实生活中的需要者、分配者和享有者。每个历史阶段的生活水平主要由那个时代的生产力水平决定，每个历史阶段人的生活状态主要受那个时代的生产关系影响，不同时代中人生活美好的程度主要由以上两个核心要素决定。回顾人类历史发展的每个阶段，更好生活的出现都源自人自身认知世界和改变世界能力的不断提高，更好生活的实现又能帮助人提升自身认识世界和改变世界的能力。马克思通过艰辛的理论和实践探索，终于为人类美好生活的实现找到了正确的理论和道路，在中国式现代化道路上，人人认同劳动，劳动成了人的第一需要，劳动正义得到保障，劳动的价值被社会认可，这为人民对美好生活的向往的实现奠定了坚实基础。在这样的基础之上，人劳动的价值旨归必然指向实现人民对美好生活的向往，正如有学者所说："文明人的一切劳作，在归根结底的意义上，服务于对一种可期、可欲、可感、可获得美好生活理想的追求。"[①]从新中国成立以后人民积极参与和高度关注政治生活，到改革开放以后人民勇于实践和敢于投身经济生活，再到新时代的美好生活话语转向，这是中国共产党人在努力为人民建立一种关涉人、确证人、提升人的

---

① 袁祖社."现代性"发展观念及其生存逻辑的深刻弊端与历史反思[J].思想战线，2019(03)：1-9.

"美好生活样态",更是指引中国人民通往共产主义远大理想的正确方向。新时代的美好生活实践已经成为一种促进人更为合理发展的路径,它充分体现了马克思主义的民生本位人学旨趣,在实现人的自由全面发展的新价值基点上,确证每一个劳动者都能通过劳动实现自己对美好生活向往,也能促进每一个劳动者通过劳动在现实生活中为自己和他人创造自由全面发展的机会,从而在实现美好生活目标的同时实现自己的自由全面发展。

综上所述,新时代人民对美好生活所向往的愿景也内蕴着每个人的生活愿景,新时代大学生应该积极融入人民对美好生活向往的新形势,做美好生活观的传承者,做美好生活观的建设者,做美好生活观的传播者,做美好生活观的示范者,做美好生活观的创造者,做美好生活观的引领者,在实现人民对美好生活向往的过程中努力追寻和实现自身的全面发展。

第三章　新时代大学生美好生活观教育的理论建构

"新时代"蕴含着对高校人才培养的新要求和新实践。基于高校立德树人的根本任务，着眼于高校"三全育人"的培养体系，立足于当代青年大学生的成长实际需要，新时代高校需要在更广阔的思维空间与社会空间里加强对大学生的美好生活意识形态和价值观念建设。积极从教育的理论基础、价值阐释和目标厘定等维度建构新时代大学生美好生活观教育的正确理论框架，为大学生美好生活观教育实践奠定扎实基础。

第一节　新时代大学生美好生活观教育的理论基础

马克思的美好生活观是马克思主义生活观的重要组成部分，马克思的生活观、马克思主义生活观和现实生活则是马克思主义美好生活观的源头活水，马克思主义美好生活观、马克思主义中国化的新成果及其新时代的现实生活是新时代马克思主义美好生活观的源头活水。新时代大学生美好生活观属于新时代马克思主义中国化的美好生活观，新时代大学生美好生活观的源头活水则应该是中华优秀传统文化追求更好生活的理念传承，植根于马克思主义理论的个人自由全面发展思想继承，发展于马克思主义中国化的个人美好生活需求论述，形成于中国共产党以人民为中心的新时代理论主张。

一、起源于中华优秀传统文化追求更好生活的理念传承

随着物质生活水平的逐步提高，文化自然成为人们更好生活的需要，五千多年的深厚历史底蕴让中华文化源远流长，其中的优秀传统文化更是中华民族的根脉，深藏着中华民族最真切的生活期盼，寄托着中华民族最纯美的心愿，呈现为不同学术流派对更好生活的图景构列和重要主张。习近平总书记在 2014 年已经将其中"讲仁爱、重民本、守诚信、崇正义、尚和合、求大同"等核心理念创造性地融进了社会主义核心价值观。从百家争鸣到后来的九流十家，然后到封建时期的儒学被独尊及盛行，宋明时期的理学新兴，再到近代的西学东渐，中华优秀传统文化中既注重家国情怀又强调以民为本，既期盼天下大同又接受和而不同，既倡导以德为本又承认义利之辩，既鼓励自强不息又要求敬业乐群，既教导勤劳勇敢又提倡爱好和平，这一系列内容一直是对人追寻更好生活的重要观念支撑，它不仅内蕴着美好生活的愿景与向往，而且也助力着美好生活的形成与实现。

一是注重家国情怀。家国情怀是个人或群体对共同体的一种认同，并促使其发展为更好思想和理念。家是人生开始的地方，人们将家当作成长中的心灵寄托，爱家是中华儿女血液中流淌的天然情感；国是人生理想的源头，人们常把祖国比作母亲，爱国是中华儿女引以为豪的崇高品德和宝贵精神财富。《孟子·离娄上》有言："天下之本在国，国之本在家，家之本在身。"明确了个人与家国的同构关系，每个人的生活体验都与家国紧密相连，国家与家庭、家庭与个人，都是密不可分的整体。无数历史事实证明了，仅从个人利益出发，不顾及家国及社会利益的自私生活目标是无法实现的，更无法达成美好生活的状态。国家好，家才会好，家好了个人生活才会好，浓厚的家国情怀可提升个人归属感，建设美好生活之家庭；可增强民族凝聚力，建设美好生活之国家。培育家国情怀的起点在于家风的涵养、家教的养成。以正心诚意、修身齐家为基础，以治国平天下为旨归，把远大理想与个人抱负、家国情怀与人生追求熔融合一，是古人的宏愿，亦是今人传承家风和家教的本分。培育家国情怀的根本在于深沉热爱脚下的土地和祖国的大好河山，以了解家国而知足和知不足，知其足而加以传承、发扬和发展是对家国的爱，知

第三章 新时代大学生美好生活观教育的理论建构

其不足而关心、建设、改善和美化她更是对家国的深爱,这种对家国真实面貌热烈而深沉的爱是充满责任的真爱。培育家国情怀的核心在于热爱自己的国家和人民,邓小平同志情真意切地讲:"我是中国人民的儿子,我深情地爱着我的祖国和人民"①,国家养育了可爱的人民,人民创造和建设了美丽的国家,国家是我们实现美好生活的重要基石,家国情怀的培育就是要将我们每个人的发展与国和家的发展紧密联系,心系祖国和人民的前途与命运,把国家和人民的利益放在首位,努力做一个坚定的爱国者,为建成富强之国家、安稳之社会和美好的生活贡献个人力量。

二是强调以民为本。以民为本是儒家文化的主要思想,儒家先贤孟子主张民为国之根本,治国应以安民、得民作为根本,他主张:"民为贵,社稷次之,君为轻",提倡建立国家是为了人民,治理国家需要把人民利益放在首位,只有以民为本,国家才能兴旺昌盛。这种理念为后期封建王朝的大多数统治者所推崇,他们理解一个政权的建立和稳固主要取决于民意和民心,一个社会的繁荣和安定也主要取决于民心和民行,即人民在国家与社会的发展治理中根本地位和关键作用。这种朴素的唯物主义思想逐渐归结为"水可载舟,亦可覆舟"的经典比喻在海内外进行广泛传播。培育民本思想的起点在于历史的学习和比对,中华优秀传统文化注重人的价值,强调以民为本,提出"敬德保民""重民轻神""恤民为德""天地之间,莫贵于人""民惟邦本,本固邦宁"等民本思想,主张治国须利民、裕民、养民、惠民,对于缓和社会矛盾、维系社会相对稳定产生了深远的影响。培育民本思想的根本在于对传统文化的理解和辩证传承,培育民本思想的核心在于立足现实生活真正贯彻以民为本,首先必须使国家中的人民都能够很好地生存,其次要为人民构建具有公平正义的社会生活环境,最终要做到家国同治以保障以民为本的大小生活环境。

三是期盼天下大同。"天下"是中国古人对世界的知识体认和意义表达,是表征地理空间、文化心理、秩序理念的有机体。"大同"是中国古代对理想

---

① 中共中央文献研究室.十六大以来重要文献选编(中)[M].北京:中央文献出版社,2006:152.

社会的一种称谓，代表着人类对未来社会的憧憬。"天下大同"出自西汉时戴圣《礼记·礼运》："大道之行也，天下为公，选贤与能，讲信修睦……是故谋闭而不兴，盗窃乱贼而不作，故外户而不闭，是谓大同。"在儒家看来，大同的理想没有私有制，人人为社会劳动而不是"为己"；老弱病残受到社会的照顾，儿童由社会教养，一切有劳动能力的人都有机会充分发挥自己的才能；没有特权和世袭制，一切担任公职的人员都由群众推选；社会秩序安定，夜不闭户，路不拾遗；对外"讲信修睦"，则至天下大同。在墨家看来，大同是"构建一个人人兼爱、处处互利的'一天下之和'的理想和谐社会"。实现人人友好互助、家家富足安康。在道家看来，天下大同是以"天人合一"的生命哲学为基础，"天人合一"就是强调人与自然的和谐统一，表现在人的文化行为上，就是天人合德，强调人类的道德理性与自然生生之德的一致。"天下大同"是各个民族互相融合的，相比于其他传统文化学派，儒家的阐释和描述更详尽，更完整，也更美好，实现"天下大同"的具体特征为"天下为公"，即天下不是一人之天下，而是众人之天下，反对君主专制。表现在民众道德水平高，和睦相处，没有罪恶，社会安定。培育天下大同的社会就需要传承中华民族先贤的最高的社会政治理想，筑牢大同理想的中国文化根基，构建天下大同的美好生活愿景，使其成为激励一代代中华儿女为其矢志不渝、奋斗不息的内生动力。

　　四是接受和而不同。和而不同出自《论语·子路》，是孔子所言。子曰："君子和而不同，小人同而不和。"和：于事物来说是"多样性的统一"。而对于人来说，"和"是和于观点与意见，是观点与意见的多样性统一。同：同质事物的绝对同一，即把相同的事物叠加起来。所谓"和而不同"，是指君子在人际交往中能够与他人保持一种和谐友善的关系，但在对具体问题的看法上却不必苟同于对方，"和"已经被上升到了为人处世的高度。梳理"和而不同"在中华优秀传统文化的价值追求上，展现了"和实生物，同则不继"，"万物并育而不相害，道并行而不相悖"的价值取向和智慧。在政治观上，追求民族统一的"大一统"观念，注重"协和万邦"，强调亲仁善邻；在对外关系中，始终秉承"强不执弱""富不侮贫"的精神，主张吸纳百家优长、兼集八方精义，注重各民族的团结统一。培育"和而不同"的生活观念，首先，要提醒大学生对周

第三章 新时代大学生美好生活观教育的理论建构

围的人、事、物学会周全地思考和形成清晰的判断力。真正理解"和而不同"的核心是强调和睦相处,但前提和基础是对不同的观点要客观地求证,要有自己的判断力,不人云亦云,如《礼记·中庸》中提到"博学之,审问之,慎思之,明辨之,笃行之",都是提醒我们要学会周全地思考和形成清晰的判断力。其次,要对世界所有的文明做到兼收并蓄。警示人们尊重规律,尊重自然,敬畏自然,主张每一种文明成果都有其独特性,万物之间互不相同,都有值得借鉴的地方;注重通过多元开放的理念推动彼此相互借鉴学习,通过兼收并蓄的方式可以促进彼此的生长,形成长期稳定的合作关系,创造一个"大同的世界"。最后,要在理解万物之间互不相同的基础上做到"求同存异"。《论语·述而篇》中提到"择其善者而从之,其不善者而改之",指的是要善于发现别人的长处;《黄帝内经·素问·阴阳应象大论篇》中的"智者察同,愚者察异",即所谓的求同存异,人类文明具有差异性、多样性以及独立性的特征,但是不同文化、思想的交流碰撞又可以为自身的成长带来新的生命力。培育"和而不同"的观念就是要求我们要以更加包容开放的心态去接纳世界的差异性,寻求利益"最大公约数"。

五是倡导以德为本。个人以德为本出自春秋战国时代礼制汇编《礼仪》:"夫人伦之道,以德为本,至德则以孝为先。"《大学》中说:"大学之道,在明明德,在亲民,在止于至善。""物格而后知至,知至而后意诚,意诚而后心正,心正而后身修,身修而后家齐,家齐而后国治,国治而后天下平。"即在个人理想追求上主张"修齐治平"。个人道德修养自古以来就被中国人十分重视,把德才兼备的"圣人"作为人生目标是很多学者的行为,而"道德"是把人与动物区分开来的主要标志,认为"道德"是"人"之所以为人的基础,其中也蕴含着古人的人格追求,即"至善""至美"。儒家文化一直把个体的道德修养放在首位,寻求主动性适应的和谐。中华先祖们很早就悟出了这样的道理:靠外界的制约规范个体行为是被动的,而靠内心的道德准则规范自己的行为是主动的,从人性的角度来说,内在的正义力量要比外在的制约更有力量。这些积极向上的文化底蕴,影响着中国一代又一代的仁人志士,修身养性,奋斗不止。国家以德为本主要体现在孔子的《论语·为政》中:"道之以德,齐之以礼,有耻且格。"他主张国家要以道德来管理,以礼乐来教化社会,号召用道德教化民众,则不仅可以使民众知耻,而且能够改造人们的心灵而使之向善。在孔子看来,要想国富民强,实现国家大治,就要行德政,行德政就要有仁爱之心,就要做仁者,只有仁者才能爱人。与外在的威慑和刑杀相比,内在的道德品性修养更为根本。加强全社会的思想道德建设,激发人们形成善良的道德意愿、道德情感,培育正确的道德判断和道德责任,提高道德实践能力尤其是自觉践行能力,引导人们向往和追求讲道德、遵道德、守道德的生活,形成向上、向善的力量。培育个人以德为本的观念和倡导国家以德为本的政见能更好地协调好二者之间的关系,共同聚焦到如何帮助更多的人,或者使每个人都能有机会过上更好更美的生活。

六是承认义利之辩。"义利之辩",是由孔子在《论语·里仁》中提出:"君子喻于义,小人喻于利。"在儒家思想中,孔子首先提出义与利的分别,并强调义占据着举足轻重的地位,对利的追求与获取,不仅要受义的制约,必要的时候,因义而要放弃利,这就是儒家重义轻利的价值取向。也是基于此,孔子把追求义还是追求利作为划分君子和小人的标准,其中的君子与小人特指"劳心者"和"劳力者",而不是后来人们称有德之人的"君子"和卑鄙无耻之人的"小人"。孔子反对的是只追求个人的私利,要求君子"见得思义",如果利不符合道义的要求,就应不顾个人利害、得失,甚至不惜牺牲个人之生命,舍利而取义。孔子将"义"属之于"君子",要求他们遵循;而将"利"归之于"小人",让劳动者能够生存发展。孔子在《论语·宪问》中要求"君子"应该成为完美的人,而完美的人应该"见利思义",在《论语·卫灵公》中要求"君子"以"义"作为行动的指南。何为义?《中庸》解释说:"义者,宜也",凡事适宜就叫作"义"。怎样才是适宜呢?孔子在《论语·颜渊》中提出"君君、臣臣、父父、子子",后来在《礼记·礼运》中扩充说明为:"父慈、子孝、兄良、弟悌、夫义、妇听、长惠、幼顺、君仁、臣忠十者,谓之人义"。后来,孟子继承孔子思想,特别推崇"义",他在《孟子·滕文公下》中认为"义"是"人之正路",为了"义",他甚至表示愿意放弃生命,在《孟子·告子上》中曰"生,亦我所欲也;义,亦我所欲也;二者不可得兼,舍生而取义者也";荀子主张先义后利,"先义而后利者荣,先利而后义者辱";大儒董仲舒在《春秋繁露·身之养重于义》中说:"天之生人也,使人生义与利。利以养其体,义以养其心。心

第三章　新时代大学生美好生活观教育的理论建构

不得义不能乐,体不得利不能安。"综上所述而言之,"义",就是人心中认同的做人的伦理道德准则。引导大学生理解义利之辩的人文底蕴,培育大学生积极吸纳建设社会主义国家所需要的伦理道德观念,建立正确的义利观,能将个人生活所求融入社会发展所需,促进个人人生价值与社会发展意义共同成长,个人美好生活与社会美好生活中同步实现。

七是鼓励自强不息。自强不息出自先秦《易经·乾卦·象曰》:"天行健,君子以自强不息。""天行健"是说天道日夜运行,四季交替,雷动风散,雨润日照,永不止息。"天行健"者,行者运动之称,健者强壮之名;"君子以自强不息",就是在这种天道启发下的人道的表现,作为人来说,应该效法天道,充分发挥自己的生命活力,树立奋发进取、自强不息的人生态度。一是自强不息的开拓精神,表现出了人类勇于进取、勇于开拓、勇于向自己的惰性宣战的无畏气概,在人类社会的不同领域、不同层面都有着不同的体现。在社会发展的层面上,它体现为积极否定、革故鼎新的改革精神,《礼记·大学》中称赞"苟日新,日日新,又日新"。二是自强不息的担当精神,作为一种精神力量,自强不息已经渗入中华民族的精神血脉中,成为中国文化不可或缺的精神因子。三是刚健有为的执着追求和社会责任,与自强不息相伴而生的是刚健有为,这也是中华民族历经磨难而不衰,饱经磨难而更强,始终豪迈自立于世的文化精神。自强不息和刚健有为作为中国文化的重要内核既包含积极入世、主动进取的执着追求和不屈不挠的社会责任,也包含正直独立人格和主动创造精神等等。培育大学生的自强不息意识首先要大学生学会自主,确立靠自己不靠别人的观念,自己对自己的人生负责,自己把实现个人对美好生活向往的希望放在自己努力的基础上。然后,自强不息需要大学生做到自信,自信是自己充分认识自己和相信自己,信心就是力量,力量源于信心,怀有自信心的人才有潜能实现自身自由全面发展。最后,自强不息要做到自勉自责,自己勉励自己就是不断激励自己,自己做自己的动力源,面对成败得失与荣辱不幸时勇于承担责任和努力从自身方面找原因,以乐观的人生态度和积极开拓行动去努力为实现美好生活而不懈奋斗。

八是要求敬业乐群。敬业乐群出自《礼记·学记》:"一年视离经辨志,三年视敬业乐群。"敬业是事业取得成功的关键,荀子在《荀子·议兵》中指出:

"凡百事之成也，必在敬之；其败也，必在慢之。"如果始终不渝地持敬事业，就可以达到无所不知、无所不通的神明境界，敬事敬业就是一个人品性的反映，《周易》说："君子进德修业。忠信，所以进德也。修辞立其诚，所以居业也。"如果充分意识到自己从事的职业对他人、对社会所负的责任和义务，就会行事诚且敬，不敢怠慢。朱熹在《朱子语类·朱子十六·训门人七》中说："凡人所以立身行己，应事接物，莫大乎诚敬。诚者何？不自欺、不妄之谓也。敬者何？不怠慢、不放荡之谓也。"敬业要专心致志，持之以恒。荀子说："虑必先事而申之以敬，慎终如始，终始如一。"朱熹也说："敬者，主一无适之谓。"做一件事便专注于一件事，不能三心二意。梁启超认为敬业就是"凡做一件事，便忠于一件事，将全副精力集中到这事上头，一点不旁骛"。"敬"不仅是一种严肃认真、一丝不苟的精神态度，还是人伦关系中谦恭有礼的行为规范以及为人的品德与修养。敬业与修身密切相关，因此孔子说要"修己以敬"，《礼记》提出"敬业乐群"。孔颖达解释说："敬业，谓艺业长者，敬而亲之；乐群，谓群居朋友善者，愿而乐之。"朱熹也说："敬业者，专心致志，以事其业也；乐群者，乐于取益，以辅其仁也。""敬业"就是要求人们对待职业心存敬畏，认真专注，勤奋努力；"乐群"则要求人们融入集体，彼此成为良师益友，互为裨益，共同进步。只有敬业才能基于事业而建立起亲近亲密的同事关系，树立为之共同奋斗的目标理想；只有乐群才能基于友爱而形成积极高效的工作氛围，促进事业的长远发展和兴旺发达。培育大学生敬业乐群的意识首先要帮助大学生进行职业生涯规划教育，促使其勤奋好学并合理规划人生；然后，加强大学生职业道德教育和积极开展职业实践，培养和磨炼大学生的敬业意识；最后，加强大学生思想道德教育和敬业精神教育，培养他们敬业乐群的好习惯，将个人美好生活和团队的美好生活进行融合和关联。

九是教导勤劳勇敢。勤劳是创造财富的手段，又是普通人皆能具备的美德，虽看起来不大起眼，却因持之以恒而能达到水滴石穿般的功效，故其意义与价值在于它的生成力和坚韧性。"勤劳"二字连用，一见于《金縢》，是周成王对其叔父周公的称赞："昔公勤劳王家，惟予冲人弗及知。"再见于《无逸》，周公在对周成王的告诫中同时提及统治者与劳动者的勤劳：君子所，其无逸。到《易传》问世，勤劳的价值更为哲学家所升华。勇敢是为社会进步努

第三章　新时代大学生美好生活观教育的理论建构

力奋斗甚至敢于献身的行为，是一个人或一个群体长期磨砺的结果，往往在社会急需的时刻发挥出飞箭穿石般的突破性作用，故其意义与价值在于它的爆发力和创新性。勇敢的行为有壮烈的因素，经典中的记载和论述更多，《诗经》中有《无衣》《东山》等大量出征诗篇，当国家遭遇入侵时，从中似乎可以听到咚咚的战鼓声，见到充满了英勇气概的英武战士形象。勤劳勇敢都代表昂扬向上、积极进取的人生态度，充满了阳刚之气，易于结合，总是能为人们所同时具备。因此，"勤劳勇敢"被中国历代社会一致认同，成为中华优秀传统文化的显著基因，是中华民族一脉相承的性格特征，是中华民族追寻美好生活道路上的品性"必需品"。新时代大学生必须理解中国人"勤劳勇敢"的典型特征，必须传承中国人"勤劳勇敢"的优秀品质，以劳动创造美好生活，以勇敢克服通向美好生活的困难，助力自己和人民实现对美好生活的向往。

十是提倡爱好和平。墨子主张"兼爱""非攻"，不主张打仗，其思想是爱好和平的思想。他告诉人们，人与人之间的关系总是相互的，你怎样对待别人，别人也会用同样的方法对待你，所以应以和为贵。《墨子·兼爱下》说："兴天下之利，除天下之害。"这是墨子学说的核心，即是兼爱，爱天下的人。为天下万民做有益的事，除去危害百姓的祸患，这集中体现了墨子追求和平正义，为人民大众谋福利的宏大志向。儒学的这一思想方向发端于孔子，他把人性中的光明面称为"仁"，强调"仁"乃是人的内在品格，乃是人生命和生活价值的源头。儒家主张仁者爱人，主张以礼教化，也包含爱好和平的思想，儒学是中华民族共同拥有的精神财富。儒学只以自身的理论魅力吸引受众，绝不借用外力、暴力向受众灌输，它从修身讲起，推己及人，进而讲到齐家和治国，最后指向"平天下"。儒学这种和平主义的取向，在历史上曾成为东亚各国的共识，在当今时代则可以成为世界各国的共识，其"协和万邦""万国咸宁"的理念是东亚各国和睦共处的精神基础；儒学讲究包容性，拒斥排他性，主张各民族之间和平共处，主张各国家之间和平共处；其强调"我欲仁，斯仁至矣"，认为人与人之间应当互相爱护和尊重，不应互相征伐、战争。追求和向往和平是中华优秀传统文化的核心要义，罗素赞许中华民族是"骄傲得不愿意打仗的民族"，并对中华优秀传统文化蕴含维护和平的意向表示了充分的肯定。新时代大学生应致力于建设相互尊重、公平正义、合作共赢的新型国际关系，奉行和平自主至上、合作发展至上，积极构建人类命运共同体，推动全球公平、安全、繁荣、发展的美好局面形成，与世界人民共创共享和平繁荣美好未来。

二、植根于马克思主义中的个人自由全面发展思想继承

德菲尔神庙上"人啊，认识你自己！"的箴言呈现了人类在追寻更好生活进程中的自我反思与自我警示，更反映了人类找寻更好生活的根本就是充分地认识和发展自己。从广义上讲，个人的美好生活状态就是每个人都可以全面自由地发展的生活状态。这与马克思主义理论中关注和追求个人自由全面发展的终极目标和价值取向完全一致，也印证了人民美好生活的本质就是立足于每个人都不断追寻个人自由而全面的发展。从现实生活角度讲，人的美好生活实现就是人的各种需要被满足，既有来自社会客观环境条件的满足，也有源自主观自我能力提升和自我价值实现的满足。这些美好生活所需必然是在个人不断努力奋斗的过程中实现满足，需要以个人的能力和天赋得到自由而全面地发展和使用为依托，更需个人具有主动追寻美好生活的强烈意愿，并主动追求自己的发展，只有在客观条件基础与主观积极性的共同作用下，个人的美好生活才能真正实现。因此，青年大学生美好生活观教育的主要内容必然植根于马克思主义理论的个人自由全面发展。

培育个人自由全面发展的主观能动意识是推动美好生活建设的人学基础。利用马克思主义在经典著作中对人的生存和生活状态进行论述的内容来帮助大学生找到人本质的复归。马克思把人的存在和发展形态分为三种典型状态，资本主义之前的人的依赖、资本主义时期的物质的依赖、共产主义时期的自由全面发展。马克思认为人是社会性动物，并在《关于费尔巴哈的提纲》中指出："人的本质不是单个人所固有的抽象物，在其现实性上，它是一切社会关系的总和。"[①]处理好人与社会的关系是个人自由全面发展的基础，也是美好生活建设得以顺利推进的基础。美好生活建设的力量来源人这个主体，本质上也是追求人的自由全面发展，人的自由全面发展又必然立足于社会性与个性

---

① 马克思恩格斯选集(第1卷)[M].北京：人民出版社，2012：135.

第三章　新时代大学生美好生活观教育的理论建构

相统一，表现为自由人格和自由王国的共产主义理想。马克思在经典著作中对美好生活进行了论述，认为实现人的自由全面发展与实现共产主义的终极目标是一致的，美好生活的不断实现和不断提升就是对人的自由全面发展思想的继承。第一，自由全面发展的主观能动意识培育是人自由自觉进行生产的基础，使人超越了动物的生存本能而拥有了属于人所特有的生活。第二，持续进行自由全面发展的个体所需内容培育是人的生活领域不断丰富和不断扩展的重要原因，逐渐涉及经济、政治、社会、生态和文化等美好生活的方方面面。第三，不断深化自由全面发展的个体需求层次培育是决定和影响人生活品质的关键环节，只有前一个层次的满足才能推动后一个层次的开启，即人美好生活需要的层次性决定了美好生活的总体品质。

提升个人自由全面发展的现实行动能力是推动美好生活建设的动力支持。如果美好生活仅停留在人的意愿和意识层面，美好生活就永远也无法成为现实，让人拥有具体的、过硬的行动能力才是助推美好生活建设的关键。马克思将劳动定义为人类产生的关键要素，即"劳动创造人本身"，人也只有在劳动的过程中才能实现个人的自由全面发展，劳动的过程就是人生存和生活相统一的过程。一是最基础和最根本的劳动，通过劳动改造自然实现物质生产实践产生生活资料；二是通过劳动改造和生产人本身，包括人自身的生产、生产方式、社会关系以及观念和精神的生产；两种劳动共同构成人美好生活的基本图景。纵观人的进化历史和人类社会发展史，个人现实行动能力与个人自由全面发展同美好生活建设之间构成了积极正向的促进关系。美好生活不是凭空产生，更不是别人的施舍恩赐，而是通过人类接续奋斗的劳动而实现。个人通过自身现实行动能力获取基本的物质生活资料使自己能够生存，并生产丰富且全面的精神生活资料促进其自身自由全面发展，使自己拥有总体品质满意的美好生活。其中个人现实行动能力的外化表现就是劳动，个人现实行动能力提升促进个人自由全面发展，个人自由全面发展成就个人美好生活，提升个人自由全面发展的现实行动能力也是美好生活的重要组成部分。第一，通过常识学习和专业培训，使个体具备向往美好生活的知识基础和能力基础；第二，通过意志锤炼和劳动锻炼，使个体具备美好生活所需的道德品性品质和对美好生活的向往，做到实事求是；第三，通过目标调整和理想培育，使个体具备实现美好生活目标的成就体验和注入向往美好生活的持续动力。

建构个人自由全面发展的实践理论体系是推动美好生活建设的实践指南。马克思主义是我们向往和建设美好生活的行动指南，实现人自由全面发展的追求是马克思主义最核心的价值旨归。在马克思看来，人的解放是人实现自由全面发展的前提，强调"只有在现实的世界中并使用现实的手段才能实现真正的解放"[①]是我们在现实中建设美好生活的出发点，也是实现个人自由全面发展的基础和根本。不断优化现实的物质条件和交往关系，以为美好生活建设和个人自由全面发展提供现实的物质资源；不断与时俱进地直面社会问题和解决社会矛盾，以为美好生活建设和个人自由全面发展完成具体历史时期的特殊任务；不断追求实现共产主义远大目标，以为美好生活建设和个人自由全面发展不断完善实践理论体系。第一，人的自由全面发展是指人的精神和身体、个体性和社会性都得到普遍、充分而自由的发展，教育与生产劳动相结合是实现人自由全面发展的唯一方法；第二，人的自由全面发展受到不同历史时期的社会分工的制约，人的自由全面发展的程度和个人美好生活实现的样态取决于当下的历史时期和社会条件；第三，人的自由全面发展必将与社会生产力的发展水平直接相关，人的自由全面发展和个人美好生活的向往只有在共产主义社会才能得以实现。以此实践理论体系实现马克思主义的个人自由全面发展和个人美好生活实践的正向联结，确保共产主义不再仅仅是一种未来社会的理想，而是逐渐成了一个动态生成的实践过程，正是共产主义的指引使个人的美好生活向往第一次有了实现的可能。

三、发展于马克思主义中国化的个人美好生活需求论述

习近平总书记深刻指出，我们党的历史，就是一部不断推进马克思主义中国化的历史，我们党的奋斗历史就是一部不断为中国人民谋幸福和中华民族谋复兴的历史。我们党深深植根于人民，全心全意为人民服务是我们党的根本宗旨，不同历史时期的中国共产党人立足于当时的社会客观条件，解决

---

① 马克思恩格斯选集(第1卷)[M]. 北京：人民出版社，2012：154.

第三章 新时代大学生美好生活观教育的理论建构

社会主要矛盾引发的社会主要问题,不忘初心、牢记使命,带领人民开启了创造幸福美好生活的新征程。中国共产党一成立就是将工作重点放在为工人和农民求解放,带领人民做自己的主人;国家建设始终做到坚持以人为本和立足为民请命,始终把老百姓的冷暖和生活需求记在心里;改革开放始终带领人民立足时代潮头和勇担发展重任,为实现人民对更好生活的向往而奋斗;新时代的强国道路上,逐渐形成了马克思主义中国化的核心思想:"人民对美好生活的向往,就是我们的奋斗目标",由此,开启了坚持以人民为中心和为人民美好生活而奋斗的新时代。马克思主义中国化的理论成果,它不仅是人类世界文明进步的产物,更是向往美好生活的世界人民共同的宝贵的精神财富,仔细梳理马克思主义中国化的个人美好生活论述能帮助大学生鉴往知来,从而筑牢个人美好生活观的正确方向。

以毛泽东同志为代表的第一代中国共产党人自觉担负开天辟地和改天换地的历史使命,在生动的革命和建设实践中,带领人民浴血奋战追求独立之中国,领导人民"打土豪,分田地",解决生产资料问题,为建立独立、自主、民主、平等和安定的中国确立了社会主义制度,为实现美好生活的愿望奠定了制度保障。他们深刻地认识到:"只有建立社会主义社会和共产主义社会才能实现民族独立、人民解放。"[1]国家独立和人民解放成了人民美好生活得以实现的根本前提。毛泽东同志认为:"只有完成了……社会主义所有制的过渡……才能满足人民日益增长着的需要,提高人民的生活水平。"[2]首先,美好生活得以实现要以建立社会主义制度为基础。其次,"根据马克思主义的科学社会主义和科学共产主义学说,毛泽东提出了通过阶级斗争以实现最美好的人类理想——没有剥削、没有压迫的、人人过上富裕、美满生活的共产主义社会的壮丽远景图画"[3]。最后,美好生活的实现要依靠人民创造历史,在发展过程中他将中国共产党致力于人民美好生活的话语凝练为"为民谋利、对民负责,全党同志必须全心全意为人民服务"。

以邓小平同志为代表的第二代中国共产党人自觉担负起翻天覆地的富国

---

[1] 毛泽东文集(第6卷)[M]. 北京:人民出版社,1999:316.
[2] 毛泽东文集(第6卷)[M]. 北京:人民出版社,1999:316.
[3] 李鹏程. 毛泽东与中国文化[M]. 北京:人民出版社,1993:371-372.

使命，他们开创了中国特色社会主义道路，制定了改革开放的国策，坚持把发展生产力作为第一要务，迅速提升人民的物质和精神生活水平，为美好生活的实现生产了较为充裕的物质和精神生活资料。中华人民共和国成立以后邓小平同志把摆脱贫困，帮助人民都过上幸福美好生活作为了自己和党的奋斗目标，首先，他指出："社会主义制度是个好制度，好就好在它能够比资本主义更快地发展生产力，更快地提高人民的生活水平，更多地创造物质财富，让全体人民都过上美好的生活。"[①]并结合我国古代社会对美好生活的长久期盼和改革开放后现代化建设的客观要求，规划了以经济建设为中心的"三步走"的宏伟蓝图。其次，他在科学把握"和平与发展"时代主题的基础上指出："只有积极融入世界潮流，顺应时代进步，才能保障国家长治久安、人民生活美好富足。"[②]勇于实事求是地制定符合时代要求的改革开放国策。最后，将"小康"一词与中国人民的美好生活联系起来，并指出："我们一定要根据现在的有利条件加速发展生产力，使人民的物质生活好一些，使人民的文化生活、精神面貌好一些。"[③]于此，作为改革开放总设计师的邓小平通过自身的魄力为实现人民美好生活的愿望奠定了物质保障基础。并注重在发展过程中时刻关注人民对美好生活的真切感受，要求把"是否有利于提高人民生活水平"作为检验我们发展是否科学的标准，要求"我们做工作必须考虑群众拥护不拥护、赞成不赞成、高兴不高兴、答应不答应"[④]。并将上述两个要求作为人民是否满意当前美好生活的硬性标准。

以江泽民同志为代表的第三代中国共产党人自觉坚定历史使命和推进富国大业，面对复杂多变的国际国内形式，成功将中国特色社会主义事业推进到21世纪，还不断完善和确立了中国特色社会主义市场经济体制，促进了生产力和社会经济的快速发展，推动了社会主义事业的全面进步。面对生活中的困难和灾害，江泽民指出："需要大力发扬自力更生、艰苦奋斗的精神，树

---

① 郭大俊. 唯物史观的当代形态——邓小平社会历史观[M]. 北京：人民出版社，2004：200.
② 卢黎歌. 新时代推进构建人类命运共同体研究[M]. 北京：人民出版社，2019：380.
③ 邓小平. 邓小平文选（第2卷）[M]. 北京：人民出版社，1994：128.
④ 中共中央文献研究室编. 习近平关于社会主义社会建设论述摘编. 中央文献出版社，2017年：第6页.

第三章　新时代大学生美好生活观教育的理论建构

立战胜灾害，克服困难，创造美好生活的坚强信心。"①并指出："提高人民生活水平，是改革开放和发展经济的根本目的。"②使人民美好物质生活的体验显著增强。面对恶劣的外部环境，江泽民指出："中国人民和各国人民都渴望世界持久和平，渴望过上稳定安宁的生活，渴望建立公正合理的国际新秩序，渴望实现国际关系的民主化，渴望促进共同发展和共同繁荣，共创人类美好的未来。"③面对党的建设和人民生活的需要，江泽民提出"三个代表"重要思想，通过发展先进生产力与先进文化，不断满足人民群众日益增长的物质文化生活需要，不断实现最广大人民的根本利益；带领人民进行艰苦奋斗，不断提高人民的生活水平，向实现美好生活不断迈进。并呼吁人民"大力倡导一切有利于发扬爱国主义、集体主义、社会主义的思想和精神，大力倡导一切有利于改革开放和现代化建设的思想和精神，大力倡导一切有利于民族团结、社会进步、人民幸福的思想和精神，大力倡导一切用诚实劳动争取美好生活的思想和精神"④。他强调，贯彻"三个代表"重要思想本质在于执政为民，核心是我们党要始终代表中国最广大人民根本利益。并在发展过程中时刻捍卫人民美好生活的根本利益，时刻关注人民美好生活的核心诉求，还将此作为人民美好生活是否得到保障的关键性指标。

进入 21 世纪，以胡锦涛同志为总书记的党中央自觉坚守历史使命和负重前行，紧紧围绕坚持和发展中国特色社会主义这一主题，继续推进富国大业，在经济方面取得了显著成效，人民的生活水平从总体小康逐步迈进到全面小康。在美好生活的道路选择上，他强调："中国特色社会主义道路……是创造人民美好生活的必由之路。"⑤在社会建设的理念上，他指出社会建设的核心是要做到"以人为本，不断满足人民群众日益增长的物质文化需要"，并强调"权为民所用、情为民所系、利为民所谋""社会建设与人民幸福安康息息相关"，明确构建社会主义和谐社会，明确要求社会的发展是为了改善民生和社会建

---

① 江泽民. 发扬抗洪精神 重建家园 发展经济——在江西视察抗洪救灾工作时的讲话[M]. 北京：人民出版社，1998：40.
② 江泽民. 江泽民文选（第 2 卷）[M]. 北京：人民出版社，2006：27.
③ 江泽民. 论"三个代表"[M]. 北京：中央文献出版社，2001：182.
④ 江泽民. 论党的建设[M]. 北京：中央文献出版社，2001 年版：134.
⑤ 胡锦涛在庆祝中国共产党成立 90 周年大会上的讲话[N]. 人民日报，2011-7-2(01).

设要以民生为重点。在国际交流中,他强调:"中国人民爱好和平,向往美好生活……中国人民殷切希望同世界各国人民一道,加强团结,密切合作,携手建设一个持久和平、共同繁荣的和谐世界。"[1]在社会总体发展方面,他深入思考"发展为了什么、实现什么样发展、怎样发展"等重大理论和实际问题,他强调要做到以人为本、尊重人民主体地位,充分调动人民的积极性、主动性、创造性,走共同富裕之路,提倡科学发展观,其核心本质就是不断改善民生和致力于实现人的自由全面发展。从此将以人为本、构建和谐社会和倡导科学发展观、帮助人的自由全面发展与实现人民的美好生活向往紧密结合。并强调在发展进程中务必把实现好、维护好、发展好最广大人民根本利益作为一切工作的出发点和落脚点,进一步将社会的发展与人民美好生活的实现相协调,要求把不断实现人民对美好生活的向往作为发展的根本目的。

马克思主义中国化的系列理论成果蕴含着丰富的民生思想和美好生活建设论述。在带领人民追求美好生活的道路上不断地直面社会矛盾和解决社会问题,一步一步向共产主义愿景指引下的美好生活样态趋近,解决了美好生活前进道路上的系列矛盾和问题。毛泽东回答和解决了"建立什么样的国家,为什么人建立国家"的问题,邓小平回答和解决了"什么是社会主义、怎样建设社会主义"的问题,江泽民回答和解决了"建设什么样的党、怎样建设党"的问题,胡锦涛回答和解决了"实现什么样的发展、怎样进行发展"的问题。他们的结论是:美好生活实现的前提是建立一个独立、自主、民主、团结和安定的国家,为人民向往美好生活提供安定生活环境的国家;美好生活实现的基本途径是解放和发展生产力、物质文明与精神文明"两手抓"、分"三步走"不断改善人民生活,从而迈向共同富裕;要建设始终代表人民根本利益的党,维护和发展好人民的经济、政治、文化根本利益,即保障和改善民生;发展要为了人民、依靠人民、成果由人民共享,坚持以人为本、全面协调可持续的科学发展与和谐发展,从而全面改善和提升人民生活水平。

---

[1] 秦治来. 和平. 发展. 合作——为什么要推动建设和谐世界[M]. 北京:人民出版社,2008:24.

四、形成于中国共产党以人民为中心的新时代理论主张

中国共产党的建党初衷就是"以百姓心为心，与人民同呼吸、共命运、心连心"①，目标就是"为中国人民谋幸福，为中华民族谋复兴"②。近百年来，中国共产党始终坚持不忘初心、牢记使命，围绕建党初衷和目标不断推动社会发展和进步，深度实践和探寻"为什么要坚持以人民为中心？"以及"如何坚持以人民为中心"，逐步形成了一系列"以人民为中心"的新时代主张，凝练为"人民对美好生活的向往就是党的奋斗目标"。回溯百年历史，每一代中国共产党人都自觉坚守人民立场，以人民为中心的发展思想一直是中国共产党人的核心思想；每一代中国共产党人都躬耕实践，以践行群众路线为坚持以人民为中心提供动力支撑；每一代中国共产党人都持续奋斗，以实现人民对美好生活的向往为行动目标。

党的十八大以来，以习近平同志为核心的党中央始终牢记初心和使命，第一次旗帜鲜明地提出了以人民为中心的新时代主张，并明确将"人民"放在中心位置。承继毛泽东思想的群众路线和为民服务情怀、邓小平理论的"三个有利于标准"、江泽民的代表最广大人民根本利益理论和胡锦涛的"以人为本"思想，使我们党"为人民谋幸福"的初心得到弘扬；创新新时代的表达，"坚持人民至上、以人民为中心"已成为党的精神标识和制胜法宝。它系统地回答了"以人民为中心的价值目标是什么""以人民为中心的发展思想内涵是什么""以人民为中心到底能不能""以人民为中心到底怎么做"四个层面的问题。

从价值目标层面，以人民为中心的追求就是要团结带领人民群众实现人民群众对美好生活的向往，在发展中以促进每个人的自由全面发展为社会的基本原则，终极目标是实现个人自由而全面的发展。

从思想内涵层面，马克思认为人之为人的基础就是人的感性生存活动本身，人类社会和历史的发展主体就是人自身，因此，人类社会发展必须要做

---

① 中共中央党史和文献研究院. 习近平关于"不忘初心、牢记使命"论述摘编[M]. 北京：中央文献出版社、党建读物出版社，2019：17.

② 习近平. 决胜全面建成小康社会 夺取新时代中国特色社会主义伟大胜利[N]. 人民日报，2017-10-28(01).

到以人为本,也就是新时代中国共产党的主张"以人民为中心"。以人民为中心既要考虑人类需要,又要考虑人群需要,还要考虑个体需要,做到统筹兼顾;以人民为中心要守住人民的根本利益,既考虑当前个体的现实生活诉求,又兼顾集体长远发展需要,并做到实事求是和与时俱进;以人民为中心就是要调动每一个个体都成为"以人民为中心"的实践主体,依托于中国共产党在执政过程中去激发每个人在生活中的主体意识自觉表现,做到人人"以人民为中心";最终表现为我为人人,人人为我,即努力营造能促进个人自由全面发展的良好氛围。

从认识论层面,马克思主义的人学理论为人们提供了正确认识自己和发展自己的理论武器,使以人民为中心从原来的空想走向了科学,它弥合了理想性的"以人民为中心"和现实性的"以人民为中心"的分野,并指出社会和个人都是处在一个不断发展完善的过程中,因此,现实性的"以人民为中心"也就处在一个不断从不理想的状态向较理想状态、从较理想状态向更理想状态跃迁的过程,我们必须要从当代中国的物质条件、政治基础、社会基础、文化环境和生态条件等各方面的实际情况出发,要不断促成"以人民为中心"的现实状态向理想状态趋近,使理想性的"以人民为中心"不断成为现实可能。

从方法论层面,以人民为中心首先要做到把人民群众的生命安全放在首位,不放弃每一个生命;其次,要把满足人民的生存和享用等合理需要作为经济社会发展的根本出发点;再次,要把满足人民自身自由全面发展的需要作为社会整体发展的终极目标;最后,要立足于当前时代实际,把保障好最广大人民的根本利益作为党和国家一切工作的出发点和落脚点,做到以"最广大人民"的利益为本,实现人与自然、社会和他人之间的和谐发展,从而不断促进自身的自由全面发展。

习近平指出:"坚持不忘初心、继续前进,就要坚信党的根基在人民、党的力量在人民,坚持一切为了人民、一切依靠人民。"[①]这一论断揭示了以人民为中心思想的深刻内涵和价值追求所在,人民群众既是美好生活的向往者和

---

① 中共中央党史和文献研究院. 习近平关于"不忘初心、牢记使命"论述摘编[M]. 北京:中央文献出版社、党建读物出版社,2019:8.

获得者，也是美好生活的实践者和实现者。第一，它充分肯定了人民群众在社会历史发展中的主体地位。人民群众凝聚着无穷无尽的智慧力量，我们党只有相信群众、依靠群众和带领群众，不断激发人民的主体力量，实现美好生活的向往才有倚仗。正如习近平总书记所说："坚持以人民为中心的发展思想……必须坚持人民至上、紧紧依靠人民、不断造福人民、牢牢植根人民、并落实到各项决策部署和实际工作之中。"①第二，它坚持人民至上是以人民为中心的价值原则。坚持"人民至上"是新时代以人民为中心思想的核心要义，充分彰显了党全心全意为人民服务的赤子初心。这样的理念引领中国共产党人始终秉持人民至上的发展理念，在发展中要坚持贯彻落实以人民为中心的发展思想，把为人民谋发展和谋幸福的服务宗旨落实到自觉的行动之中，始终心系人民群众，服务人民群众和为人民群众造福。正如习近平主席所言："中国执政者的首要使命就是集中力量提高人民生活水平，逐步实现共同富裕。"②这正好体现了中国共产党一直坚持人民为中心的工作思想，不断破解人民日益增长的美好生活需要和不平衡不充分的发展之间的矛盾，解放和发展先进生产力，提升为人民服务的能力与水平，不断地解决人民群众的重大关切问题，以实际行动团结带领广大人民群众践行人民对美好生活的向往。

第二节 新时代大学生美好生活观教育的价值阐释

新时代正在经历百年未有之大变局，世界政治力量格局动荡、国际国内双循环经济深度重组、多元文化观念冲突、科学技术迭代迅猛、信息交流渠道多元和内容多维，这诸多变量给高校人才培养的价值引领带来挑战，这些变量产生的诸多问题对大学生的世界观、人生观、价值观的健康发展产生了冲击，直接影响青年大学生的美好生活观形成。分析青年大学生所处的时代

---

① 习近平. 坚持人民至上 不断造福人民 把以人民为中心的发展思想落实到各项决策部署和实际工作之中[N]. 人民日报, 2020-05-23(01).
② 习近平. 在华盛顿州当地政府和美国友好团体联合欢迎宴会上的演讲[N]. 人民日报, 2015-09-24(02).

特点和环境需求是新时代大学生美好生活观教育价值阐释的现实基点。

一、引领新时代大学生建设美好生活之安定国家

"国家兴亡，匹夫有责"，青年是祖国的未来，是追求和实现共产主义事业的建设者和接班人。高校肩负着为党育人和为国育才的根本任务，新时代高校培养出的大学生具有明确的地位和重要的作用——要建设美好生活之安定国家。青年大学生是社会中的特殊群体，具有明显的代表性和典型性，是拥有先进理念和学习先进知识后逐渐步入社会的人，是推动社会前进的中坚力量，在传承理论信念和坚持方向道路中具有不可替代的重要作用。

(一)要厘清个人美好生活与国家安定之间的关系，做先导者和支持者

自鸦片战争以来，外敌频繁入侵，国家主权丧失；国内战乱频发，社会动乱不止，华夏大地民生凋敝；国家与民族置身风雨飘摇之中，个人生存如浮萍般无靠无依，此时谈美好生活只能是无法触碰之痛。为了民族的独立和国家的富强，几代中国人四处求索，是马克思主义给中国人民带来了希望，是中国共产党成了民族的脊梁，付出鲜血和汗水28载，终于在1949年建立了新中国，让华夏儿女美好生活的梦有了可靠依托。历史必须铭记，国家好，大家才会好；大家好了，个人生活才会美好；个人的美好生活必须以国家的独立和安定为前提。

新时代大学生应该厘清个人美好生活与国家安定之间是彼此相互需要的关系。个人美好生活的背后是强大国家力量的支撑，无数个人在美好生活中的贡献一点一滴聚合起来，则是强大国家安定屹立的保障，二者的存在和需要构成了辩证统一关系。国家安定和社会美好生活需要每个人都共建共享，勤奋实干，在自己的工作岗位上精益求精，干出成效，创出佳绩，为美好生活添砖加瓦。一心扎根田野的袁隆平、隐姓埋名28年致力于氢弹研究的于敏、立下赫赫战功而深藏功与名的张富清……国家的持续强大离不开每个人的努力付出，国家持续强大才能持续保障个人美好生活的安定幸福。因此，青年大学生要在实现个人理想抱负和美好生活向往的同时，不断为国家的强大和安定贡献力量，在优先保障国家安全稳定的基础上实现人民对美好生活的向往。

第三章　新时代大学生美好生活观教育的理论建构

新时代大学生应该自觉做美好生活实现的建设者和接班人，争做国家安定的先导者和支持者。首先，要铭记历史。中国的强大和复兴是因为有中国共产党这个强大的领导核心，要认清国际国内形势，保持高度政治敏锐性，保持鲜明的政治本色，讲政治、顾大局，自觉与党中央保持高度一致，积极增强国家安防观念。自觉履行安防义务，用行动维护国家安定团结大局。其次，要积极参加政治理论课学习。坚定国家安全高于一切的观念，并通过各种形式展开政治宣传，明辨是非，克服错误思想，戳穿反动言论，不参与非法活动，自觉维护社会秩序和国家稳定，树立以自身行动示范提高整体社会风气的光荣目标。再次，要主动接受爱国主义教育。在实践中加强自己的爱国主义观念，从真正意义上意识到自己是国家的主人，国家的稳定与安全关系着整个民族的切身利益，自觉承担起维护国家安全的责任和义务。最后，要意识到最能保卫祖国的行动是认真学习。应该志存高远，心系祖国，为中华民族的腾飞而读书，用知识武装自己，把自己的人生奋斗目标与国家的发展和民族的存亡联系起来，为国家的富强和安定提供理论与技术支撑。

(二)要明确社会美好生活与国家安定之间的需要，做宣讲者和传播者

纵观世界历史，任何一个社会美好生活的图景展开都必须依托国家和地区的安全稳定。自1949年新中国成立以来，国际环境孤立我们，国内环境时而不稳定，初期40年里我们经历了经济拮据的客观限制，生活观念是扭曲的朴素，受生产力低下的限制，解决人们的温饱问题都十分困难；1978年改革开放以后，国际环境变得相对开放，国内环境更加稳定，人民的思想与活力显著增强，改革开放以后的30多年里的生产力也逐渐得到恢复和快速发展，人们的温饱问题逐渐解决，追求其他生活层次需要的观念逐渐产生，对真、好、善、美的需求逐渐在人的生活观念层面丰富起来，人们对更好生活需要的追求与现实社会生产力欠发达的矛盾也逐渐凸显出来；2012年，中国进入新时代以后，经济全球化的趋势已经不可逆转，国内人民团结，人心空前凝聚，科学技术迅猛发展，生产力得到极大的提升，人民生活发生了翻天覆地的变化，社会主义制度优势为民生建设兜底，收入分配制度改革得到全面深化，重点群体收入增长措施持续发力，人民生活水平的提升不仅体现为物质条件的改善，也体现为精神需要的满足，党中央深刻把握时代特点，精准回应人民诉求,"美好生活的向往"由此应运而生,社会美好生活的图景在新时代中国得以渐次展开。

新时代大学生要明确社会美好生活与国家安定之间是彼此的相互需要。在美好社会生活中,人将会逐渐以一种自由全面的方式从总体上占有自己的本质,逐渐实现马克思所说的人自由全面发展的美好生活图景。国家长治久安是社会美好生活图景渐次展开的根基,是人民美好生活向往得以实现的依托和保障;社会美好生活,源自民生,关乎国家长治久安,是中国共产党伟大民族复兴事业的核心组成部分,是国家安定的力量来源,是国家安定的基本盘和定神针。自新中国成立以来,党把让老百姓过上好日子作为了党一切工作的出发点和落脚点,只有切实解决好人民最关心最直接最现实的利益问题,更好满足人民对美好生活的向往,才能推动人的全面发展、社会全面进步;也只有不断提高人民群众的获得感、幸福感、安全感,国家才能真正实现长治久安。因此,青年大学生要有更精准的理想定位和更切合实际的美好生活需求,并为此付出艰辛努力,用自身行动去促成社会美好生活与国家安定之间的需要,助力实现人民对美好生活的向往。

新时代大学生应该自觉做美好生活实现的共建者和共享者,当好美好生活与国家安定之间需要的宣讲者和传播者。首先,要宣讲二者是彼此相互需要和互相成就的关系。社会美好生活的创建和实现为国家安定凝心聚力,国家安定的大环境和场域是美好生活得以实现的必要前提,在全国充当信息对等传播的协调者,为国家安定保驾护航。其次,要深刻理解中国共产党和国家安定的关系。自觉学习和宣讲党史、新中国史、改革开放史和社会主义发展史,在全社会积极传播正能量,为意识形态的安全保驾护航。再次,要深刻理解党和国家的发展战略方针。自觉学习和宣讲党和国家的发展始终把人民放在心中,正在致力于解决发展不平衡不充分的问题,始终做到了发展为了人民、发展依靠人民、发展成果由人民共享,在全社会积极传播国家的发展理念,为社会的充分发展保驾护航。最后,要深刻认识和理解人民对美好生活的向往。自觉宣讲和引导人民树立正确的美好生活目标,保民生、听民声、顺民意、聚民力、促发展,使国家安定和美好生活实现双受益,把人民对美好生活的向往作为党的奋斗目标,尊重人民群众首创精神,不断从人民

第三章 新时代大学生美好生活观教育的理论建构

群众中汲取智慧和力量,在全社会传播尊重和有利于个人全面发展的理念,为社会美好生活的实现注入强大动能。

(三)要作出人民美好生活与国家安定之间的贡献,做排头兵和实践者

回顾建党百年来,不同的历史时期,初心话语表达形式各有不同,但是为实现人民对美好生活向往而奋斗的初心是不变的,变的只是实现的方法和手段。新时代的到来,是党带领人民对美好生活求索而进行长期奋斗的结果——"政治清明前所未有,改革力度前所未有,持续繁荣前所未有,文化自信前所未有,生态文明前所未有,依法治国前所未有,强军建设前所未有,大国地位前所未有。"①在新的历史条件下,我们要不忘初心、牢记使命、奋力前行。唯物史观认为人民群众是生产力的创造者和推动者,是物质财富和精神财富的创造者和享有者,是推动社会向前向好发展的根本力量。因此,人民群众不仅是国家安定的守护者,亦是人民美好生活的创造者。

新时代大学生要作出人民美好生活与国家安定之需的贡献。人民对美好生活的需要会随着社会生产力的快速发展而持续变迁,这是由其本质所规定的。新时代"我国社会主要矛盾已经转化为人民日益增长的美好生活需要和不平衡不充分的发展之间的矛盾"②,人民创造美好生活站在了新的历史起点,新时代美好生活成为人们追求的一种新生活样态。因此,新时代大学生需要明白人民美好生活实现和国家安定的维持需要自己作出哪些贡献?哪些贡献需要持续不变?哪些贡献需要随时代变化?永远跟党走的信念和行为不能变,以人民为中心的价值追求不能变,劳动创造美好生活的信念不能变,奋斗创造美好生活的行为不能变。随着时代的发展,人的需要层次及其满足方式会适时而变,美好生活追求的具体范围、涵盖内容、需求程度也就随之而变。

新时代大学生应该要努力作出人民美好生活与国家安定之间的更大贡献,做国家安定守护和人民美好生活创造的排头兵和实践者。首先,要坚决拥护"两个确立"、自觉铸牢"四个意识"和坚定"四个自信"、始终做到"两个维护",

---

① 车秀兰. 深入学习贯彻落实中共十九大精神全面提高会务工作水平[J]. 吉林省社会主义学院学报,2017(4):3-4.

② 习近平. 决胜全面建成小康社会 夺取新时代中国特色社会主义伟大胜利——在中国共产党第十九次全国代表大会上的报告[N]. 人民日报,2017-10-28.(01)

自觉做对党和人民忠诚的排头兵，勇敢做党和国家方针政策的坚定实践者，为传承理想信念和坚守方向道路作出自己的贡献。其次，要树立正确的世界观、人生观和价值观，要掌握扎实的科学文化知识，要有健康的体魄和坚定的意志力，要有良好的社会交往能力和社会实践能力，做自觉成才的排头兵，勇敢做知识创新的实践者，为国家安定和美好生活实现蓄积力量并作出贡献。再次，要明白美好生活不是轻轻松松敲锣打鼓就能实现，自觉做守护国家安定的排头兵，争做实现个人的美好生活和人民的美好生活的实践者，为国家安定和美好生活实现的需要贡献直接力量。最后，要通过实践锻炼把自己培养成党和国家需要的合格建设者和接班人，努力接受党和人民的考验，争做共产主义事业的排头兵，自觉做人民美好生活实现与国家安定的实践者，为共产主义事业的传承作出更大贡献。

二、引导新时代大学生建设美好生活之和谐社会

"美好生活"是人民的需求状况和社会现实供给状况及其二者之间关系的概念。新时代中国人民构建的全面和谐社会，是社会主义道路上的和谐社会，是经济富强的社会，是政治民主的社会，是精神文明的社会，是全面和谐的社会，是生态美丽的社会。新时代美好生活的发展维度要反映人民的现实需求，是以"五位一体"为主要发展内涵的全面和谐社会。

(一)要大力发展生产力，奠定美好生活与和谐社会的物质基础

从物质层面来讲，美好生活就是物质生活得到充分的体现和保障。物质的需求是人的第一需要，这需要以发达的生产力水平为保障，建党百年人民生活已经实现物质富裕奔小康，衣食住行无忧，基本达到小康水平，美好的物质生活已经变得真实、可触。党的十九大、二十大报告分别指出："我国经济已由高速增长阶段转向高质量发展阶段"，并"要求贯彻新发展理念，建设现代化经济体系"[①]"加快构建新发展格局，着力推动高质量发展"[②]，保障人

---

① 习近平. 决胜全面建成小康社会　夺取新时代中国特色社会主义伟大胜利——在中国共产党第十九次全国代表大会上的报告[N]. 人民日报，2017-10-28.(01)

② 习近平. 高举中国特色社会主义伟大旗帜　为全面建设社会主义现代化国家而团结奋斗——在中国共产党第二十次全国代表大会上的报告[N]. 人民日报，2022-10-26.(01)

民美好生活的物质需要，不断地增进物质美好生活程度。因此，我们必须要继续大力发展生产力，为人民美好生活奠定充实的物质基础，只有基本物质生活需求得到满足之后，人民需求的结构和层次才会日益扩展和提升，人民对其他各方面美好生活向往的实现才会变得有可能。

(二)要始终坚守好道路，保障美好生活与和谐社会的制度基础

从制度层面来讲，美好生活就是人民民主得到充分的尊重和实现。走中国特色社会主义道路是历史和人民的共同选择，"人民当家作主"的人民代表大会制度是国家政治生活本质的集中体现，从本质属性上看，人民当家作主的需求得以实现是人民群众其他美好生活需求得以实现的根本保障。习近平总书记在党的十九大、二十大报告中分别指出："我们党深刻认识到，实现中华民族伟大复兴，必须建立符合我国实际的先进社会制度。"[①]"我们坚持走中国特色社会主义政治发展道路，全面发展全过程人民民主……人民当家作主更为扎实。"[②]并明确要求把坚持中国共产党的领导和坚持社会主义发展道路统一起来，继续完善和发展中国特色社会主义制度，推动中国特色社会主义制度更加成熟更加定型，为党和国家事业发展、为人民幸福安康、为社会和谐稳定、为国家长治久安提供一整套更完备、更稳定、更管用的制度体系。因此，我们必须始终坚守好道路，才能保障社会主义的制度优势得到充分体现，从而保障美好生活与和谐社会在华夏大地上得以实现。

(三)要精心培育价值观，夯实美好生活与和谐社会的精神基础

从精神层面来讲，美好生活就是精神文明得到充分的满足和肯定。精神文化能使人获得物质生活之外的意义和价值，使人脱离单一的"物的依赖"，获得人的独立性，从而提升美好生活的品质属性。进入新时代，物质生活已经得到较大程度的满足，人其他深层次的需要和欲望被逐渐激发，如果仅有物质保障的美好生活，而没有树立正确的价值观念，就不可能追求和获得与物质相匹配的精神文化生活，美好生活则会落入"极度贫困"的状态。党的十

---

① 习近平. 决胜全面建成小康社会 夺取新时代中国特色社会主义伟大胜利——在中国共产党第十九次全国代表大会上的报告[N]. 人民日报，2017-10-28.(01)

② 习近平. 高举中国特色社会主义伟大旗帜 为全面建设社会主义现代化国家而团结奋斗——在中国共产党第二十次全国代表大会上的报告[N]. 人民日报，2022-10-26.(01)

九大、二十大报告分别指出:"满足人民过上美好生活的新期待,必须提供丰富的精神食粮。"①"统筹推动文明培育、文明实践、文明创建,推进城乡精神文明建设融合发展,在全社会弘扬劳动精神、奋斗精神、奉献精神、创造精神、勤俭节约精神,培育时代新风新貌。"②随着物质生活水平的提高,人们对精神生活的向往和追求也逐渐提升,从满足于解决温饱问题到产生为社会服务的精神需要,越来越多地期盼更高层次的精神生活。因此,我们要精心培育人的价值观,进行正确的引导,使美好生活与和谐社会建设主体的精神内涵能跟上时代和满足实现美好生活向往所需。

(四)要尽力改善好民生,激活美好生活与和谐社会的动力基础

从社会层面来讲,美好生活就是社会和谐得到充分的构建和彰显。全面和谐社会包含社会关系的和谐,也包括人与自然关系的和谐,它提倡社会结构合理、民主法治、公平正义、安定有序、充满活力,人民行为规范、诚信友爱、和谐相处、兼容共生。进入新时代,和谐社会要进一步确定"以人为本"的科学发展观,进一步确定人在发展中的位置,即重视"人是目的"的观念,将社会发展的维度集中到为"人的自由全面发展"服务这一宗旨上来,使社会各维度围绕宗旨获得协调发展,作为社会主体的人才能得到发展,人的美好生活才能迸发活力。党的十九大、二十大报告分别指出:"必须多谋民生之利、多解民生之忧,在发展中补齐民生短板、促进社会公平正义,在幼有所育、学有所教、劳有所得、病有所医、老有所养、住有所居、弱有所扶上不断取得新进展,深入开展脱贫攻坚,保证全体人民在共建共享发展中有更多获得感,不断促进人的全面发展、全体人民共同富裕。"③"必须坚持在发展中保障和改善民生,鼓励共同奋斗创造美好生活,不断实现人民对美好生活的向往。"④总之,就是要尽力而为和量力而行,保障人民生活得越来越好。因

---

① 习近平.决胜全面建成小康社会 夺取新时代中国特色社会主义伟大胜利——在中国共产党第十九次全国代表大会上的报告[N].人民日报,2017-10-28.(01)
② 习近平.高举中国特色社会主义伟大旗帜 为全面建设社会主义现代化国家而团结奋斗——在中国共产党第二十次全国代表大会上的报告[N].人民日报,2022-10-26.(01)
③ 习近平.决胜全面建成小康社会 夺取新时代中国特色社会主义伟大胜利——在中国共产党第十九次全国代表大会上的报告[N].人民日报,2017-10-28.(01)
④ 习近平.高举中国特色社会主义伟大旗帜 为全面建设社会主义现代化国家而团结奋斗——在中国共产党第二十次全国代表大会上的报告[N].人民日报,2022-10-26.(01)

此，我们必须要尽力改善民生，为人这个社会主体的发展创造条件，从而奠定美好生活与和谐社会的动力基础。

（五）要持续优化美环境，确保美好生活与和谐社会的生态基础

从生态层面来讲，美好生活就是生态文明得到充分的提倡和实施。生态文明要求必须树立尊重自然、顺应自然、保护自然的生态文明理念，走可持续发展道路。党的十八大报告要求从"优、节、保、建"着力，优化国土空间开发格局，全面促进资源节约，加大对自然生态系统和环境保护力度，加强对生态文明制度建设，并将生态文明融入经济建设、政治建设、文化建设、社会建设的各方面和全过程，努力建设美丽中国。党的十九大报告提出："人与自然是生命共同体，人类必须尊重自然、顺应自然、保护自然。""要推进绿色发展""要着力解决突出环境问题""要加大生态系统保护力度"和"改革生态环境监管体制"，也要提供更多优质生态产品以满足人民日益增长的优美生态环境需要"[①]。党的二十大报告指出："推动绿色发展，以促进人与自然和谐共生。"[②]因此，我们要树立和践行绿水青山就是金山银山的理念，形成绿色发展方式和生活方式，持续优化环境美，为人民建设美丽中国，确保美好生活与和谐社会的生态基础。

三、倡导新时代大学生塑造美好生活之德善个人

生活中的个人是社会历史的前提和基础。历史唯物主义承认人民才是社会进步的主体力量。新时代美好生活的发展维度关涉"建设什么样的社会、实现什么样的目标，人是决定性因素"[③]。新时代的美好生活需要什么样的人民主体，美好生活追寻路上的个人应具备什么样的能力和素养，在追寻美好生活伟大征途中，要确保新时代美好生活的实现有源源不断的依靠力量，国家和社会要持续培养美好生活之德善个人。

---

① 习近平．决胜全面建成小康社会 夺取新时代中国特色社会主义伟大胜利——在中国共产党第十九次全国代表大会上的报告[N]．人民日报，2017-10-28．(01)
② 习近平．高举中国特色社会主义伟大旗帜 为全面建设社会主义现代化国家而团结奋斗——在中国共产党第二十次全国代表大会上的报告[N]．人民日报，2022-10-26．(01)
③ 中共中央宣传部．习近平新时代中国特色社会主义思想三十讲[M]．北京：学习出版社，2018：197．

(一)要引导个人身心健康,保证新时代美好生活的依靠力量有基础

身心健康指人既具有健康的生理素质,又具有健康的心理素质,综合外化为个人具有强大的生命力、坚强的意志、谦和宽容的气质、达观的胸怀、乐观积极的生活态度以及控制个人情绪的抑制力。身心健康是现代人面对快节奏高压力生活与工作的必备素质,是有效应对外界挑战和危机的体质保障与心理调节器,要求现代人具有积极健康的审美情趣,以美的眼光审视周边世界,以社会公认的美的标准发掘并创造着美的事物,并站在美的立场上反对一切假恶丑的事物与现象。

过上新时代美好生活是我们每个人的追求,更是每个人的权利,身心健康是美好生命之基,更是美好生活之源,是人的自由全面发展的保证,也是新时代美好生活实现的重要基础。健康不能代替一切,但是没有健康就没有一切,个人身心健康是获得美好生活权利的基础,个人身心能量状态决定了我们在生活中发现美的维度有多广,感受生活美好的时间有多长,创造生活美好的能量有多大,即所有美好生活实现的方式和方法都需要建立在我们拥有健康身心的基础上,而且身体健康与心理健康两者是相辅相成、互相影响的,直接关系到美好生活能否实现。因此,社会教育要引导和培养个人保持身心健康,协调好自我生理与心理的关系,积极响应时代和融入社会,科学把握人生道路,追寻有价值的美好生活,保证新时代美好生活的依靠力量有基础。

(二)要提升个人劳动素养,保障新时代美好生活的依靠力量有质效

马克思提出:"劳动力的使用就是劳动本身。"[①]劳动创造了人类,满足了人类生存和生活所需,创造了人类社会。一般意义上讲,劳动是指能够对外输出劳动量或劳动价值的人类运动。人类各阶段不同层次的社会生活实现必须要以劳动才能达成,劳动是人维持自我生存和自我发展的唯一手段,是人类社会生存和发展的基础。人是劳动的主体,个人在劳动过程中与之相匹配的劳动心态和劳动技能的综合概括即劳动素养,它包括个人的劳动观念、劳动能力、劳动习惯、劳动精神和劳动品质,是人全面发展的根本,是个人实

---

① 马克思.资本论(第1卷)[M].北京:人民出版社,1975:201.

现美好生活的必备品格和关键能力。劳动素养高低关乎个体进步快慢,亦影响着社会的发展效率,它是衡量劳动者能否完成某对应性工作的最根本、最直接的工作能力指标。

新时代的美好生活需要通过人们的劳动去实现与创造,人是社会生产力水平构成的首要因素和核心要素。社会生产力水平的高低直接由社会劳动力水平高低决定,劳动力水平高低直接表现为社会劳动生产效率,受社会人的体力和智力发展水平影响,由劳动者的劳动素养直接决定。美好生活的实现必须要以较高的社会生产力作为保障,要求社会要不断提高劳动力水平,直接表现为社会要不断促进个人提升劳动素养。个人劳动素养的提升不是仅仅通过个人努力就能实现的,还必须要通过国家和社会的发展去培育,即个人劳动素养提升教育,在一般形式上也就是劳动教育和专业教育。苏霍姆林斯基曾说:"人的全面和谐发展必须建立在劳动教育的基础之上,否则教育将无从谈起。劳动,这是渗透一切、贯通一切的东西。"[①]劳动教育不仅能够提高个人的劳动水平,培养个人的劳动业务能力;它还具有促进德智体美劳全面发展的综合功效,使个人的多种潜力和才能在劳动中得到充分展现和提升,从而不断提高社会劳动力水平和促进社会生产力发展。因此,国家和社会要想方设法不断提升个人的劳动素养,保障新时代美好生活的依靠力量有质效。

(三)要培育个人道德品性优雅,确证新时代美好生活的依靠力量有格调

"德性"是指人的品质和品性,德性的诉求体现了人类建设一种理想社会状态的努力。《道德经》中将德性描述为人类个体与自然整体形成美好和谐关系的关键因素。《管子》中认为德性的本质功能就是为了实现人与自然、人与社会、人与自己的精神生活的和谐统一。马克思将人在人类社会发展史上的三种发展形态描述为对人的依赖阶段、对物的依赖阶段和自由全面的发展阶段,个人"德性"在每个阶段均是那个时代的人类美好本质表达,是包含各种不同种类德性的总目。新时代对个人的"德性"要求体现了以往历史发展的全部的现实成果,体现了人类社会对历史的继承性一面,具体内涵表现为社会对人的公共德性要求和个人在生活过程中的私德修炼,其外在的表征是通过

---

① 《湖南教育》编辑部.苏霍姆林斯基教育思想概述[M].长沙:湖南教育出版社,1983:40.

文化教育与文化传统的接受形成道德和精神的品格，它是激励人们参与建设新时代美好社会生活的信心所必需的。

人类社会之所以需要德性，其根本原因是人要通过"德性"来调整和实现人对于自然他人的需要。新时代美好生活并未达到马克思恩格斯所构思的那种美好状态，而是正处于通向美好目标的征途之中，还有很多方面没有完全满足个人生活所需，出现了生活的非自足性，人还没能实现自由全面的发展。为了凸显道德在美好生活中的意义，可以将现实人的需要理解为道德之人、自由之人和发展之人，综合表现为道德品性优雅之人。因此，我们既要利用素质教育不断提升个人的综合素质，又要立足于时代实际重视公德建设和个体道德建设的协调发展，实现个体道德建设和公德建设的融通统一，要培育个人道德品性优雅，提高公民意识和道德觉悟，正确处理公民权利和义务的关系，在全社会形成自觉有效的道德责任意识，确证新时代美好生活的依靠力量有格调。

(四)要指引个人美好生活，确定新时代美好生活的依靠力量有目标

纵观古今，不同国度、不同区域的人们对美好生活既有本真的共同向往，又有因差异化成长因素制约而产生的差异化理解和个性化追求。社会美好生活的和谐社会既允许个人的美好生活目标存在差异，也强调需要符合本真和遵循共性。正如马克思所言：实现人自由全面的发展，是一种理想状态，也就是人美好生活最佳状态。美好生活的实现意味着人性现实化达到了最合理、最充分的程度，这种状态需要人向往和追求美好生活，并为之而不断地奋斗和进行自我实现，为美好生活实现准备充分的主观条件。需要指出的是，新时代的社会条件是鼓励和有利于其成员自由全面发展的，并为之努力提供相应的基本条件，倡导人们向往和追求美好生活；但是，因社会发展不均衡和不充分，我们的时代存在一些不利于人自由全面发展的因素，也出现了各种影响美好生活达成的现实问题。因此，新时代的个体追寻美好生活需要得到指引。

新时代的美好生活是基于社会主义初级阶段现实情况下的更好生活追寻，是通往美好生活最佳状态道路上的一种生活姿态。个体要获得自由全面的发展，要成为幸福生活的人，就必须努力追求美好生活，在适应当下时代条件的基础上，接受社会的指引，克服时代的不利因素，在生活过程中努力使自身得到更充分的发展，其本质就是要正确处理好个体与集体的关系，坚持集体主义的价值导向，沿着中国特色社会主义理论体系指引的正确道路不断前进。马克思指出："人只有为同时代人的完美、为他们的幸福而工作，自己才能达到完美。"①习近平总书记也明示："历史告诉我们，每个人的前途命运都与国家和民族的前途命运紧密相连。国家好，民族好，大家才会好。"②并要求将个人美好生活的目标融入集体目标，在为社会美好生活作贡献中实现个人美好生活，通过自身的奋斗，跑好"美好生活"的接力赛。习近平总书记还强调："生活从不眷顾因循守旧、满足现状者，从不等待不思进取、坐享其成者，而是将更多机遇留给善于和勇于创新的人们。"③因此，我们一方面要引导个人树立崇尚诚实劳动的精神，另一方面要鼓励个人勇于开拓创新，使他们坚信通过每一个人和每一代人的努力奋斗，共产主义设想的人类社会美好生活前景会不断在中国大地上生动展现出来，从而确定新时代美好生活的依靠力量有目标。

四、鼓励新时代大学生构建人类美好生活共同体

宇宙浩瀚，人类的生存世界共享一个地球。从国家层面讲，2011年《中国的和平发展》白皮书提出，要以"命运共同体"的新视角，寻求人类的共同利益和共同价值的新内涵。新时代伊始，中共十八大明确提出要倡导构建"人类命运共同体"，并反复强调这是关于人类国际社会构建的新理念。面对"世界怎么了、我们怎么办"的时代之问，习近平总书记站在人类历史发展进程的高度，以大国领袖的责任担当，正确把握国际形势的深刻变化，提出一系列重大倡议，为共建美好世界不断贡献中国智慧、中国主张；并在世界经济论坛"达沃斯议程"对话会中深刻指出："只要是对全人类有益的事情，中国就应该义不容辞地做，并且做好。"从个人层面讲，不管人们是否愿意，实际上人类已经处在一个命运共同体中，恰逢世界百年未有之大变局，影响人类美好生

---

① 马克思恩格斯全集(第1卷)[M]. 北京：人民出版社，1995：459.
② 习近平谈治国理政[M]. 北京：外文出版社，2018：36.
③ 习近平谈治国理政[M]. 北京：外文出版社，2014：51.

活的要素的非传统问题层出不穷,在"命运共同体"视域下,国家和社会要倡导个人构建人类美好生活共同体意识,在追求个人利益时兼顾他人合理关切,一种构建人类美好生活共同体的全球价值观需要逐步获得认可,并在新时代中国成为人人赞同和追求的未来愿景。

第三节 新时代大学生美好生活观教育的目标定位

教育目标是培养人的方向和规格,是指向未来社会人才需要教育目的的一种存在,是培养的对象应达到的相应标准,也是人们对受教育的期望和要求。培养新时代美好生活所需要的合格建设者和接班人是各级各类学校培养各级各类具有美好生活观人才的总的规定,各级各类学校美好生活观教育具体目标都要依据此总规定而制定。大学生的美好生活观教育,说到底是人的思想建设、灵魂建设,聚焦的是造就具有美好生活观的建设者和接班人。在厘定教育目标时既要基于社会的实际需要,又要立足于受教育者发展的实际水平,考虑社会对具有美好生活观的建设者和接班人有什么具体的期望和要求,遵循马克思主义的个人发展和社会需要统一论制定教育目标的理念,基于当前高校美好生活观教育面临的现实境遇,最终为大学生厘定清楚合理的美好生活观教育目标,从而旗帜鲜明地弘扬和培育美好生活观,为建设美好生活之和谐社会保驾护航。

一、培育正确三观,形成美好生活的科学认知

人类对美好生活的认知是随时代的发展而不断演进的,不同时代的青年与时代相生相伴,他们对美好生活的认知会因为时代、国家、社会、地域、学校、家庭等因素的影响而产生共性和差异。新时代的中国青年应该具备怎样的美好生活观?新时代中国青年的美好生活观应涵盖哪些共性要求和包容哪些个性需求?马克思指出:"一切划时代的体系的真正的内容都是由于产生

第三章　新时代大学生美好生活观教育的理论建构

这些体系的那个时期的需要而形成起来的。"[①] 新时代大学生所需要的美好生活观就是这样一种体系，是一种基于马克思主义世界观、人生观和价值观基础上的美好生活认知体系，是一种建立在正确三观基础上对新时代人类社会美好生活的事实认知、价值判断和行为选择的观念体系。新时代高校要引导青年形成关于美好生活认知的正确三观，注重美好生活的基础目标和优化目标相兼顾，做到新时代大学生的个人美好生活实现与美丽和谐社会构建相统一。

(一)培育科学世界观，奠定大学生正确认识世界的基础

新时代马克思主义的世界观是当代中国人对于新时代中国和整个世界的根本看法，是当前新时代中国所需要的主流世界观，即新时代科学世界观。世界观教育，就是教育者以教育的方式来引导受教育者在自己的内心和头脑中建构起当前社会所需要的主流世界观，它的终极目标是帮助和指导人的生活实践以及决定和影响人的生活世界的进展与变革。大学生阶段是青年世界观形成的关键阶段，高校思想政治教育是大学生世界观形成的关键指引，学习什么样的知识内容，掌握什么样的理论内涵，就会形成什么样的世界观。新时代大学生的美好生活需要从正确认知这个世界开始，要正确认知这个世界，需要大学生首先学习和掌握马克思主义的基本理论，赞成和支持马克思主义的基本观点和立场，并在生活中认真坚守和努力践行，在内心中深刻感悟和由衷体验，在头脑里坚定理想和升华信念，最终形成新时代所需的马克思主义的世界观。首先需要端正大学生的学习态度，突破大学生掌握马克思主义基本理论的知识障碍，帮助他们掌握形成科学世界观所需要的知识；其次要排除大学生理解和支持马克思主义的情感障碍，帮助他们赞成和支持马克思主义的基本观点和立场；再次要清除大学生头脑里坚定共产主义理想信念的信仰障碍，帮助大学生坚定共产主义理想和坚守社会主义信念；最后要尽力消除大学生在主客观世界坚守马克思主义的行为障碍，以系统的马克思主义理论来支配自己的行动，助力新时代大学生形成科学世界观，奠定其正确认识当前世界和自身生活的良好基础，建立人与这个世界的正确关系，最终达成世界观教育的终极目标——助力大学生追求人所独有的美好生活。

---

① 马克思恩格斯全集(第3卷)[M].北京：人民出版社，1960：544.

(二)培育积极人生观,保障大学生合理规划人生的方向

人生观是人对人生目的、价值和意义的根本看法和态度,是一种社会意识,从根本上讲,也是人们所处一定历史条件和社会关系的产物,是人们社会物质生活和精神生活条件在人生目的、人生价值、人生意义与人生道路等方面的反映。积极的人生观能帮助大学生在生活中找到充实感和获得幸福感,进而实现对美好生活的向往。人生观教育,是教育主体对受教育主体施以人生目的、态度和价值的教育实践活动。表现为以立足于新时代中国社会和人民的发展实际为基础,以追求人的全面发展和人的美好生活实现为目标,引导人们确立健康积极人生观的教育实践活动。大学生的积极人生观形成需要依靠主客体的共同努力,靠理论教育的引领和社会实践的锻炼,在真实的生活中感悟和调整,逐渐形成以马克思主义为指导,以新时代中国的发展、人民的需要为基础,以追求人的美好生活为目标,引导大学生确立积极的人生观。首先是帮助大学生正确认识生命、尊重生命、敬畏生命、珍惜和热爱生命,不仅要学会保护珍爱他人和自己的生命,更要懂得与其他自然生命和谐共存。其次要引导学生认知生命的美好,学会如何积极面对生命和如何正确对待死亡,明确人生目的,进而正确认知人的社会属性和自然属性,在了解人性后做到生活需求适度,在有限的生命历程中将生活过得阳光灿烂又丰富多彩。再次要提倡学生端正人生态度和尽到生命的责任,以实际行动积极面对困难和挫折,以豁达的胸襟去面对现实生活中的挑战和压力,自觉承担起小我生命和大我生命的责任。最后,要鼓励大学生坚定人生理想,实现人生价值,努力将自己塑造成时代发展所需和自我全面发展所求的新时代人才,立志做实干家和追梦人,做奋斗者和奉献者,积极投身实现人民对美好生活向往的伟大事业。最终实现人生观教育的终极目标——引导大学生追求新时代所倡导的美好生活。

(三)培育正确价值观,促进大学生积极贡献个人的力量

价值观是基于人的一定的思维感官之上而做出的认知、理解、判断或抉择,也是评判事物是非、好坏、善恶的内心尺度,从而体现为个人对客观人、事、物的意义、重要性的总评价和总看法,影响和决定人对待生活之中人、事、物的态度、动机和行为模式。正确的价值观能更早更好地引导大学生开

第三章 新时代大学生美好生活观教育的理论建构

启美好生活的奋斗之路,尽早实现对美好生活的向往。价值观教育则是国家和社会依据时代现实发展需要,"面向社会全体成员有目的有计划开展的以社会主义核心价值观为主导的教育实践活动"[①]。个人的价值观一旦形成和被实践确证,便具有了相对稳定性,因此,通过价值观教育帮助大学生建立正确的价值观体系是大学生健康成长和全面发展的思想总开关,是个人美好生活方向的指南针,更是决定人民美好生活道路的方向盘。大学生正确价值观的培育需要立足于现实生活,从物质价值、精神价值、人的价值等维度进行价值观的立体建构。首先是要帮助学生理解价值观的产生和构成要素。从要什么和要怎样的价值心理源点,到具有应该怎么样的价值认识,再到生成该怎样和不该怎样等是非、好坏和善恶价值评价标准,最终生成属于个体的统合完整价值观。其次,要引导学生理解生活中的价值观正确与否。主要看个体在生活中的思想、言行、活动等对社会和他人是否具有积极的意义和效用,是否承担个人对社会的责任和贡献,是否是一个对社会和他人有用的人,即是否有社会价值和贡献社会价值的大小;也应该关注个人的思想、言行、活动等对自身发展是否有助力作用,是否能让自身需要得到满足,即自我价值的大小与利害。再次,要鼓励学生坚持新时代中国的价值观主张,即马克思主义的价值观。既重视自我价值的实现需要,也重视响应社会价值的倡导,将社会价值的倡导和自我价值的实现进行统一,将两者有机结合起来,把满足自身需要的正当需求同为社会和他人作贡献结合起来,把自我实现的需要和社会发展的需要结合起来,把对自己负责和对社会负责统一起来,把社会和个人追求的至真、至善、至美统一起来,把提高社会和个人的价值能力与完善社会和个人的发展统一起来。正如胡乔木所说:"人的价值包括两个方面,即:社会对个人的尊重和满足;个人对社会的责任和贡献。"[②]最后,要鼓励大学生树立崇高的人生价值观。在纷繁复杂的社会环境中明辨是非,在青春正好的阶段自觉追求生活中的真、善、美,正确处理权利和责任、贡献和索取、劳动和享受等的辩证关系,主动贡献自己的青春智慧和个人力量,积

---

① 杨晓慧. 中外大学生价值观教育调查与比较[J]. 教育研究, 2022(3): 97-109..
② 胡乔木. 关于人道主义和异化问题[M]. 北京: 人民出版社, 1984: 28.

极投身实现人民对美好生活向往的伟大事业。最终实现价值观教育的终极目标——鼓励大学生为新时代所倡导的美好生活而奋斗。

(四)塑造美好生活观,促成大学生追求美好生活的目标

生活观是人们感知、理解、评价和解释人生活的方式,这种方式在人的思想意识中生成后就被表达为关于整个人的生活以及人与生活世界关系的总体看法和根本观点。也可概言之为:一个人对待自己和他人全部生活的态度及观点。所谓美好生活观就是关于什么是美好生活,怎样追求、实现和享有美好生活的观点、看法或认识,是一种建立在正确三观基础上对新时代人类社会美好生活的事实认知、价值判断和行为选择的思想观念体系。美好生活观教育则指教育者通过对大学生施加有意识和有目的的影响来帮助其形成新时代主流所需的正确美好生活观的社会实践活动。主要从"什么是新时代的美好生活""为什么要向往新时代的美好生活"以及"怎样实现对美好生活的向往"等几个维度开展教育实践活动。首先,高校要传承人类文明和追寻美好生活历史经验积累的责任,通过科学的三观教育教会大学生理性追寻生活中的真善美和理解新时代美好生活的内涵,并将其用于指导和规划其自身健康成长,产生贴近时代现实所需的美好生活愿望;这既是个体美好生活愿望生成的需要,也是人民美好生活向往产生的需要,更是新时代党和国家事业不断向前向好发展的人才储备需要。其次,通过生活教育和德性教育将正确的美好生活意识教给成长阶段的青年大学生,引导他们通过自身奋斗承担国家和民族复兴的责任,将人民实现所向往美好生活的实践融入家国和民族百年复兴的伟大梦想。再次,通过带领学生参与美好生活感受实践,增强体验感悟;引导学生制定美好生活目标规划,提升能力素质;鼓励学生实施美好生活行动计划,修炼品质德性;以此来培育提升大学生美好生活的能力和修炼美好生活德性。最后,通过以知识理论铺垫美好生活,促进学生真知增智;以价值观念引领美好生活,促进学生真心增行;以行动信仰示范美好生活,促进学生真信增性;从而全方位成就大学生美好生活实践。最终实现生活观教育的终极目标——实现大学生为新时代所倡导的美好生活而奋斗。

二、呼应社会理想，产生美好生活的积极情愫

回顾人类社会的时代变迁，"对未来美好生活和理想社会的追寻始终是人类社会永恒的主题，同时也是推动社会前进的源泉动力"①。从西方到东方，从古代、现代到新时代，不同时代和不同地域的人们都有专属于自己的生活和社会理想。人类最朴素的生活目标是立足于现实追求更高品质的美好生活，人类最宏大的愿景是基于生活世界的现状为未来设想更美好的社会生活场景。从整体意义上讲，整个人类社会的发展历史就是一部人类美好生活追寻史和奋斗史，人是其中的核心要素，美好生活的理想向往、设想构思、努力奋斗、过程调整和目标实现的每一个环节都离不开人这个主体和生活这条主线。新时代大学生是主体中的关键组成部分，是新时代社会发展向前的生力军，是新时代美好生活模式的积极建构者和社会美好生活思潮的引领者，培育和激发大学生追寻美好生活的积极情愫必须随着时代潮流而与时俱进，及时创新吸引大学生的美好生活观教育内容，帮助大学生夯实顺应时代发展的美好生活心理底色。

首先，要回顾人类社会发展史，它总结了人类社会的发展规律和预测了未来趋势。从人类理想层面教育大学生明白人为什么而活着，该怎样追寻美好生活，该怎样实现人生的价值，引导大学生自觉树立远大的人生理想和崇高的精神追求。要让大学生从对人类社会发展的历史事件、历史人物和历史规律的学习中明白人类追寻美好生活的价值真谛，并看到历史人物对这个社会贡献得越多，他的人生价值也就越高，个人的历史存在和人生价值是以社会发展为依托，个人在发展自己的同时努力地帮助他人实现更好的生活，从而可以更加充分地发挥和实现自己的人生价值。正如马克思所言："在选择职业时，我们应该遵循的主要指针是人类的幸福和我们自身的完美。……人们只有为同时代的人的完美、为他们的幸福而工作，才能使自己也达到完美。……历史承认那些为共同目标劳动因而自己变得高尚的人是伟大人物；经验

---

① 郑金鹏. 习近平"人民美好生活观"的逻辑阐释与现实启迪[J]. 山东社会科学，2020(04)：115-120.

赞美那些为大多数人带来幸福的人是最幸福的人。"①从而为大学生产生的美好生活的积极情愫注入价值的引领，使大学生明白——只有将个人美好生活的实现融入实现社会美好生活的既定时代条件下，个人美好生活的实现才得以可能。

其次，要回顾500多年的社会主义发展史，它代表着未来人类社会形态的进步方向。从理论层面坚定大学生对未来人类美好生活的社会理想形态——社会主义和共产主义才是人们的向往。早期的空想社会主义将自己对未来美好社会的设想写进了自己的作品，英国托马斯·莫尔的《乌托邦》和意大利托马斯·康帕内拉的《太阳城》从现实的罪恶批判去理想建构未来美好社会；法国摩莱里的《自然法典》和马布利的《论法制或法律的原则》从现实的不公平与不合法批判去理性建构未来新社会的合理秩序；法国的圣西门、傅立叶，英国的欧文从现实资本主义的弊端批判去建构未来理想新社会和实践理想社会的新形态；1842年，马克思恩格斯合著的《共产党宣言》以朴素深刻的语言描述了一个崭新的世界观，为我们描绘了一个"每个人的自由发展是一切人的自由发展的条件"②的共产主义社会；随后的一系列社会主义实践运动为社会主义的发展积累了丰富的实践经验和深刻的历史教训，进一步深化了人类对共产主义社会发展规律的认识和总结；恩格斯晚年指出："所谓'社会主义社会'不是一种一成不变的东西，而应当和任何其他社会制度一样，把它看成是经常变化和改革的社会。"③这些社会主义先驱们对美好生活的积极情愫表达了人们对理想社会的向往，从而为大学生产生的美好生活的积极情愫播撒理想的种子，使大学生明白——只有将个人美好生活的实现融入社会主义建设的现实场域之中，个人美好生活的实现才进入了正途。

再次，要回顾中国共产党发展史，从石库门的红船希望到天安门的复兴梦想，为人民创造和实现美好生活一直是中国共产党人执着追求的价值目标。从价值感召层面引导大学生坚持中国共产党的领导，走中国特色社会主义道路。习近平总书记将其明确为："人民对美好生活的向往，就是我们的奋斗目

---

① 马克思恩格斯全集(第40卷)[M].北京：人民出版社，1982：7.
② 马克思恩格斯选集(第1卷)[M].北京：人民出版社，2012：422.
③ 马克思恩格斯文集(第10卷)[M].北京：人民出版社，2009：588.

第三章 新时代大学生美好生活观教育的理论建构

标。""永远把人民对美好生活的向往作为奋斗目标。""带领人民创造美好生活"是我们党对人民的不变承诺。关注人、服务人、以人民为中心和实现人民对更好生活的向往一直都是共产党的执政理想信念和行动纲领。从战争时期到和平时期，再到改革开放年代和进入新时代，中国共产党始终把人民的冷暖、温饱、疾苦记挂在心间，忧心人民的生活，围绕人民对美好生活的向往积极作为和勇于担当。从建党初期为人民的生活求独立、求自主、求解放，翻身做主站起来；到新中国成立以后为人民的生活求和平、求民主、求温饱，执政为民好起来；到改革开放以后为人民的生活求发展、求公平、求小康，改革开放富起来；到新时代以为人民的生活求正义、求富强、求美好，治国理政强起来。在不同的历史时期，中国共产党以卓越的政治智慧和巨大的责任担当汇聚人民的力量，围绕当下社会的主要矛盾，坚持问题导向，带领和鼓励人民通过生动的社会劳动实践，达成人民美好生活的现实需要；坚持制度导向，邀请和激励人民参与到实质性民主政治的完善过程，保障人民美好生活的正确航向；坚持文化导向，激发和激活人民构建中国精神谱系的自发力量，产生人民美好生活实现的持续动力；坚持未来导向，规划和引领人民通过自己劳动创造和创新，不断构筑未来美好生活的价值共识和完善未来美好生活的价值图景。这些动人的历史展现了中国共产党人生动的为民情怀，为大学生产生的美好生活的积极情愫增添历史的底蕴，使大学生明白：只有将个人美好生活的实现融入党和国家的伟大梦想之中，个人美好生活的实现才有根本保障。

最后，要回顾新中国的发展史，从建立国家独立自主站起来，到改革开放繁荣经济富起来，再到新时代"五位一体"强起来，为人民创造和实现美好生活增添更多的现实条件一直是国家不断奋进的伟大事业。从社会实践层面引导大学生坚决拥护"两个核心"，做到"两个维护"，增强"四个意识"，坚定"四个自信"，积极响应国家号召，愿意以自身实际行动为国家建设贡献力量。新中国用成立后不到30年的时间，为民族复兴伟业奠定了根本的政治前提、完整的工业体系、独立的经济体系和牢固的制度基础；用改革开放以后40多年的时间，确立了以经济建设为中心的发展思路，形成了合理的对外开放格局，实现了生产力的飞速发展，积累了快速发展的物质条件，满足了人民奔向全面小康的心愿；进入新时代以来，坚持和完善中国特色社会主义制度，推进国家治理体系和治理能力现代化，实现了第一个百年奋斗目标，取得伟大事业的历史性成就，为人民实现美好生活的向往提供了更为坚实的物质基础和更为完善的制度保障。正如习近平总书记所言："中国的昨天已经写在人类的史册上，中国的今天正在亿万人民手中创造，中国的明天必将更加美好。"[1]这些国家历史成就的取得来之不易，完整地展现了国家带领人民通过劳动创造伟大奇迹的壮美史诗，为大学生产生的美好生活的积极情愫增添必胜的信心，使大学生明白——只要将个人美好生活的实现融入党和国家的伟大事业之中，个人美好生活一定能够更好地实现。

三、立足当今时代，提升美好生活的能力素养

教育起源于生活，服务于生活所需要，好教育带来好意识，好意识促成好实践，好实践实现好生活。斯宾塞认为："教育就是为人类的完美生活做准备。"人类自诞生之初就为了能够生存和更好生活而与同伴结为共同体，并在进行互相学习后将生活技能和生活经验通过教育传递给下一代，"任何历史时期、任何社会、任何生产方式的国家，其教育必然要反映社会的需要，而且随着社会的进步而发展"[2]。胡锦涛总书记在全国教育工作会议上的讲话中指出："教育是民族振兴、社会进步的基石，是提高国民素质、促进人的全面发展的根本途径，寄托着亿万家庭对美好生活的期盼。"[3]大学生的美好生活能力和素养不会从天而降，学生美好生活的能力素养主要来源于教育所赋予的社会生存和生活能力。让大学生快速掌握人类世代积累下来的美好生活知识和技能，培育美好生活的理念和德性，是人类社会美好生活向往得以实现的根本，也成了高校立德树人的根本目标，"办好符合新时代'新需求'的大学教育"已成为高等教育界的共识。当代大学生处在高度信息化的社会进程中，众多的教育形式、丰富的教育资源、广泛的教育场所，生活的环境已是一个多种教育形态相互融合的完整教育体系。大学生为了能够生存和生活更美好，

---

[1] 习近平谈治国理政(第3卷)[M]. 北京：外文出版社，2020：79.
[2] 夏德清. 论教育与社会的关系[J]. 华中师范大学学报：哲学社会科学版，1986(5)：116-122.
[3] 胡锦涛. 在全国教育工作会议上的讲话[M]. 北京：人民出版社，2010：2.

第三章 新时代大学生美好生活观教育的理论建构

则必须尽自己的最大努力接受家庭、学校和社会的美好生活的能力素养提升性教育。因此,高校、社会和家庭对大学生的教育首先应该是培育大学生的美好生活能力和不断提升他们的美好生活素养,鼓励和教会大学生在既定时代的现实条件下追求美好生活和实现更好的生活目标。

首先,注重用家庭教育为美好生活奠基。家庭是人类生活的核心结构,生活是个人教育成长的源泉,家庭教育对个人美好生活教育具有奠基作用。家庭教育是指父母或者监护人为促进未成年人的健康成长,对其实施美好生活知识和技能、理念和德性等全方位的培育、引导和影响。家庭是人生的第一所学校,而父母则是第一任老师。家庭教育也要以立德树人为根本任务,培育和践行社会主义核心价值观,促进未成年人健康成长,为党和国家的社会主义事业培养合格建设者和接班人。家庭教育的维度从生活基本技能的培育开始,再到学习做人和学习做事,最终要学会进入社会独立开始美好生活。简单来讲,家庭教育就是基于生活和围绕生活而开展的培养孩子生活能力的教育。其教育内容涵盖身心素质教育、行为习惯教育、文明礼貌教育、团结友善教育、道德修养教育、诚实守信教育和品质德性教育等等,最终促成孩子生活会自理、学习能主动、做事有主见和关系讲民主的美好生活状态。学者赵雨林在2008年将其概括为——以生命健康为核心的为生之道教育,以生命价值为核心的为人之道教育,以生命智慧为核心的为学之道教育。家庭生活为美好生活教育提供了丰厚的土壤,美好生活教育则是家庭教育的主要内容。习近平总书记更是把家庭比作社会的基本细胞,强调要"重视家庭建设,注重家庭、注重家教、注重家风,……促进下一代健康成长……"[①]家庭教育通过影响生活主体的能力素养,培育能够追寻美好生活的主人;引导家庭成员通过生活学会将来更好地去生活,首先立足于现实生活,然后进一步改造现实生活去追求理想生活,最终在人生过程中实现对美好生活的向往。

其次,重视用社会教育为美好生活助力。社会是共同生活的人与周围环境通过各种各样关系联合起来的集合。社会即是人类生活的特定场域,人是社会生活的主体,社会因人的存在而存在,人类生活的变迁影响和支配着社

---

① 习近平. 在2015年春节团拜会上的讲话[N]. 人民日报, 2015-02-18 (002).

会结构和制度的变迁。从人类诞生之初算，社会教育是人类最早拥有的教育活动形式。它是指一系列有组织、有计划、有意识地培养人，有益于人的身心发展的各种社会活动，身处其中，人既是施教者又是受教者。从某种意义上讲，社会教育也是大学生全面成长所必须接受的教育，即使世易时移，社会教育一直作为对人产生独特影响的教育形式而存在，尤其是对个人行为模式与价值观念的影响方面具有其独特的意义和价值。良好的社会教育可以增强人的社会生活主体性，助力人类珍惜当下的美好生活和追寻未来的美好生活，从而推动人类美好生活往更理想的状态演进和变迁。马克思认为社会是人们通过交往形成的社会关系的总和，是人类生活的共同体。社会教育必须同我国现实社会实践需要相结合，与高等教育一样要承担对大学生的教育工作，影响大学生的思想意识，增进大学生的社会知识，提升大学生的社会技能，促进大学生的社会化，为其更好地开启职业生涯做准备和更好地融入社会提供帮助。社会教育是教会人生活的大课堂，它既包含了个人美好生活所需要的庞杂知识体系，又包含有将人引入不正确生活方向的庞大劣质资源。习近平总书记主张应该多创造机会让青年学生们认识社会，在实践中把握自己。从新时代的社会现实需要和现实状况出发，新时代社会对大学生创设的正确教育资源应该主要从促进人更加健康地融入社会生活，帮助人在社会中更好地实现全方位成长和满足美好社会生活持续发展需要等三个维度着力，开展好人口集体教育、法治安全教育、生态环境教育、卫生健康教育、道德审美教育和公众规则教育等等，从而引导大学生在社会生活中做美好生活的主人，勇于坚守理想的生活目标，学会选择正确的生活方式，保持积极乐观的生活状态，敢于同生活中不美好的人和事作决裂、作斗争，以自身的辛勤劳动和执着的理想追求实现对美好生活的构建。

再次，强调以学校教育为美好生活导航。学校一般指幼儿园、小学、初中、高中、职业学校和高等院校等教育教学场域，它们是教育者有计划、有组织地对受教育者进行系统的教育活动的组织机构。学校教育则是特指受教育者在各类学校内所接受的各种教育，是发生在这些场域中对受教育者进行有计划、有组织的教育实践活动。俄国教育家乌申斯基认为生活不需要的教育一定不是美好的教育。学校教育服务学生美好生活所需是人类教育本质精

第三章　新时代大学生美好生活观教育的理论建构

神的回归与呼唤。国际21世纪教育委员会为教育明确了教育目的，高校在其中承担着重要的角色，在学生步入社会开始独立生活之前，高校教育承接家庭教育奠定的基础和目标，对接未来社会人才培养的现实需要，立足于大学生个体美好生活向往的目标需要，高校教育的根本就是帮助学生学会认知、学会做事、学会生存和学会共同生活，从而引导大学生立足于现实美好社会建设的需要去实现学生美好生活的向往。通过学习知识，学习各种社会学习规范，掌握学习的工具、求知的手段和提升个人认知能力；通过培养劳动者的综合能力、社会行为技能、社会职业变动和革新能力；通过培育适合个人和社会需要的情感、精神、交际、合作、想象、创新和批判精神等素养，促进大学生持续和谐全面发展；通过学会认识自己、了解自己和尊重他人，学会与自然和谐相处，学会关心其他人，学会与人分享和合作，学会融入新的团体达成追寻美好生活的共识。学校教育要引导学生系统地学习文化知识、社会规范、道德准则和价值观念，通过情感浸润、知识传递和技能培养，使学生感受自然之美、知识之美、感性之美、理性之美、人文之美，从德智体美劳五个方面去熏陶涵养属于每一个人的完整美好生活观。从而以完整的美好生活观观照人的现实生活，立足于为了追求更美好生活这个出发点，重视大学生的道德和品性养成，培养他们崇尚独立和自由的人格，重视他们在生活中的智慧成长，引导大学生做美好生活的主人，在现实生活中感受美好、践行美好、创造美好和共享美好，从而唤醒、培养、指引和激励大学生以自身的饱满热情和持续的奋斗姿态实现对美好生活的贡献。

最后，依托于自我教育为美好生活护航。自我意识就是人在感知、观察、分析、判断自身身心状态和自己同客观世界关系时的一种复杂心理现象。自我意识是人具有自觉性和自控力的基础，个体具备良好的自我意识是个体能进行良好自我教育的前提。马克思主义理论认为外因是事物变化发展的条件，内因才是事物发展变化的根据，外因只能通过内因起作用。所以，自我教育必然是美好生活观形成过程中最重要和最核心的部分，也是目前我国高等教育中最亟待改进和加强的地方。自我教育就是人们立足于自己的思想品德和综合素质能力现状，围绕既定的奋斗目标，监督自己去实现这些目标，并评价和反思自己实践得出结果的过程。自我教育可以引导大学生正确认识自我和社会，正确处理好自我与社会的关系，通过自我认识，自我体验和自我控制，去选择一个现实的、良善的和美好的我并最终通过努力奋斗实现美好生活。受教育的主体需要依靠自我教育不断地省思"自我、本我、超我"，并不断地调试自我状态，在美好生活实践中不断自我练习，坚持自我学习和勇于自我成长，在未来美好生活得以实现的征程上，自我教育是美好生活得以良性发展最核心的护航保障。自我教育在大学生追寻美好生活的道路上应该形成闭环。首先，从主体能够拥有正确认识自我的能力开始。对照个人美好生活实现所需要的正确观念、必备知识和技能、所需能力和素养、应有品质和德性，能够准确感知和觉察自己的一些情绪和想法、能力和状态、现实和差距、问题和方法，并不断提升这种自我认知能力。其次，将自我融入社会生活和感知社会生活。通过观察自我在周围世界中的映像，如他人对自己的反映、评价、情感和态度，社会群体对自我的现实定位，国家民族赋予新时代大学生的社会责任与担当等，来更全面和真实地了解自己和定位自己，并以此为依据来教育和改造自己，使自己的美好生活需要和美好社会发展的需要相互协调统合。再次，自我教育的关键还是要思考如何将自己发现的问题有效解决，并明确和调整自己的美好生活目标。不断检视自己是否掌握了美好生活所需的学习能力？是否养成良好的学习习惯和行为习惯？是否学会换位思考和与人合作？是否积极乐观和心灵美好？是否品质过硬和德才兼备？并通过不断地自省思考找到可靠的办法进行自我调节和进行能力素养提升，在不断地反思中认识自我和世界，从而实现自我潜能的激发以促成自身实现全面发展，推动社会全面发展。最后，达成自我教育的良好状态。通过社会关系中的现实定位和自我定位对比，可以认清自己的个人价值和社会价值，并以此为参照来教育和调整自己的美好生活目标。通过认清自己在思想、性格、作风诸方面的素养状况，从中找出优点，查明不足，明确进一步努力的人生方向。通过人生态度、人格状况和人际关系的自我认知和他人映像对比，可以更加清楚全面地了解自己和认识自己，促使自己在追寻美好生活的道路上永远坚守正确航向。从而帮助大学生形成积极乐观的生活态度，拥有心灵和精神的富足、体验和感知美好的情感，在觉醒自律中将自我潜在的美好生活梦想变为自觉的人生理想，保持在任何人生境遇下都积极追寻美好生活的希望，将实现人民对美好生活向往的实践与感悟进行到底。

四、展望人类未来，坚定美好生活的伟大实践

中国是人类未来美好生活追寻的坚定支持者和践行者，构建人类命运共同体的倡导已经写入了联合国的决议，它为展望人类美好生活的未来提供了中国智慧和中国方略。凝聚人类智慧形成价值共识是形成人类命运共同体的关键，价值共识也是维系人类命运共同体进一步演进和发展的精神条件，更是人类整合的精神纽带。人类的价值共识维系着人类的发展和演进，推动人类文明不断进步，立足于人类价值共识构建形成真正的人类命运共同体已经成为坚定美好生活伟大实践的重要前提。生产力的快速发展催生人类经济、政治、文化等系列活动向多场域、多维度进行深度开发和革新，在经济全球化的征途中，人类生存和生活的环境也将随之改变，并产生了一些成果和滋生了一些问题。伴随着全球化的演进，人类命运共同体的逐渐形成已经是不争的事实，人类将越来越可能达成一些关于未来生存和生活的价值共识，尤其是关于美好生活方面的价值更可能也更应该首先达成共识。

中国共产党是马克思主义政党，立党为公和执政为民不仅限于中国视野，更具有世界担当。中国共产党一直致力于解放人和为了人的价值目标，在马克思主义基本理论的指导下，立足于中华优秀传统文化中的民本思想和坚持马克思主义人学思想的核心价值立场，积极倡导全世界人民共同构建人类命运共同体和共建共享未来人类美好生活。习近平主席在联合国成立 70 周年纪念大会上指出"和平、发展、公平、正义、民主、自由，是全人类的共同价值"。并在国内多个场合强调人民对美好生活的追求与共产主义价值旨趣具有内在一致性，也有一些学者为此进行了进一步探索，认为科学、法治、人权、民本、和谐、诚信等也将成为人类的价值共识。人类命运共同体的构建强调以人民的现实生活需要为根本，以未来美好生活需要为核心，以人类美好生活所需的价值共识为规范，塑造和引领人类从现实生活走向未来美好生活的新形态。这为人类的未来发展建立了新的时代价值共识坐标，其人类价值共识的体系建设将与人类未来美好生活实践的每一步前进相生相随，以美好生活为旨趣的新形态实践并非一种抽象的完美的终极状态，而是一种不断追求

美好生活，为人类自由、解放而不懈努力的动态过程。这真切地展现了具有深厚的人类情怀是马克思主义者的崇高境界，致力于对人类前途和命运的深切关怀是共产党人的责任担当，基于人类命运共同体框架下的未来美好生活实践则是共产主义者的自觉行动，更是人类未来美好生活愿景的追寻。

  大学生是党和国家未来事业的建设者和接班人。首先，要自觉重视美好生活观教育，广泛吸纳教育内容，紧跟教育内容的时代性，督导自己基于现实生活树立追寻美好生活的崇高理想信念，深刻理解人类命运共同体对"人民对美好生活的需要"的关涉性，在思想意识上，展现为对人的解放、人的自由、人的全面发展和人的美好生活实现的深度关切；其次，要采用美好生活教育方式的多样化，改变以往仅依靠理论灌输的教学模式，创新美好生活观教育和学习的生活化语言表达，传承和坚守人类美好生活的价值共识，鼓励自己追求美好生活不仅要立足于当下，积极践行社会主义核心价值观，还要着眼于未来，努力构建和平、发展、公平、正义、民主和自由的安定国际生活环境；再次，要积极寻找和创设美好生活教育的实践环境，促进自己掌握和提升美好生活的实践技能，积极感受构建公道正义的美好生活氛围，认真体验共建共享安全的美好生活格局，感知到社会不仅着力解决人民的基本生存问题，还在面向人民的发展与幸福等多重维度继续努力，使自己在美好生活的实践中感受到伟大制度的信心；最后，努力使自己全面掌握相应的美好生活知识和能力，具有美好生活的智慧、修养和德性，在美好生活的实践中，从思想和行动上统合为免于奴役和自由全面发展的时代新人。据此展望人类未来，大学生才能够坚定美好生活的伟大实践，他们所期盼的美好生活向往自然会如期到来。

第四章 新时代大学生美好生活观教育的实践遵循

人类社会任何事业的产生和发展都是在传承既定历史条件的基础上,以正确的理论指引前进方向和制定发展目标,以既有的指导思想铺陈前进的道路和助力问题解决,以遵循实践原则从而累积成功的助力,并不断地创新发展内容,以保障事业能正常推进和逐步成功。新时代大学生的美好生活观教育事业也遵循此理,需要有科学的思想对教育实践活动加以指导,并努力探索教育实践活动的基本原则和掌握教育实践活动必要的基本内容,从而建立起教育实践的基本遵循,为新时代大学生的美好生活观教育实践做指引。

第一节 新时代大学生美好生活观教育的指导思想

教育事业的正确道路需要有贴合这个时代的正确思想来加以引领和指导,理论对实践的指导作用,其重要性是不言而喻的。首先是思想指导能帮助教育者把握美好生活观教育实践的本质和规律,增加实践实效;其次是思想指导能透过本质和规律预见美好生活观教育实践的未来,校准实践方向;最后是思想指导能帮助参与美好生活观教育实践的各方基于现有实践经验积累推动实践和理论创新。把准新时代大学生美好生活观教育实践的方向需要以习近平新时代中国特色社会主义思想为指导,认清新时代大学生美好生活观教育实践的本质需要以马克思列宁主义经典文本的教育思想为指导,提升新时代大学生美好生活观教育实践的实效性，推动其实践和理论的创新需要以古今中外教育文化科学中的先进思想为指导。

一、用习近平新时代中国特色社会主义思想为实践领航

习近平新时代中国特色社会主义思想是新时代中国特色社会主义理论体系与实践的有机统一，是真正掌握马克思主义立场、观点和方法的实践智慧结晶，更是中国共产党带领中国人民在新时代伟大实践征程中的行动指南。"理论在一个国家实现的程度，总是取决于理论满足这个国家的需要的程度。"[①]2017年的党的十九大决议将"习近平新时代中国特色社会主义思想"写入了党章，随后的2018年全国人民代表大会又将其写入《中华人民共和国宪法》。据此，它已经成为党和国家指导人民全部社会生活实践的理论体系，具有生动实践的理论基础。尤其是对教育实践领域的关注更甚，新时代伊始，围绕教育工作中的重大理论和实践问题，以习近平同志为核心的党中央创造性地提出一系列回应时代要求和人民需求的新战略、新观点、新论断。它是马克思主义理论中国化的具体应用，对教育实践活动具有不可替代的指引和指导作用。

第一，利用习近平新时代中国特色社会主义思想的理论体系为美好生活观教育实践指路。在新时代大学生美好生活观教育实践过程中，习近平新时代中国特色社会主义思想作为马克思主义理论中国化的最新成果，系统回答了新时代新在何处，新思想新在何处，新时代教育所面临的新矛盾和新挑战是什么？教育新的目标是什么？教育新的使命是什么？它对"培养什么人、怎样培养人、为谁培养人"这一系列教育根本问题的阐述为党和国家教育事业发展的伟大变革提供了根本遵循，它既是高校立德树人工作的指导思想，又是高校培养人才的重要教育内容。作为指导思想，习近平新时代中国特色社会主义思想是新时代中国社会全域生动实践的强大思想武器和执行总纲领，在新时代大学生美好生活观教育实践活动中必须以其举旗定向，从顶层设计定向指路以把握全局。我们应积极将其转化为推动高校立德树人工作创新发展

---

① 马克思恩格斯文集(第1卷)[M]. 北京：人民出版社，2009：12.

第四章　新时代大学生美好生活观教育的实践遵循

的生动实践,使其成为新时代创造人民美好生活的行动指南。

从历史来源维度看,它是立足于当前的时代背景,根植于社会全域的生动实践对马克思主义进行继承和发展,是中国共产党人经过长期实践孕育的成功经验集合和集体智慧结晶。从现实发展维度看,它立足于人民现实生活的各个领域,以人民为中心审视发展矛盾、研判发展态势、找准发展问题、制定发展战略和规划发展格局,深化了人民对共产党的执政规律和社会主义发展规律的认识,展现了以习近平同志为核心的党中央的巨大理论勇气、超凡政治智慧和独特创新精神,为马克思主义中国化的原创性作出重大贡献,是中国共产党带领人民群众奋斗新时代美好生活的政治宣言。高校要深刻领会这一指导思想的真理力量,在它的指引下走出一条具有中国特色的社会主义教育发展道路;要自觉担负立德树人的时代使命和责任,增强培养大学生具有美好生活观的责任感和使命感,引导大学生把个人追寻美好生活的理想融入民族复兴梦想,并努力将他们培养成美好生活的合格建设者和接班人;要主动承担培养大学生具有美好生活观的光荣职责,构建"三全育人"工作体系,抓好美好生活观培育的工作责任落实,以务实高效的工作作风推动各项任务落地生根,为培养德、智、体、美、劳全面发展的美好生活向往者和建设者提供源头保障。

第二,利用习近平新时代中国特色社会主义思想的理想信念为个人美好生活观的形成引航。大学生美好生活观教育是一项系统工程,理想信念教育是美好生活观教育的关键内容,它决定民族的未来和希望,它要求大学生具有中国灵魂和世界眼光,它具有显著的思想引领性、价值引导性与精神激活性,具有凝心聚力、催人奋进的实践成效。习近平总书记高度重视青年理想信念教育工作,在其系列思想和理论成果中对"新时代青年需要什么理想信念""新时代青年如何认知理想信念""新时代青年怎样坚定理想信念"等一系列重要问题进行了详细阐述,为新时代大学生的理想信念教育提供了实践遵循。

首先,理想信念教育是大学生美好生活观形成过程中的必修课,务必将思政课作为大学生认知理想信念教育的主渠道。习近平总书记强调教育实践要"办好思政课,就是要开展马克思主义理论教育,用新时代中国特色社会主义思想铸魂育人。"①高校应积极推进习近平新时代中国特色社会主义思想的"三进"工作，以其蕴含强大的真理之光和坚定的理想信念引导大学生在美好生活观形成的关键阶段扣好人生第一粒扣子。其次，强调坚定共产主义信念在美好生活观形成中的主导作用，理想信念是决定和影响意识形态的核心因素。习近平新时代中国特色社会主义思想的理想信念是对共产主义理想信念的传承，高校要主动落实理想信念教育的主体责任，将美好生活观中的理想信念教育贯穿落实到"三全育人"体系的每个环节，进行多维度、多领域、持续性的循序渐进渗透，引领新时代大学生在思想意识上坚定共产主义信仰，发挥其在美好生活观形成过程中的主导作用。再次，重视理想信念对"美好生活观"实践的指导作用，以理想信念为核心指导美好生活观教育实践活动。在政治生活中不断增强"四个意识"，进一步坚定"四个自信"，坚决做到"两个维护"，引导学生坚持走中国特色社会主义道路；以党团组织的活动开展为依托，在社会主义核心价值观的宣讲和落实中加强理想信念教育，激发正能量、增强凝聚力，指导学生在社会生活实践中践行社会主义核心价值观；将理想信念教育在美好生活观形成过程中的指导作用加以落实。最后，以理想信念教育促成个人生活追求与新时代需要进行高度融合。以教育教学实践活动开展为渠道，将理想信念教育贯穿专业人才培养的全过程，教会学生正确掌握历史规律和理解基本国情，引导学生认识自己、选好专业、接触社会，把自己的美好生活规划与国家和民族的未来发展需要紧密联系起来；增强理想信念教育的针对性、时代性和实效性，将其融入大学生的学习生活之中，在生活实践中增强对理想信念的理性认识与价值认同，让学生学有所得所获、学有所思所悟、学有所信所行，坚定理想信念，形成引领美好生活实践所需要的新时代美好生活观。

第三，利用习近平新时代中国特色社会主义思想的为民情怀为个人美好生活观的践行蓄力。新时代大学生是党和国家民族复兴伟业和人民美好生活向往事业的建设者和接班人。学习和领会习近平新时代中国特色社会主义思想贴近人民美好生活的主线就是要学习习近平总书记的为民情怀，它从"什么

---

① 习近平.思政课是落实立德树人根本任务的关键课程[J].求是，2020，(17).

第四章 新时代大学生美好生活观教育的实践遵循

是为民情怀？为什么需要为民情怀？为民情怀该如何践行？"等根本问题的回答和阐述着手，紧紧围绕"爱民、为民、亲民、知民、敬民、依民"等具体举措展开论述，将为民情怀的生动实践展现在广袤的中华大地之上，将为民情怀的实践效果融进了人民的美好生活。这一系列新思想和新举措尤其值得新时代大学生学习效仿和思悟践行。坚持人民至上，将人民对美好生活的向往作为自身奋斗的目标，紧紧依靠人民和牢牢植根人民，为人民实现更多更好的生活需求；并在奋斗过程中把"以人民为中心"的发展要义落到实处，不断造福人民，将"为人民服务"作为永恒的实践宗旨。大学生作为新时代的建设者和接班人，为民情怀理应是其美好生活观形成的历史源流、情感依托、理论逻辑。

首先，大学生个人美好生活观形成的历史脉络源于中国共产党的初心和使命——为人民谋幸福、为民族谋复兴、为世界谋大同！党的十九大报告明确指出了这一点，并将其写进了党的章程。习近平总书记强调我们发展的目标就是让人民都过上更好的日子，"爱民始终以人民为中心"和"为民努力让人民过上好日子"是我们党执政的强大自信和最足底气。回溯为民情怀的演进历程，可以使我们真正理解中国共产党是中国化的马克思主义政党，是为民而生为民而建的党，党的历史就是一部爱民史，也是一部为民史。然后，大学生个人美好生活观形成的情感依托是党和人民唇齿相依、荣辱与共的血脉亲情。习近平总书记多次强调"中国共产党根基在人民、血脉在人民"。"人民"一词先后 203 次出现在党的十九大报告之中，这就是党和人民情感依托的见证和升华；习总书记在党史学习教育动员大会上的讲话中提出："江山就是人民，人民就是江山，人心向背关系党的生死存亡。"这是党和人民唇齿相依的精准界定；习总书记"我将无我，不负人民"的话语深蕴着对国家和人民的深情厚谊。因此，党和人民血脉相连、唇齿相依。没有人民群众的支持、参与和奋斗，人民对美好生活的向往实现将无从谈起，做到亲民和知民，坚持走群众路线是美好生活得以实现的前提条件，可以帮助我们理解为民情怀得以体现的实践过程要采用亲民和知民的方法和策略。最后，大学生个人美好生活观形成的理论逻辑在于马克思主义的人民观和群众观，人民群众是社会历史的创造者和推动者，是社会发展和变革的决定力量。即人民的美好生活观要认识、理解、重视和体现人民是历史的创造者。无数革命先哲的为民情怀都通过"人民标准"呈现出生动的理论判断，如将"是否有利于提高人民的生活水平"作为判断工作得失的最高标准，将"始终代表最广大人民群众的根本利益"作为党的核心价值取向，将"努力实现人民对美好生活的向往"作为党的奋斗目标，将"人民拥护不拥护、人民高兴不高兴、人民赞成不赞成、人民答应不答应"等一系列标准作为社会实践的出发点和落脚点。探究为民情怀的理论逻辑，可以使我们理解为民情怀得以体现的实践过程要遵循敬民和依民的基本原则。

二、用马克思列宁主义经典文本的教育思想为实践开路

马克思列宁主义思想不仅是政治思想，更是社会科学的精华。教育作为社会科学的重要部分，其实践需要自觉以马克思列宁主义经典文本的教育思想为指导。教育是人类文化传播和文明传承的主要渠道，教育是国之大计，是党之大计。马克思列宁主义一直是指导中国社会生动实践的一面旗帜，无论是教育的理论层面还是实践层面，中国追求教育复兴梦想的足迹，就是一个以马克思列宁主义经典文本的教育思想为指导的生动实践过程。中国共产党将马克思列宁主义经典文本的教育思想与我国的教育实践相结合，为新中国的教育大业贡献了许多新的理论观点并解决了我国教育实践中的一些重大问题，从推动教育实践和理论创新的维度促进了我国教育事业的发展。

第一，正确认识和阐明教育同社会需求和人的发展三者的关系，从教育是什么和能干什么的层面把握教育的本质。马克思列宁主义经典文本揭示"人的本质不是单个人所固有的抽象物，在其现实性上它是一切社会关系的总和"，教育作为一种社会性的存在，其自身具有政治性和社会性功能，为追求全人类解放的目标服务。教育能引领人在错综复杂的社会关系中成长发展；在遵循教育的政治性和社会性前提下，在教育方法上将教育实践与生产劳动相结合并使其成为人类自我解放的重要工具；高度重视教育的实践性、社会性和道德性等特征，以社会文化背景和时代所需来构建教育内容，并以此基于教育发展维度关注和引领人是马克思列宁主义经典文本教育思想的本质内涵。在揭示教育与社会、教育与人的关系时，它从教育为谁服务的核心问题

第四章 新时代大学生美好生活观教育的实践遵循

出发,揭示了教育的政治性和阶级性。在教育为社会主义服务的立场上,它既强调社会和人对教育的决定作用,也十分重视教育对社会和人的影响与帮助作用,教育是为人和社会的发展服务的,教育的核心落脚点是对社会所需人才的培养和促进人的不断发展。在系列著作中马克思将人从神境拉回到现实,指出没有虚无的和脱离生活现实而存在的人,并强调人是现实生活中的主体,着眼于现实生活中人的主体性成为教育的着眼点,教育美好生活理想图景中人这个主体的着眼点状态是《共产党宣言》中的"每个人的自由发展是一切人的自由发展的条件",即追寻一种个体和谐发展与社会和谐发展相结合的教育理想。为社会和个人美好生活培养自由全面发展之人作为教育的落脚点和出发点,教育能促成社会、群体和个人美好生活观的形成。

第二,正确梳理和探究生活教育实践的发展历程和未来方向,从中国教育经历了什么和怎么发展的层面把握教育的方向。中国共产党自成立以来一直很重视思想政治教育工作,致力于团结带领广大人民群众为民族谋复兴和为人民谋幸福,这与马克思列宁主义致力于"实现人的本质的全面复归"志同道合。从建党初期和革命年代,用马克思列宁主义理论来教育广大劳苦民众,用共产主义目标来激励广大人民群众,积极吸纳国外共产主义运动中的成功经验,将教育与人民群众的生产劳动联系起来,用教育服务于阶级斗争和革命战争,以教育目标引领人民群众追求独立自主的美好生活。中华人民共和国成立初期社会主义改造和社会主义建设时期,用马克思列宁主义理论和毛泽东思想将人的全面发展与教育和生产劳动相结合,促使受教育者成为德智体等多方面发展的社会主义新人,效仿苏联将马克思列宁主义的教育理论具体落实到国家的教育工作和人的培养目标中,培养有社会主义觉悟的美好生活劳动者。再到改革开放以来的社会主义飞速发展时期,用马克思列宁主义理论和邓小平理论等中国特色社会主义理论将教育与生产劳动相结合提到更新的高度,注重理论联系实际,独立自主、自力更生,在教育实践中注重学用结合,提出"教育要面向现代化,面向世界,面向未来"[1]。并要求教育为科技发展和社会主义人才培养服务,为社会主义现代化建设的美好生活目标输

---

[1] 邓小平论教育[M]. 北京:人民教育出版社,1995:26-27.

送了万千人才。如今的新时代，用马克思列宁主义理论和习近平新时代中国特色社会主义思想来指导中国教育实践，不忘本来、吸收外来，使教育发展服务做到以人民为中心，主张人民群众接受教育的机会与质效平等；强调教育在培养人才时要有家国情怀和国际眼光，把立德树人的根本任务落实到培养全面发展与个性发展相结合的人才培养体系之中；把教育摆在优先发展的位置，致力于建立具有中国特色的教育实践理论体系，注重为实现人民对美好生活的向往而源源不断地输送优秀人才。

第三，科学制定美好生活观教育的发展目标和探寻其实践原则，从教育内容是什么和实践靠什么的层面把握教育的目标。中国共产党以马克思列宁主义思想为指导，致力于民生改善、满足人民群众更多美好生活需求、增加人民群众的获得感和幸福感。合理制定美好生活观教育发展目标不仅能满足社会实践和教育实践的共同价值追求，还可以在个人美好生活观形成过程中，实事求是地解决个人生活教育的价值定位问题。教育首先要让个人明确形成美好生活观和追求美好生活是合规律性与合目的性的统一，人既是建设美好生活的主体，又是共享美好生活的主体。其次要让个人明确美好生活观的形成与美好生活的不断实现是一个同步建设的过程，在经济层面，不断发展生产力确保美好生活的物质有保障；在政治层面，不断推进实质民主确保美好生活的政治有保障；在文化层面，持续生产先进文化确保美好生活的精神状态有保障；在社会层面，建成自由、平等、公正、法治的和谐社会确保美好生活的氛围有保障；在生态层面，建设人与自然和谐共生的宜居宜家宜业环境确保美好生活的生态环境有保障。再次要让个人明确新时代的美好生活观是一种人类文明新形态的总结和凝练，是对西方式现代化生活的完美超越，是坚持"人民至上"和"以人民为中心"的美好生活理念，致力于实现全体人民共同富裕的美好生活。然后是要让个人明确新时代的美好生活观必须回归个人成长发展需要，用其指导自身的美好生活追寻过程，让美好生活观教育体现出融入现实生活的时代价值；在教育过程中阐明美好生活观与现实生活彼此交融的联系，是一个不断更新与丰富个人生活经验的过程，是帮助个人不断获得更美好的生活意识和能力的过程。最后要让个人明确新时代的美好生活观的实践运用过程必须要遵循以下原则，一是思想上坚决拥护中国共产党的全面领导；二是行动上坚持走中国特色社会主义道路；三是意识上坚决贯彻新发展理念和行动上积极构建新发展格局；四是坚持"人民至上"的价值选择和做到"以人民为中心"的服务要求；五是坚持用团结奋斗为美好生活的实现提供一往无前的强大精神动力。总之，实现人民对美好生活的向往需要美好生活观教育，美好生活观教育的实践也需要融入人民的美好生活。美好生活观教育就是不断尝试从各个方面进行系统谋划和统筹推进，引导人民在追求美好生活的过程中实现对自身美好生活观的建构、完善、实践、修正和更新的真实生活过程。

三、用古今中外教育文化科学中的先进思想为实践助力

教育是人类所特有的文化传承类能动性活动，在人的教化和培养中起着至关重要的助力作用，能引领人追寻美好生活，能帮助和指导人过上更好的生活。教育是党之大计，国之大计。坚持教育为党育人和为国育才，为人民培养实现美好生活向往的奋斗者是高等教育的根本任务。教育活动古已有之，社会生活中的教育实践活动以文化为载体，以帮助人学会更好地生活为教育目的。中外教育理论界对此进行了大量深入的研究，社会生活中的教育实践经验和成果积累逐步演变，系统化形成了具有丰富内涵的教育文化科学。其中存在系统的或零散的对后续个人生活成长教育有指导作用的先进思想，为新时代大学生美好生活观教育实践提供了理论指导。

第一，掌握科学先进的教育理念，做到美好生活观教育以人为本。人类全部社会生活在本质上是实践的，人是社会生活的主体，也是实践的主体，教育是人类社会生活的重要组成部分，教育实践必须要做到以人为本。美好生活观教育为人的自身成长和国家人才培养需要持续护航，人和人的生活世界是美好生活观教育最不可缺少的两个方面，人的生活世界是美好生活观教育进行的现实前提，人是美好生活观教育关注的核心，美好生活观教育者需要紧紧围绕大学生的生活世界和交往实践，构建科学合理的美好生活观教育理念。美好生活观教育过程中以人为本的核心要义就是要以受教育者为本，正确处理受教育者与知识、受教者与施教者之间的关系，促使美好生活观教育回归人的生活世界，关注人的生存和生活境遇，重视人的生命体验、生活

感受、生命价值和意义。以美好生活观教育贯穿思想政治教育全过程是一种全新的思想政治教育方式，是思想政治教育对马克思主义"以人为本"思想的一种回归，最终促成这种"以人为本"思想回归人的现实生活，助力大学生形成新时代所需要的美好生活观。在美好生活观教育过程中要充分发挥教育者与受教育者的主体性，将人的本质和人性本善作为美好生活观教育的逻辑起点，尊重和肯定大学生，激发大学生的主体性，满足大学生的合理需求，使两者在教育过程中达成良性互动的积极态势，促进个人的美好生活观内涵得以正确全面发展，最终目标是帮助大学生形成科学的美好生活观和塑造美好生活的正确行为习惯。新时代大学生美好生活观教育工作不能脱离大学生的生活实际，要密切关注大学生的实际生活需求与现实生活环境，切实关心解决大学生急需帮助解决的现实生活问题，尽可能为大学生提供优质的教育资源，帮助其在追求美好生活实现的过程中实现自身的全面发展。首先，尊重人是美好生活观以人为本教育理念的出发点。尊重大学生个体差异，采用因人而异的教育方法去匹配，尊重大学生美好生活观教育的个体化需求。其次，关爱人是美好生活观以人为本教育理念的着力点。关心爱护教育对象，时刻注意大学生的各方面变化和多维生活需求，把大学生个人的需要和社会对大学生的要求统一起来，努力使大学生在二者的相互促进中达成对美好生活的向往。最后，发展人是美好生活观以人为本教育理念的落脚点。实现人自由而全面的发展是美好生活观基本内涵的本质要求。在美好生活观教育过程中既要通过激发潜能和接受锻炼来促进大学生美好生活观的发展，又要通过美好生活观调动大学生的自主和自省意识来促成人的全面发展。

第二，制定理想完善的教育目标，做到教育立足生活。新时代大学生美好生活观教育的根本目标就是帮助大学生建立科学正确的美好生活观，教会大学生在科学正确美好生活观的引导下用理想信念引领美好生活方向，用思想理论指导美好生活规划，用实践奋斗充实美好生活过程，用积极心态调整美好生活目标，用德性修养辅助美好生活实现，成为主动追寻美好生活的实践主体。为了帮助大学生达成理想完善的教育目标，形成科学正确的美好生活观，防止教育过程忽视生活基础而坠入概念化、形式化、教条化的误区，让美好生活观教育保持应有生命力的最佳办法就是让教育目标的定位立足于

第四章　新时代大学生美好生活观教育的实践遵循

生活和服务于追求美好生活。理想完善教育目标的设计,首先要综合考虑新时代美好生活的要求、新时代大学生的可塑性预期和美好生活观教育面临的现实问题;然后要注重教育活动本身与大学生现实生活目标的承接关系,依据新时代社会发展规律、思想政治教育发展规律以及人的生活观形成发展规律;最后要以大学生的现实生活为出发点,将大学生置于新时代生活实践之中,实现美好生活观教育对大学生生活观的改造,以帮助大学生的美好生活达成和引导大学生确立美好的生活方式为目的,基于大学生的生活观现状而建构。在新时代多元文化交流交融的背景下,新时代大学生的生活观与社会主流意识形态所倡导的科学正确美好生活观还存在一定的差异性、多样性、冲突性和欠缺性。教育目标的构建应建立在对新时代大学生美好生活观现状的准确定位基础之上,明确大学生美好生活观现状和大学生美好生活观需求的统一性和差异性,注意大学生美好生活观现状与新时代所需美好生活观的冲突性和欠缺性,注重大学生美好生活观教育目标制定的现实性和可达成性,以做到因需施教和因材施教。这样制定的美好生活观教育目标既考了大学生的美好生活观现状,又考虑了社会和个人生活发展的现实需要,还注重了未来理想完善教育目标达成的可行性,从而为有效开展美好生活观教育实践活动指明了方向,提供了依据和动力。

第三,选择正确恰当的教育内容,做到教育服务生活。美好生活观的教育内容是美好生活观教育基本要素之一,规定着美好生活观教育涉及的范围,蕴涵着美好生活观教育的目的和任务,制约着美好生活观教育方法的选择,直接影响美好生活观教育效果。教育源于现实生活,现实生活需要教育。新时代大学生美好生活观教育内容只有源于现实生活才能富有吸引力,才能经得起新时代生活的实践检验,才能为大学生所乐于接受和主动践行,也才能最终服务于大学生的美好生活。首先要围绕社会和大学生个体发展的现实所需来选择教育内容。科学正确美好生活观的建构和完善需要以正确恰当、丰富完整的教育内容为载体,主要从经济生活、政治生活、文化生活、社会生活与生态生活等五个维度回归社会和个人的美好生活需要进行选择和建构,要求在新时代中国社会营造美好的社会生活环境,使经济实现高质量的发展,完善全过程人民民主,丰富人民精神生活,致力于追求全体人民共同富裕,实现人与自然和谐共生。其次，要结合时代现实和大学生个体发展所需来合理安排和组织教育内容。遵循大学生个体身心发展的规律和社会现实发展的规律，实事求是为大学生安排和组织美好生活观教育内容是教育服务于生活的基础。美好生活观教育内容要服务于时代的发展，应该随时代现实演进而稳定地发展，保持内容的时代性是稳定与发展的统一；美好生活观教育内容要服务于大学生个体发展，随大学生的需求变化而不断发展，保持生动性并提升其满足大学生需求的契合程度；与时俱进，实事求是地调整美好生活观教育内容是教育服务于生活的关键。最后，美好生活观教育内容要重点突出服务于大学生生活的传承性和创新性，将"学会美好生活"当作教育的最终目的。既体现传统美好生活观的内容精髓，又体现新美好生活观的时代内涵。引导大学生回归生活世界，融入历史的、现实的、感性的、生动的、丰富的生活世界，关注大学生的生命体验，关照大学生的生活感受和精神成长，增进学生的生活本领，使其学会认识生活、理解美好生活，观察生活、选择美好生活，实际地改进学生的生活过程，并在他律与自律的协调发展中坚持自己的正确选择，努力通过自身奋斗实现对美好生活的向往。

第四，采用丰富多元的教育方法，做到教育贴近生活。美好生活观教育方法是为实现美好生活观教育目的而服务的，是联系美好生活观教育主体与美好生活观教育内容的桥梁，教育方法的合理选择对增强大学生美好生活观教育的实效性具有极为重要的意义。科学正确美好生活观的形成不能仅凭简单的知识灌输和传授就可以逐步达成，它必须依赖于采用丰富多元的教育方法去贴近大学生的真实生活，才能将美好生活观教育主体置于富有教育意义的真实生活情境中，通过优化美好生活观教育环境，增强大学生对时代生活的耳濡目染和切身体验，来激起大学生对美好生活的体验和感悟，从而引发其对何为科学正确美好生活观的积极思考，并在教育者的引导下积极建构、感知、反省、修正，最终建立自己的美好生活观。采用丰富多元教育方法应遵循因人而异、因事而化、因时而进、因势而新的针对性原则，强化教育以人为本的新时代理念，增强教育的时代引领力和生活感染力，并注意与信息化手段相融合，综合运用多种方法。首先，方法选用具有针对性，遵循因材施教，依据学生的身心发展规律，将学生的具体学情作为制定和选择方法的依据，对于不同学情现状和不同学习需求的学生采取针对性方法。其次，多元方法的选用要贴近生活，回归人的现实生活，植根于生活、体现于生活，融入生活交往实践，时刻关注、理解生活，在与时俱进的社会生活中找到美好生活观的变化点，将内容进行更加个性化和人性化生动表达，确保将个体化美好生活观进行生活化语义表达的教育效果。再次，多元方法选用贴近时代，与时俱进，注重教育方法与新时代的科技与载体相融合，重视利用学生喜闻乐见的各类方式与方法将抽象美好生活观进行具象化和生活化加工，确立将抽象的美好生活观用更加灵活多样的教育方法不断生成更加科学的美好生活观新图景。最后，综合运用多元的教育方法，承继和发展优秀的传统思想政治教育方法，并做到与时俱进地吸收新兴教育方法和创新美好生活观教育方法，针对大学生关于美好生活认知思想和行为的复杂性以及社会多元文化环境的多变性，因人、因事、因时和因势的变化，发挥不同教育方法的优点，使丰富多元的教育方法形成一种合力，帮助大学生形成科学正确的美好生活观，培养大学生成长为全面发展的"美好生活"之人。

第二节 新时代大学生美好生活观教育的基本原则

新时代大学生美好生活观教育在人民美好生活不断实现的过程中发挥着举旗定向和凝心聚力的作用。它是高校思想政治工作的重要组成部分，是新时代思想政治工作的新兴实践内容；它必须为党和国家的教育目的服务，必须为个人全面发展服务，必须为实现人民对美好生活的向往服务。新时代大学生美好生活观教育必须遵循一定基本原则才能不偏离正确航向，才能达成上述服务目标，这些原则往往规定着美好生活观教育的实践基本要求，遵循以下这些基本原则可助力美好生活观教育实践达成教育目标的前提和基础。

一、坚持人本性和主体性相统一原则

坚持人本性和主体性相统一原则是新时代美好生活观教育实践必须遵循的首要原则。真正坚持主体性原则，充分体现教育以人为本是关键；从教育

实践规范的总则上来讲，以人为本是思想政治教育的本质要求。人本性原则要求以人的身心需求为本，实现自身的提升、完善、美化，身体需求即顺应其自然的发展顺序和天性，给予个体适度营养和增强身体锻炼；心理满足则是包含情感、求知、创造等需求，在生活中适应，在适应中创造，在创造中向美好前进。要真正坚持以人为本的原则，充分尊重学生的主体地位是基本前提；培养人和成就人是高校立德树人必须坚守的核心主题，教育过程必须充分尊重人的主体性。主体性原则要求把学生当成教育活动的主体，围绕学生和服务于学生开展教育实践活动，充分了解学生和善于启发引导，在教育实践中充分激发学生的求知欲，调动他们主动学习的意愿，培育其主动学习能力，帮助学生理解教育过程和学会独立学习，在学生主体性得到充分保障的过程中激发学生接受和形成新时代美好生活观的主动性。在新时代美好生活观教育中保障人的基本需求，尊重人的合理需求，激活人的主观能动性，激发人的价值需求，促进人的全面发展，把助力人和人民的美好生活实现当成美好生活观教育的根本任务。

人本性原则，胡锦涛同志指出："思想政治工作说到底是做人的工作，要坚持以人为本的理念。"[①]新时代美好生活观教育的以人为本，不是以抽象的人为本，不是以某个人或某些人为本，而是以新时代广大人民群众为本。新时代美好生活观教育的目的预设是一切为了人民群众，新时代美好生活观教育目标的达成一切要依靠人民群众。这里讲的人和人民，是同一个意思。首先，新时代美好生活观教育要尊重人、理解人、关心人，就是要把不断满足人的美好生活合理需求、促进人的全面发展，作为新时代美好生活观教育的根本出发点。在实施教育的过程中要遵循学生的成长规律，采用因材施教的策略，充分发挥学生在成长发展过程中的主观能动性，以有效促进学生全面、协调、可持续发展为根本落脚点。其次，合理确定教育目标去教育人、鼓励人和引导人，以符合学生实际的明确目标引导学生做好人生规划和坚持奋斗。"把人的世界和人的关系还给人自己"，才能真正实现人与自然、人与社会、人与人之间的和谐发展。再次，针对具体教育问题采用有针对性的教育方法策略，

---

① 胡锦涛. 胡锦涛文选（第 3 卷）[M]. 北京：人民出版社，2016：184.

第四章 新时代大学生美好生活观教育的实践遵循

使互动的教育过程既尊重个人美好生活意愿的合理诉求，又重视人民群众共同意愿的集中表达，实现个人美好生活观和人民美好生活观的双向协调发展。最后，教育实践的过程要注重适应人、服务人和发展人，重视人自身的价值及其实现，并致力于培养人的自尊、自信、自爱、自立、自强意识，不断提升人的精神文化品位和生活质量，从而持续提升人的生存和发展能力，促进人自身的持续发展与完善，使人的不断发展成为持续推动人民美好生活实现的原动力。

主体性原则，一般来说主动性是出于个人内在的需要动机和个人意愿，自发地做自己想要做的和喜欢做的事情，主体性原则就是承认、重视并坚持主体在实践和认识活动中的地位和作用，教育者是教育活动组织开展的主体，受教育者是学习或自我内化的主体。它要求重视教育者和受教育者在新时代美好生活观教育过程中的自主性、能动性和创造性，充分发挥二者在教育活动中的主观能动性，使二者都成为教育活动的主人，激发他们对生活和学习的热情与活力，使新时代美好生活观教育活动真正成为一种双向活动，从而提高新时代美好生活观教育的实效。首先，大学生主体地位的体现是从受教育者主动开展自我教育的角度出发，新时代美好生活观教育要充分尊重和调动受教育者的主体性，要培养学生的主体意识，变"要我学"为"我要学"，从单纯的新时代美好生活观知识学习到自觉主动地理解和形成新时代美好生活观。其次，教育者的主体地位是从重视自身教育责任开始，重视学生主体性的发挥，找准调动和培养大学生主体能动性的切入点，教育要素选择既照顾到不同教育主体的层次性差异，又照顾到不同教育主体的多元化需求；正确转换教育者和受教育者的双主体角色，积极探索和创新美好生活观教育的工作方法和方式，彻底将学生对新时代美好生活观的认识和掌握从被动接受、被动适应向主动理解和主动发现转变。最后，要正确协调教育者和受教育者的主体地位，使二者在教育过程中处于相互协同、相互促进的教育互动状态，以帮助受教育者形成新时代美好生活观为中心任务，同时又能让参与教育的所有人都能在实践过程中修正和调适自身的新时代美好生活观，从而促进更多人的新时代美好生活观全面发展。

二、坚持目的性和导向性相统一原则

坚持目的性和导向性相统一原则是新时代美好生活观教育实践必须遵循的根本原则。从教育目标确定的要求上来讲，教育目的决定培养目标，培养目标决定教育目标，教育目标的确定要为教育目的的实现服务，教育目标的实现过程本身就具有导向性，教育导向性的效果决定教育目的完成质量。因此，教育目的性和教育导向性本身就是相统一的，目的性为导向性引航，导向性为目的性服务。恩格斯指出"任何事情的发生都不是没有自觉的意图，没有预期的目的的"[①]。新时代大学生美好生活观教育是新时代大学生思想政治教育的核心和灵魂，其教育目的既要遵循思想政治教育的"四个服务"目的，又会随着社会现实生活的变化发展而变动。"四个服务"目的要求教育实践导向必须坚持新时代的意识形态方向和新时代社会主导价值取向；为个人美好生活服务的目的导向变化主要依据是人民至上和实事求是。概言之，新时代美好生活观教育必须坚持马克思主义的意识形态属性，以马克思主义中国化的最新理论成果——习近平新时代中国特色社会主义思想为指导，全面贯彻党的教育方针，培养承继中华民族复兴伟业和实现人民对美好生活向往的合格建设者与可靠接班人。

目的性原则，是指在教育实践过程中要有明确清晰的教育目的。要求教育者和受教育者双方明确教育实践所要达成的教育目标及其对服务于教育目的的意义，使一切教育实践有利于大学生形成科学正确的新时代美好生活观。新时代大学生美好生活观教育的目的，就是传递和倡导新时代中国特色社会主义的主流意识形态和价值观念，把反映新时代中国社会生产关系的思想言行规范要求、反映新时代人民美好社会生活其他关系的思想言行规范要求都转化为学生所接受的知识和观念，再加以训练与熏陶，使他们形成新时代人民美好生活向往所要求的思想政治德性和科学的世界观、人生观、价值观，并系统化整合进自己的美好生活观中去，保证大学生自愿自主地把实现人民对美好生活的向往作为自己的长远目标去努力奋斗、去实现价值和作出贡献。

---

① 马克思恩格斯文集(第4卷)[M]. 北京：人民出版社，2009：302.

第四章 新时代大学生美好生活观教育的实践遵循

首先，就教育整体而言，美好生活观教育的目的必须坚持"为人民服务，为中国共产党治国理政服务，为巩固和发展中国特色社会主义制度服务，为改革开放和社会主义现代化建设服务"。其次，就教育对象而言，美好生活观教育的目的就是培养新时代大学生形成科学正确的美好生活观，教育过程中促进新时代大学生的全面发展，结果是培养新时代人民对美好生活向往的建设者和接班人。再次，就教育者而言，美好生活观教育的目的是教育者务必明确美好生活观教育的出发点，保证美好生活观教育的良好进行。最后，就教育根本而言，美好生活观教育的目的应坚持以人的需要为目的的教育方向，既立足于当前社会实践，又面向未来美好生活的向往，助力人的提升，实现人本质的复归和真善美人性的完善，提高人们认识美好生活和创造美好生活的能力，同时在教育实践中促进人的自由全面发展。

导向性原则，是指在教育活动进行时要有一定的理想性和方向性，任何一个国家都会按照本阶级的利益原则和价值取向指导学生向一定的方向发展。坚持马克思主义的方向性是新时代中国思想政治教育的灵魂，明确导向性定位是新时代思想政治教育活动开展的前提基础。美好生活观教育的思想政治教育属性决定了导向性必须要服务于"四个服务"的教育目的，必须落脚于引导大学生形成正确的新时代美好生活观。导向性原则要求新时代大学生美好生活观教育在实践中坚持正确的教育方向、选择正面的教育内容和累积正向的教育效应。首先，美好生活观教育要讲政治，用习近平新时代中国特色社会主义思想指导美好生活观教育实践，努力寻找导向性原则与美好生活观目标之间的契合点，并以导向性原则统领美好生活的其他具体目标，使共产主义的方向和中国特色社会主义的共同理想真正成为美好生活观教育的灵魂。其次，美好生活观教育在灌输马克思主义美好生活观时要注意同人民的现实生活相结合，既立足于当前，又面向未来，并吸收和借鉴西方美好生活价值观念中的合理成分，引导大学生积极主动思考，教会大学生在比较与分析中认识、理解和接受新时代美好生活观。再次，在美好生活观教育过程中，要始终坚持科学正确的新时代美好生活观价值舆论导向，正确的导向标准有两条，一条是新时代美好生活观必须符合新时代社会客观实际，遵循客观规律；另一条是新时代美好生活观必须符合最广大人民的根本利益。最后，美好生活观教育要遵循人的成长规律，按照思想政治教育完善人、发展人和成就人的总目标，在美好生活观形成过程中为大学生指明发展方向，使新时代美好生活观成为指导大学生建设未来美好生活的精神力量。

三、坚持科学性与价值性相统一原则

坚持科学性和价值性相统一原则是新时代美好生活观教育实践必须遵循的重要原则。美好生活观本身就是科学性和价值性的高度统一，从教育内容选择的标准上来讲，科学性和价值性是选择新时代美好生活观教育内容的重要依据。美好生活观本身的意识形态属性要求教育内容的选择必须遵循把科学性和价值性统一起来的根本思路。美好生活观具备科学的知识体系是其能被人接受和对人的生活产生影响的重要基础，美好生活观本身具有价值性是美好生活观教育存在的逻辑起点，也是人为什么需要形成美好生活观的根本，即价值性是确证教育实践活动必要开设的前提。科学性是价值性的基础，价值性是科学性的延伸，二者的高度统一既是新时代美好生活观的本质特征，又是新时代美好生活观教育存在的根本。只有美好生活观教育内容的科学性和价值性得到保障，高校所培养的新时代大学生才能真正成为符合时代所需和人民所愿的美好生活向往的建设者和接班人。

科学性原则，是指教育活动所选择的教育内容是对个体发展或社会发展具有正确全面客观的事实或规律反映，是对生活现象和客观世界给出"是什么"这类问题的答案，以确证内容正确无误。新时代大学生美好生活观是新时代所有大学生的精神共同体，它是我国经济基础和政治基础在人们现实生活中的观念形态反映，它蕴含着推动和保障大学生积极投身民族复兴伟业和人民幸福美好生活建设的强大力量。教育内容的科学性是增强美好生活观教育实效性和合理性的基础，而要实现美好生活观教育内容的科学性，必须以马克思主义为指导，并注重在教育过程中选择先进的教育内容和采用合理的内容结构。其一是选择内容的指导思想必须坚持以马克思主义中国化的新成果为指导，有利于社会主义意识形态主导地位的确立；其二是内容选择的过程和依据要遵循客观规律，选择内容的过程要遵循思想政治教育的客观规律，选择内容的依据要符合大学生接受知识事物和形成思想意识的发展规律；其

第四章 新时代大学生美好生活观教育的实践遵循

三是内容体系建构上必须坚持以党和国家及个人发展需要为根本，选择内容要围绕增强大学生思想政治素质、道德素质和综合能力进行，以社会主义核心价值体系内容为核心，以立德树人内容为基础，以培育爱国主义和民族精神的内容为重点，以热爱和追求美好生活的内容为根本；其四是具体内容的改进和创新应遵循科学性的要求，做到与时俱进和以人为本，设身处地地换位思考，理解和尊重受教育者，从他们的实际生活和未来生活需要出发，增加或减少相应的教育内容，使他们能从生活中真切感受到美好生活观教育知识的魅力和力量。

价值性原则，是指教育活动所选择的教育内容对个体发展或社会发展有积极的促进作用和肯定意义，即给出"应该怎么样"的标准取向，确证内容合理有用。美好生活观教育内容的选择既要对个人有积极的促进作用，能促进个体全面发展、健康成长和幸福生活；还要对社会物质文明、精神文明、政治文明、生态文明与和谐社会协调发展作出应有贡献。就个人价值的体现而言，美好生活观教育内容需要把人们的思想和行为引导到符合新时代社会发展要求和人民美好生活需要的正确方向上来，充分调动大学生的积极性和创造性，为全面推进社会主义现代化强国事业提供精神动力；并在此过程中对他们的思想、品德、行为进行规范、调节和引导，促使受教育者形成美好生活所要求的意志品格、思想境界和道德情操，进一步塑造个体人格和规范引导个人品行，为建立良好人际关系和社会关系奠定基础条件和营造和谐氛围，促进和实现人的自由全面发展。就社会价值的体现而言，本质上还是个人价值在社会领域的延伸，是个人价值在社会经济、政治、文化、社会和生态领域的集中体现。美好生活观教育内容要立足于为美好生活的建设持续培养高素质优秀人才，从经济领域为社会发展提供正确价值导向，营造公平公正环境，发挥目标激励作用；从政治领域引导公众找准政治舆论方向，增强民族团结和凝聚力，促进社会政治稳定和发展；从文化领域维护主流文化的领导地位，引导文化选择方向，继承和弘扬中华文化；从社会领域协调矛盾和问题得以解决，促进和谐人际关系的形成，营造和谐关系，建构和谐社会；从生态领域帮助大学生树立正确的生态责任意识，形成正确的生态意识和思想，生成正确的生态环保行为。

四、坚持针对性和创新性相统一原则

坚持针对性和创新性相统一原则是新时代美好生活观教育实践必须遵循的重点原则。正确应用教育方法是教育成功不可或缺的重要因素，针对性是教育方法实践有效的重要前提，创新性是教育方法持续有效的要求和表现，二者统一于美好生活观教育达成预期目标的实践过程。针对性和创新性相统一就是既要讲究教育方法选择的科学，又要注意教育方法应用的艺术，方法得当，美好生活观教育内容就会更好地被大学生所接受，方法应用有魅力，美好生活观教育的实效性就能得到大力提升，教育实践效果就会事半功倍。从教育方法选择的要求来讲，在遵循思想政治教育规律和要求的基础上，既要注意优秀教育方法的传承，又要注重对方法进行与时俱进的创新，从针对性上确保教育方法的选择既能被教育者喜欢，又能被受教育者接受。从教育方法应用的要求来讲，依据美好生活观教育目标、资源、路径、主体和环境等要素的变化而进行及时的改进和完善，从创新性上确保教育方法的应用既能成为各教育要素实现有效联结的纽带，又能在持续优化中提升美好生活观教育的效果。

创新性原则，是指在教育实践中，教育者在借鉴和继承前人或他人的教育方法基础上，针对教育方法本身或教育方法应用的问题，提出新的意见，产生新的认识，为人们提供新的教育方法或新的方法应用指导。教育方法的创新对教育实践活动的高效开展具有积极正向的促进作用。教育方法创新是历史和时代的要求，技术支撑和社会发展推进时代不断向前进步和向好更迭，原有大学生思想政治工作积累的一系列行之有效的教育方法已不完全适合于新时代大学生美好生活观教育，如果还停留在照抄照搬，势必影响教育效果。创新其一从教育改革出发，积极吸纳和掌握系列教育方法和各种方法组合，在传承的基础上进行创新，以原有教学方法的有效模式为基础，对无法紧跟时代的相应方法进行摒弃并加以改进和完善，确保教育方法与教育要素和环境资源有效契合。教育实践活动通过教育者和受教育者的有效互动共同完成，教育对象在变、教育内容在变、教育者也在变，教育方法必须充分调动二者的积极性才能达成较好效果。创新其二从教育理念出发，主动学会判断、选

第四章　新时代大学生美好生活观教育的实践遵循

择和创造，在发展的过程中进行创新，围绕教师主导和学生主体的教育理念进行"教"的方法和"学"的方法的创新，"教"的方法要更具调控性和引导力，"学"的方法要更具目标感和主动性，从而推动教育过程中的教育氛围向着更加融洽与高效的方向前进。任何教育方法的使用效果都与教育实践中的各种要素的实际情况直接相关，只有辩证分析不同教育方法的优缺点才能不断增强教育方法选用的实效性。创新其三从教育问题出发，认真做好教育实践考核评价问题反馈，在考核评价反馈中进行创新，辩证地分析教育实践问题产生的根本原因，善于从多角度思考问题，围绕原有教学方法及教学模式存在的问题进行改进和优化，实现教育方法创新的管用、实用、有用，以期达到方法创新增强美好生活观教育实效性的目的。

针对性原则，是从教育的具体情况出发，针对各种教育要素的现实状况，为达成教育目的和获得理想教育效果，选择与之相适宜的教育方法或方法组合，保证方法应用的准确性和贴切性，因地制宜地有效开展美好生活观教育的原则。美好生活观教育方法应用讲求针对性是遵循教育客观规律的表现，是尊重和发挥人在教育实践中的主体性作用的关键，也是对教育人本性要求的贯彻，更是达成教育实践结果有效的保障。其一，针对美好生活观教育系统要素的差异性，从教育的宏观、中观和微观层面选用适宜的教育方法，宏观方法为教育方法定性，中观方法决定教育方法的组合要求，微观是具体操作过程的施教运行方法；其二，针对教育目标的切近度选择使用易于达成目标的教育方法，一切好的教育方法的选择使用都是为了有效和高效，有的追求目标达成在时间上快速见效，有的追求目标达成的影响力和影响面快速增长，有的追求目标达成的总体效果；其三，针对受教育对象的层次性和差异性，选择他们能接受和能适应的教育方法，做到因人制宜和因材施教，最大限度地激发其积极性和保护其主体性，促使其持续进行自我教育和主动追求自由全面发展；其四，针对施教主体的综合素养和能力水平，选择有利于凸显其自身特长和展示其自身个性的教育方法，做到扬己之长和避己之短，最大限度展现一个热爱生活、值得信任、富有人性和深受欢迎的教育者形象；其五，针对教育实践过程中的变化，随着客观情势和时势的变化及时对教育方法进行调整，使教育方法能做到随机应变，确保教育实践中的各类要素能围绕教育目的产生相互协作的实效,保障美好生活观教育目的顺利实现。

五、坚持综合性和实效性相统一原则

坚持综合性和实效性相统一原则是新时代美好生活观教育实践必须遵循的核心原则。正确制定教育策略是教育实践取得预期成果的重要保障,综合性原则和实效性原则既是教育策略制定时的决策依据,也是制定后的管理要求。注重综合性是教育实践取得实效性的基础,关注实效性是教育实践注重综合性的信息反馈,实效性是综合性的目的和归宿,综合性是实效性的条件和基础,二者互为依存,统一于追求更高教育实效性的教育实践过程。综合性要求美好生活观教育策略制定要有全局视野,确证策略可据实执行,注重策略中的各教育要素发挥作用的系统性和达成教育策略可持续优化的执行效果。实效性要求从教育目标能否顺利实现的角度出发,判断教育策略的实施对优化教育过程和达成教育目标有多少意义和有多大价值,不同策略使用所造成的教育目标实现差异就是该策略的实效性反馈,实效性就是衡量教育实践成败与得失的核心标尺。围绕立德树人中心工作,要求新时代大学生美好生活观教育实践注重综合性和实效性,就是要求教育实践活动要按规律办事,做到因事而化、因时而进、因势而新,这也是美好生活观教育工作取得实际效果的根本保证。

综合性原则,指的是美好生活观教育实践在把握各种教育策略特点及共同趋向的基础上,进行协调综合,制定帮助大学生形成新时代科学正确美好生活观而服务的统一性策略,它要求教育主体同时或先后运用多种策略进行综合教育的措施和手段。美好生活观教育是一个由若干个相互关系、相互依赖的要素构成的有机系统,各教育要素既相互关系又相互制约,一是受教育者自身成长环境和状态的多样化和多元化,二是社会变化发展需求引起教育具体目标与时俱进,三是影响受教育者思想和行为变化的主客观条件和其他教育要素也不是一成不变的,在三全育人的教育机制内,只有注重综合性原则,才能使各要素在教育实践中围绕共同的教育目的和目标共同发挥作用。其一,注重美好生活观教育外部要素的综合协同,除教育者和受教育之外的其他教育外部要素在美好生活观教育实践中扮演了重要作用,应该有效综合

第四章 新时代大学生美好生活观教育的实践遵循

协调,协同发挥育人效应。其二,注重教育者和受教育者相互协调综合,教育者和受教育者都是活生生的人,在教育实践中必须做到相互认同、相互亲近、相互吸引,围绕教育任务和目标相互之间积极配合。其三,注重美好生活观教育内在组成要素保持多维综合协调,保持教育各要素在教育实践过程中担负着不同职责的同时,还能保持彼此之间的密切配合协作,使教育各要素在空间、时间等方面保持协调,形成教育最大合力。其四,注重美好生活观教育实践随所处时代和环境的变化而不断进行综合性的教育策略调整,使美好生活观教育的既定策略随外部时间、空间和环境变化而主动地改善和调整,与教育实践实际情况相支持和相匹配,为美好生活观教育实践取得实效奠定良好基础。

实效性原则,指通过美好生活观教育实践过程对大学生施加教育要素影响,使大学生将美好生活观的价值导向内化于思想观念、外化于生活行为、融化于生活习惯,在"知"与"行"不断的转化升华中,完成对新时代美好生活观认知理解向新时代美好生活观认同内化的转变。美好生活观不是纯粹的理论演绎,它是追求美好生活的实践感悟和升华,是人民美好生活所需行为的导向,是人民美好生活丰富实践的引领。美好生活观教育实效性不仅体现在学生对美好生活观知识体系的"有效知"、对美好生活观行为习惯的"自觉行",还体现在教育实践的帮助下顺利完成美好生活观教育内容的"知行转化"。实效性如何是评判美好生活观教育工作质量的重要标准,也是教育实践活动预期效果的直接反馈。美好生活观教育坚持实效性原则主要从以下四个维度努力:其一,教育目标制定有效。美好生活观教育的任务就是将新时代社会生活的主体培养成为具有新时代美好生活观的建设者和享有者,它的教育目标既要符合社会美好生活发展的需求,也要符合大学生自身美好生活发展的需求。就是要培养个体具有马克思主义意识形态视域下的正确世界观、人生观和价值观,且具有正确的新时代美好生活观,同时内蕴新时代所需要的社会主义核心价值体系。其二,教育要素协作有效。通过对美好生活观教育各个要素进行系统研究,完善教育实践督导机制,强化教育者的主体意识,激发受教育者的主动性,优化育人资源和环境,推动各教育要素协同机制在提升高校立德树人工作实效性中向纵深发展。其三,教育过程开展有效。尊重受教育的主体地位，重视他们在美好生活中的各种合理需求，最终达到尊重人、理解人、教育人、关心人的效果，采用多方法、多渠道将教育影响力转换成受教育者对美好生活观的学习、理解、接受、内化、体验、评价、选择、外化的动态培育过程。其四，教育评价成果有效。美好生活观教育的成效是要实现人的思想观念的转化和转变，是通过一系列复杂的教育实践活动来完成的，其教育评价反馈应有利于教育主体的自省意识，强化教育目标导向；有利于加强教育活动监管，保障教育过程给力；有利于优化教育要素协作，促成教育影响有力；有利于推动教育评价创新，激活教育内生动力；从而持续完善和优化美好生活观教育实践体系，保障美好生活观教育成果高效优质。

六、坚持连贯性和系统性相统一原则

坚持连贯性和系统性相统一原则是新时代美好生活观教育实践必须遵循的关键原则。美好生活观教育是否能取得预期的成效和实现预期教育目标，合理创设教育路径连贯性和系统性地推进美好生活观教育实践是其中的关键。连贯性原则和系统性原则既是教育路径创设的总体要求，也是教育实践活动的总体指导方针。注重连贯性才能达成系统性，关注系统性更能优化连贯性，连贯性是系统性的要求，系统性是连贯性的保障，二者互为依托，统一于美好生活观教育实践活动过程。连贯性要求在教育实践路径创设和活动开展时要有全局视野，既能专注服务于阶段性教育目标，又能时刻围绕整体教育目的要求。系统性要求教育实践路径创设和活动开展时要综合考虑教育者、受教育者、教育环境资源等各类教育要素之间的内在关系，优化教育要素组合结构，避免要素之间的冲突，实现要素协作的良性互动，使所有教育要素成为相互关系、相互依存的一个有机整体。美好生活观教育路径创设的连贯性和系统性可以有效保障教育实践的高质量。

连贯性原则，是指美好生活观教育实践路径创设应循序渐进，前后连贯，将教育内容有目的、有计划、有系统地展开进行，以确保美好生活观教育的影响能对大学生的美好生活观形成产生持续有效的影响和引导。大学生美好生活观的发展是有阶段性的，不同阶段有它特殊的矛盾，各阶段之间又是互相联系的；大学生的能力和素养发展也是有顺序性的，知识和能力的获得都

第四章 新时代大学生美好生活观教育的实践遵循

是由已知导向新知的顺序。因此，对大学生进行美好生活观教育，应注意美好生活观教育内容的相互衔接和前后连贯，体现出螺旋式的上升，即使在同一个阶段的美好生活观教育内容和要求，也不能忽视前后的连贯性，而是要逐步提高。大学生美好生活观的成长，是学校、家庭和社会多方面影响的结果。坚持"美好生活"教育的连贯性，其一，需要国家进行顶层设计，对来自各方面的教育影响要素进行统筹安排，针对受教育者的具体情况，使各种教育要素在路径创设中被有效整合进教育实践体系之中，促使受教育的新时代美好生活观保持螺旋式的上升。其二，需要高校围绕教育目标充分发挥学校教育的主导作用，使学校、家庭和社会等教育参与单位对学生的教育影响保持密切协作和互相配合，在大学生成长成才过程中保持相互衔接和前后连贯。其三，需要高校在校内组建具有统一策划能力的美好生活观教育机制，使校内美好生活观教育影响保持协调一致性，把美好生活观教育的要求、内容统一于立德树人的教育目的之下；教育参与各单位统一思想，密切配合，做好衔接工作，使美好生活观教育对学生的影响保持前后连贯性和一致性，采取有效措施，积极动员校内的所有人员、所有资源、全过程参与到学校的美好生活观教育实践中来。从而使教育资源具有时间上的前后连贯性、教育人员具有空间上的连贯性、教育路径具有时空上的连贯性。

系统性原则，是指美好生活观教育实践路径创设必须具有整体性和系统性思维。美好生活观教育实践本身就是一个系统，其本身是高校思想政治教育的一个子系统，也属于高校立德树人的大体系；美好生活观教育实践系统既需要围绕美好生活观教育的目标任务和大学生的实际需求对教育路径进行系统性的研究和规划，还需要有效嵌入高校思想政治教育实践体系和高校立德树人的育人成才体系承担其自身的教育责任，从微观和宏观上思考后分阶段、有计划、系统地组织实施。美好生活观教育目标既要关注追寻美好生活的态度和情感，又要注重美好生活所需的知识理解与能力提升，还要重视美好生活的过程管控和实践方法选择。因为美好生活观受教育对象个体身心素养差异、成长环境有别和生活诉求异同等主客观因素的存在，坚持系统创设美好生活观教育实践路径可有效整合各教育要素优势，规避其短板，从而把握教育过程的阶段性，体现教育方略的针对性，凸显教育实践的实效性。其一，系统思考影响美好生活观教育的各种要素，从教育目标、教育者、受教育者、教育环境、教育资源、教育过程等方面进行纵横两向的分析，目标制定上远近结合，既面向未来又立足现实；资源选择上合理规划和系统衔接，既注重阶段性又考虑整体性；策略制定上因材施教和分层有序，既考虑个性又兼顾共性；使各教育要素在动态中互相协调发挥所长、相互制约规避其短，充分发挥教育要素的各自特殊作用，以促成系统性优化，达成教育实践效果最佳。其二，将美好生活观教育实践融入思想政治教育的实践体系，遵循思想政治教育的基本规律，把握思想政治教育的系统规律，运用思想政治教育系统的动态性和平衡性，考察美好生活观教育在思想教育体系中的作用和价值，充分考虑整体性，重视大学生的主体性，注意教育层次性，积极调整好各系统的相关性，在教育动态发展中产生系统协同效应，以实现美好生活观教育和思想政治教育整体最佳效果。其三，将美好生活观教育实践整合进高校立德树人的育人成才体系，各子体系围绕立德树人的总体目标，从系统性原则出发，学校进行顶层设计，与其他各子系统和要素互相配合，形成完善的高校三全育人体系；从全局观念出发，各部门紧密协调和齐抓共管，充分发挥各系统的育人合力，围绕立德树人目标积极发挥作用；立足本职工作，做到有目的、有组织、有计划地对学生施加系统性的教育影响，帮助学生形成新时代所需要的科学正确美好生活观。

第三节　新时代大学生美好生活观教育的主要内容

帮助大学生树立正确的美好生活观需要源于生活又融入生活并接受生活的检验，发现、精选和使用优质的教育内容是新时代大学生美好生活观教育实践取得成功的重要基础。新时代美好生活观的教育内容是大学生思想政治教育内容的重要组成部分。它是指为实现培养学生美好生活观的教育目标，经选择而纳入教育实践过程的美好生活相关的知识、技能、行为规范、价值观念、世界观等文化总体，选择这些内容的依据是既要满足社会需要又要满足个人需要。人类对美好生活的实现不能仅停留在理论和观念等意识层面，

第四章 新时代大学生美好生活观教育的实践遵循

美好的生活观念要与现实生活发生联系并转换为真实的美好生活样态必须要依赖于人类的生产劳动实践。因此，教育内容的创设和优选既要贴近这个时代，要贴近大学生的生活，要贴近大学生的实际，更要从服务于大学生生活完整视域的多个维度进行全方位的构思；并注重从现实生活的多个方面选树为美好生活奋斗的青年榜样，以此为新时代大学生美好生活观教育实践提供更多优质内容和营造良好教育氛围。

一、以健康的身心素质保持内容为美好生活奠基

美好生活观教育是关注整体人的发展，根据新时代社会和人的发展需要，积极开发和提升人的身心素质潜能，使生命延续的各方面健康素质得到全面提高，为追寻个人美好生活目标和实现人民对美好生活的向往奠定良好的基础，为学生的自由全面发展助力。一个美好生活实践的奋斗主体和享有主体必须是一个具有良好身心健康素质调节和保持能力的主体。在健康的身体素质保持方面，健康的身体素质是健康之本，只有体魄健康之人才有旺盛的生活精力，才能为自身的全面发展提供足够的动力、体力、耐力和毅力，为个体美好生活的全面展开提供最根本的保障。身体健康素质是指个人应具备的健康的体格，全面发展的身体耐力与适应性，合理的卫生习惯与健康生活规律等。保持身体健康需要有良好的饮食习惯，进餐时段相对规律、膳食结构相对合理；保持身体健康需要有良好的健身习惯，有规律地、系统地、持之以恒地培养运动爱好和积极保持健康锻炼；保持身体健康需要有良好的生活习惯，增进健康意识，强化健康信念，学习卫生保健知识，强化自我保健，选择良好生活方式，不断提升身体健康素质的保持能力。在健康的心理素质保持方面，良好的心理素质是个人实现全面发展和追寻美好生活的基础和前提，保持良好的心境，活泼乐观，有自信心和安全感，这是正常发育和健康成长的基础条件。美好生活观教育必须以个体具有良好的心理素质为基础，以健康的心理状态为前提。个体心理素质的发展从胚胎期就开始感知世界，心理便开始发生、发展和进入社会化的进程，由此在不同阶段会出现不同心理素养发展的关键时期，比如3岁进入个性发展关键期，4岁进入语言发展关键期，10岁以后进入心理素质飞速发展的高峰巨变期，进入大学以后，随着

性的成熟和个体独立性的增强,其内心世界变得矛盾重重、动荡不安,这个时期也往往是个体心理素质发展的危险期,健康的心理素质不是天生的,更多取决于后天的教育训练与疏导指引,教育在其中起决定作用。保持心理健康需要教育者对受教育者加强心理健康辅导和心理健康教育培训,提升大学生的自我心理发展能力,改善大学生的精神面貌与气质,优化大学生的性格,使其学会情绪控制,增强心理素质;保持心理健康需要学校关注全人教育,帮助学生在教育过程中通过接受道德规范、行为方式、社会期望等来建构大学生的人格结构,形成时代需要的人格特质,并促使其不断发展和完善;保持心理健康教育需要全社会形成育人合力,使学生在整体心理素质上具备积极向上的情感力量,坚强持久的意志力量,鲜明独特的人格力量,在面对学习和生活时有责任心、有进取心、有自信心,在面对困难和挑战时有勇气、有毅力、有能力,在面向未来生活时有志向、有恒心、有决心,展现出追寻美好生活的过硬身心素质,为实现人民对美好生活的向往扎实奠基。

二、以过硬的政治意识辨别内容为美好生活导航

美好生活观具有显著的意识形态属性,"在政治理想、政治价值、政治态度、政治行为等方面对社会成员发挥着引导、动员、凝聚的功能"[①]。美好生活观教育在引导大学生形成新时代美好生活观的过程中必须注重其意识形态功能的发挥,即培养学生过硬的政治意识辨别能力为新时代的美好生活蓄力和导航。所谓过硬的政治意识辨别能力,主要是指个人所拥有的政治思想、政治观点,以及对于政治生活的认知态度和情感评价。大学生是实现人民对美好生活向往最主要的建设后备力量,其是否具有过硬的政治意识辨别能力事关中国共产党执政地位的巩固,事关国家综合实力的发展与强盛,事关新时代社会生活的稳定与繁荣,事关人民美好生活的幸福与安宁。新时代高校美好生活观教育提升大学生政治意识辨别能力的关键就是增强大学生对党的方针政策的学习、理解和内化,并主动拥护中国共产党的领导和坚持走中国特色社会主义道路,对党的执政理念认同,对党的执政举措信任,对社会政

---

① 吴玉军.政治认同视域中的意识形态建构[J].中国特色社会主义研究,2017(3):44-49.

治生活参与积极,自觉维护国家意识形态安全,保障社会政治生活稳定有序,为人民和自身的美好生活实践护航。

其培育的具体做法如下:第一,用生动的中国历史事实和未来的目标愿景教育大学生。使其认同祖国、认同中华民族、认同生活要追求更好的未来,进而热爱祖国和人民,热爱和追寻美好生活,积极投身中华民族复兴伟大事业,积极贡献自己的青春和力量。第二,用社会主义发展历史材料和共产主义理想愿景教育大学生。使其认同马克思主义理论和中国特色社会主义道路,进而主动学习马克思主义哲学、马克思主义政治经济学、科学社会主义和中国特色社会主义理论体系,并自觉以中国特色社会主义思想体系为追寻美好生活的理论指导和实践指南。第三,用辉煌的党史材料和中华人民共和国简史教育大学生。使其认同中国共产党和认同中国特色社会主义道路,进而自觉拥护中国共产党的领导和坚持走中国特色社会主义道路,进而对新时代党和国家的政治价值理念、政治体系规范、政治实践效能等产生认同,并积极将自身的美好生活目标融合进中国特色社会主义共同理想和共产主义远大理想。第四,用改革开放简史和习近平新时代中国特色社会主义思想教育大学生。使其认同新时代中国共产党的奋斗目标和新时代中国的发展道路,用正确政治价值观念凝聚人民群众的政治共识、夯实人民民主专政根基、擘画人民群众美好生活蓝图,促进当代大学生在美好生活实践中产生政党认同、道路认同、制度认同、文化认同和价值观认同的理念,在党的领导下共同奋斗,主张公平与正义、建设民主与法治、履行权利与义务、确保发展与安全,进而主动创造全体人民更加美好的生活,既要尽力而为,又要量力而行,一步一个脚印,踏踏实实干好本职工作,用每个人的美好生活行动汇聚成为实现人民对美好生活向往的磅礴力量。

三、以优秀的学习行为习惯内容为美好生活助力

大学是学生学会独立适应校园生活的关键场域,也是大学生主动准备适应未来社会生活的关键时期,培育大学生优秀的学习习惯和提高他们的学习能力对大学生追寻未来美好生活起重要作用。优秀的学习习惯和行为能力是人类可持续发展的基本要素,优秀的学习习惯养成和行为能力提升主要依赖

于大学生的自身学习素质，受制于大学生的学习习惯和方法，依靠于高校教育者的帮助和引导，取决于大学生的自我控制管理能力。新时代是社会飞速发展和信息极度爆炸的时代，培育学生进行终身学习的观念和培养学生具备自主学习的能力，使学生成为拥有健全人格的成长型综合人才，学习能力强、综合素质高、业务能力强、生活追求美。

其培育的具体要求如下：第一，培养学生自我激励的能力。首先通过多种渠道对自己的性格特征、心理、生理特点进行深入的自我认识；其次是帮助学生学会面对挫折，对自身保持积极肯定的态度，培育稳定健康的自信心；最后是帮助学生端正态度、锤炼意志和控制情绪，培养学生自我控制能力，使学生具有持续的自我激励能力。第二，培养学生自我规划的能力。首先要制定合理的学习规划和生涯规划，具有明确的发展目标；其次是要据实调整学习计划和灵活统筹时间安排，合理安排目标完成进度；最后是保持专注力、强化行动力、增强意志力，使学生学会善于构建自我。第三，培养学生获取信息资源的能力。首先要掌握传统的和现代的信息资源获取方式，培养学生的信息意识和教会学生信息获取手段；其次要对照发展目标和现实学习需要，快速有效地精准筛选、分析和利用信息，提升学生信息选择和处理的能力；最后要主动对获取的信息加以改进和创新，认真探索解决自己实际问题的方法，锻炼学生的思考能力。第四，培养学生多元学习的能力。首先要培养学生学习的专注力，锁定学习认知对象，并能在学习过程中自觉按照学习的要求进行调节；其次要培养学生学习的观察力，观察是建立在感知信息基础之上的，准确地把握学习和认知对象的本质特征和特点，成为学习的直接经验来源，激发创造性思维，提高学习效能；再次要培养学生良好的记忆力，通过记忆把基本的知识和信息稳固地存储起来，经过想象、思考和运用形成人的观点、信念和能力，通过提升记忆力提高学习的效率和质量；从次要培养学生优秀的思维力，通过思维将学习所获得信息与自己已有的知识结构进行加工和整合使用，让思维力成为优化学习力结构的核心和统摄学习过程的稳定能力；最后要培养学生学习的创新力，通过丰富学生的想象力和塑造学生的创造力，在基于学生原有的知识和经验基础之上，不断调整原有学习观念和优化原有学习策略，创新适合自己的学习模式，从而不断提升自己的综合学习能力，为美好生活的实现助力。

四、以高尚的道德品质修身内容为美好生活提质

人的美好生活是全领域的，而具有良好的道德品质是实现美好生活的基础。美好生活意味着个体内心和群体内部的关系和谐，意味着个人与个人之间、群体与群体之间、个人与社会之间、群体与社会之间、个人与自然和群体与自然之间的价值互认共通、秩序共建同构、关系和谐美好。以上状态的达成需要依靠个人道德品质修身能力的提升来规范人们的美好生活秩序和解决发展中的矛盾问题。每个人的道德品质修身能力不同，所处的时代道德环境也不同，新时代主流道德意识形态的教育内容要求要有利于新时代大学生做出合适的正确的选择，更有助于每个人践行新时代美好生活观的内涵要求。在美好生活中的德性教育可引导学生在自我发展中做到自尊自律，追求自由全面发展；在与人共处时彼此尊重、理解包容，与人合作时彼此信任、精诚团结；在与社会共存时双向奔赴，有社会对个人的尊重和保护，个人积极建设和守护社会。在与自然共生时尊重发展规律，自然给予人类生活资源，人类尊重和保护自然和谐生态。从而依靠道德品质修身能力的提升不断促进人与自我身心发展关系自由全面，人与人的共处关系友善和睦，人与社会的共存关系和谐美好，人与自然的共生关系生态文明。

其培育的具体要求如下：第一，坚持生态文明是美好生活的应有之义。生态文明是人类按照人、自然和社会和谐发展的客观规律，是人类为保护和建设美丽的生态环境所取得的物质和精神成果的总和，体现在美好生活的各个方面；它要求人在生活中要自觉自律，树立生态系统观念，约束自己的生产生活行动；它强调尊重和保护我们的地球生态环境，强调人类在改造自然的同时必须尊重和爱护自然，注重保护生态平衡；它强调要建设和倡导以人与自然、人与人、人与社会和谐共处、良性循环、全面发展、可持续繁荣为基本宗旨的社会形态，为人民群众提供优质生态产品、美丽的生活环境、怡悦的生活空间以及绿色健康的生活方式。第二，教会人做一个自主发展的人。基于人对生物性和物质性的适度追求基础之上，懂得生活的真谛是引人趋向至善，求真、向善、趋美，从而在生活中具象表现为追寻个人德智体美劳的

全面发展；遵循生活规律，做自己生活需要的主人，懂得放逐生物性和物质性的无限需求，知责尽责，进而追求灵魂至善，做意志自由和灵魂高尚之人，将个体追求德性的完满和追求美好生活的实现进行完美融合。第三，传递人类价值共享的生活理念。把新时代的生活行为准则和主流意识形态中的道德观念转化为个体道德品质的社会实践活动，并使这些行为准则和道德观念成为调节人与人之间、人与社会之间关系的行为规范，促使拥有良好的道德品质的个体主动构建人与人友善和睦相处的关系，营造共同创造和分享美好生活的良好氛围，从而让道德品质成为大家相互信任的保障，营造实现人民美好生活向往的有利生活氛围。第三，强调人民美好生活的道德本质要求。马克思强调，人才是生活的主体，人的生活既包含个人的生活也包含集体的生活；社会的一切均是为了人，一般地说，道德既要求社会公正地对待个人，道德又要求个人不断提升个人道德品质满足社会要求，从而促成人与社会的共存关系和谐美好；新时代的道德教育包含职业道德教育、家庭美德教育、社会公德教育和个人品德教育，也可浓缩为"社会主义核心价值观"教育，它要求社会重视善待人与生俱来的需要，关注和满足人生活中的合理需要，又要求个体要修德自省和不断提高个体的道德品质和修身能力，增强个体与社会追求、实现美好生活的自信心和幸福感，为美好生活提质。

五、以开阔的国际视野创新内容为美好生活增效

新时代的美好生活观植根于中华优秀传统文化，形成于新时代中国化的马克思主义理论指导，发展于东西方当代优秀文化的交流、融合和创新。美好生活既是一个追寻和实现更好生活的过程，也是人民追求更好生活的理想样态；人民美好生活的实现必须要依靠持续不断发展进行助力，是既立足于过好现实生活又不断追求理想生活的一种发展状态，这种发展状态的动力主要来源于创新这一动力。党的十九大和二十大都强调"创新是引领发展的第一动力"，由此，培养具有国际视野创新能力的人才既是新时代高校立德树人的重要使命，也是新时代人民美好生活得以实现的发展需求，更是美好生活观教育的重要工作目标。培育国际视野创新能力主要从两个方面对学生进行培养，一方面是要培育人才具有全球视野和国际意识，是一种基于全球化背景

要求所具有的意识、知识、能力的综合体现；另一方面是要培育人才具有创新意识、创新精神和创新能力，综合呈现为技术和各种实践活动领域中不断提供具有经济价值、社会价值、生态价值的新思想、新理论、新方法和新发明的能力。

其培育的具体要求如下：第一，通过学习积累，为大学生具备创新能力做好铺垫。在教育中分析学生的综合素养现状和个性特点，立足于国际视野，重视学生的个性差异，注重学生的个性发展，通过广博常识、专业知识、技能和态度等基本素养和核心素养的累积，积极引入东西方文化交流融合，实现有效沟通和协同发展，不断提升大学生的公民素养、信息素养、批判性思维、合作与交流能力、自主发展能力和创新能力。第二，通过氛围渲染，鼓励和培育大学生具有贴合时代的创新精神。营造校园创新环境与创新氛围，鼓励师生突破常规，在教学、科研和生活等领域中提出与众不同的新想法和新方案，并鼓励师生把有创意的想法和方案付诸行动，并能通过和他人一起分享、分析、评估和修正自己的新想法和新方案，最终体现为对于实践活动的完善、优化或改进，为美好生活作出实际贡献，进而增强创新意识和凝聚创新精神。第三，通过综合施策，引导大学生不断增强自我创新能力和提升创新水平。通过改进教学方法、转变培养模式和改进培养人才创新能力的评价标准，不断调动和激发大学生解决问题的独立思考能力，培养学生的科学精神和创新思维，以不断提升学生的创新意识、创新能力和国际竞争力，为人民认识自己在美好生活中的权利和义务并在国际交往中有恰当的行为与态度作出高校应有贡献，实现大学生的创新水平满足新时代所需；帮助大学生以开阔的国际视野创新能力为美好生活提质增效，为培养德智体美劳全面发展的美好生活建设者和创造者贡献高等教育的力量。

六、以类型丰富的榜样教育内容为美好生活领航

(一)选择"美好生活观念"榜样传递正确的价值导向

习近平总书记在党的二十大报告中深情寄语广大青年"要坚定不移听党话、跟党走，怀抱梦想又脚踏实地，敢想敢为又善作善成，立志做有理想、敢担当、能吃苦、肯奋斗的新时代好青年"。大学生正处在可塑性很强的青春

期，是青年人的主要群体，面对多元的价值理念袭扰，高校教育能否帮助大学生坚持正确的价值理念事关青年人才培养的根本问题。中共中央和国务院明确要求全社会对青年的引导都要坚持正确的价值导向，尤其在对大学生进行生活价值观念教育和培养时，要善于抓住和利用社会资源为大学生美好生活观教育营造良好的社会舆论氛围。青年兴则国家兴，青年的成长决定国家的命运，青年人追求什么样的美好生活将决定人民对美好生活的向往能否实现。新时代"美好生活观念"的榜样选择，既能够生动体现社会主流意识形态对群体和个体的理想信念、道德观念和价值取向的要求，又能通过榜样教育影响和引导大学生从理想信念、奋斗精神、创新创造、道德品行等各方面依靠新时代榜样身上正确的、正向的价值观念获得丰富的精神食粮。

大学是为将来美好生活做好各方面准备的最佳时期，从高校青年朋辈中选择新时代"美好生活观念"的大学生榜样，对他们自身"美好生活观念"的形成具有直接指导和借鉴作用。高校近300万大学生党员中的每一位都应自觉成为拥有新时代"美好生活观念"的榜样。他们对共产主义事业自觉传承和接续奋斗，他们承载着实现人民对美好生活向往的希望和未来，他们听党话和跟党走，紧跟党和国家主流意识形态，树立科学的世界观、人生观和价值观，以十足的信心和勇气立志追寻美好生活；他们认真学习，主动接受学校教育，并自觉进行自我管理和教育；他们主动融入大学生活进行自我服务，并在社会实践和道德修养方面不断完善自身，以自身形塑"美好生活观念"的模范带头作用引领其他同学进步；他们是通过奋斗实现人民对美好生活向往的主力军，"立大志、明大德、成大才、担大任"，通过学习实践不断增强做中国人的志气、骨气、底气，用拼搏实现理想，用奋斗砥砺青春，不负青春韶华，不负时代使命，不负人民期望！

实现人民对美好生活的向往是党在新时代的奋斗目标，新时代大学生应听党话和跟党走，自觉承担起积极响应、实践和奋战美好生活的责任与使命，主动从形塑自己的"美好生活观念"开始。其一，主动学习马克思主义理论，坚持用习近平新时代中国特色社会主义思想武装头脑。清楚中国共产党能，理解中国特色社会主义好，明白马克思主义行，相信中国化时代化的马克思主义行，自觉从内心深处厚植对党的信赖、对中国特色社会主义的信心、对马克思主义的信仰。从而点亮大学生心中追寻美好生活的理想之灯、发出实现美好生活的信念之光。其二，主动学习党的百年奋斗历史，坚持实践是检验真理的唯一标准。用党的百年奋斗历程和伟大成就教育青年，立足国际视野，对比"中国之治"和"西方之乱"，主动拥护"两个确立"，自觉增强"四个意识"、坚定"四个自信"、做到"两个维护"。从而夯实大学生头脑中引导美好生活的理论基础和实践美好生活的行动指南。其三，主动培育社会主义核心价值观和完善自身的社会主义核心价值体系，筑牢党性和人民立场。站在中华民族和人民的立场，挖掘和传承中华优秀传统文化精华，激励大学生追求理想，超脱物质欲望，传承高尚道德和高贵品质，发扬中华民族历来忧国忧民、乐于奉献与牺牲、勤奋学习、艰苦奋斗等精神品质，拥有健康正确的新时代美好生活观，对实现人民对美好生活的向往有强烈的实践动机和意愿，在生活中不断增强做中国人的志气、骨气、底气。

(二)选树"美好生活行动"榜样引导积极的生活状态

新时代大学生恰逢其时，自由全面发展的机遇增多，施展个人才干的舞台广阔，创造个人美好生活的前景无限可能，实现人民美好生活的愿景无比光明。习近平总书记指出："一种价值观要真正发挥作用，必须融入社会生活，让人们在实践中感知它、领悟它。"[①]"美好生活观念"要发挥作用，也必须要与人们日常生活紧密联系起来，将其转换为"美好生活行动"，并利用生产劳动实践和教育相结合这种培养新时代人才的最好方式，在实现人民对美好生活向往的生动实践中，利用美好生活观教育积极选树"美好生活行动"的榜样，引导广大青年坚定树立远大理想，自觉担当时代重任，主动练就过硬本领，乐于矢志艰苦奋斗，让青春在实现人民对美好生活向往的伟大实践中绽放绚丽之花。

人民美好生活的实践是主动将"美好生活观念"在生活全领域多维度进行应用，正是因为无数"美好生活行动"的个人和群体榜样的生动实践，新时代十年才取得了无数的伟大成就。无数个领域中的"青年突击队"是美好生活奋斗者最响亮的名片和榜样，抗洪抢险、重点工程建设、重大项目落实保

---

① 习近平. 习近平谈治国理政[M]. 北京：外文出版社，2014：165.

障……在每一个"急、难、险、重"的任务背后,总有"青年突击队"的身影。"罗阳青年突击队"航空报国建设美好生活的生动实践就是新时代"美好生活行动"的群体榜样之一。罗阳是沈飞(沈阳飞机工业集团)的"航空报国英模",为成功研制"歼-15"战斗机忘我工作、锐意进取、追求卓越,奉献了自己的一生,挺起了新时代中华民族的脊梁。多年来,沈飞成立了多支"罗阳青年突击队"。其一批批队员在罗阳事迹的鼓励下,用汗水浇灌梦想,用时间磨砺本领,擎起航空报国的旗帜,在青春奋斗中弘扬劳模精神、工匠精神,在推动航空事业发展中成长成才,形成攻坚克难的青春合力,奋战在产品生产、技术研发、管理创新的最前沿,聚焦解决生产、技术、质量、管理等一线难题,在"急、难、险、重、新"任务攻关中,解决各类生产技术质量问题千余项。"罗阳青年突击队"建设美好生活的生动实践呈现了青年因为热爱,所以全力以赴的初心,展现了勇挑重担和敢啃硬骨头的时代担当,体现恪尽职守、追求卓越和忘我奉献的崇高品德。为实现人民对美好生活的向往,贡献了航空人的青春和力量。

实现人民对美好生活的向往需要一代又一代青年人通过自身实践接续奋斗而来。大学生不仅要自觉形成新时代所需要的科学正确美好生活观,还需要主动将"美好生活观念"转换为"美好生活行动",积极投身新时代人民美好生活向往得以实现的实践热潮,做到美好生活青年有为。其一,永怀家国赤子情。满怀对祖国和人民的赤子之心,积极投身党领导的革命、建设和改革伟大事业,把最美的青春献给祖国、人民和世界,为人民战斗、为祖国献身、为世界和平、为美好生活而奋斗,为构建人类命运共同体而努力。其二,提升实践行动力。做到在自己热爱的生产和生活领域笃行专注、永记热爱、无畏奔赴,势有所需,必有所为,通过多渠道参与美好生活实践,参与生产生活攻坚克难的热情持续高涨,愿意心无旁骛、满怀希望地投身实现人民对美好生活向往的伟大征程。其三,增强社会责任感。以实际行动积极加入党、团组织,肩负时代重任,高扬理想风帆,自觉为共产主义远大理想和中国特色社会主义共同理想而奋斗,在各行各业主动担当青年突击队员的角色,充分发挥自身在美好生活实践中的行为示范作用,有理想追求、有担当作为、有品质修养,自觉做党和国家时代伟事的传承人和奋斗者,以"美好生活行动"贡献人民对美好生活向往的实现。

(三)生成"美好生活样态"榜样保持奋斗的生活姿态

新时代以来,党和国家明确以"实现人民对美好生活的向往"为一切发展奋斗的初心和使命,并团结带领广大人民群众为此不懈努力,迎接了一次又一次挑战,化解了一次又一次矛盾,攻克了一个又一个难题,在不断满足人民对美好生活向往的事业中取得了多个领域的重大突破,涌现出了许多先进的榜样人物。关注典型个体或群体在不同领域的美好生活奋斗姿态和奋斗成果,讲述真实生活中的榜样人物和鲜活故事,为大学生选树新时代"美好生活样态"的榜样,以此为大学生自主追寻个人美好生活梦想提供实践参考和借鉴,能有效激励大学生勇敢担当实现人民对美好生活向往的时代责任,在实现人民对美好生活向往的实践中贡献更多的智慧和力量。

人民美好生活的追求目标和内容层次都是丰富多元的,人民美好生活实践所生成的美好生活样态也是自由而多元的,各行各业爱岗敬业、立志好学、迎难而上、奋发自强、不懈奋斗、忘我工作、无私奉献的人们成为新时代"美好生活样态"的榜样,其中青年志愿者是广受称赞的美好生活样态,他们参与志愿服务的热情持续高涨,积极活跃在公益慈善、社区服务、生态保护、文化传播、养老助残等社会事务领域,越来越多的生活领域都活跃着他们的青春身影。抗击新冠疫情的青年志愿者就是新时代"美好生活样态"的榜样之一。历经疫情三年大考,按照国外的死亡率计算,中国成功守护14亿人的生命健康,至少挽救400多万人民的生命,其中"80后""90后""00后"占了医疗工作者队伍的70%,他们就是新时代"美好生活观念"的榜样。他们坚定理想信念,听从党的召唤,紧跟党的步伐,落实党和国家的政策,不断学习美好生活的理论基础和实践美好生活的行动指南,不怕牺牲、艰苦奋斗、勇于奉献,经历和战胜了这场抗疫的"大考"。他们在救死扶伤的薪火传承中淬炼理想信念,在防疫抗疫的行动中磨砺真才实学,在守护人民健康的实干笃行中彰显青春风采,在为实现人民对美好生活向往的奋斗中贡献医护人员的力量,用自身的实际行动守护人民美好生活的健康梦想。

新时代的生活环境变化快,知识和信息更新更快,人民对美好生活向往的需求得以不断丰富和发展,这既是大学生成长的机遇,也是大学生需要面对的挑战。人的美好生活是什么？追寻美好生活如何做？我的美好生活是什么样的？大学生不仅要形成正确科学的美好生活观，还需要在实践中与时俱进地不断丰富和完善，并在生活的过程中展现自己的"美好生活样态"，既是实现人民对美好生活向往的贡献者，又是人民对美好生活向往实现的共享者。其一，人的美好生活应该以实现共产主义为最高理想。追求的是人自由而全面的发展，其实践行动在新时代外化为追求物质上富足无忧、政治上民主自由、文化上精神丰富、社会上文明和谐、生态上自然美丽等持续动态。其二，人的美好生活要把人作为实现的主体。追寻美好生活要选对方向，永远跟党走；追寻美好生活要拿出态度，永远坚持奋斗；追寻美好生活要用好策略，坚持理论与实践相结合；追寻美好生活要选好方法，把学习规划和劳动实践摆在第一位；追寻美好生活要有好品质，注重不断提升个人德性修养。其三，人的美好生活目标是统一多元的，统一又具体地表现为对真善美的追求。求真使个体将人生理想与社会理想相统一，使其在美好生活实践中将"小我"融入"大我"，基于新时代现实情况从经济、政治、文化、社会和生态等方面来定位个人的美好生活目标，并积极为推动国家朝着富强民主文明和谐美丽的社会主义现代化目标稳步迈进；求善使个体将自我价值与社会价值相统一，坚持人民在共享美好生活中的中心地位，不断调整自我价值实现按照符合社会价值发展方向需求的途径展开，使其价值展现能服务和贡献于人民美好生活的实现；求美使个体不断追求自由全面发展的人生境界，在实现人民对美好生活向往的实践过程中能做到"从心所欲而不逾矩"，尽一切努力将人的本质力量在生活中对象化和形象化，从而体会到自由发展的美感和快感；以此追求将真、善、美的种种"美好生活样态"汇聚成实现人民对美好生活向往的动态实践过程。

(四)彰显"美好生活图景"鼓励融入生活和坚守理想

新时代，中国共产党带领人民群众为实现人民对美好生活的向往而发愤图强、接续奋斗，近十年以来，党领导人民取得了巨大的历史成就，人民美好生活也取得了较多实质性的进展和突破。回顾十年历史和铭记时代榜样，中国共产党带领人民群众在追求真善美相统一的实践过程中，他们化理论为信仰、他们化理性为自由、他们化德性为德行，用一个又一个、一处又一处、

第四章 新时代大学生美好生活观教育的实践遵循

一幅又一幅的生活场景彰显了新时代践行美好生活观的生动图景。在他们中评定先进的时代榜样，让大学生发现可敬、可亲、可学的榜样就在身边而备受鼓舞和激励，使一个又一个、一批又一批、一代又一代中国青年为实现人民对美好生活的向往而奋发有为、前仆后继、自强不息、奋斗不止，从而为实现人民对美好生活的向往输送源源不断的动力。

从党的十八大到二十大，党团结带领人民群众攻坚克难、砥砺前行，为实现人民对美好生活的向往提供了坚强的领导核心、科学的理论指导和正确的行动指南，政治保证更强大、制度保障更完善、物质基础更坚实、精神力量更充足、社会治理更高效、生态环境更美丽。伟大成就的取得源自人民群众的给力，十年来，他们用自身实际行动汇聚成实现美好生活向往的壮丽史诗，他们来自全国各个行业及领域，包括一线公安干警、机关干部、医务工作者、科技工作者、志愿者、工程师、建筑师、建造师、环保工作者、文艺工作者、运动员、教师、学生、返乡创业青年，还有外卖小哥、网络大V等新兴青年群体。他们共同汇聚成立志勤学、爱岗敬业、励志笃行、奋发自强、自主创业、服务基层、志愿奉献、爱亲孝行、万众创新等生动的美好生活观应用图景，生成享誉世界的中国力量、中国制造、中国基建、中国创造、中国速度、中国理念、中国行动和中国故事，它们共同彰显了新时代美好生活观践行图景。"基建狂魔"是中国享誉世界的重要名片，在中国基建天团背后奋斗的"80后""90后""00后"群体充分展现了新时代美好生活观生动图景。其榜样群体来自中国基建领航者中国建筑、中国高铁创造者中国中铁和中国铁建、中国高速建设者中交集团、中国水电贡献者中国电建和中国能建、中国化工先锋者中国化学工程、中国自然灾害应急工程响应者中国安能等等。他们积极投身社会主义国家建设的火热实践勇于实现人生价值，他们主动融入实现人民对美好生活向往的实践热潮追寻人生美好生活梦想，他们在国家重大战略、重大工程中担当作为和勇于创新，他们在志愿服务和社会实践中引领风尚，他们在急难险重任务和关键时刻挺身而出切实发挥先锋营和生力军的作用，在实现人民对美好生活向往的前进道路上，他们用主动担当为党分忧，用积极作为为国尽责，用实际行动为民服务，积极团结一切可以团结的人群为美好生活建设贡献力量。

"实现人民对美好生活的向往"是一个目标，但不是一个终点，它是一种状态，它是一个过程，它的奋斗没有止境，它会永远在路上。因此，无论是社会美好生活的图景，还是个人美好生活图景，它们的奋斗都没有止境，都应该永远在路上。所以，对大学生个人而言，实现个人美好生活不是追一阵子，而是要追一辈子！让美好生活的追求和实现从形成和拥有科学正确的美好生活观开始。其一，将系统的马克思主义理论转化为坚定的共产主义信仰。主动学习马克思主义系列理论，尤其是习近平新时代中国特色社会主义思想，并将其转化为实现人民对美好生活向往的实践活动指南，相信在中国共产党的领导下，在全国人民的共同努力下，人民对美好生活的向往终会实现。其二，把学习系统理论时掌握的客观规律和知识经验转化为美好生活实践中的理性直觉。个体的理性直觉即个体的个性自由，是个体能将真理和知识经验应用于实践生活的一种得心应手和踌躇满志的自信状态，能助力大学生辨识和坚定对符合社会发展规律的人生理想产生执着追求。其三，将美好生活实践的理性直觉外化为美好生活实践的行动。通过社会现实生活实践来检验个人对美好生活实践的知与行是否一致，检测个人的美好生活方向是否正确，检视个人的美好生活目标是否恰当，检验个人对美好生活的态度是否真诚，考验个人对美好生活的意志是否顽强，测验个人对美好生活的方法是否有效，从整体上思考、改进和优化自己所拥有的美好生活观，为更好地实现人民对美好生活的向往和追寻个人的美好生活梦想奠定坚实基础。

第五章　新时代大学生美好生活观教育的调查分析

随着社会的发展和进步，美好生活观的重要性逐渐被国家、社会、家庭和个人所接受和重视，全域重视美好生活观教育的呼声和意识正越来越急迫，对大学生进行美好生活观教育的情况已经成为各方关注的焦点。高校作为社会培养个人具有美好生活意识和能力的关键环节和重要场域，加强新时代大学生美好生活观教育已经成为落实立德树人任务的重要途径与关键内容，也是国家和社会培养人才的内在要求，更是当前时代个人美好生活能力素养培育的重要内容。新时代大学生美好生活观现状如何？有什么特点？还存在哪些问题？为将上述问题弄明白，在全国范围内进行一定规模的抽样调查十分必要，并可从调查结果中总结梳理出美好生活观及其教育的现状，研究发现美好生活观教育存在的问题并分析其问题产生原因，为高校更好地开展美好生活观教育提供科学依据和可行性建议。

第一节　新时代大学生美好生活观教育调查简介

在理论分析的基础上借鉴国内各地区和各领域相关"美好生活"的调查问卷编制成果和经验，编制了《新时代大学生美好生活观教育调查问卷》，为全面调研新时代大学生的美好生活观现状及其美好生活观教育实况提供有效测量工具。具体调查实施和调查结果详情如下。

一、大学生美好生活观教育调查的实施

(一)调查准备与问卷编制

为了初步了解新时代大学生对"美好生活"和美好生活观的理解，科学建构新时代大学生美好生活观的结构组成和理论内涵，在课题研究初期，分别利用《新时代大学生美好生活观教育教师访谈提纲》和《新时代大学生美好生活观教育学生访谈提纲》对西南大学、新疆师范大学和西华师范大学的部分学生（65名）和教育从业者进行了开放式问题访谈。

通过对教师和学生开放式问题访谈结果的归类分析，可以发现：（1）绝大多数的新时代大学生个人的"三观"和美好生活观现状比较正向积极，拥有较强的美好生活体验，也具备较强的美好生活感知能力，对自己目前的生活状态也比较满意；（2）他们对美好生活诉求内容越来越丰富，学着自己热爱的专业，希望家庭美满幸福，愿意结交志趣相投的朋友，乐于培养自己的兴趣爱好，生活价值取向越来越具象多元；（3）他们知道美好生活是一种理想状态，是对未来的期待与盼望，而且每个人对美好生活的定义也不尽相同，美好生活应该是既符合自己的想法又不会影响他人的生活，承认和尊重人的美好生活诉求存在差异，物质和精神需要同为美好生活向往的重要内核，精神上的满足更让人持续感受到美好；（4）他们认为美好生活是多元的，既有物质方面，也重精神方面，新时代的大学生认为生活是否美好，其实取决于自己对生活的态度如何，美好生活不是生活中事事如意，而是一种可以让人坚持奋斗下去的动力；（5）他们认同美好生活要有身体健康和物质保障作为基本前提，由生活中的点滴美好事物组成，美好的生活能带给人温暖和力量，能激励人充分发展自己和笑对人生；（6）他们感知现实社会与美好生活还有较大的差距，还有很多具体的问题需要解决，还有很多方面需要改进，但国家正走在正确的道路上，他们对未来信心满满；（7）他们意识到学习对美好生活很重要且知道该努力学习，尤其注重自身综合素质能力的提升，懂得保持积极健康的心态的重要性，并不断提高自己创造美好生活的能力以及能够继续保持追求美好生活的初心和动力，将自我的目标实现和为社会作贡献相结合起来；（8）家庭、社会、学校和学生在美好生活观教育的意识和行动上未形成共识，

第五章 新时代大学生美好生活观教育的调查分析

美好生活观教育所需要的合力还未形成,美好生活观教育的效果还未显现;(9)学生感受到家庭对美好生活的渴求,更感受到家庭对自己美好生活的关注和投入,有的有压力、有的有动力,有的很被动、有的很主动,有的有目标、有的很茫然,有的有失落、有的有遗憾;学生感悟到学校和社会对美好生活的引领,感受到学校和社会对美好生活的投入,能体验到社会和学校对美好生活的贡献,能发现学校和社会美好生活建设中的不足;(10)参与教育各方对美好生活观教育的重要性还未达成共识,家庭、社会和学校相关"美好生活"的教育比较零散,对个人美好生活观教育的认识程度和重视程度都不足,投入美好生活观教育的行动和资源亟待提升。

笔者在师生访谈基础上,结合美好生活观的概念界定,在阅读大量美好生活相关文献资料的基础上,编制了《新时代大学生美好生活观教育调查问卷》,深入了解新时代大学生美好生活观的整体现状,以个体的世界观、人生观和价值观测评为基础,了解大学生的美好生活观关于整个人的生活和人与生活世界关系的基本认知情况、价值判断情况和行为选择情况,以发现美好生活观教育的实际现状和现实问题,提升美好生活观教育的整体实效。问卷由表头引语、调查者基本信息、"三观"的认知与理解、"三观"的价值与选择、美好生活的感受与规划等五大部分组成。除了调研对象的个人基本信息收集题之外,调研设计题目共计55道,前30道题目为标准化测量性调查问题,重点调查新时代大学生世界观、人生观、价值观三个方面的内容现状,从认知、理解、判断和选择等维度对大学生"三观"的现状进行测评,并依据测评分析研判当前新时代大学生"三观教育"的现状和实际效果;后面25道题目为非标准化探究性调查,重点考察新时代大学生美好生活观的问题现状,全面考察大学生对于美好生活观的认识基础、理解判断和行为选择,并依据考察结果分析当前美好生活观教育开展的现实状况。问卷题目设计情况为:1至12道题目为三观的内容认知与理解,13至30道题目为三观的价值判断与选择,31至55道题目为美好生活的感受与规划,涉及大学生对美好生活的认识基础、理解判断和行为选择等方面的信息内容。

(二)问卷中标准化测量题目的信效度检测

用极端组法(CR值)对预测样本得到的数据进行项目分析,其原理是看一道题目是否能有效区分低分组和高分组,通过临界比率考察题目的鉴别力。分别将理解分量表和认同分量表题目计算总分,题项总分由低到高进行排序,取总分排在前27%的被试为低分组,总分在后27%的被试为高分组,以独立样本 t 检验比较各条目高分组与低分组的得分,结果显示理解分量表和认同分量表所有题目均达显著水平(如表5-1所示)。

表5-1 量表各项目与在量表总分高低组的差异检验

	题项	低分组	高分组	t	p
理解分量表	1	1.13±0.340	2.81±0.687	-16.758***	0.000
	2	1.10±0.300	2.66±0.579	-18.276***	0.000
	3	1.02±0.128	2.55±0.654	-17.574***	0.000
	4	1.00±0.000	2.57±0.678	-17.616***	0.000
	5	1.03±0.180	2.59±0.563	-20.065***	0.000
	6	1.07±0.309	2.64±0.583	-18.236***	0.000
	7	1.05±0.218	2.50±0.656	-16.031***	0.000
	8	1.02±0.128	2.50±0.538	-20.457***	0.000
	9	1.00±0.000	2.38±0.671	-15.658***	0.000
	10	1.02±0.128	2.36±0.667	-15.092***	0.000
	11	1.02±0.128	2.43±0.678	-15.621***	0.000
	12	1.00±0.000	2.36±0.641	-16.191***	0.000
认同分量表	13	1.11±0.315	2.30±0.461	-15.678***	0.000
	14	1.02±0.135	2.30±0.633	-14.510***	0.000
	15	1.00±0.000	2.20±0.562	-15.730***	0.000
	16	1.02±0.135	2.33±0.614	-15.373***	0.000
	17	1.00±0.000	2.31±0.577	-16.744***	0.000
	18	1.00±0.000	2.20±0.528	-16.762***	0.000
	19	1.00±0.000	2.26±0.589	-15.718***	0.000
	20	1.00±0.000	2.39±0.712	-14.344***	0.000
	21	1.00±0.000	2.31±0.639	-15.118***	0.000
	22	1.00±0.000	2.26±0.521	-17.771***	0.000
	23	1.00±0.000	2.19±0.552	-15.778***	0.000

续表

	题项	低分组	高分组	t	p
认同分量表	24	1.00±0.000	2.26±0.556	-16.650***	0.000
	25	1.00±0.000	2.22±0.538	-16.698***	0.000
	26	1.00±0.000	2.37±0.653	-15.424***	0.000
	27	1.00±0.000	2.28±0.564	-16.661***	0.000
	28	1.00±0.000	2.19±0.479	-18.191***	0.000
	29	1.00±0.000	2.17±0.505	-16.987***	0.000
	30	1.02±0.135	2.22±0.462	-18.382***	0.000

注：*p<0.05，**p<0.01，***p<0.001。下同

对12道理解分量表题目和18道认同分量表题目进行探索性因素分析。为了检验量表是否适合做因素分析，我们先用Baralett球形检验和KMO系数来评估量表的可行性。KMO系数的范围是0到1，越接近1说明量表中的共同因素越多，越适合做因素分析。通常认为，如果大于等于0.90，非常合适；如果大于等于0.80且小于0.90，比较合适；如果大于等于0.70且小于0.80，可以进行；如果大于等于0.60且小于0.70，为一般；如果小于0.60，则不适合做因素分析。同时Baralett球形检验要达到显著水平，说明题目之间存在共同因素，这是做因素分析的必要条件。本研究理解分量表探索性分析样本的KMO值为0.934，Baralett球形检验χ^2=2546.641，p<0.001，认同分量表样本的KMO值为0.931，Baralett球形检验χ^2=4080.669，P<0.001，这表明理解分量表和认同分量表所得数据均非常适合作因子分析。

对理解分量表12个项目和认同分量表18个项目进行主成分分析，根据已有的世界观、人生观、价值观维度，抽取因子数为3，采用最大方差法对其进行旋转（见表5-2），理解分量表累计方差贡献率为83.961%，认同分量表累计方差贡献率为79.067%。各条目的因素负荷（如表5-3所示）。按照以下标准剔除项目：根据因素分析理论，项目的负荷值越大，说明项目与该因素的关系越密切，据此剔除负荷值低于0.4的项目；剔除在多个因子上有较高负荷，并且负荷值接近的项目；每个维度至少包括3个项目。根据筛选标准，

题项 26 的负荷 0.093,因此将其删去,剩余 29 个条目。

表 5-2 因素旋转后的各特征值及方差变异率

量表	成分	初始因素特征值与方差			旋转后的因素特征值与方差		
		特征值	方差(%)	累积方差(%)	特征值	方差(%)	累积方差(%)
理解分量表	1	8.612	71.770	71.770	4.179	34.828	34.828
	2	0.843	7.024	78.794	3.131	26.093	60.921
	3	0.620	5.167	83.961	2.765	23.040	83.961
认同分量表	1	12.076	67.089	67.089	8.160	45.332	45.332
	2	1.207	6.708	73.797	4.650	25.832	71.163
	3	0.949	5.270	79.067	1.415	7.903	79.067

表 5-3 理解与认同分量表的旋转因子负荷矩阵

量表	因子一(世界观)		因子二(人生观)		因子三(价值观)	
	项目	负荷	项目	负荷	项目	负荷
理解分量表	1	0.843	7	0.859	12	0.868
	2	0.834	6	0.573	11	0.826
	3	0.663	8	0.520	10	0.806
	4	0.501	5	0.484	9	0.793
认同分量表	14	0.829	20	0.704	22	0.875
	15	0.821	18	0.690	24	0.869
	13	0.744	17	0.688	30	0.836
	16	0.584	19	0.629	21	0.792
					28	0.789
					29	0.760
					27	0.758
					23	0.750
					25	0.595

第五章　新时代大学生美好生活观教育的调查分析

最后，根据探索性因素分析的结果，问卷总题目为 29 题，分为世界观、人生观、价值观三个维度，理解分量表共 12 题，各维度均为 4 题，认同分量表共 17 题，各维度分别为 4 题、4 题和 9 题，分量表每个维度的题目均有较高载荷。

(三)调查对象与调查方法

本次问卷调查对象的选取依据主要是按照发达区域、中部区域和欠发达区域这三类地区，985 和 211 高校、普通本科和专科这三种类别高校，专科生、本科生、硕士研究生和博士研究生这四个层次的学生来抽样高校组成比例，具体抽样分配如下表 5-4 所示。

表 5-4　调查实施抽样详情表

类别	省(自治区)、直辖市	学校(每所学校 20~30 份)含不同专业和不同学历		
^	^	985 和 211	普本	专科
发达区域	北京	3	4	1
^	天津	2	2	1
^	上海	3	2	1
^	广东	2	3	1
^	浙江	2	3	1
中部区域	四川	3	5	3
^	河南	1	3	1
^	山西	1	2	1
^	重庆	2	3	2
^	辽宁、吉林、黑龙江	4	6	3
^	湖北	3	3	1
^	江苏	2	3	1
欠发达区域	新疆	2	3	1
^	西藏	1	2	1
^	甘肃	1	2	1

本次问卷调查主要通过主动推送的方式对全国 17 个省级单位的 98 所高校的部分或个别学生进行网络调查。预安排的 985 和 211 高校合计为 32 所，普通本科高校 46 所，专科学校 20 所；预计发达地区参与高校 31 所，中部区域参与高校 53 所，欠发达区域参与高校 14 所；问卷调查的推送方式主要依靠全国高校后勤信息化建设群和教育部第二批全国党建工作样板支部群与相关抽样区域的目标高校负责人联系，进行定点推送后由目标高校负责老师组织调研；问卷调查的辅助方式还通过西华师范大学的学生朋友圈与目标高校的学生进行联系，进行直接点对点的个体调研；问卷调查还利用川渝两地高校学生工作交流的平台进行了少量的线下调研，完成后由研究者指导学生在问卷星将其转换为网络调研数据。

《新时代大学生美好生活观教育调查问卷》通过问卷星网络向预计高校的学生群体进行推送，通过点击网络链接和扫描二维码主动吸引学生进行答卷，引流访问次数达到 3 775 人次，共计完成问卷填写 2 117 份，其中有效问卷 1 587 份，问卷有效率达到 74.96%。有效问卷主要来自全国 17 个省级单位的 98 所目标高校，也有一些非目标高校的部分或个别学生自愿参与了问卷星的网络调查，还有少量来自其他非目标省份的网络调查数据，总计有效问卷的来源高校涉及 124 所。从学校层次上看，涵盖了 985 高校 16 所、211 高校 18 所、普通本科院校 70 所、其他专科类高校 20 所；从人才培养类型上看，主要涵盖培养研究型人才、应用型人才和技能型人才的高校，具有较强的代表性；从专业结构上看，调查对象涵盖了理科、工科、文科、医学、农学、管理、艺术等不同专业的学生。有效问卷中，从性别组成看，男性大学生占比为 31.32%，女性占比为 68.68%；从学习阶段看，专科生占比为 25.39%，本科生占比为 65.35%，硕士研究生占比为 7.37%，博士生研究生占比 1.89%；从学科分类看，文科类学生占比为 46.10%，理科类学生占比为 21.05%，工科类学生占比为 17.52%，医科类学生占比为 11.47%，农学类学生占比为 1.76%，其他学科合计 2.10%；从年龄段组成看，未满 18 岁的占比 0.95%，18 岁到 30 岁占比 97.47%，31 岁到 39 岁占比 0.76%，40 岁及其以上占比 0.82%；从接受义务教育的区域看，农村的学生占比为 2.71%，县城或乡镇的学生占比为 22.12%，地级市的学生占比为 28.61%；省会城市的学生占比为 20.98%，直辖市的学生占比为 25.58%。

二、大学生美好生活观教育调查的结果统计

(一)问卷中标准化测量结果的信效度检测

本研究采用克隆巴赫 α 系数作为量表信度的检验指标，根据检验标准，信度系数越高，说明量表(问卷)信度越高。信度系数低于 0.60，说明量表(问卷)信度不佳；信度系数在大于等于 0.60 且小于 0.70，说明量表(问卷)信度可接受；信度系数在大于等于 0.70 且小于 0.80，说明量表(问卷)信度较好；信度系数大于等于 0.80，则说明量表(问卷)信度高。一般来说，如果信度系数超过 0.70，则表示该研究工具的信度较好。通过对问卷进行检验，结果表明理解分量表的 Cronbach α 系数为 0.962，认同分量表的 Cronbach α 系数为 0.973，总量表的 Cronbach α 系数为 0.977，均远高于临界指标 0.7，说明该量表在本研究中具有很高的内部一致性，具有良好的可靠性和稳定性。(见下表 5-5)

表 5-5　**量表的可靠性统计分析**

项目	理解分量表	认同分量表	总量表
Cronbach α	0.962	0.973	0.977
项数	12	17	29

为验证所使用的问卷的有效性，对正式实测的问卷进行效度分析。温忠麟等人(2004)和温涵、梁韵斯(2015)认为 c2/df、IFI、TLI、GFI、CFI、SRMR、RMSEA、Gamma Hat 等指标可以用来评价量表的结构效度，在本研究中选取了 c2/df、CFI、TLI 和 SRMR 作为验证性因素分析的拟合指标，其中 CFI、TLI 为相对拟合指标，取值范围在 0~1 之间，越接近 1 表示模型拟合效果越好，一般来说，CFI 和 TLI 的值大于 0.9 表示拟合非常好，大于 0.8 表示拟合可接受；SRMR 为绝对拟合指标，是标准化的均方根残差，用于评估观察的和预期相关矩阵差异的平均大小，SRMR 的取值范围是 0~1，越接近 0 表示模型拟合效果越好，一般来说，SRMR 小于 0.05 表示拟合非

好，0.05~0.08 表示拟合可接受。根据大多数文献的建议，c2/df 的值应该在 1~5 之间，其中 1~3 是较为严格的范围，但由于 c2/df 对样本量很敏感，样本量越大，c2/df 的值越大，这时可以参考卡方显著性，如果卡方显著则表明结果可接受。（温忠麟，侯杰泰，2008；王阳，温忠麟，付媛姝，2020）根据探索性因子分析的结果，采用极大似然法估计，分别对理解和认同分量表的 3 个因子的结构进行验证。

其中理解分量表的模型拟合指数为：$\chi 2/df=19.24$，$P=0.000$，SRMR＝0.053，CFI＝0.953，TLI＝0.939；认同分量表的模型拟合指数为：$\chi 2/df=$ 13.76，$P=0.000$，SRMR＝0.025，CFI＝0.948，TLI＝0.939，结果表明两个分量表的模型具有较好的拟合度，模型路径图见图 5-1 和图 5-2。

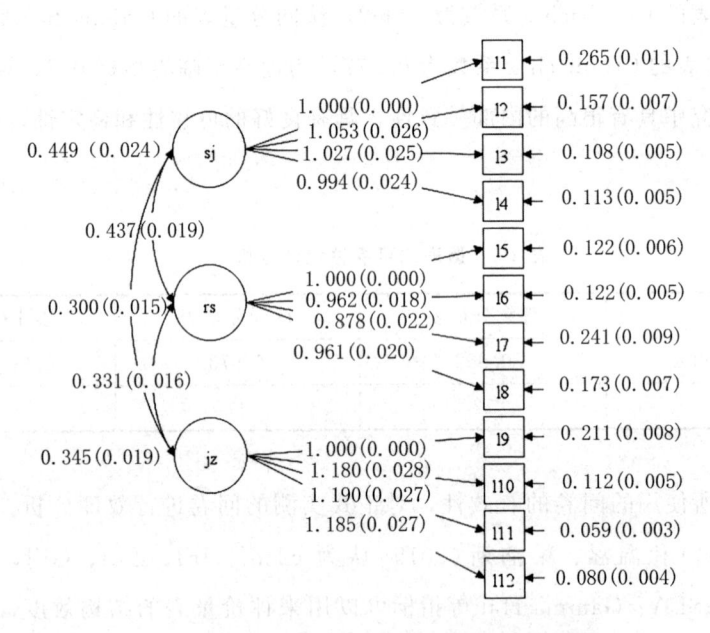

图 5-1　理解分量表结构模型拟合路径图

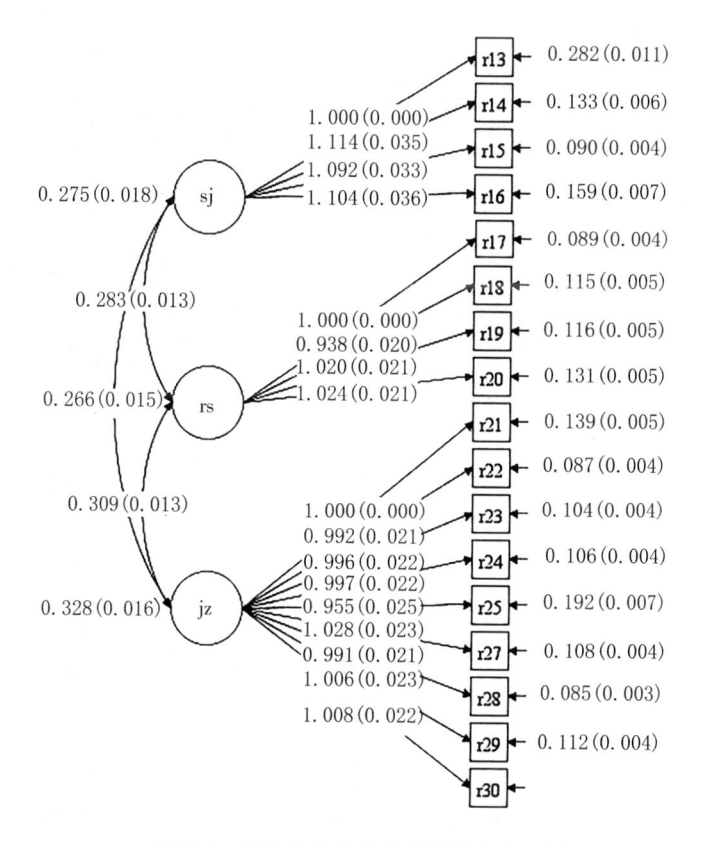

图 5-2　认同分量表结构模型拟合路径图

注：sj 为世界观维度，rs 为人生观维度，jz 为价值观维度

进一步对整体量表构建二阶模型进行验证性因素分析，二阶模型的拟合指数为：$\chi^2/df = 9.626$，$P = 0.000$，$SRMR = 0.056$，$CFI = 0.937$，$TLI = 0.931$，结果表明二阶模型同样具有较好的拟合度，二阶模型路径图见图 5-3。

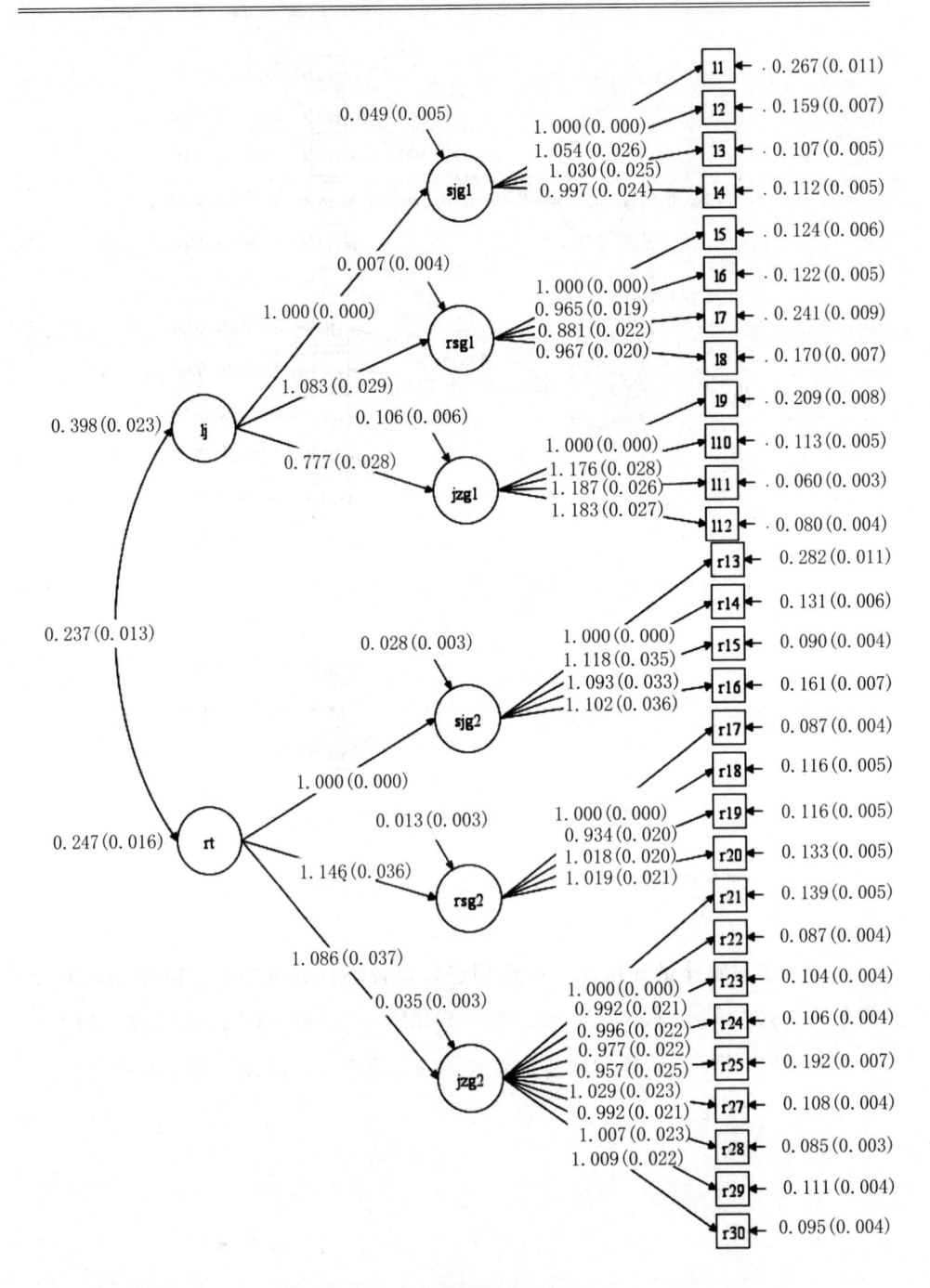

图 5-3 二阶模型拟合路径图

第五章 新时代大学生美好生活观教育的调查分析

(二)标准化测量性调查数据统计

第1题至第4题为科学世界观的认知测评,其结果汇总如下:(1)关于"世界上先有物质,后有意识,物质决定意识,意识是物质的反映。个人美好生活感受主要依赖个体生活体验"的测评,完全理解的625人,比较理解的626人,一般理解的278人,不太理解的52人,完全不理解的6人。(2)关于"社会存在决定社会意识,社会意识能反作用于社会存在,人类生活所需的物质和精神同等重要"的测评,完全理解的671人,比较理解的611人,一般理解的270人,不太理解的30人,完全不理解的5人。(3)关于"人类全部社会生活在本质上是实践的,人通过实践能认识世界并改变世界,实践是检验真理的唯一标准"的测评,完全理解的770人,比较理解的578人,一般理解的222人,不太理解的12人,完全不理解的5人。(4)关于"人与自然是相互关系、相互依存、相互渗透的矛盾统一体,人类社会提倡科学发展观"的测评,完全理解的788人,比较理解的578人,一般理解的205人,不太理解的13人,完全不理解的3人。

第5题至第8题为积极人生观的认知测评,其结果汇总如下:(5)关于"人的本质都是处在一定的社会关系中从事社会实践活动的个体,人民群众是历史的创造者"的测评,完全理解的735人,比较理解的603人,一般理解的225人,不太理解的19人,完全不理解的5人。(6)关于"人生观是人在实践中形成的对人生目的和价值的根本看法"的测评,完全理解的757人,比较理解的589人,一般理解的228人,不太理解的10人,完全不理解的3人。(7)关于"过去决定了现在,现在决定着未来,未来指引着现在,人应该活在当下"的测评,完全理解的706人,比较理解的616人,一般理解的238人,不太理解的23人,完全不理解的4人。(8)关于"个体赖其力者生,不赖其力者不生,劳动促进社会发展,勤劳创造财富价值"的测评,完全理解的726人,比较理解的598人,一般理解的236人,不太理解的23人,完全不理解的4人。

第9题至第12题为正确价值观的认知测评,其结果汇总如下:(9)关于"理想与信念是价值观的核心内容,是人生航向的灯塔"的测评,完全理解的800人,比较理解的565人,一般理解的206人,不太理解的14人,完全不理解的2人。(10)关于"共产主义代表人类社会发展的必然趋势,只有中国共产党才能带领人民实现对美好生活向往"的测评,完全理解的879人,比较理解的501人,一般理解的183人,不太理解的16人,完全不理解的8人。(11)关于"中国特色社会主义理论体系是人民向往美好生活的共同思想基础,美好生活必须依靠自己的劳动创造"的测评,完全理解的878人,比较理解的513人,一般理解的179人,不太理解的13人,完全不理解的4人。(12)关于"党的奋斗目标就是实现人民对美好生活向往,个人美好生活应将自我发展融入国家和民族的发展之中"的测评,完全理解的883人,比较理解的498人,一般理解的190人,不太理解的10人,完全不理解的6人。

第13题至第16题为世界观所涉事实判断的认知测评,其结果汇总如下:(13)关于"人类通过自身的努力可以认识这个世界"的测评,完全认同的739人,比较认同的636人,一般认同的184人,不太认同的27人,完全不认同的1人。(14)关于"遵循自然和社会发展规律是发展的基础"的测评,完全认同的902人,比较认同的536人,一般认同的137人,不太认同的10人,完全不认同的2人。(15)关于"正确的价值观对人认识和改造世界有助力作用"的测评,完全认同的978人,比较认同的481人,一般认同的125人,不太认同的3人,完全不认同的0人。(16)关于"新时代大学生需要学习和传承马克思主义"的测评,完全认同的969人,比较认同的462人,一般认同的140人,不太认同的14人,完全不认同的2人。

第17题至第20题为人生观所涉事实判断的认知测评,其结果汇总如下:(17)关于"美好的生活需要建立正确的三观基础,美好生活实现需要美好生活观念引领"的测评,完全认同的991人,比较认同的471人,一般认同的119人,不太认同的5人,完全不认同的1人。(18)关于"生命有且仅有一次,应该珍惜生命并活出意义"的测评,完全认同的1098人,比较认同的379人,一般认同的99人,不太认同的9人,完全不认同的2人。(19)关于"知识改变命运,美好生活必须奋斗,读大学对人生有很重要的意义和价值"的测评,完全认同的996人,比较认同的450人,一般认同的130人,不太认同的8人,完全不认同的3人。(20)关于"人的美好生活实现需要思想政治教育,当前高校应该继续加强社会主义核心价值观教育"的测评,完全认同的980人,比较认同的454人,一般认同的140人,不太认同的11人,完全不认同的2人。

第21题至第30题为价值观所涉事实判断的认知测评,其结果汇总如下:(21)关于"周围人素质的提高会提升个人生活美好度"的测评,完全认同的975人,比较认同的474人,一般认同的124人,不太认同的12人,完全不认同的2人。(22)关于"人民美好生活应携手前行,美美与共"的测评,完全认同的1036人,比较认同的443人,一般认同的101人,不太认同的4人,完全不认同的3人。(23)关于"共产主义需要确立为人民服务的人生观"的测评,完全认同的1038人,比较认同的429人,一般认同的110人,不太认同的8人,完全不认同的2人。(24)关于"国家和社会需要宣传时代楷模、感动人物、科学家等典型榜样"的测评,完全认同的1037人,比较认同的436人,一般认同的105人,不太认同的11人,完全不认同的2人。(25)关于"社会重视个人实际贡献,倡导按劳取酬"的测评,完全认同的877人,比较认同的550人,一般认同的149人,不太认同的7人,完全不认同的2人。(26)关于"社会定义个人成功的标准应该多元化"的测评经数据监测结果无效。(27)关于"社会主义核心价值观被广泛认同是实现美好生活的基础"的测评,完全认同的957人,比较认同的488人,一般认同的135人,不太认同的5人,完全不认同的2人。(28)关于"美好社会需要法治与德治相结合"的测评,完全认同的1 065人,比较认同的405人,一般认同的110人,不太认同的7人,完全不认同的0人。(29)关于"社会接受和包容个人多样化的生活思想、方式和方法的创新"的测评,完全认同的1 011人,比较认同的448人,一般认同的116人,不太认同的11人,完全不认同的1人。(30)关于"我国倡导'大道之行,天下为公'理念,推进'一带一路'构建人类命运共同体"的测评,完全认同的1 018人,比较认同的440人,一般认同的123人,不太认同的5人,完全不认同的1人。

(三)非标准化问卷调查数据统计

第31题至第55题为大学生对美好生活的认识基础、理解判断和行为选择的认知测评,其结果汇总如下:

(31)关于"您对新时代'美好生活'的了解程度"的调查中,304人很清楚,

867 人比较清楚，363 人一般了解，45 人不太清楚，8 人不清楚。

(32)关于"您的'美好生活'目标规划情况"的调查中，471 人很清楚，且正在努力；489 人比较清楚，还没有实施；546 人有一些想法，正在规划；57 人不太清楚，还没考虑；24 人不清楚，比较迷茫。

(33)关于"您对当前中国社会美好生活现状（安全感、获得感、认同感、幸福感）的满意度"的调查中，477 人很满意，823 人比较满意，260 人认为一般，17 人不太满意，10 人不满意。

(34)关于"您对自身实现美好生活所需的能力水平现状满意度"的调查中，322 人很满意，662 人比较满意，494 人认为一般，93 人不太满意，16 人不满意。

(35)关于"您对自己目前生活（物质、政治、人际、环境）现状的满意度"的调查中，304 人很满意，751 人比较满意，433 人认为一般，90 人不太满意，9 人不满意。

(36)关于"您对自己目前大学学习现状（自己状态、教师水平、师生互动）的满意度"的调查中，285 人很满意，704 人比较满意，483 人认为一般，92 人不太满意，23 人不满意。

(37)关于"您对学校实现师生美好生活向往（教育环境改善、管理服务举措）所做努力的满意度"的调查中，328 人很满意，770 人比较满意，425 人认为一般，48 人不太满意，16 人不满意。

(38)关于"您认为对于美好生活实现的重要影响因素是下列哪一项？"的调查中，466 人选择看重社会方面的影响，如社会秩序安宁、基础设施完善、医疗系统完善等，391 人选择看重生活方面的影响，如生活富足和安居乐业等；372 人看重学习方面的影响，如大学学业有成；214 人看重国家方面的影响，如国家繁荣昌盛、早日统一；144 人看重情感方面的影响，如有交心的朋友和满意的另一半。

(39)关于"您的美好生活感受最需要得到满足的因素有哪 3 项最重要？"的调查中，1 304 人选择将身体健康作为重要影响因素，1 010 人选择将精神愉悦作为重要影响因素，984 人选择将物质得到满足作为重要影响因素，这三项的选择人数显著多于其他选项；其余各项选择情况按照人数多少进行降序排列依次为：414人选择了人际关系愉悦，361人选择了社会和谐，255人选择了安全感满满，216人选择了心情美满，205人选择了环境和谐，还有12人选择其他因素。

(40)关于"您认为最能体现新时代人们'美好生活'的是以下哪3项？"的调查中，1 115人选择将健康要素作为重要因素，1034人选择将收入水平作为重要因素，782人选择将教育程度作为重要因素，这三项的选择人数显著多于其他选项；其余各项选择情况按照人数多少进行降序排列依次为：537人选择了社会保障，455人选择了家庭关系，285人选择了公平正义，250人选择了社会交往，165人选择了生态环境，还有138人选择了兴趣爱好。

(41)关于"您认为的美好生活应该是什么样子的？"调查中，897人认为美好生活就是在一定经济基础上，追求多元舒适的生活；594人认为美好生活就是一种自我奋斗自我实现的生活，对物质的要求是力所能及；60人认为美好生活就是对物质生活要求很高，追求无限享乐；28人认为美好生活就是疯狂赚钱，认为有钱才有安全感；还有8个人选择了其他状态的美好生活。

(42)关于"您认为生活中的美好主要来源于哪五项？并进行由重到轻的排序填写"的调查中，排在前五的具体情况是：1 535人选择了家庭生活、1 354人选择了朋友情感、1 304人选择了社会关系、1 215人选择了工作成就、1 210人选择了学业成绩；随后依次排列的是1 055人选择了理想、761人选择了娱乐休闲、16人选择了补充其他要素。

(43)关于新时代大学生认为影响您美好生活的主要因素有哪五项？并进行由重到轻的排序填写调查中，排在前五的具体情况是：1 405人选择了健康状况、1 321人选择了家庭关系、1 304人选择了收入水平、807人选择了社会交往、807人选择了兴趣爱好；随后依次排列的是708人选择了婚姻情感、546人选择了受教育程度、527人选择了事业成就、514人选择了社会保障、469人选择了主观形态、213人选择了生态环境，还有3个人选择了补充其他。

(44)关于"下列生活理念的对比，您更倾向于选择哪一个？"的调查中，1 026人选择乐观向上，美好生活；464人选择顺其自然，随心所欲；52人选择得过且过，无欲无求；45人选择娱乐至上，轻松自在。

(45)关于"您身边大学生同学的生活状态类型中,下面哪一种态度是多数人的选择?"的调查中,728人选择乐观向上,美好生活;523人选择顺其自然,随心所欲;177人选择得过且过,无欲无求;159人选择娱乐至上,轻松自在。

(46)关于"您个人对美好生活向往的既定目标中最看重的是下列哪种状态?"的调查中,870人选择人民至上,坚持把实现个人追求与实现国家的奋斗目标紧密联系相协调;270人选择享乐至上,人生的目的在于满足感官的需求与快乐;256人选择集体至上,把人民的利益放在首位,以人民的利益为重;112人选择金钱至上,把追求财富作为人生至高目的;72人选择个人至上,把个人利益放在集体利益之上。

(47)关于"您认为如何追求美好生活是最有效的?"的调查中,1 138人选择通过自己努力,知识改变命运;150人选择通过经济发展,提高物质水平;140人选择通过精神丰富,内心产生美好;78人选择通过政府推进,进行深化改革;64人选择通过科技进步,促进生活便捷;17人选择通过"幸运女神",迅速走上巅峰。

(48)关于"您对自己未来的理想职业规划是什么?"的调查中,659人选择感兴趣的职业,快乐比金钱更重要;369人选择为国家奉献的职业就是自己的理想职业;279人选择高薪职业,即使不快乐也可以接受;233人选择有份工作满足生活需要就行;47人选择没有规划,顺其自然。

(49)关于"您自己向往的未来生活是下面哪种类型?"的调查中,661人选择努力工作,用辛勤和汗水,成为行业精英;504人选择有幸福的家庭,过着普通的生活;285人选择自己创业,通过一番打拼,走到人生巅峰;131人选择只想过普普通通的上班族生活;6人选择不思进取,顺其自然。

(50)关于"您有信心最终实现您的美好生活吗?"的调查中,840人选择有信心,405人选择不确定,275人选择完全有信心,40人选择信心不足,27人选择完全没有信心。

(51)关于"为了实现自己的美好生活,您认为自己首先应该从哪个方面改变?"的调查中,1 074人选择学识能力,238人选择身体素质,116人选择道德修养,67人选择目标调整,57人选择人际关系,25人选择兴趣爱好,10

人选择其他。

(52)关于"您自己认为离美好生活还有多少距离?"的调查中,909人选择有点远,必须全力奋斗才能实现;448人选择近在眼前,但仍需要一定的努力;172人选择我现在的生活就很美好;53人选择非常遥远,拼尽全力也难以实现;5人选择无法触及,已经放弃努力了。

(53)关于"假如您已经难以实现自己的美好生活目标,您会怎么办?"的调查中,992人选择据实调整目标;442人选择继续努力,降低期望值;168人选择不达目的,决不罢休;76人选择顺其自然,听天由命;15人选择放弃挣扎,直接躺平。

(54)关于"如果您已经处于较美好的生活中,您会追求更高层次的生活吗?"的调查中,842人选择可能会,570人选择一定会,114人选择不知道,43人选择可能不会,18人选择不会。

(55)关于以下美好生活向往得以实现的必须要素和先后排序中,887人选择了世界和平稳定、祖国强大安宁、社会繁荣稳定、家庭生活美满、个人美好生活;366人选择了祖国强大安宁、社会繁荣稳定、家庭生活美满、个人美好生活;280人选择了个人美好生活、家庭生活美满、社会繁荣稳定、祖国强大安宁、世界和平稳定;54人选择了个人美好生活、家庭生活美满、社会繁荣稳定、祖国强大安宁。

第二节 新时代大学生美好生活观教育的调查现状

新时代大学生美好生活观作为一种社会意识,对新时代中国大学生和中国人民的美好生活向往具有导向、驱动和保证的作用。经过访谈和调研发现,新时代大学生对美好生活观的认知与其教育成长经历和生活阅历有着密切的关系,个人生活观念体系的形成往往是其内在的身心发展特点与外在生活场域要素综合作用的结果。新时代中国的物质现状、文化内涵、政治氛围、社会现实和生态环境既为新时代大学生美好生活观的形成提供了既定的生产场域,又为新时代大学生美好生活观教育的开展提供了活动场所;据此结合调查数据研究大学生美好生活观的现状，发现其现存优势加以利用，找准其存在的问题加以解决，才能为美好生活观教育得以更好开展提供帮助。

一、大学生美好生活观的整体状况正向积极

新时代大学生是最具朝气和活力的青年群体，他们的美好生活观是其世界观、人生观和价值观在其追求和实现美好生活中的心理情绪、思想意识、行为态度的整体反映，是对新时代人类社会美好生活的事实认知、价值判断和行为选择的思想观念体系，是一种对美好生活的认知体系。大学生的美好生活观必须以马克思主义基本理论为指导，以社会主义核心价值观为内核，是"一个始终蕴含时代特征、反映时代变迁、回应时代呼唤的观念系统"①，其本身具有引领时代思潮和凝聚社会共识的功能，其自身也会随时代演进而不断完善。党的十八大以来，我们迈进新时代，高等学校的各类学生群体几乎都是"90后"大学生和"90后"研究生；从2018年开始，"00后"大学生开始大量进入校园，时至今日，"00后"大学生已经成为高校学生群体的主流；在未来几年，"00后"的硕士研究生和博士研究生也将成为高校学生群体的主流。调查显示：受访大学生已有自己独立的思想及其相应的美好生活观雏形，整体状况正向积极，但还没有形成成熟稳定的美好生活观，其美好生活观具有较强的可塑造性。

其一是新时代大学生美好生活观的形成具备扎实正确的"三观"素养。在1~4题的科学世界观认知测评中，每题不太理解和完全不理解的总比例均低于4%，一般理解及其以上人群合计占比达到96%以上（如图5-4、5-5、5-6、5-7所示）。

---

① 王学俭，李东坡. 社会主义核心价值观研究述要[J]. 思想政治教育研究，2013(4)：18-24.

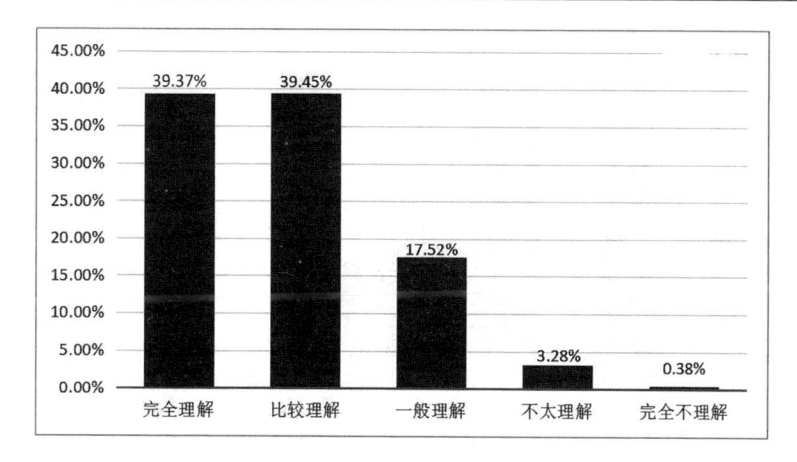

图 5-4 世界观认知题 1 测评结果比例图

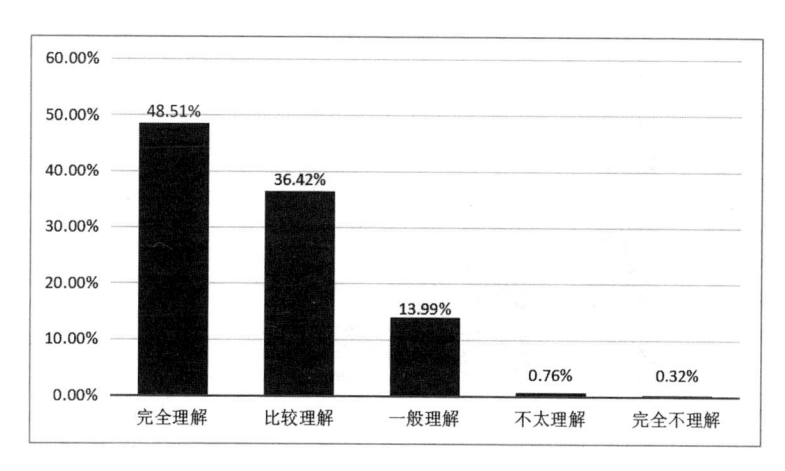

图 5-5 世界观认知题 2 测评结果比例图

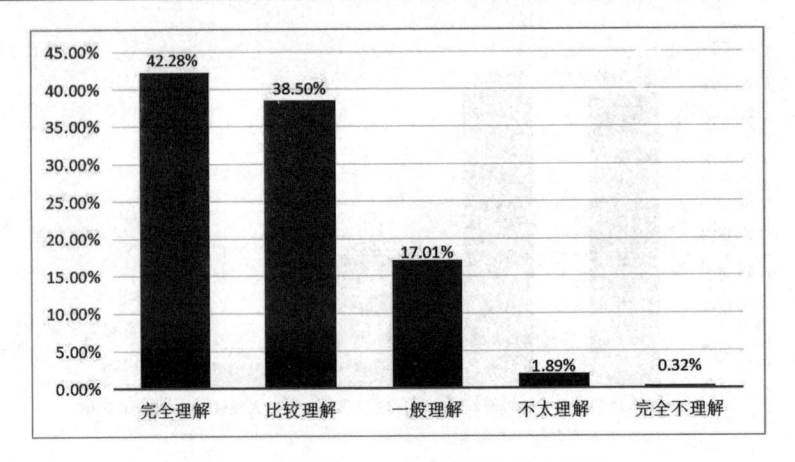

图 5-6　世界观认知题 3 测评结果比例图

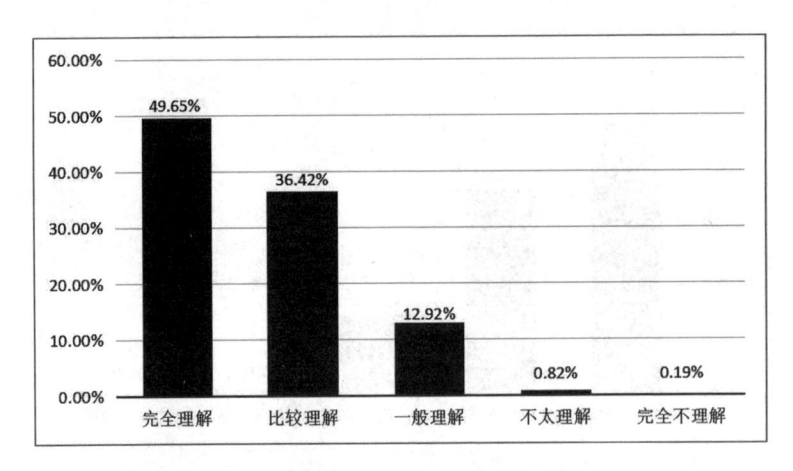

图 5-7　世界观认知题 4 测评结果比例图

在 5~8 题的积极人生观认知测评中，每题不太理解和完全不理解的合计比例均低于 2%，一般理解及其以上的人群合计占比达到 98% 以上（如图 5-8、5-9、5-10、5-11 所示）。

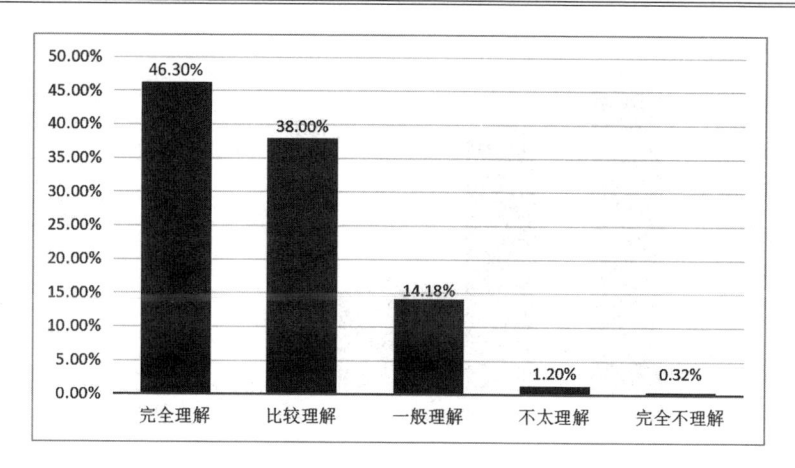

第五章 新时代大学生美好生活观教育的调查分析

图 5-8 人生观认知题 5 的测评结果比例图

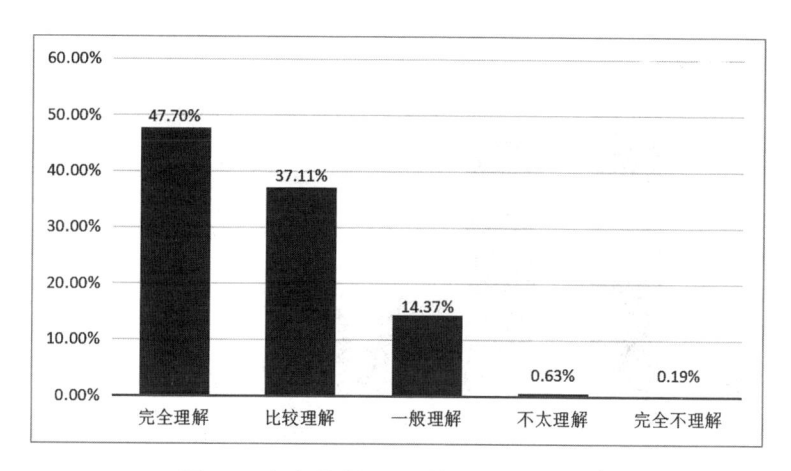

图 5-9 人生观认知题 6 的测评结果比例图

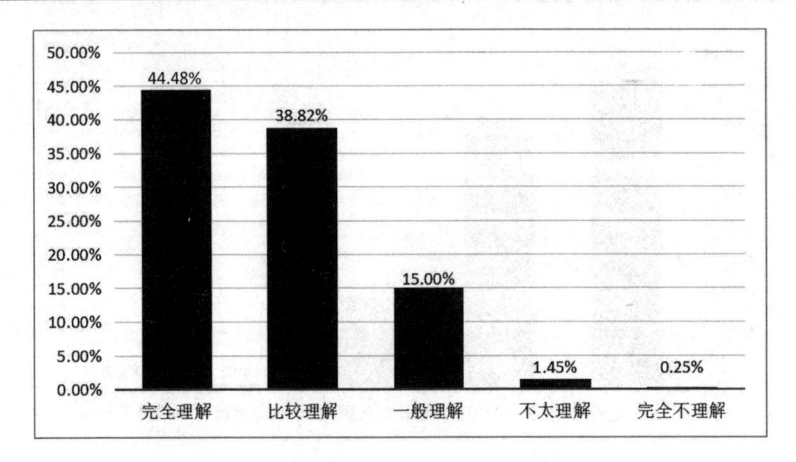

图 5-10 人生观认知题 7 的测评结果比例图

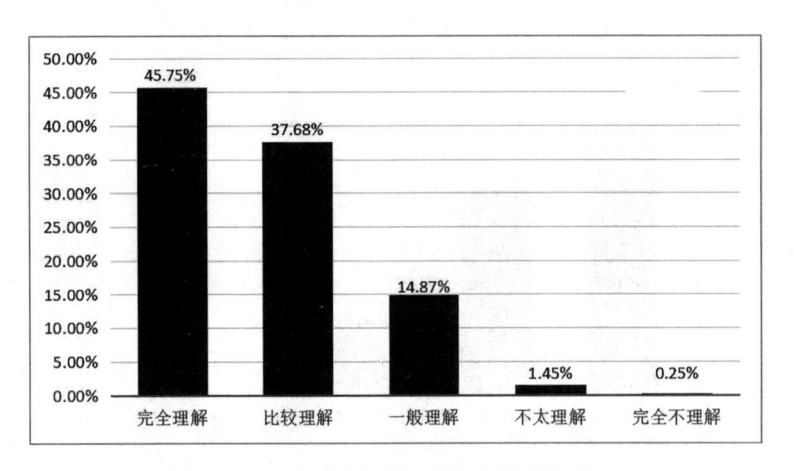

图 5-11 人生观认知题 8 的测评结果比例图

在 9~12 题的正确价值观认知测评中，每题不太理解和完全不理解的合计比例均低于 2%，有的还不到 1%；一般理解及其以上的人群合计占比达到 98% 以上，甚至有的还达到 99%（如图 5-12、5-13、5-14、5-15 所示）。

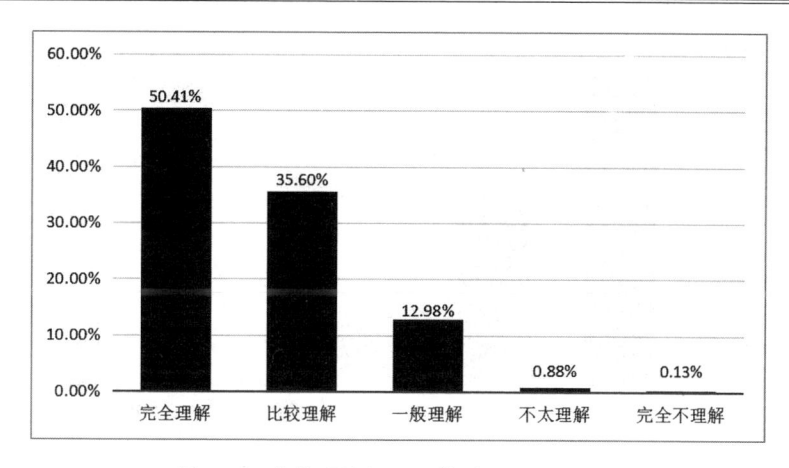

第五章 新时代大学生美好生活观教育的调查分析

图 5-12 价值观认知题 9 的测评结果比例图

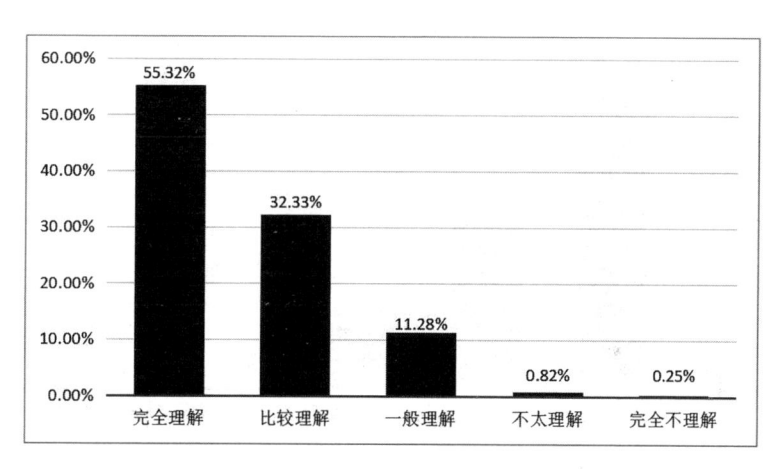

图 5-13 价值观认知题 10 的测评结果比例图

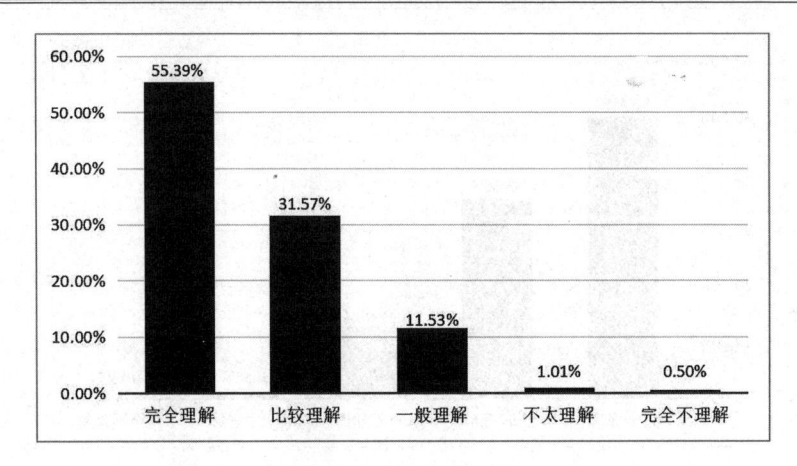

图 5-14 价值观认知题 11 的测评结果比例图

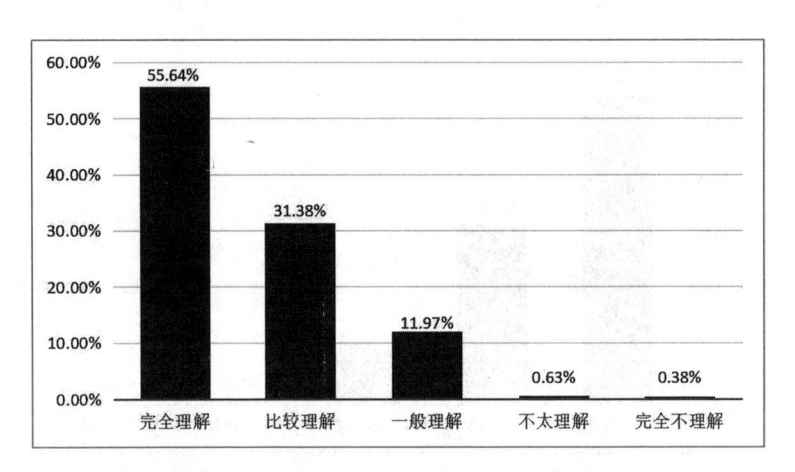

图 5-15 价值观认知题 12 的测评结果比例图

在 13~16 题的科学世界观所涉事实判断的认知测评中，每题不太理解和完全不理解的合计比例均低于 2%，一般理解及其以上的人群合计占比达到 98% 以上（如图 5-16、5-17、5-18、5-19 所示）。

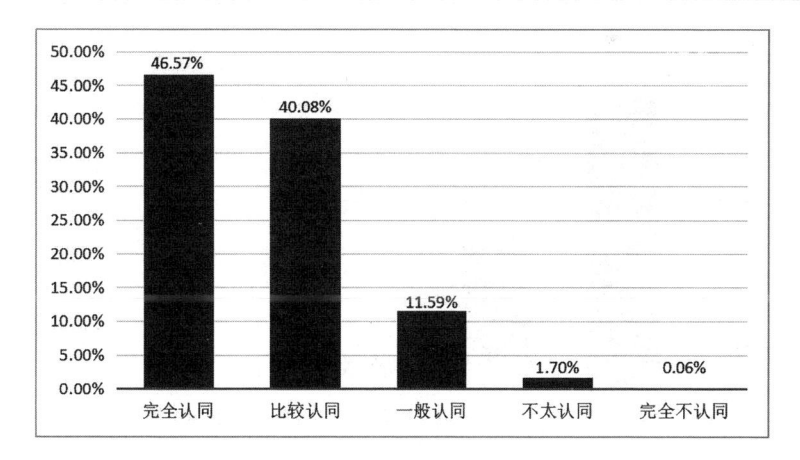

第五章　新时代大学生美好生活观教育的调查分析

图 5-16　世界观所涉事实判断题 13 的测评结果比例图

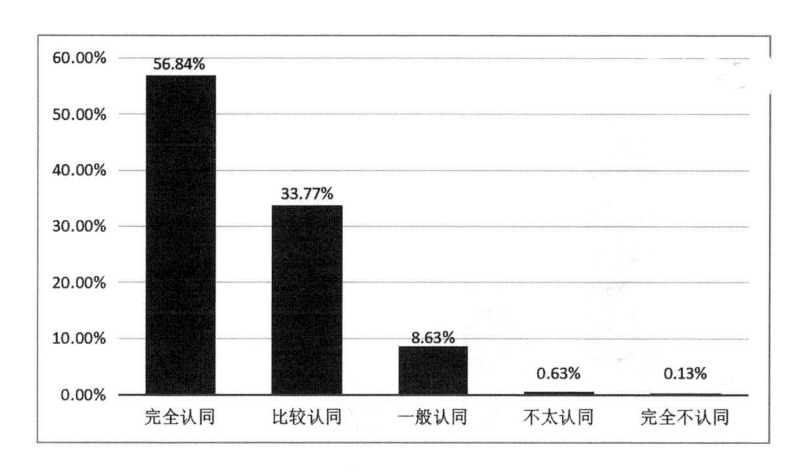

图 5-17　世界观所涉事实判断题 14 的测评结果比例图

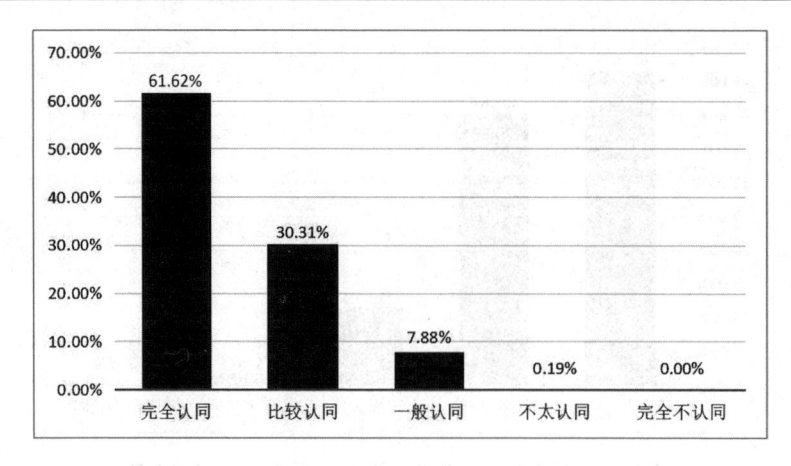

图 5-18　世界观所涉事实判断题 15 的测评结果比例图

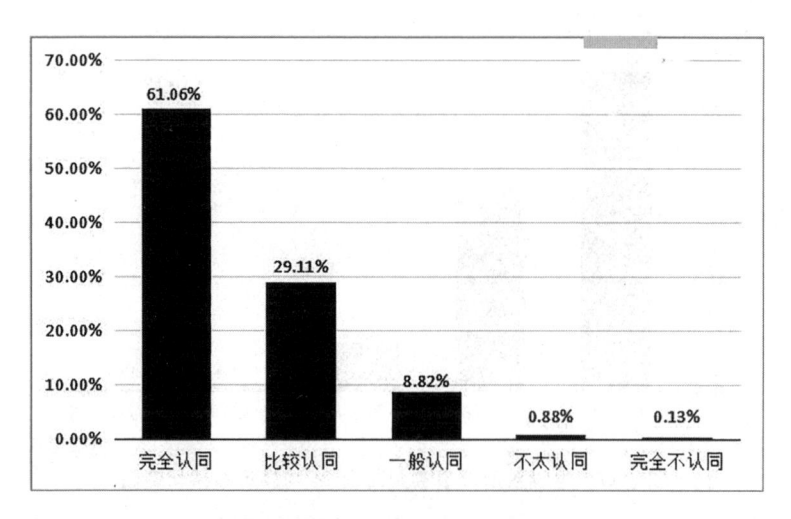

图 5-19　世界观所涉事实判断题 16 的测评结果比例图

在 17~20 题的人生观所涉事实判断的认知测评中，每题不太理解和完全不理解的合计比例均低于 1%，一般理解及其以上的人群合计占比达到 99% 以上（如图 5-20、5-21、5-22、5-23 所示）。

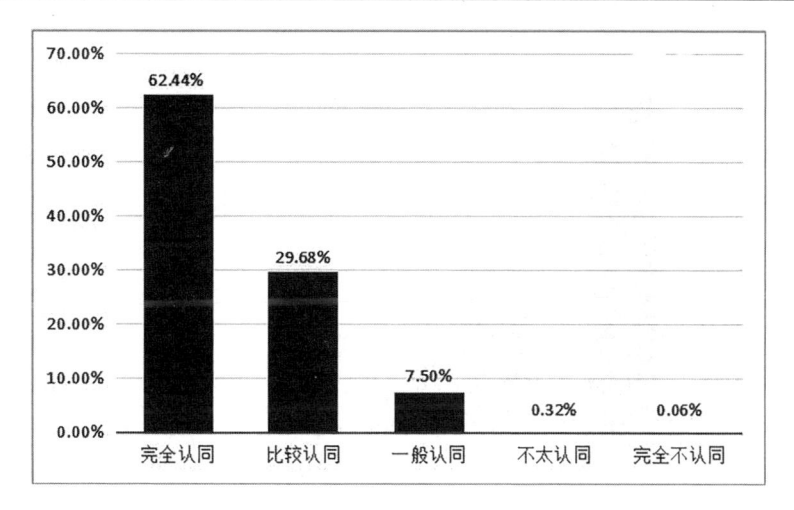

第五章 新时代大学生美好生活观教育的调查分析

图 5-20 人生观所涉事实判断题 17 的测评结果比例图

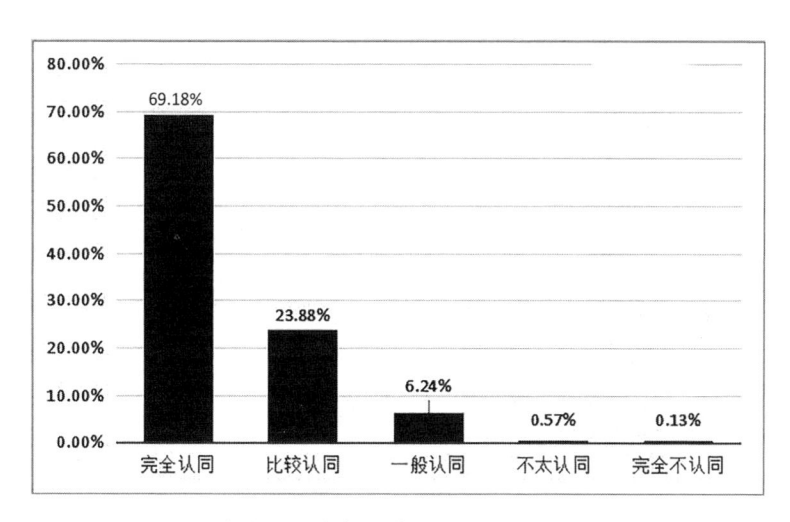

图 5-21 人生观所涉事实判断题 18 的测评结果比例图

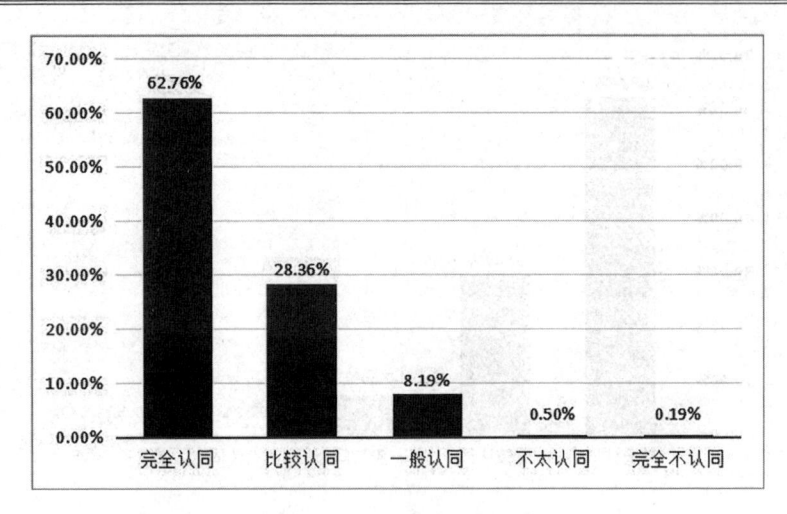

图 5-22　人生观所涉事实判断题 19 的测评结果比例图

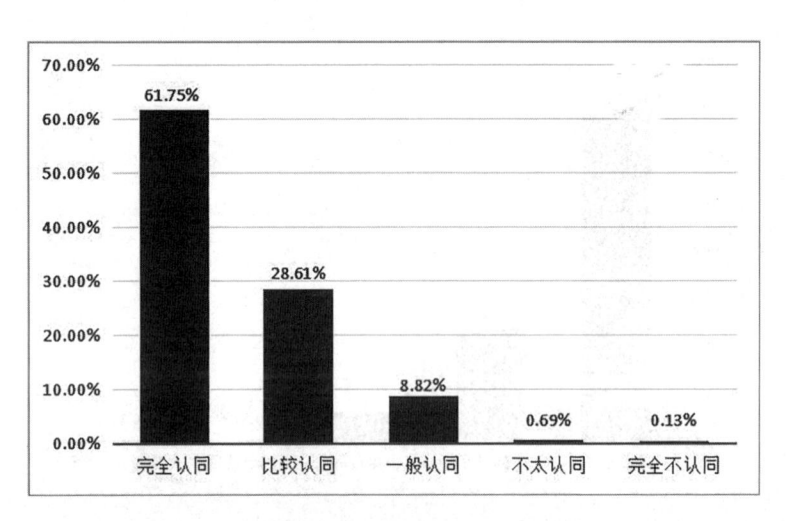

图 5-23　人生观所涉事实判断题 20 的测评结果比例图

在 21～30 题(26 题除外)的价值观所涉事实判断的认知测评中，每题不太理解和完全不理解的合计比例均低于 1%，一般理解及其以上的人群合计占比达到 99% 以上(如图 5-24、5-25、5-26、5-27、5-28、5-29、5-30、5-31、5-32 所示)。

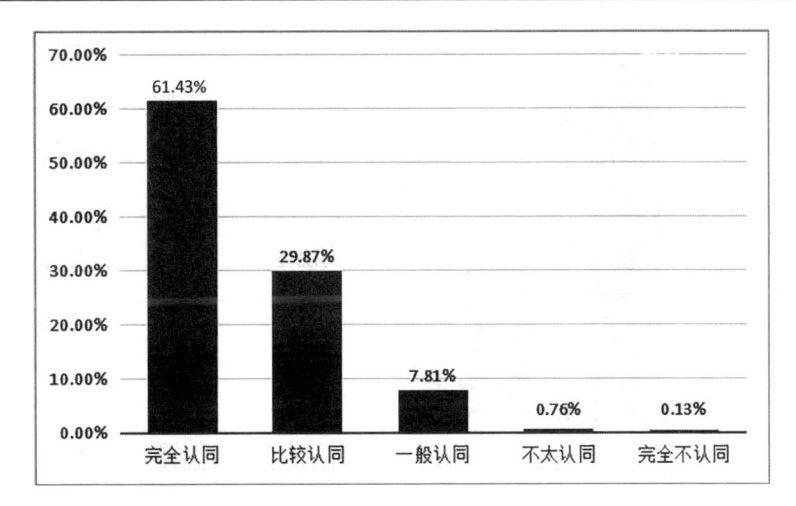

第五章 新时代大学生美好生活观教育的调查分析

图 5-24 价值观所涉事实判断题 21 的测评结果比例图

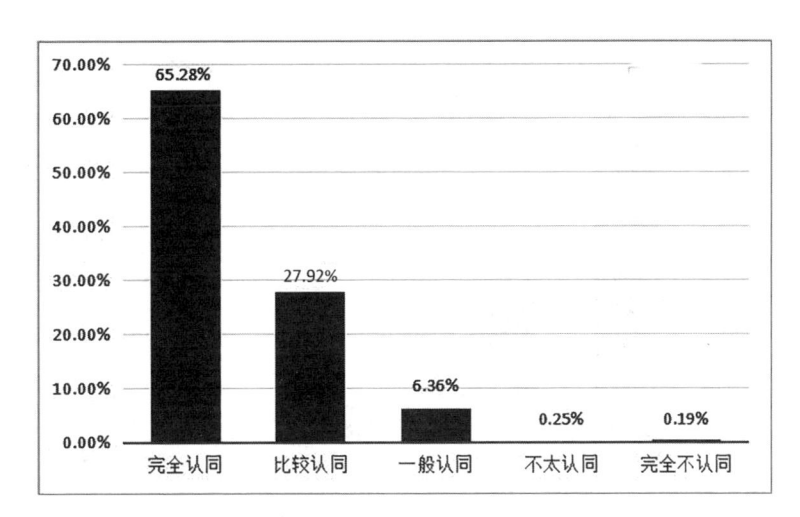

图 5-25 价值观所涉事实判断题 22 的测评结果比例图

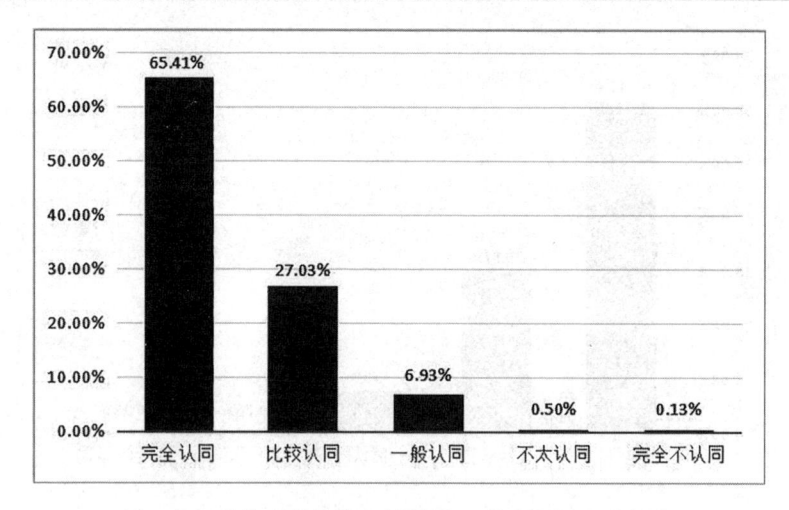

图 5-26 价值观所涉事实判断题 23 的测评结果比例图

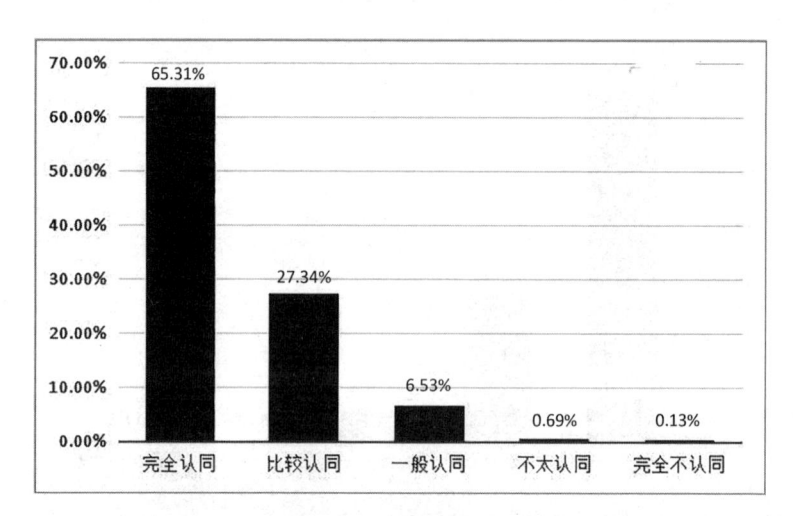

图 5-27 价值观所涉事实判断题 24 的测评结果比例图

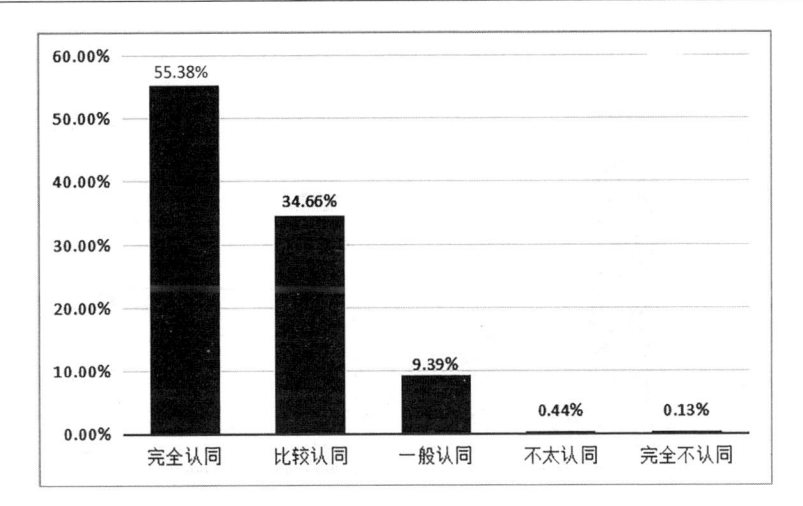

第五章 新时代大学生美好生活观教育的调查分析

图 5-28 价值观所涉事实判断题 25 的测评结果比例图

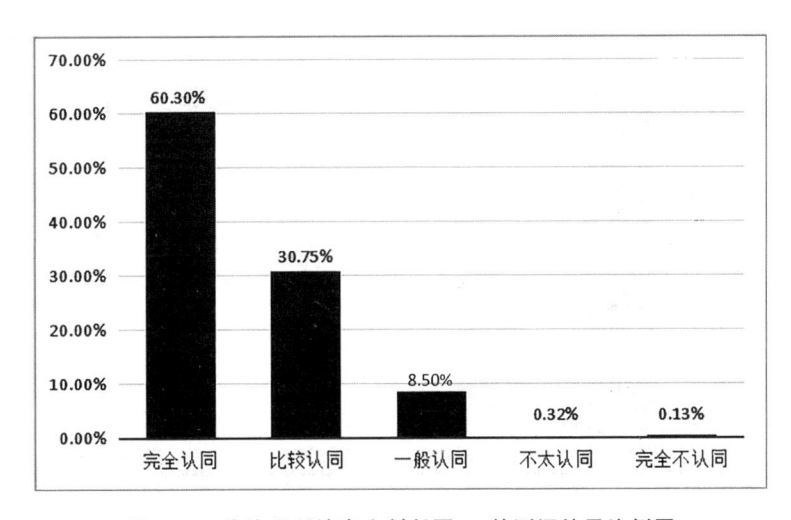

图 5-29 价值观所涉事实判断题 27 的测评结果比例图

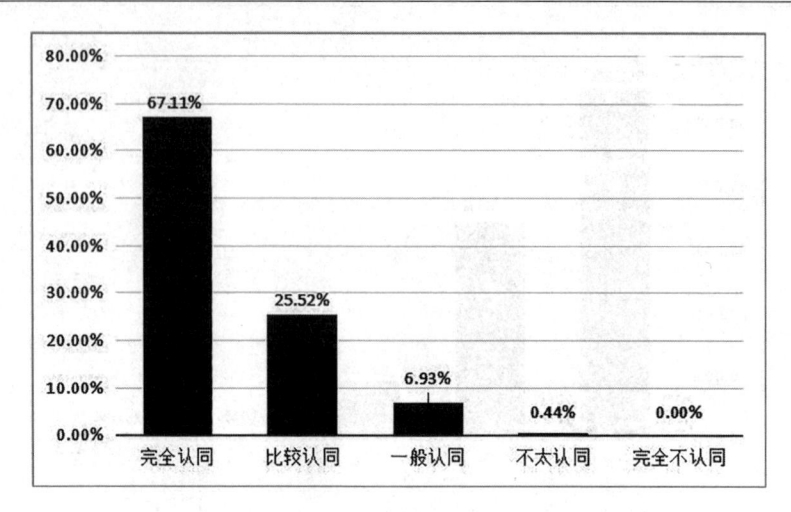

图 5-30 价值观所涉事实判断题 28 的测评结果比例图

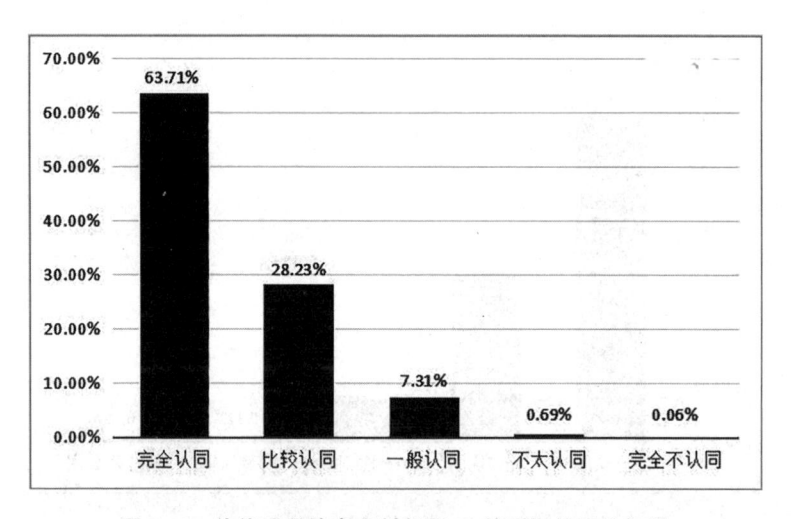

图 5-31 价值观所涉事实判断题 29 的测评结果比例图

第五章　新时代大学生美好生活观教育的调查分析

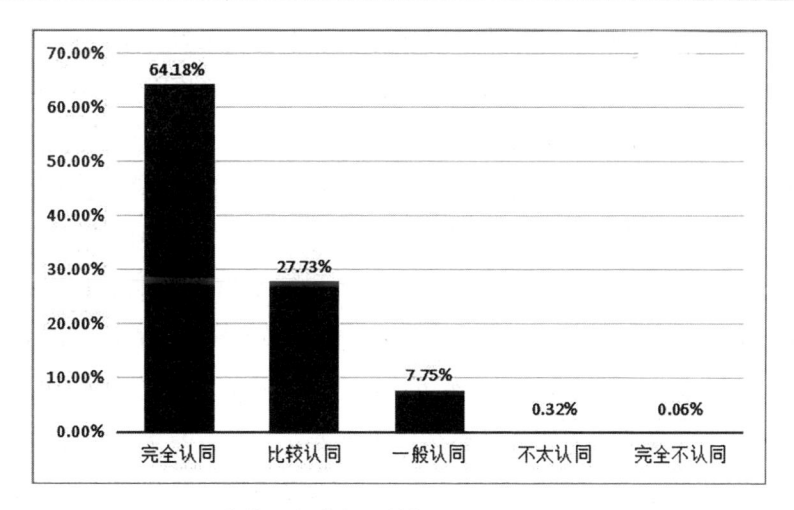

图 5-32　价值观所涉事实判断题 30 的测评结果比例图

其二是新时代大学生美好生活观的主流正向积极，其面对美好生活的价值判断符合时代需求。基本观点是：第一，党的奋斗目标就是实现人民对美好生活向往，个人美好生活应将自我发展融入国家和民族的发展之中，其中理解比率高达 87％，一般理解者约为 12％，不理解者仅为 1％（如前图 5-15 所示）；第二，中国特色社会主义理论体系是人民向往美好生活的共同思想基础，美好生活必须依靠自己的劳动创造，其中理解比率高达 87.6％，一般理解者约为 11.3％，不理解者仅为 1.1％（如前图 5-14 所示）；第三，共产主义代表人类社会发展的必然趋势，只有中国共产党才能带领人民实现美好生活向往，其中理解比率近 87％，一般理解者约为 11.5％，不理解者约为 1.5％（如前图 5-13 所示）。12 个基础知识测评点，学生理解得最透彻的这几个观点证明了新时代大学生对社会主义主流意识形态的基本内容是理解的，他们认同社会主义发展道路，愿意接受党的领导，并愿意在党的领导下积极为美好生活去奋斗。在理解第一个观点的 1 381 位学生中有 1 318 人对美好生活进行了规划，1 288 人满意自己目前的学习和能力现状，其中 1 064 人能比较清楚地认识"美好生活"；在理解第二个观点的 1 391 位学生中有 1 329 人对美好生活进行了规划，1 298 人满意自己目前的学习和能力现状，其中 1 080 人能比较清楚地认识"美好生活"；在理解第三个观点的 1 380 位学生中有 1 323 人对美好生活进行了规划，1 299 人满意自己目前的学习和能力现状，1 071 人能比较清楚地认识"美好生活"。由此可知新时代大学生美好生活观的形成会受到其时代背景和生活环境的渲染影响，并不自觉地将社会美好生活观念内化为个人美好生活观念的一部分。

从他们三观素养理解测评的整体结果来看，接受调查的新时代大学生美好生活观的基础知识是扎实的，现状是贴近生活所需和紧跟时代的。对于大学生建立美好生活观所需正确"三观"的12个基础知识点的理解现状评分整体测评值达到了82.75%，接受调查的大学生群体中的个体良好认知比例达到了84.5%、个体优秀认知比例达到了48.4%、个体认知不达标比例仅为1.52%。从三观素养认同测评的整体结果来看，对于大学生建立美好生活观所需核心三观理念的17条观念的认同现状评分整体测评值达到了88%，接受调查的大学生群体中个体比较认同的比例达到了91.39%、个体完全认同的比例达到了61.83%、个体不认同的达标比例仅为0.67%。由此可知，新时代大学生对美好生活观的基本内容是理解的，绝大多数学生的美好生活观方向是正确的，大学生美好生活观的整体面是积极向上的。

二、大学生美好生活观教育的现实基础良好

综合测评结果来看，新时代88.5%的大学生对美好生活观的基本内容是理解的，接近98.5%的大学生美好生活观方向是正确的，接近91.4%的大学生美好生活观的表现是积极向上的，新时代大学生所秉持的美好生活观情况整体向好。从问卷调查测评整体结果来看，新时代大学生美好生活观的主流方向正确，其价值判断符合时代需求；大学生具有新时代美好生活观形成所需要的正确"三观"素养，他们所秉持的主流内容积极向上且正确客观。从问卷题目的相关性推测，超过95%的人拥有正确的生活观念，愿意为了美好生活目标的达成而不懈努力；新时代大学生的美好生活观水平与个人的"三观"水平呈正相关性。调查测评结果显示：美好生活观所需正确"三观"的12个基础知识点的理解现状评分整体测评值合格率几乎达到98.5%，优良比例也接近85%；新时代大学生对社会主义主流意识形态的基本内容是理解的，他们中98.5%认同社会主义发展道路，并愿意在党的领导下积极为美好生活去奋斗。因此，新时代大学生具备良好的美好生活观教育基础素养。

第五章 新时代大学生美好生活观教育的调查分析

其一是新时代大学生对美好生活观的关注度很高,形成美好生活观的时代和社会环境良好。在美好生活了解程度的调查中,一般了解及其以上人数比例为 96.6%,比较了解人数占比达到了 73.8%,不了解人数仅占 0.5%(如图 5-33 所示)。清楚和了解美好生活目标规划的人数占 94.9%,不清楚和不太清楚的占 5.1%(如图 5-34 所示)。比较满意当前中国社会美好生活现状的人数达到 81.92%,一般占 16.38%,不太满意的和不满意的仅占 1.7%(如下图 5-35 所示)。对学校为师生美好生活所做努力没有意见和比较满意的人数占比为 94.97%,不太满意和不满意人数占比 4.03%(如图 5-36 所示)。上述结果充分反映了当代大学生满意国家、社会和学校为其成长创造的良好学习生活环境,能及时响应社会的呼吁,紧跟时代的节拍,对美好生活有强烈的追求意愿,高度关注新时代美好生活观,渴望了解和认知新时代美好生活的真正内涵。

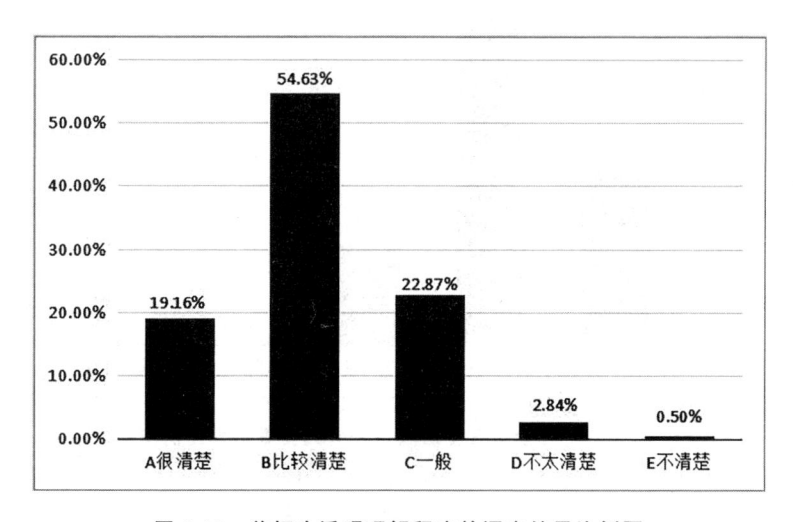

图 5-33 美好生活观理解程度的调查结果比例图

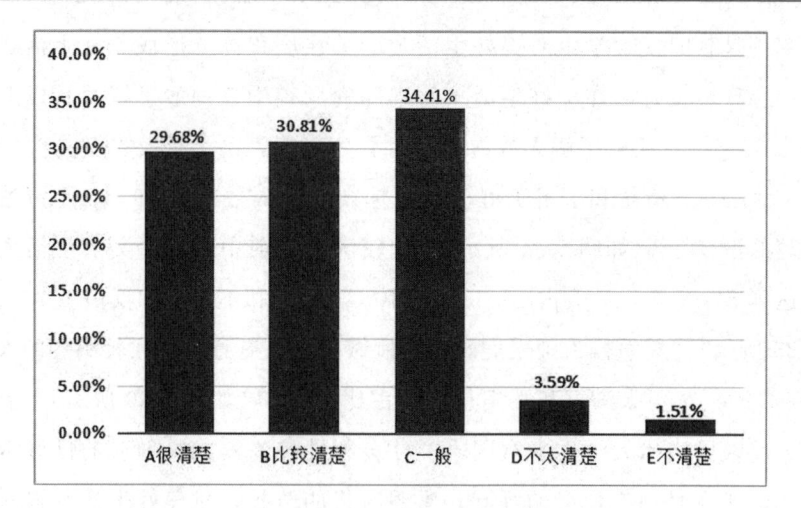

图 5-34 美好生活规划清楚程度的调查结果比例图

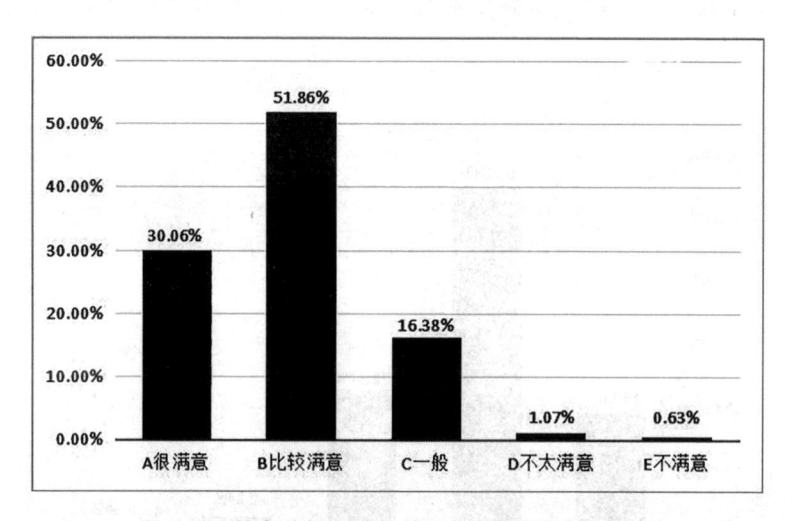

图 5-35 社会美好生活满意程度的调查结果比例图

第五章　新时代大学生美好生活观教育的调查分析

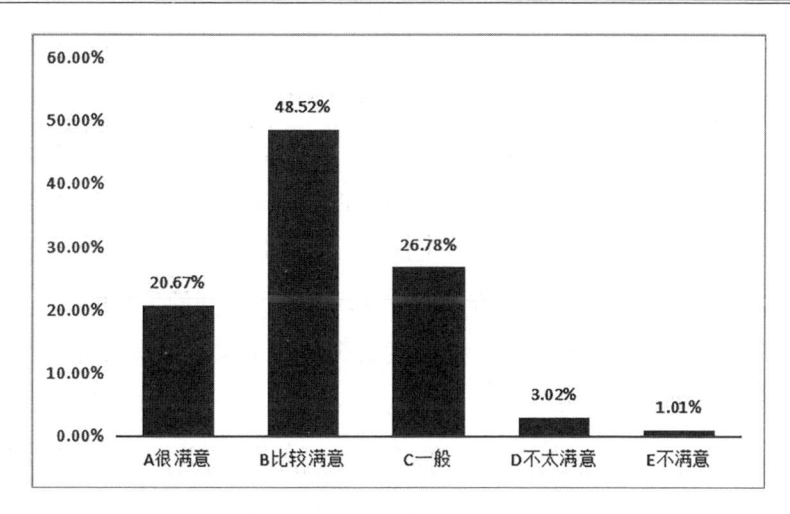

图 5-36　学校美好生活满意程度的调查结果比例图

其二是新时代大学生美好生活观所秉持的主流内容积极向上且正确客观。从接受调查的新时代大学生的美好生活观数据分析，其主流内容积极客观的表现如下：第一，他们对新时代美好生活的认知度较高，约有96.6%的大学生了解新时代的美好生活，70%以上的大学生认真理解了美好生活并清楚美好生活的具体内涵（如上图5-34所示）；第二，他们对中国社会美好生活现状的满意度较高，有81.92%的大学生比较满意，只有1.7%的大学生不满意社会美好生活现状（如上图5-35所示）；第三，他们对学校实现师生美好生活向往所做努力的认可度较高，约有70%的学生表示满意，约有26%的学生认为一般，只有约4%的学生表示不满意（如上图5-36所示）；第四，他们中相信知识改变命运，选择通过自己努力创造和实现美好生活的比例约为72%（如图5-37所示）；第五，他们面对生活困难勇于积极应对，围绕目标达成不放弃追求更好生活的比例达到95%（如图5-38所示）；第六，即使处于较为满意的生活状态时，还有89%的人表示会继续追求更美好生活的生活状态（如图5-39所示）；第七，他们中奉行人民至上和集体至上理念的比例达到78.9%，坚持把实现个人追求与实现国家的奋斗目标紧密联系相协调，把个人利益放在集体利益之上的人仅有21.1%左右（如图5-40所示）；第八，就未来美好生活感受的核心要素理解方面，排在前三位的依次是身体健康、精神愉悦和物质得到满足，身体健康是美好生活实现的第一要素已经基本形成共识，精神愉悦

· 211 ·

超越物质满足成了第二要素(如图5-41所示);第九,就未来美好生活的样态选择方面,大学生的选择主流是积极正向的,愿意通过自我奋斗过自我实现的生活,对物质的要求是力所能及,对未来美好生活接受舒适多元,仅有5.5%的学生对金钱和物质有执着的向往(如图5-42所示);第十,对自己向往的未来美好生活支撑方面,60%以上的学生选择通过自己的努力工作和认真打拼(如图5-43所示),用辛勤和汗水去实现自己所向往的美好生活让人欣慰。整个问卷知识观念测评中,学生认同度最高的几个核心观念的是:第一,生命有且仅有一次,应该珍惜生命并活出意义;第二,美好社会需要法治与德治相结合;第三,人民美好生活应携手前行,美美与共;上述这些学生认同的观念都反映和符合主流意识形态要求,客观且正确。

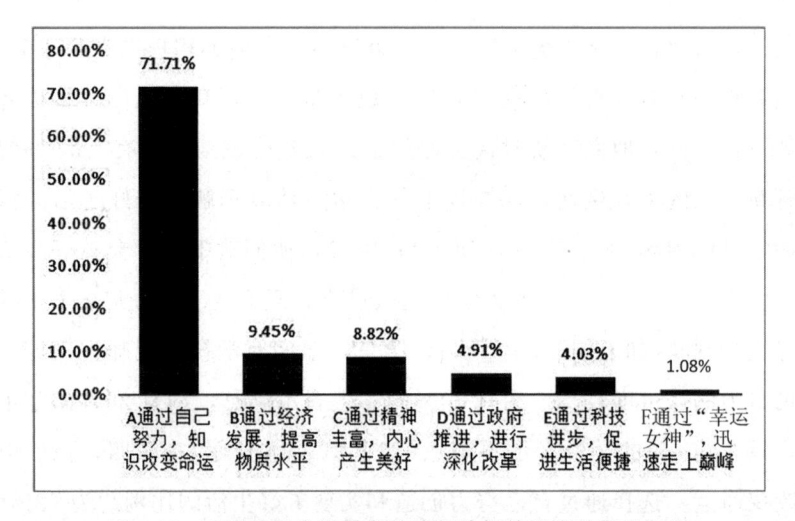

图 5-37　实现美好生活最有效路径选择的调查结果比例图

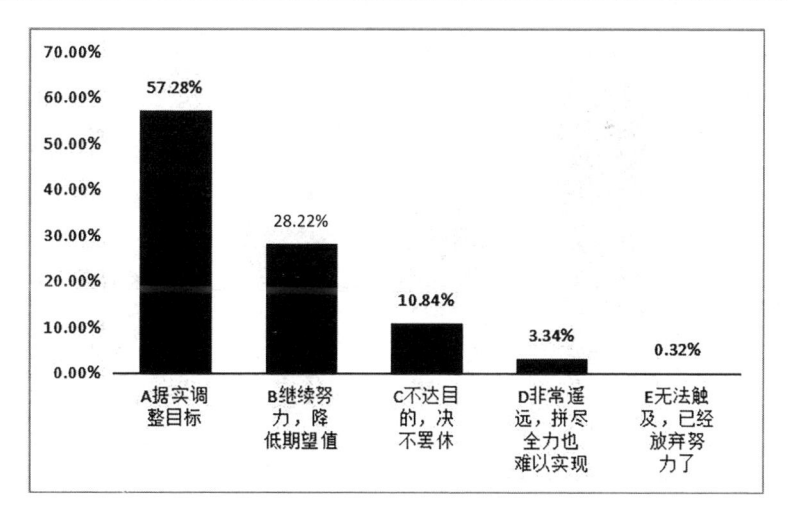

第五章　新时代大学生美好生活观教育的调查分析

图 5-38　追求美好生活目标管理思路的调查结果比例图

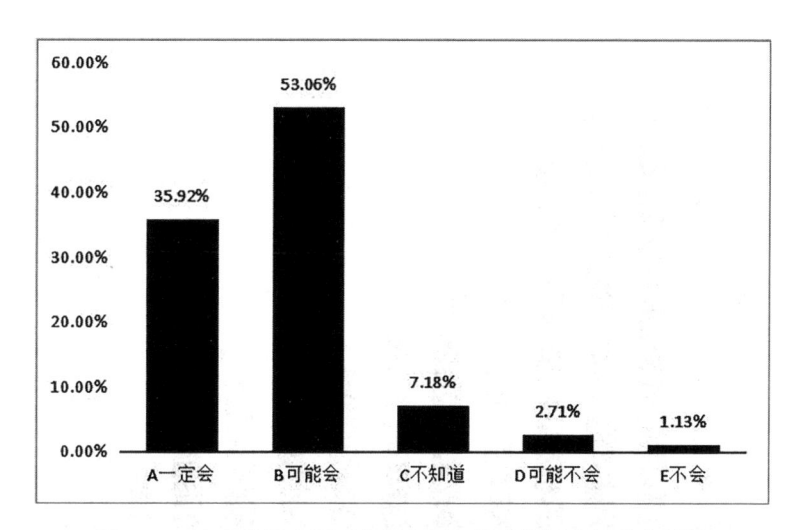

图 5-39　追求美好生活更高层次目标想法的调查结果比例图

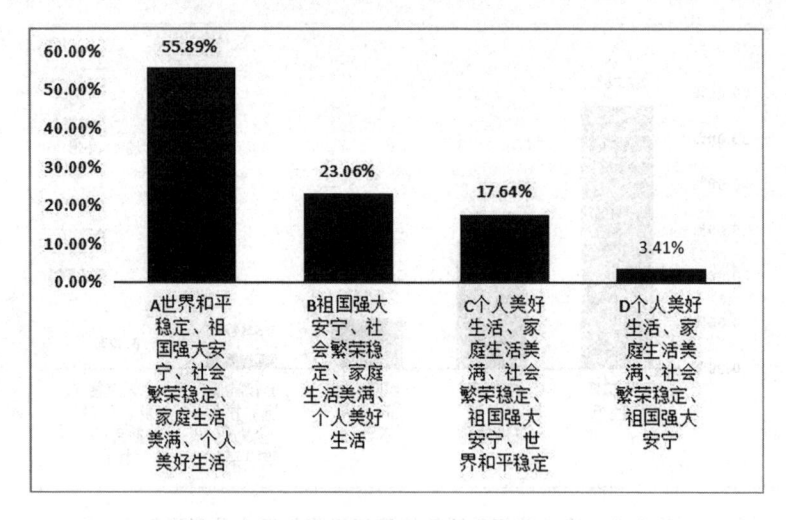

图 5-40 美好生活向往得以实现优先顺序选择的调查结果比例图

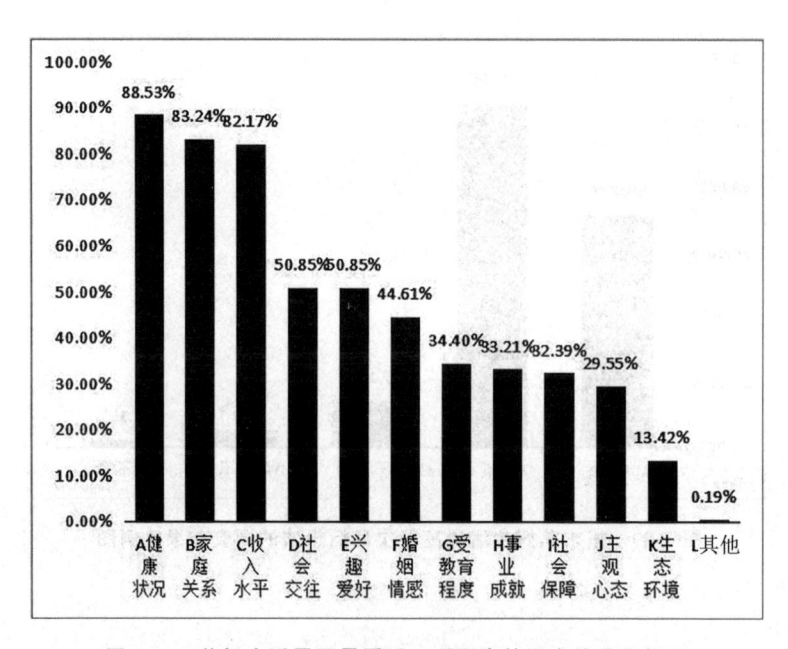

图 5-41 美好生活需要最看重三项因素的调查结果比例图

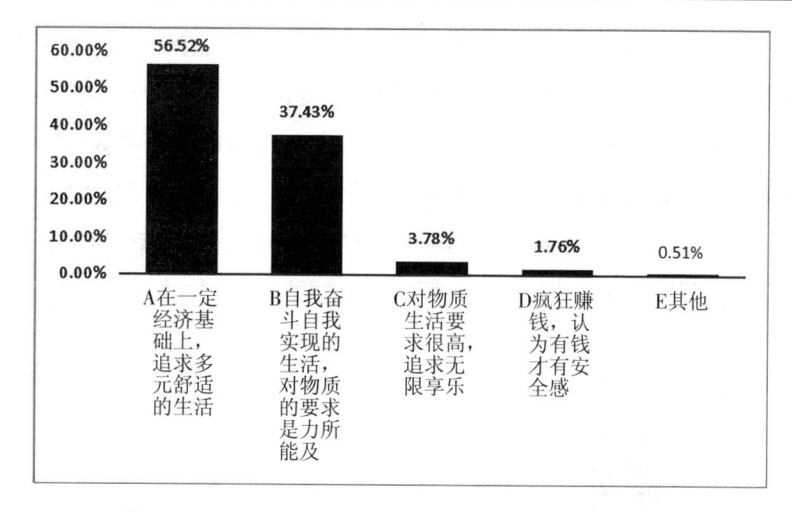

第五章 新时代大学生美好生活观教育的调查分析

图 5-42 认同美好生活应该具有样子的调查结果比例图

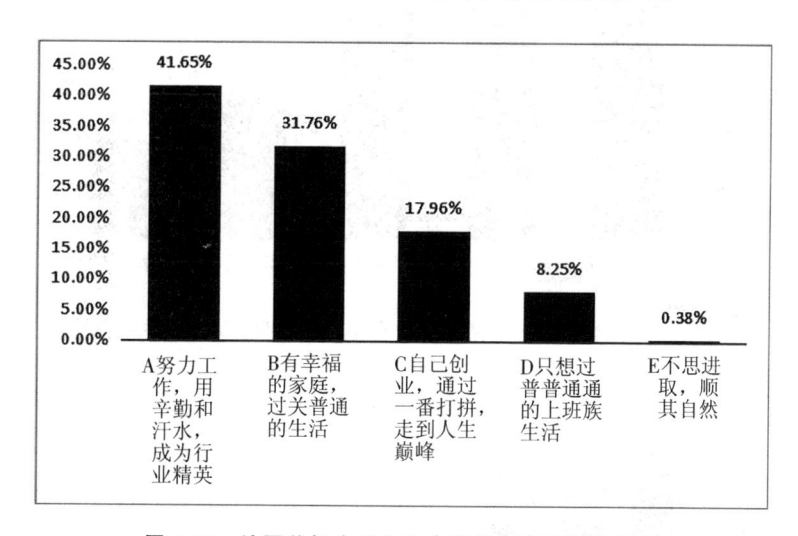

图 5-43 认同美好生活向往类型的调查结果比例图

其三是新时代大学生美好生活观的基本内涵呈现既存在核心诉求统一，又表现为具体内容丰富多元。从接受调查的新时代大学生的美好生活观数据分析，其丰富多元的主要内涵表现如下：对于影响美好生活最看重的影响因素选择时，有的认为来自社会，有的认为来自生活、有的认为取决于学业、有的认为是国家（如图 5-44 所示）；在感受美好生活的三个核心要素的选择上则为身体健康、精神愉悦和物质满足（如图 5-45 所示）；在体现美好生活的三个核心要素的选择上则为健康状况、收入水平和教育程度（如图 5-46 所示）；

从美好生活的核心要素的排序调查结果可以看出不同个体对美好生活核心元素的重要性认定存在多元化，对于影响美好生活的前五个要素选择时，除了看重家庭生活是大家的共性诉求外，在其他方面的内涵则丰富多元，分别为看重朋友关系、社会关系、工作成就、学业成绩、个人理想和娱乐休闲等等（如图5-47所示），并直接影响大学生未来的生活场域选择，表现为职业生活定位差异（如图5-48所示）。

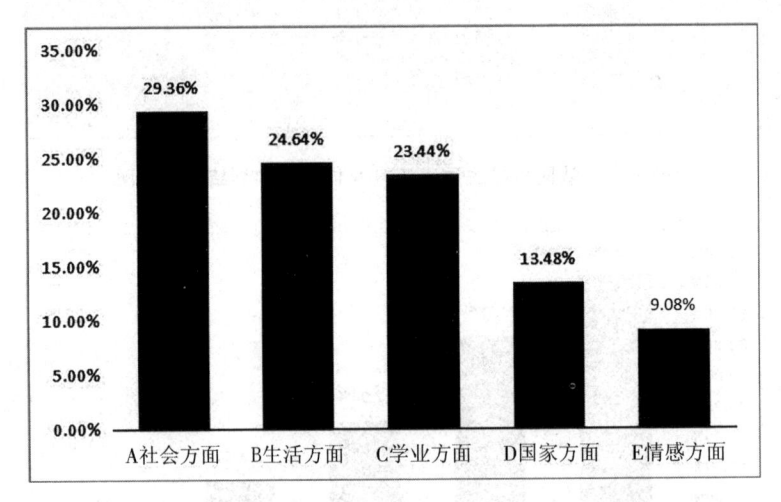

图 5-44 选择影响美好生活最看重影响因素来源的调查结果比例图

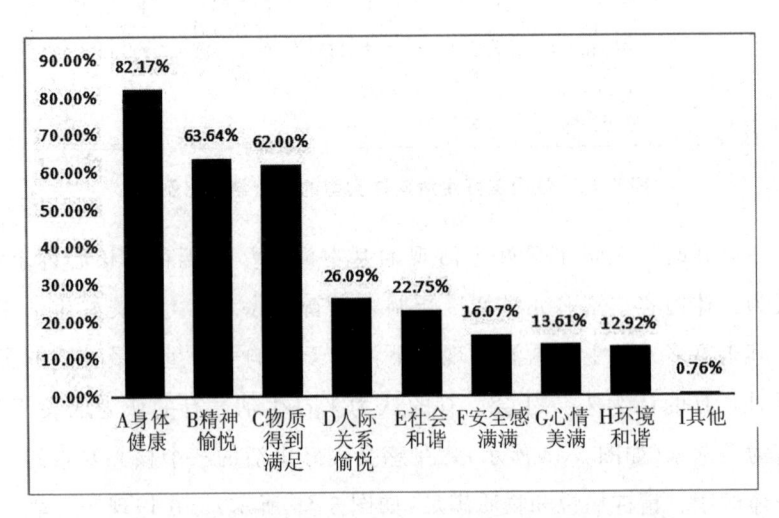

- A社会方面 29.36%
- B生活方面 24.64%
- C学业方面 23.44%
- D国家方面 13.48%
- E情感方面 9.08%

图 5-45 感受美好生活三个核心要素的调查结果比例图

- A身体健康 82.17%
- B精神愉悦 63.64%
- C物质得到满足 62.00%
- D人际关系愉悦 26.09%
- E社会和谐 22.75%
- F安全感满满 16.07%
- G心情美满 13.61%
- H环境和谐 12.92%
- I其他 0.76%

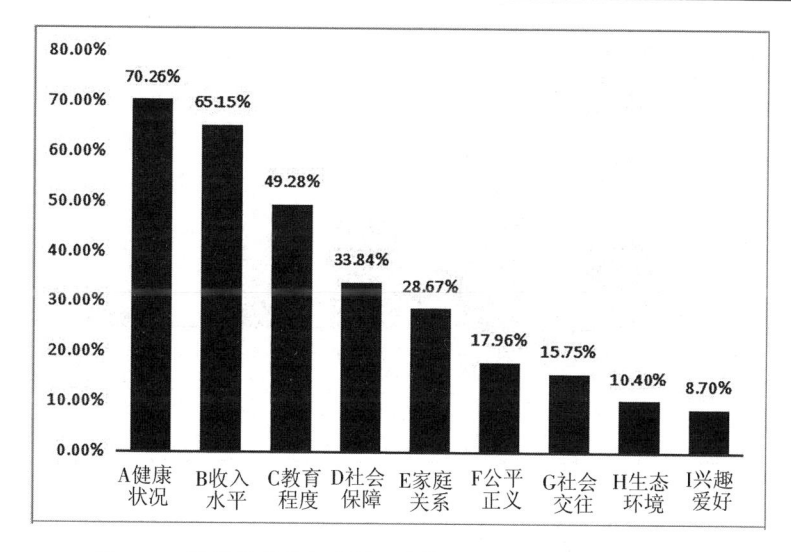

第五章 新时代大学生美好生活观教育的调查分析

图 5-46 选择体现美好生活三个核心要素的调查结果比例图

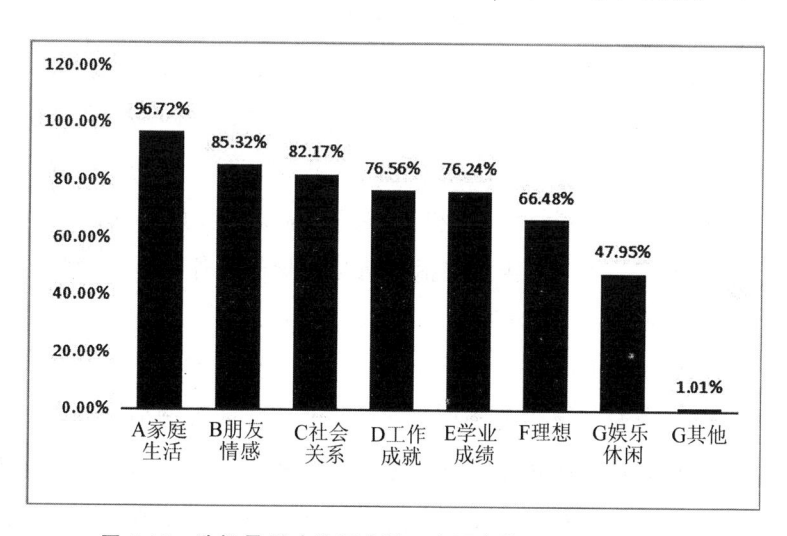

图 5-47 选择最影响美好生活五个要素的调查结果比例图

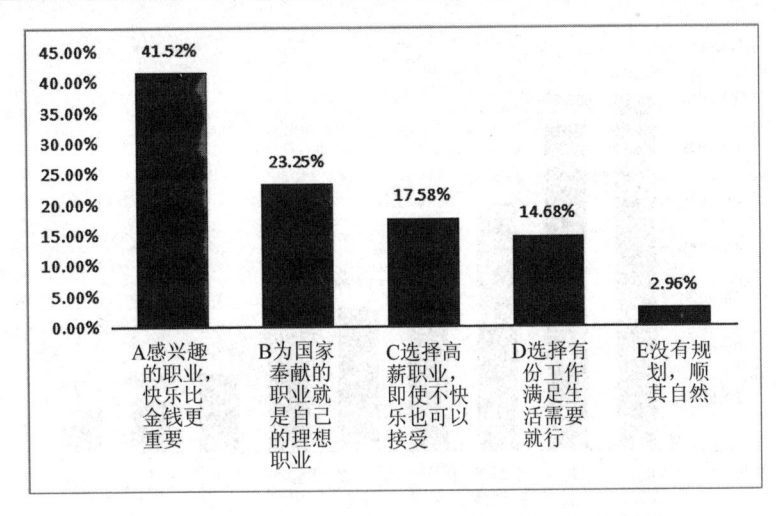

图 5-48 美好生活中职业选择差异的调查结果比例图

其四是新时代大学生的美好生活观水平与个人的"三观"水平呈正相关性。调查数据相关性分析显示：其一，美好生活的认知程度与"三观"水平呈正相关性；在大学生对"三观"基础知识理解和核心观点认同的测评中，对美好生活有清楚认知的群体测评结果分别为91.8%和95.5%，对美好生活认知不清楚的群体测评结果分别为75.2%和79.5%。其二，美好生活的规划效果与"三观"内容呈正相关性；对美好生活有清楚规划的群体中，"三观"的基础知识理解度和核心观点认同度分别达到89.8%和94.2%；对美好生活没有规划和不知道如何规划的人群则分别为70.7%和79.2%。其三，美好生活现状的满意度与"三观"情况呈正相关性；在满意社会生活的人群中，"三观"的基础知识理解度和核心观点认同度分别达到88.3%和93.8%；对生活不满意的人群则分别为73.2%和78%。其四，大学生秉持生活理念的现状与"三观"水平呈正相关性；乐观向上美好生活的人群中，"三观"的基础知识理解度和核心观点认同度分别达到85%和90%，得过且过无欲无求的人群则分别为80.5%和85%，顺其自然随心所欲的人群则分别为79.5%和84.5%，娱乐至上轻松自在的人群则分别为75.2%和82%。其五，大学生所秉持的生活价值追求与"三观"水平呈正相关性；秉持人民至上的人群中，"三观"的基础知识理解度和核心观点认同度分别达到86%和91%，秉持集体至上的人群也分别达到80%和86%，秉持金钱至上的人群则分别为80.7%和85.2%，秉持个人至上的人群则分别为 78% 和 81.5%,秉持享乐至上的人群则分别为 77.5% 和 81.4%。由此,可以印证新时代大学生的"三观"水平现状决定了美好生活观的现状,"三观"基础知识的正确理解和"三观"核心观点的充分认同能有助于教育过程中形成符合时代需要的正确美好生活观。

总体来看,除了大学生个人为美好生活观教育提供了良好的现实教育基础之外,社会也在为美好生活观教育积极创造条件,接受调查的人群承认美好生活观教育对个人和社会的重要影响越来越凸显,社会对美好生活观教育的关注度越来越高,接受调查人员的关注占比率达到 96.5%,个人主动接受美好生活观教育的意愿也越来越强烈。其一,从近十年该主题研究爆发式的文献成果涌现可以发现,研究美好生活的学者越来越多,高校也开始逐渐重视美好生活观教育,设置的美好生活观教育内容也越来越多,组建的美好生活观教育师资力量越来越强,并分别呈现出系统化和专家化趋势。其二,国家、社会、家庭和个人对美好生活观教育的认知在随着社会发展逐渐深化,高校对美好生活观教育的重视程度也随时代发展在逐渐提升。其三,从高校对美好生活观教育的具体规划和管理来看,高校对美好生活观教育逐渐重视,逐年增加投入,学生基本满意高校对美好生活观教育的投入,满意美好生活观的教学计划和教育实践。

三、大学生美好生活观教育的影响因素错综复杂

大学生美好生活观教育是培养未来社会生活完整主体的实践活动,也是人类社会"美好生活愿望"产生、"美好生活技能"学习、"美好生活经验"传递、"美好生活目标"规划的关键环节,新时代大学生美好生活观教育的成败直接影响新时代人民对美好生活的向往。将其反映到现实生活场域就是培养具有新时代美好生活观的大学生,就是要引导大学生在完整的生活视域下正确认识人的生命、理解生活及其意义、理解人生价值,促成学生对新时代美好生活观的认同,形成正确的美好生活观;培养学生追求美好生活的能力,养成追寻美好生活的行为习惯,使他们产生主动向往美好生活的意愿、具有美好生活的能力和自觉追寻并践行美好生活。

从教育调查的基础信息反馈来看:其一,美好生活观教育的发生场域类

型多种多样，有县乡区域的高等院校、地级城市的高等院校、省会城市的高等院校和直辖市的高等院校。其二，美好生活观教育的施教主体的教育水平多种多样，从学校性质来看有公办学校、民办学校、公私合办学校；从办学层次上看有专科类学校、普通本科类院校、重点本科类院校；从办学水平上看，还有一流高校、一流专业、普通高校、一般专业之分。其三，美好生活观教育的受教主体基本素养和来源组成多种多样，从学历层次来看有专科、本科、硕士研究生和博士研究生；从生源区域来看，有来自农村的、县域乡镇的、地级市的、省会城市的和直辖市的；从接受教育的年龄来看，主要集中在18～30岁的阶段，接受调查的人当中约占97.5%，其他年龄段合计占比为2.5%；从高校接受教育者的性别组成上看，2018年和2020年的调查数据显示，女生的比例略高于男生，而接受调查的人当中，女生的比例显著高于男生，体现了女生更关注自己的生活和在生活中更具有主动性。其四，按照单因素变量对比分析调查结果，美好生活观教育场域、美好生活观教育施教主体、美好生活观教育内容、美好生活观教育环境、美好生活观的受教育主体等都存在较大差异，也都会直接影响新时代大学生美好生活观教育的实际效果。其五，大学生美好生活观教育从时间上既要承接个人完整的成长历史，又要全方位面向发展的未来；从教育内容上既要考虑生存和生活的需要，又要考虑发展的需求；从教育构成的全要素讲，美好生活观教育就是整合涵盖人的各方面教育要素，为人的自由全面发展服务，贴合它的教育模式就需要依靠国家推广的"三全育人"模式。

因此，完整生活视域下的大学生美好生活观教育关联起了个人每个发展阶段的所有教育，对个人接受的其他教育具有整合效用，其影响因素组成比其他教育更为复杂多样，凡是影响教育的所有因素都能在美好生活观教育过程中加以体现。美好生活观教育的影响因素构成既包含施教主体和受教主体的现状差异，还包含教育目的、教育内容、教育手段、教育组织形式、教育环境等各方面的现状和差异。这些教育现状差异的形成主要由来自个人、家庭、社会和学校的历史、现状和未来的发展状况决定，由相关单位和个人在发展中受到经济、政治、文化、社会和生态等多个维度内容的影响决定。在缺少系统性顶层设计的情况下，如何面对来自大学生生活场域中的各种要素影响,如何控制不良影响,如何利用良好态势,如何调动积极性和激发主体能动性,这无疑为大学生美好生活观教育实践活动的有效开展增加了难度。

四、大学生美好生活观教育的内容理解存在困难

虽然各高校一直很重视大学生的思想政治教育工作,事关美好生活观的概念灌输工作做得很多,但是贴近学生生活进行浸润式引导很少,这造成学生对其生活中的抽象性概念理解没有到位。美好生活观教育的渠道已经较为丰富,但是既贴近个人真实生活场域又具有较强实效性的教育渠道还亟须创设。从问卷调查测评具体问题进行分析:调查对象中对12个基础知识点都完全理解的人数仅为439人,仅占参与调查人数的27.7%;更缺乏针对教育活动结果对大学生个体进行差异化引导的实际举措。但依然有大部分学生存在对于自身美好生活观的迷茫与忧虑,说明高校的美好生活观教育对相关知识内容的讲解和阐释还需要继续加强。

调查反映高校的美好生活观教育内容宣讲是有力的,大学生对于新时代美好生活观的内涵理解总体上是丰富而充满活力的,但是大学生对自身现实中的美好生活规划和建设现状评价并不太高,说明高校的美好生活观教育的知识内容还没有讲透,对大学生运用知识指导实际生活的效果还需要更加给力,还缺乏积极化解部分学生错误认知和以偏概全现象的具体教育方法举措,使教育内容的理解障碍不能及时得到化解,造成新时代部分大学生的美好生活观理解存在困难、分歧和误解,他们的美好生活观实践应用能力水平参差不齐。12个基础知识测评点中,学生整体理解未达到80%的基本观点有:第一,世界上先有物质,后有意识,物质决定意识,意识是物质的反映,个人美好生活感受主要依赖个体生活体验(如前图5-4所示);第二,社会存在决定社会意识,社会意识能反作用于社会存在,人类生活所需的物质和精神同等重要(如前图5-5所示);第三,过去决定了现在,现在决定着未来,未来指引着现在,人应活在当下(如前图5-10所示)。在三观等知识事实判断测评中,相比之下认同度偏低且人数接近或超过150人的几个核心观念是:第一,人类通过自身的努力可以认识这个世界(如前图5-16所示);第二,遵循自然和社会发展规律是发展的基础(如前图5-17所示);第三,新时代大学生需要学

习和传承马克思主义(如前图 5-19 所示)。由此可知,新时代大学生对美好生活观中偏哲学化的观念理解不够透彻,对人类社会发展规律和社会主义发展规律等理论没能彻底认识到位和真正掌握运用,与前面理解透彻的人相比,其美好生活观指导个体解决生活问题的意识和能力水平有待提升。对第一个观点理解不到位的 336 位学生中有 191 人对美好生活进行了规划,177 人满意自己目前的学习和能力现状,其中 191 人能比较清楚地认识"美好生活";对第二个观点理解不到位的 305 位学生中有 124 人对美好生活进行了规划,150 人满意自己目前的学习和能力现状,其中 162 人能比较清楚地认识"美好生活";对第三个观点理解不到位的 285 位学生中有 125 人对美好生活进行了规划,140 人满意自己目前的学习和能力现状,其中 145 人能比较清楚地认识"美好生活";由此可知新时代大学生美好生活观的形成会受到相关知识理解程度的影响,并影响自身对美好生活的认识和规划,甚至形成错误的美好生活观并将生活引向歧路。

综上所述,尽管新时代大学生对美好生活观的社会现状和未来发展部分相对认可和满意,但是由于缺乏对美好生活观内容的真正理解,他们对美好生活观的个人现状和未来发展部分相对担忧和不自信。大学生群体对新时代美好生活观的关注度和知晓度较高,那些与他们实际生活息息相关的切身体会和行为指引等方面的生活观念,大学生对其理解就比较透彻且对生活能产生实际帮助;但是,那些从生活中抽象升华后的哲学知识和观念,大学生的生活离其较远,其本身晦涩难懂且很难对生活起到立竿见影的帮助,阻碍了大学生美好生活观知识体系的生成性,并影响其完整性与实效性;针对这样的美好生活观具体内容的正确认知率还需要不断提升。具体来看,新时代大学生认识到了美好生活观的重要性,但是对美好生活观形成的必要性认识不足;新时代大学生热衷于讨论美好生活观的相应内容,但是他们缺乏对美好生活观相应知识体系的完整理解和掌握,他们对美好生活观的概念体系更缺乏精确提炼和熟练运用;无论是他们对美好生活观的社会认知部分,还是他们对美好生活观的个人认知部分都体现得相对浅显,缺乏深度理解和掌握,对社会美好生活观的共识还未完全形成,对个人的美好生活向往也不是很清晰。因此,帮助大学生理解和掌握美好生活观本身将是新时代大学生美好生活观教育实践的未来努力方向。

五、大学生美好生活观教育的目标达成存在阻碍

高校在美好生活观教育中对于大学生未来美好生活规划的总体态度是清醒和理性的,但在其教育实践中也包含了许多阻止大学生积极向往美好生活的因素。从调查总体来看,虽然社会对新时代大学生美好生活观的总体效果感受和评价是积极的,但是大学生美好生活观教育的目标还未明显达成,教育实践过程还存在诸多阻碍,家庭、学校和社会对美好生活观教育整体联动的关注度还有待提升。接受过新时代大学生美好生活观教育的青年中大部分人非常肯定自己有具体的学习计划和明确的生活目标,但是其中不确定的人数也占有相当大的比例,还有较大比例的同学感觉自己学习生活盲目,甚至有少数学生不屑于向往美好生活,不想、不敢和不能对美好生活有规划。调查的总体情况既表明了社会对大学生美好生活观教育的高度关注,也说明新时代大学生的美好生活观教育成效还未明显显现,社会、家庭和学校还有很多可以发挥作用的空间,新时代大学生美好生活观教育亟须得到全面重视和进行系统建设。

新时代大学生美好生活观所既定的教育目标在逐渐被众多阻碍因素所弱化和消解。从问卷调查现状的问题隐忧方面看,接受新时代大学生的美好生活观调查的学生中也有部分学生对美好与否的标准认知上还存在着许多的偏差,还有少部分学生的认知甚至是错误的。第一,他们对自身美好生活的思考不透和规划不足,不清楚自己美好生活目标的大学生比例高达40%,还未将自身实际奋斗与未来美好生活进行明确关联的学生接近70%,不思考美好生活的学生比例约为5%(如前图5-34所示)。第二,他们对自己美好生活现状的满意度偏低(如图5-49所示),一般及不满意率占比为33.52%;对自己大学学习现状的满意度更低(如图5-50所示),一般及不满意率占比为37.68%;对自身追求美好生活能力现状的不满意的大学生比例约为38%(如图5-51所示)。第三,他们中没有对自己未来的理想职业进行规划的比例约有18%,还有约17.5%的学生愿意接受让自己不快乐的高薪职业,愿意把自己理想职业和国家需要进行匹配的比例仅为23%左右(如前图5-48所示)。第

四,他们对自己实现美好生活的信心不足,信心缺少和缺失的比例高达30%左右(如图5-52所示),认为自己离美好生活有点远的占比为57.28%(如图5-53所示),受访者中持乐观向上的美好生活态度者的比例偏低,约为64.5%,自然、佛系和娱乐心态的持有者比例偏高,约有35.5%比例(如图5-54所示);受访者认为周边同学中的持乐观向上的美好生活态度者比例更低,约为46%,自然、佛系和娱乐心态的持有者比例更高,约为54%(如图5-55所示),个人至上、享乐主义和金钱至上等观念的持有比例约为30%(如图5-56所示)。第五,就未来美好生活得以实现的具体表现方面,他们选择的前三位依次是身体健康、收入水平和教育程度,他们认为健康最重要,收入水平的重要性超越了教育程度(如前图5-42所示);在未来美好生活来源的五个要素选择中,家庭生活、社会关系、朋友情感、学业成绩和工作成就这五个要素顺利入选前五,理想要素却排在了第六(如前图5-47所示);就影响您美好生活的主要因素的选择中,健康状况、家庭关系、收入水平、兴趣爱好、社会交往排在了前五位,婚姻情感排在第六位,受教育程度却排在了第七位,让人担忧(如前图5-41所示)。

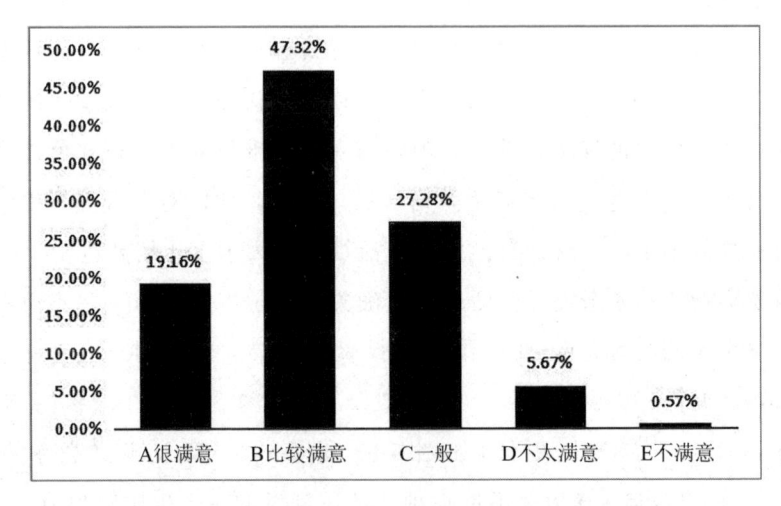

图 5-49 对自己美好生活现状满意度的调查结果比例图

第五章　新时代大学生美好生活观教育的调查分析

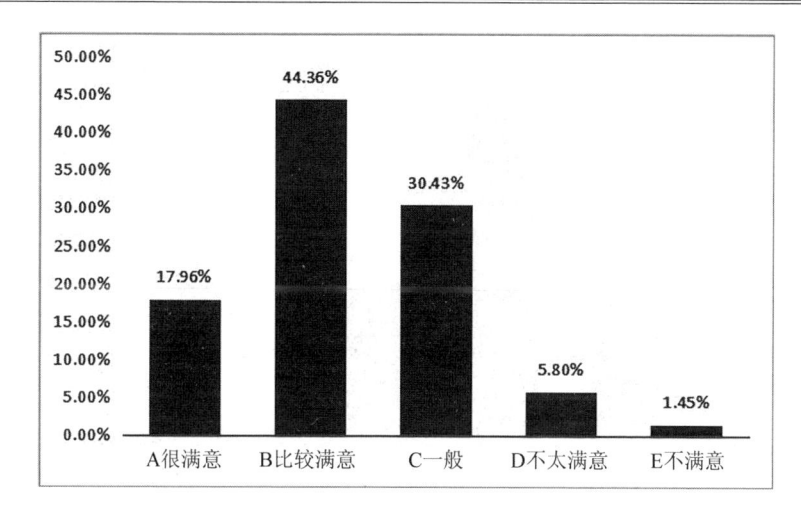

图 5-50　美好生活学习现状满意度的调查结果比例图

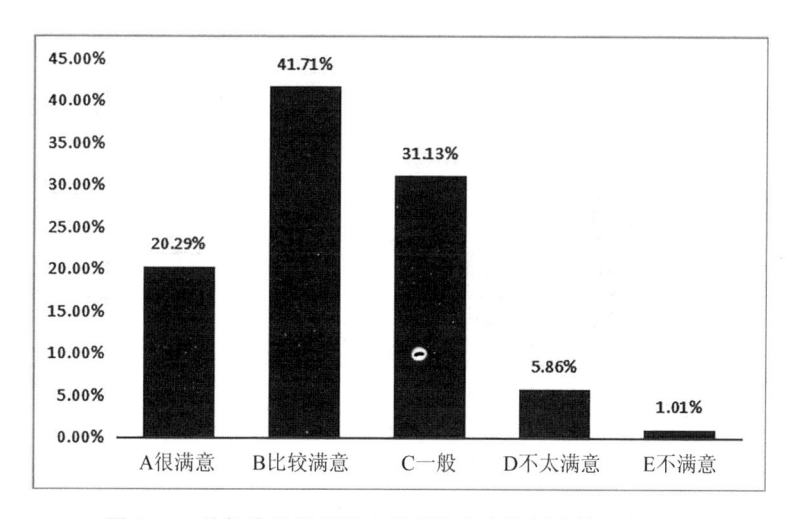

图 5-51　美好生活所需能力现状满意度的调查结果比例图

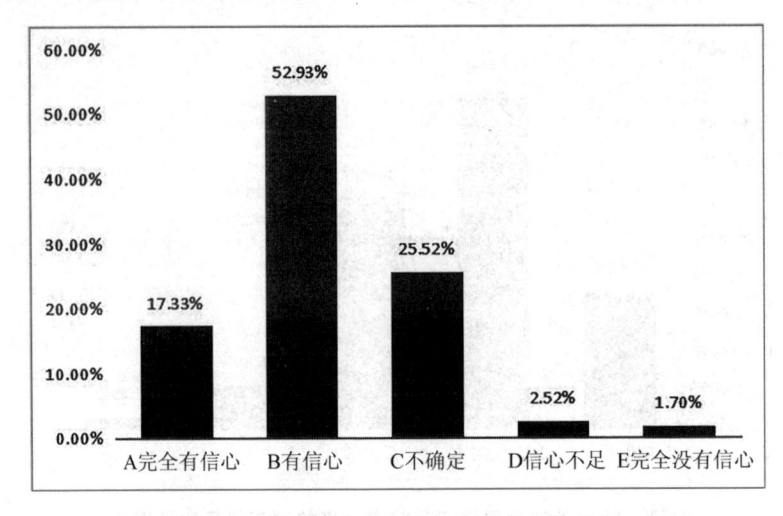

图 5-52 最终能实现美好生活自信程度的调查结果比例图

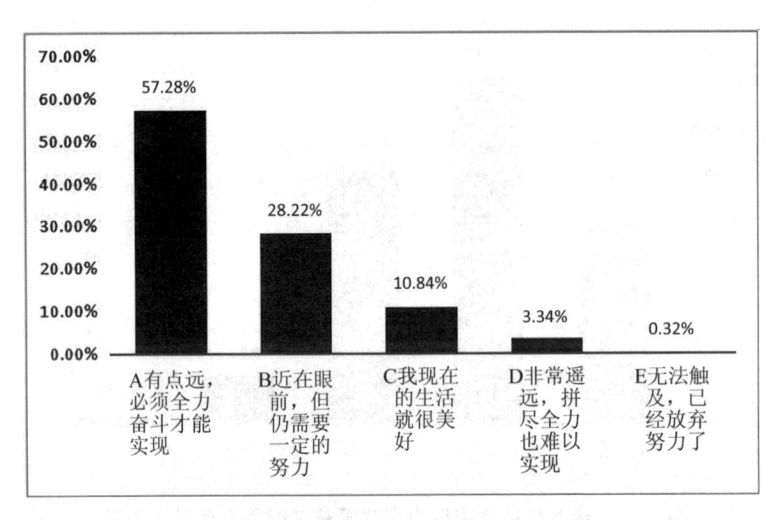

图 5-53 自己离美好生活有多少距离的调查结果比例图

第五章　新时代大学生美好生活观教育的调查分析

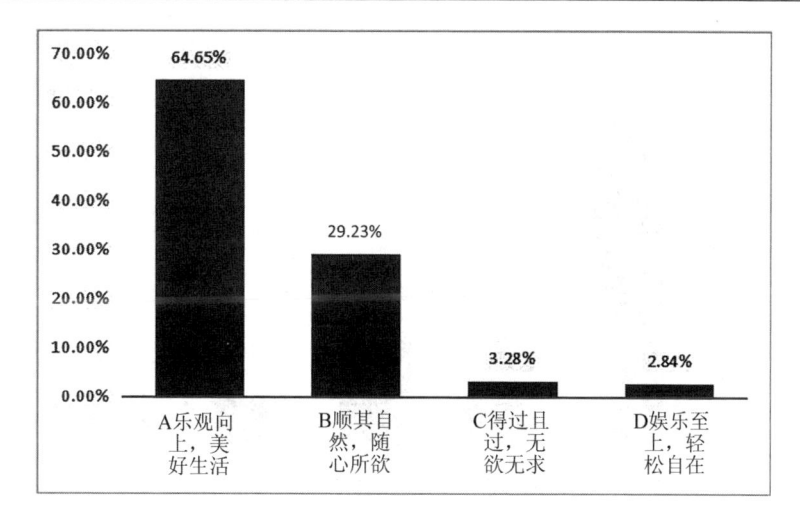

图 5-54　个人生活理念选择的调查结果比例图

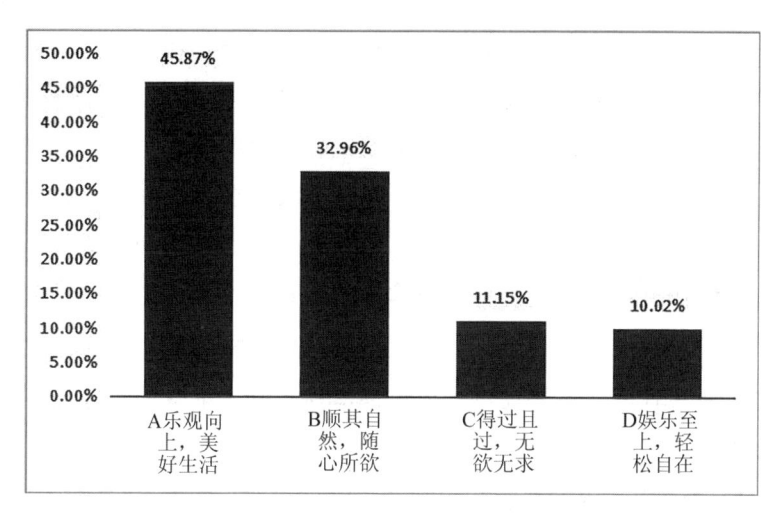

图 5-55　周围人生活理念选择的调查结果比例图

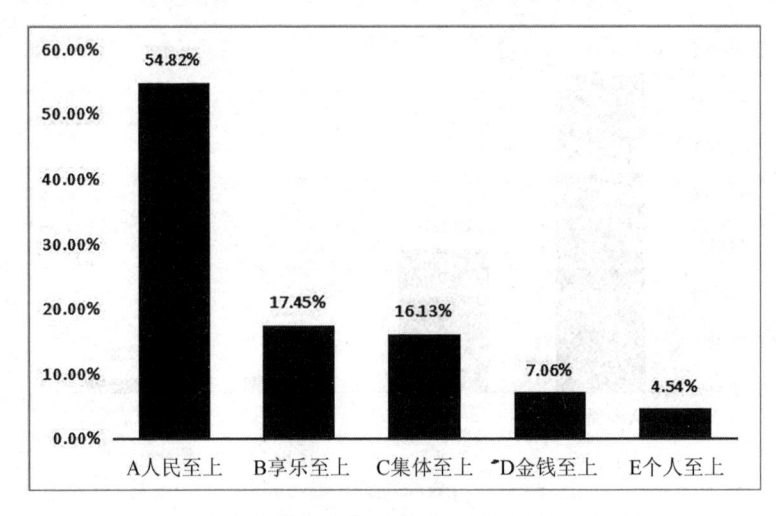

图 5-56　美好生活价值目标导向的调查结果比例图

综上所述，新时代大学生美好生活观教育中的各教育主体对于引导大学生理解美好生活观内容和形成正确美好生活观的总体态度是现实和积极的，但对于少数有错误思想、佛系思想和偏激思想的问题的学生缺乏针对性的方法举措。其一，国家、社会、学校和家庭各个层面重视美好生活观教育的意识是逐渐增强了，但是具体工作还没有系统性的思考和明确的规划，尤其是社会层面所需的美好生活观目标、内容亟待梳理，个人层面所需的美好生活观目标、内容亟待探究。其二，美好生活观教育的施教者对社会层面所需美好生活观的重视程度远远超过对个人层面所需美好生活观的重视，多见森林少见树木的趋势造成美好生活观教育中的人文关怀不足。其三，美好生活观教育中对"美好生活愿望"的产生、"美好生活技能"的学习、"美好生活经验"的传递、"美好生活目标"的规划等内容均已涵盖，但是专业学习和"美好生活技能"学习的关联度还亟须加强。其四，美好生活观教育重视活动形式和活动过程，但是对美好生活观教育的长效性维持和最终实际效果却少有关注，造成新时代大学生美好生活观教育低效甚至无效运行，大学生形成美好生活观的教育实践协作体系还未形成，现有实践运行机制缺少排除美好生活观阻碍因素的清障能力。

第三节　新时代大学生美好生活观教育的问题成因

大学阶段是新时代大学生美好生活观产生、发展和成熟的关键时期。新时代美好生活观是每个大学生追寻美好生活时必须要关注和思考的核心问题。美好生活观教育对新时代大学生的生活具有阐释、引领和指导作用，帮助大学生梳理其生活世界的一般构成，有效引领大学生形成正确的美好生活观；可以帮助大学生分析目前的生活状况，从而更好引领大学生去追寻和实现自己所向往的美好生活。基于大学生的美好生活观现状（现象）分析，发现其教育构成基本要素中存在的现实问题，并探究其问题产生的根本原因，这对顺利开展美好生活观教育很有必要。时代背景的冲击和社会环境的影响是美好生活观教育主客观双方滋生问题的重要原因，新时代中国融入经济全球化的节奏在加快、深度在增加、维度在增多，新时代大学生的美好生活观也更加迅速、明显、深刻地受到外国文化和异域思潮的影响，高校需要从教育实践的全员、全过程和全方位高度关注新时代大学生美好生活观教育产生的问题，并关注问题表现和分析问题成因，为美好生活观教育的顺利开展做好准备。

一、教育机制运转不畅造成教育的整体成效弱化

其一是美好生活观教育的机制不是很健全，还未形成完整有效的教育体系。美好生活观教育的机制是美好生活观教育现象各部分之间的相互关系及其运行方式，包括美好生活观教育的层次机制、美好生活观教育的形式机制和美好生活观教育的功能机制三种基本类型。目前，美好生活观教育还未被充分重视，美好生活观教育的层次机制、形式机制和功能机制都处于自发生成阶段，层次机制方面从微观、中观到宏观都没有相应的主体负责统筹规划，包括行政-计划式机制、指导-服务式机制和监督-服务式机制在内的形式机制方面也没有进行与时俱进的优化调整，激励机制、保障机制和制约机制等功能机制在运行中十分匮乏，总体观之，美好生活观的教育机制不是很健全。正因为各种教育机制还处在自发生成阶段，所以美好生活观的教育体系也处

于自发生成状态，美好生活观教育的结构体系尚不完整，美好生活观教育的各类服务体系亟待建立，美好生活观教育中互相联系的各种教育机构的整体或教育大系统中的各种教育要素之间还未实现有序组合，谈不上建立相应的教育系统和形成相应的教育合力。因此，新时代大学生美好生活观教育亟须参与各方从思想上加以重视，并建立相互关系且紧密协作的完整教育体系。

其二是美好生活观教育的目标不是很清晰，还未贴近美好生活的受教育主体。教育目标即教育活动所培养的人才应达成的标准，这个目标可高可低按需而定。新时代大学生美好生活观的教育总目标是要把人民实现美好生活向往所需要的美好生活理念、美好生活原则、美好生活规范、美好生活行为等内容传授给新时代大学生，使他们成长为建设人民美好生活的"四有"人才，从而引导他们认同、向往、追寻、奋斗和实现美好生活。没有将大学生美好生活观教育的总目标在教育不同阶段进行清晰准确的定位是当前美好生活观教育面临诸多问题的重要起因。目前，新时代大学生美好生活观教育目标建构不全面，知识技能维度有哪些必须认识、理解和掌握，过程与方法维度有哪些必须要经历、感悟、体验运用，情感态度与价值观维度有哪些必须要感受、认同、选择建立和确信尚不清晰。新时代大学生美好生活观的教育目标规定内容具体表述不到位，学生不容易理解和明白，尤其是教育目标内容的具体表达过于宏观，甚至还有的过于理想而超脱于现实生活，未贴近美好生活的受教育主体，没有真正起到导教导学等指引作用。

其三是美好生活观教育的方法不是很有效，还未触动受教育主体的美好体验。美好生活观教育的方法与专业能力教育的方法有明显的差异，专业知识的学习需要经历了解、认识、理解、接受和创造的过程，专业技能学习呈现依靠训练、从而熟练，再到最后的应用甚至是创新，美好生活观的形成则强调生活熏陶、潜移默化、自觉认同、生活践履和个人体悟。从根本意义上说，美好生活观教育手段不能仅仅依靠讲解和传授，不能仅仅凭借外力强加灌输进而接受，而是要依靠教育者的生活体验和真心向往的内心感悟接纳。目前，新时代大学生的美好生活观教育沿袭了过去观念知识需要集体灌输的理念，没有关照到个体生活观念的确立必须要做到以生为本，必须要关注个体成长的差异化需要；引导学生形成美好生活观的教育方法相对简单陈旧，

第五章 新时代大学生美好生活观教育的调查分析

没能做到与飞速发展的社会生活环境资源相匹配，没有做到与时俱进和因材施教，采用的部分方法中忽视了大学生的主体性和内在需求，忽视了美好生活情感的真实体验、美好生活的现实需要和实践检验，没能更好地将教育内容融合进大学生的生活，"润物细无声"的影响作用没能有效发挥，没能更有效地调动大学生的学习意愿和发挥其学习的主观能动性；参与美好生活观教育的各方没有基于自己的教育责任约定选用教育方法的基本规则和协作要求，所选用的方法都比较随意，未考虑到选用方法的恰当性和协作性，没有形成相应的教育合力，没能更有效地触动受教主体在各种生活场域中的美好生活体验，没能更好地刺激大学生产生追寻美好生活的强烈意愿，美好生活观教育整体呈现出低效状态。

其四是美好生活观教育的合力不是很系统，还未实现学生中心的统一立场。美好生活观教育合力是在一定时间内和一定社会环境下，各方教育所产生的综合作用。相比于大学生的专业教育，参与美好生活观教育施教的主体较多，美好生活观教育必须要强调多方配合，在规定时段内，参与施教的各方依据各自的职责任务，以学生为中心，要求各个施教参与主体采取恰当的教育方式把各自相应的美好生活观内容共同施加给新时代大学生，并做好相互之间的协同配合工作，从而使各参与施教主体能全面地、有计划有步骤地将各自相应任务系统地实施，系统形成美好生活观教育的合力。但是目前，各方在美好生活观教育实践过程中以完成任务为本的本位主义思想严重，彼此之间的协作配合还没到位，国家还未明确指出美好生活观教育的重要性，也未针对美好生活观教育进行顶层设计；社会教育几乎从属于学校教育，其本身在教育内容和形式上的独特价值没有完全发挥出来；学校教育在家庭教育的期待和社会教育的呼唤中不断调试，在满足新时代美好生活观形成所需要的职责中无所适从；家庭教育在现代社会对学校教育价值的推崇中也被弱化，几乎演变为学校教育的延伸和依附。因此，参与教育的各方在美好生活观教育中均没能完全承担自己应该承担的职责，也没能完全考虑到学生美好生活观形成的主体需要，各方均在探索和尝试，在试错和盲从中为教育做出的贡献力量很难形成系统性的合力。

其五是美好生活观教育的质量不是很理想，还未达到美好生活需要的标准。美好生活观教育的教育质量最终还是要体现在新时代大学生美好生活观的水平现状上，培养的新时代大学生是否具有科学正确的美好生活观是衡量美好生活观教育质量的核心指标。宏观层面的教育质量规定了大学生受教育的一般标准和根本要求；微观层面的教育质量规定大学生的具体质量要求和达标质量规格。目前的调查和测评结果显示宏观层面的教育质量基本满足了社会层面的需求，但是个人自由而全面发展的个体层面的需求还需要优化和提升；微观层面的教育质量无论从社会层面的需求来看还是从个体需求层面来看都有一些空白需要填充，也有一些短板需要补齐，还有很多优势需要加强。目前，美好生活观教育的系统内部各要素之间还没能达成协调一致的统一标准，社会层面的需求未完全统一，个人层面的需求很难明确标准，这会造成宏观层面的教育质量体系难以优化提升。个体的美好生活观在各方教育力量出现缺失和错误的空间中野蛮生长，部分学生偏离了教育的理想航道，部分学生的部分生活观念未达到理想标准，部分学生甚至从内心放弃了追寻美好生活的目标，体现在培养对象的美好生活观生成微观教育质量不是很理想。从以上两个维度来看，美好生活观教育的质量都不是很理想，都还未完全达到美好生活的需要标准。

二、教育方式欠佳造成教育内容的作用发挥不足

其一是理想信念教育在其教育实践中与美好生活的关联效果不尽如人意，对美好生活观教育的核心引领力不足。坚定且正确的理想信念是新时代大学生美好生活观形成的重要内核，是大学生追梦路上的安全栓和动力源，理想信念如人生追梦之"钙"，缺"钙"之梦就会失去坚守的方向和力量。坚定且正确的理想信念需要在系统的教育规划和有效的教育方式引导下形成。新时代大学生的理想信念教育从历史和理论中走来，在高校的思想政治教育中经常与人生梦想和人生目标相关联，但是理想信念教育的常用方式与学生日常生活进行挂钩的极少，甚至被很多教育者认为没有必要，看重教育内容本身和轻视教育方式方法的灌输式施教者不在少数，这造成许多理想信念教育的内容无法有效被学生理解和接受。事实上，当前的高校理想信念教育还没能与学生的生活教育紧密关联，施教者对相关系统教育的科学理论认识不深，对

第五章　新时代大学生美好生活观教育的调查分析

学生的现实生活理解不到位,所采取的教育方式方法简单粗暴,导致理想信念教育在新时代备受国家重视和走深走实的态势并没能真正惠及和影响到个体美好生活观的形成,没能真正体现和发挥出它对美好生活观教育的核心引领力。

其二是道德修养教育在其教育实践中对美好生活的奠基作用需要加强,对美好生活观教育的基层引导力不足。道德修养教育的最高目标就是要引导人努力实现自己和他人对美好生活的向往,新时代大学生的道德修养教育目标就是要引导大学生通过自身努力实现人民对美好生活的向往。良好的道德修养教育应该是既源于新时代的现实生活需要,又从新时代的现实生活出发,从道德修养知识的学习、道德修养认识的深化、道德修养情感的升华等方面逐渐完善和细化,并进行系统性提升。但是在家庭、社会和高校的美好生活观现实教育实践中,教育方式的选择往往脱离受教育主体的现实生活而构建,忽视了对个体的道德修养教育既要考虑集体和个人的双重需要,更要考虑如何调动个体主动接受教育的意愿,面对美好生活的道德修养教育目标需求,教育中强调社会本位而忽视个体生活意愿,很难让道德修养教育本身融进学生的美好生活意愿;回到道德修养教育过程,将道德修养的学习等同于理性类知识的学习,常常采用强制灌输而不太在意个体情感,这样极易使学生错失对未来美好生活追求的机会;结果就导致各个维度的道德修养教育并未对新时代的大学生美好生活产生实质性的奠基作用,对美好生活观教育的基层引导力不足。

其三是法制规则教育在其教育实践中对美好生活的保护作用需要兑现,对美好生活观教育的基础导向力不足。美好生活的实现需要稳定的社会生活环境,从政治形势、经济运行和社会生活等各个维度去考察高校思想政治教育的结果,我们发现大学生全部接受过法制规则教育,他们从小就接受规则的训练和法制的教育,并逐渐形成生活中所需要的正确的法治观念,了解社会生活中必须遵循的现有规则。但现实生活中的学生违规违纪现象时有发生,大部分学生对法制规则的具体内容一知半解,给美好生活造成障碍。新时代中国是法治社会,法治的社会才能为人民实现美好生活托底,法制和规则必须成为生活主体的行为规范和维护社会安定的有力武器。从党的十一届三中全会以来，法制规则教育在个人生活中全面纵深推进，家庭、社会和高校都是法制规则教育的重要场域，如何采用恰当的教育方式帮助大学生从生活中领悟和感受法制和规则的重要性，如何让法制成为人人都必须遵守的强制性要求，选用什么样的教育方式让大学生对法制的理解既包含必须要承担的义务和责任规定，又包含各种生活场域里不能做什么和禁止做什么的负向规定；伴随生活经验不断积累"个人或群体在社会生活方方面面需要遵守的相应规定"是需要长期探索的问题；同时如何利用恰当的教育方式呈现规则是伴随生活经验的不断积累更需要进行长期探索的问题。教育方式选择不当使法制和规则教育的内容与新时代大学生美好生活的关联性不足，对其在现实生活中的美好言行指导性不足，造成了美好生活观教育对个人在美好生活向往中的基础导向力不足。

其四是文化通识教育在其教育实践中对美好生活的帮助作用需要活化，对美好生活观教育的基础支持力不足。相关美好生活的通识教育也常称为常识教育，以传统文化和生活经验为主的文化通识教育，能够提供使学生辨别生活好坏的基础知识和提升选择好生活的能力，生活中的文化通识教育本质是"人的生活化"和"生活化的人"，生活中的文化通识教育应是"生存"与"生活"的统一。以文化通识教育人，可以培养大学生在生活中求真的态度，可以培养大学生向善的品性，可以培养大学生寻美的能力，从而帮助大学生塑造健全的人格、净化心灵、振奋精神、陶冶情操，将自己培养成为"真、善、美"合一的美好生活追寻者。新时代的文化通识教育通过什么样的教育方式与当前生活产生紧密的联系，怎样才能对本民族文化通识内容的学习真正做到不忘本来，对西方传来的文化通识内容怎样做好辨证吸收外来。随意选择的教育方式对学生的文化自觉意识培育很难勇敢面对未来，对学生追寻现实美好生活的指导和帮助还不够。因此，大学生很难在现实生活中真切体会到文化通识教育带给美好生活的帮助，文化通识教育在大学生形成美好生活观的过程中基础支持力不足。

其五是专业技能教育在其教育实践中对美好生活的支撑作用需要感悟，对美好生活观教育的持久建设力不足。高校要完成的首要任务是立德树人，为社会主义事业可持续发展培育德智体美劳全面发展的建设者和接班人。专

第五章 新时代大学生美好生活观教育的调查分析

业技能教育水平代表高等学校的办学实力和水平,也决定和影响着高校对人才的培养质量,是新时代高校人才培养目标的关键要素。新时代下的中国社会高速发展,科学技术日新月异,过硬的专业技能众人追捧,只有跟上时代发展和满足社会需要的专业技能教育才能得到社会肯定和认可,狠抓专业技能教育是保障大学生成才的根本。但是新时代高校的专业技能教育往往落后于时代的发展,受制于各场域的现实条件和教育技术手段差异,教育目标定位与社会现实需求出现脱节,专业技能培养的效果不能满足社会和市场的需求,重视专业理论学习轻视专业技能实践的现象依然存在,将大学生的专业技能培养向职业能力素养转化的工作做得不到位,导致人才培养与社会人才需求不相适应。大学生步入社会后会直接感受到大学时的专业技能教育对其本人在现实中追寻美好生活的支撑作用偏弱,有时甚至还有误导,进而呈现出高校专业技能教育对美好生活观教育的持久建设力不足。

其六是生活行为教育在其教育实践中对美好生活的长效作用需要体验,对美好生活观教育的持续贡献力不足。教育的关键是要看结果和成效,新时代美好生活观教育的成效就是要促使大学生在生活中的言行符合和满足美好生活的要求。随着时代的发展和进步,生活行为教育在家庭教育氛围中备受重视,在学校教育中也被全方位强调和要求,在社会教育中被现实生活进行全方位审视和检阅,各教育参与方都希望将生活行为教育的目标逐渐落实、落细、落小。但是,参与学生美好生活行为教育的各方并未注重教育方式上的协作,事关美好生活的教育合力并未形成。各方在教育中的标准、方式方法和要求并不一致,在大学生面对真实生活检验的时候,各方教育的长效作用被阻断,甚至产生混乱,对学生后续真实生活的指导意义大大减弱,事关美好生活的教育各方对美好生活观教育的持续贡献力不足。

综上所述受制于教育方式欠佳的影响,美好生活观教育内容的作用发挥不是很全面,教育方式对教育内容的处理还未满足个体美好生活的现实所需。从个人满足自由而全面发展的美好生活需要来看,必须包含个人发展所需要的德、智、体、美、劳等方面的内容;从社会满足人民美好生活实现需要来看,必须包含经济、政治、文化、社会和生态等"五位一体"全面发展的内容。目前,满足上述两个维度所需的教育内容正在逐步演变和拓宽,和原来一直强调的理想信念教育为根本内容，爱国主义教育为重点内容，道德规范教育为难点内容，大学生的专业教育为核心内容等方面的构成相比，已经相对比较完善；但是传输美好生活观教育内容的教育方式没能紧跟新时代做到与时俱进，教育方式如何对新时代个体和人民美好生活实现所需要面对的问题做出反应，如何积极应对的新教育内容的不断出现，如何选择恰当的教育方式开展内容全面的美好生活观教育，让新时代大学生美好生活观教育从时代所求和个人所要两个维度去满足美好生活的现实所需是需要长期研究的系统性问题。

三、教育路径选择不优造成受教育者的意愿降低

其一是美好生活观教育的路径选择不是很科学，受教育者自主自觉接受教育的内生动力还未被充分激发。美好生活观教育是学生在教育者为其创设的学习生活环境中，经过自身知、情、意、行、性等身心活动，消化吸收内外各种教育因素的影响作用以达成自我美好生活观形成和发展的过程。在教育活动中，国家、社会、学校和家庭等都是美好生活观教育施教行为的主体，而学生则是自身美好生活观形成和发展的主体，美好生活观教育的过程则是教师与学生双主体协同活动的过程，其核心目标是培养和发挥学生的主体性，激发学生自主自觉追寻美好生活的内生动力。目前，对新时代大学生美好生活观教育而言，国家、社会、学校、家庭和个人等美好生活观教育参与主体还没有完全认识到美好生活观教育对大学生成长成才的重要性。所有美好生活观教育施教主体并未从思想意识上加以重视，参与施教各方的责任尚不清楚，对参与施教各方的考核激励机制也未建立，美好生活观教育的现实路径选择随意地服务于大学生美好生活观的形成。因此，美好生活观教育施教主体的主导作用没有得到充分的激发和调动。而大学生作为美好生活观教育的受教主体，在缺乏主导作用引领的学习过程中展现出一种自发性和盲目性的学习状态，学生美好生活观得以形成的重要性未被主体充分认识，学生没有完全明白自己在教育教学过程该如何去做，学生在教育学习中的效果很难被考核和检验。因此，美好生活观教育受教主体作用没有得到充分的激发和调动。

第五章　新时代大学生美好生活观教育的调查分析

其二是美好生活观教育的路径选择不是很系统，个人美好生活观的习得中"知"与"行"的协调还存在明显分离。新时代个人美好生活观发挥作用的关键就是要实现完整正确的"知"和促成实现美好生活的"行"。马克思主义理论认为人类社会生活总是与社会生产活动的发展呈正相关，都会不断由低级向高级发展。个人美好生活观就是个体对人类社会生产中关于美好生活认识的总和，它既包含对自然界方面的认识，更包含对于整个社会方面的认识，并随时代和人类社会的发展而发展，从低级向高级、由浅入深、由片面到更多的方面，不断在发展中演进、丰富和完善。马克思主义理论还坚持"知"与"行"结合起来，认为只有社会生产和生活实践才是检验人类对社会生产和生活认识的唯一标准，即实践出真知和检验真知。个人的美好生活观的认知正确与否，必须要经过生产和生活实践的检验，自己的认知合于客观外界的规律性，则会被实践检验为正确，如果不合，就会在实践中检验为错误。然后从正确中吸取经验，从错误中取得教训，从而在现实的生产和生活实践中不断发展、丰富和完善自己对美好生活观的认知。大学生从不同的教育路径接受了来自家庭、学校和社会各方的美好生活观教育，家庭注重实际、学校注重理论，社会给予体验，他们对美好生活观的理论认识有了不同程度的提高，然而他们"知"与"行"的结合转化还存在较多问题，他们在用美好生活观指导生活实践的行动上还是缺乏具体的表现，呈现出"知"与"行"的明显分离。因此，家庭、社会和学校需要协作优化美好生活观教育的现实路径，从而增强美好生活观教育的实效性，用真实生活场域的真实生活实践促成个人美好生活观中"知"与"行"的统一。

其三是美好生活观教育的路径选择不是很灵活，还未贴合个人美好生活观形成的时代场域所需。美好生活观的教育路径是美好生活观教育活动不可或缺的构成要素，是教育实践的重要组成部分，它随教育的产生而产生，并随教育的发展而发展。美好生活观教育活动是高校通过一定的教育途径将美好生活观教育内容传递给大学生并促使其形成美好生活观的过程，同样的美好生活观教育内容采用不同的教育路径，其教育效果也会相去甚远，因此，要想达到理想的教育效果，必须针对不同的教育内容和目标选择与之适合的教育途径，促进美好生活观教育质量与效果最大化。目前，美好生活观教育活动采用的教育路径多种多样，在这些教育路径中，美好生活观教育的路径依然是把教学作为主要路径，以课外活动、社会活动、劳动活动、学生群体活动、学生日常生活（包括宿舍）活动等其他路径为辅，没有更有效的路径将美好生活观的形成过程融进真实的生活场域中去进行。现有的绝大部分教育路径让大学生所认同和秉持的生活观念还停留在别人灌输的生活经验和文化意识层面，新时代大学生美好生活观的教育途径还没有与新时代的生产力发展水平及其对人才的需求相适应，没能提供更多样的教育路径让更多的大学生有贴合他们自身美好生活向往的人生选择。整体上呈现出教育路径选择太传统和太呆板，贴合时代需要的创新性路径不足，所采用的路径灵活性不足，没能很恰当地融合进新时代美好生活的真实场域。

四、教育环境存在标准的差异造成教育协作困难

其一是社会意识形态主导的美好生活观价值取向良好态势还未形成共识。正确的新时代美好生活观评价标准必须立足于当前的社会和人民的实际需要，在既满足类群又关照个体的目标前提下进行积极建构。社会存在决定社会意识，社会意识对社会存在有能动作用，好的社会意识形态主导可以引导社会实现良性发展。新时代，我们满足类群目标需要以习近平新时代中国特色社会主义思想为指导，正确的新时代美好生活观标准就是新时代中国社会生活的基本价值，是社会意识形态主导的"灵魂"和"大纲"，是当前社会生活中思想文化及精神的统合，是新时代社会类群生活状态和发展形势的集中反映。一旦社会意识形态主导的美好生活观价值标准取向发生混乱或被否定而产生根本改变，新时代国泰民安的生活样态和发展形势就会有被颠覆的风险。美苏争霸时，西方资本主义社会意识形态破坏了苏联社会主义意识形态的一元化良好态势，从而导致苏联解体和东欧剧变的发生。目前的生活实践表明，14亿人口的多民族中国正面临复杂纷繁的国内外意识形态渗透，统一思想和凝聚共识是保证国家安全发展和社会和谐稳定的思想基础，也是人民向往美好生活得以实现的根基。但是，目前仍有部分大学生对新时代美好生活观还没有从根本上完全认同，影响了人民在美好生活方向上的统一，影响了14亿人沿着社会主义生活的共同价值追求前进，最终可能会影响14亿人民的美好

第五章　新时代大学生美好生活观教育的调查分析

生活实现。

其二是理想生活样态的美好生活观价值取向对错标准还未形成共识。新时代正确的美好生活观评价标准必须坚持以人为本，将美好的体验感真切落实到个体生活中。新时代社会生活朝着富裕、自由、平等、公正、法治、开放、和谐、共享、进步、文明又美好的方向不断前进。历史实践证明："人类社会的发展模式是多样化的，表现为一定条件下的跨越性；同时又呈现统一性、普遍性，但尽管如此，社会历史发展是一个自然历史过程，表现为不以人的意志为转移的客观规律。"[①]是否违背当下时代的社会发展规律必然成为衡量个人美好生活观价值取向对错的标准。违背社会发展规律的价值取向不能达成相应行为的目标，只有顺应社会发展规律的价值取向才能达成相应行为的目标。新时代为每位大学生提供了享有实现美好生活的机会，新时代大学生只要自己能够找准个人理想生活样态的美好生活观价值定位，发挥出自己的能力、兴趣优势，脚踏实地坚持奋斗和默默耕耘，个人理想生活样态总会实现。美好生活观中正确的价值取向是大学生向往美好生活之路的航标，指引着他们努力拼搏和奋勇向前，借助集体的支持和个人的努力去实现个人理想生活的样态和人民对美好生活的向往。大学校园的个人生活样态呈现出大学生个人理想生活样态的美好生活观价值取向多元化且良莠不齐，有的顺其自然佛系心态，有的向往极端个人主义，有的误以为自由就是生活散漫……，体现为个人理想生活样态的美好生活观价值取向对错标准还未形成共识。

其三是个人美好生活观的价值认同中的个体本位与集体本位还存在明显冲突。新时代个人美好生活观需要处理好美好生活中的个体和集体关系，处于社会主义初级阶段的新时代中国，社会生产力水平还不是很发达，党的十九大报告总结我国当前社会主要矛盾为"人民日益增长的美好生活需要和不平衡不充分的发展之间的矛盾"。社会生活中存在相应的矛盾，必然会产生一些对应问题冲突，尤其是个体和集体在生活资源分配和占有的问题冲突。中国传统文化历来强调集体优先，中华民族上下五千年的优秀文化底蕴中支持个

---

① 王伟光. 人类思想史上的新历史观[M]. 北京：人民出版社，中国社会科学出版社，2014：78.

人利益无条件服从集体利益的观点一直占主导地位，新时代的大学生都深表认同。而对外开放和经济全球化进程中的西方文化冲击则主张个体意识的觉醒，特别强调个体本位主义，倡导个体自我独立支配、自我控制发展和自我勇于实现，绝大多数的大学生也基本认同。两种文化各有利弊，各有优劣，而绝大多数大学生在头脑中并未对两种文化进行协调和选择，个人美好生活观价值认同中的个体本位与集体本位还存在明显冲突，大学生的价值取舍冲突就表现为一种任性而为，非此即彼的选择成为一种常态。马克思主义生活观讲求实事求是，要求具体问题具体分析，要运用辩证的思维做出合理的取舍，这理应成为我们弥合集体主义优先论和个人主义至上论的正确法宝。因此，高校亟须联合家庭和社会各方加强美好生活观教育，用科学的马克思主义生活观促成个人美好生活观中的个体本位与集体本位价值取向实现统一。

其四是现实社会中的"腐化"与"丑陋"对美好生活观的冲击力明显增强。新时代个人美好生活观教育中对美好生活的理想构建与现实生活还存在明显的差异，现实生活对照中"腐化"与"丑陋"的一面对美好生活目标的冲击力明显增强。人们在生活中常说："理想很丰满，现实很骨感。"尤其是身处信息社会，自媒体高度发达，现实生活中腐化堕落的个人生活和群体事件时有曝光，不良生活观念、堕落生活意识、腐朽生活思想的侵蚀通过媒介进行肆意夸大的恶性传播，这种被再次放大的后果会产生严重的群体效应，现实社会缺乏明确的美好生活观教育引导标准，未能及时对造成冲击的个人进行有效引导，致使个人美好生活观的形成迷失方向。西方的个人主义思潮和自私自利思想在真实生活中常常出现，在大学生的生活场域中，这种极度关注自我的主体意识的膨胀成了丑陋现象和事件的发生源，有的缺乏应有的道德责任感和历史使命感，有的自私自利，对家人、朋友和他人缺乏爱心，有的因正义感缺失而漠视社会不良行为发生，有的因道德滑坡而滋生社会不良道德现象。这些发生在身边的丑陋之人和丑陋之事对个人美好生活观的形成也会造成明显冲击，因现实社会缺乏有效的教育责任主体和缺少明确的教育成效评价标准，致使上述不良现象一直存在且长期得不到有效矫正，新时代大学生个人的美好生活观形成常常出现偏航和迷失。

五、教育要素发挥不力影响美好生活观形成

其一是家庭影响因素的偏差或缺失影响大学生美好生活观的根基。家庭是个人美好生活观启蒙的地方，家长是孩子美好生活观教育的第一任老师。个人在生活成长的过程中极易受到家庭环境的影响且倾向于模仿家长在生活中的言行举止。家长为孩子营造的家庭教育因素对个人的美好生活观形成至关重要，父母用自己良好的言行举止教育孩子，形成不同的家庭文化，在潜移默化中塑造个人美好生活的心灵，家长良好的生活态度会感染孩子养成良好的生活态度，家长在生活中的正确价值导向会示范和影响个人的生活价值取向。首先是父母及家庭成员在生活认知方面可能对个人认识生活产生偏差或缺失，家庭成员对生活的认知不统一、对生活的认知相对立、教育的方式有冲突，这一系列的原因都会造成孩子对现实生活的认知出现歪曲与不和谐，还会导致其形成许多错误观念，其结果必然导致大学生的美好生活观出现一些问题。其次是父母及家庭成员在情绪和情感方面呈现出的不良影响会误导孩子对美好生活观的建构出现偏差或缺失，家人的持续争吵与互相指责，会破坏孩子对生活中的情感的体验，影响个人的性格形成；家人自身的情绪经常失控会造成孩子的情绪不稳定，对生活缺乏安全感。然后是家庭物质缺乏和不和谐的其他因素往往会让个人的美好生活观产生困惑和迷茫，家庭成员对生活的消极态度会导致个人对生活的热情有所退却，容易形成消极的生活态度；家庭成员的缺失或家庭成员的经常不在场容易导致孩子的心态失衡，个人生活心理也随之渐渐变得更加敏感脆弱。最后是家庭成员的教育方式和方法不得当，未能合理把握教育方式的细节，教育方法不当，过分严厉，会让个人在成长中产生逆反心理，抗拒管束，这是滋生破坏美好生活观不良生活言行的温床。

其二是学校教育体系的疏漏或误导影响美好生活观的框架构建。学校是个人离开家庭后的第一个重要场所，学校教育的重要使命是帮助个体获取实现更好生活和更好发展的知识，培育正确的三观和形成美好生活观。学校教育是一个完整的有机体系，其中存在的一些疏漏和误导极易诱发个人生活观构建滋生问题甚至误入歧途。首先是客观存在的教育资源短缺和不均衡的事

实，这将引发部分学生无法享受到均等全面的教育资源和公平的教育成长机会，造成其对国家和社会的安全感、信任感和满意度下降，这会扭曲个人的美好生活观认知。其次是素质教育形式化，依然侧重应试教育，生活所需要的法治教育、劳动教育、德性养成教育、生活通识教育等真实素质教育还未完全落实到位，造成教育目标落实有疏漏，未能真正促进个人的全面发展，人民美好生活实现所需要的复合型人才培养目标无法实现。再次是学校教育管理存在疏漏，家校协作的责任划分和责任落实一直未能有效落地，学生不良行为的矫正机制尚未形成闭环，忽视培养学生良好生活行为习惯养成教育的现象也长期存在，学习生活中的规则教育和公平性教育执行不到位，这些都会弱化美好生活观教育的方向和成效，以至于个体美好生活观的实践检验有偏差。最后是学校教育方式方法存在误导，落后的生活教育理念脱离这个时代，呆板的教育方法和教育技巧无法有效推进学习进程，错误的教育言行沟通弱化或误导个体积极生活关系建构，势必给个人科学美好生活观的形成产生许多阻碍。

其三是社会现实问题的冲击或诱导消解美好生活观的内容。社会是个人在经历教育成长成熟后的最终生活归属场域，也是个人美好生活观形成后的应用场域和检验场域，尤其是社会现实问题对个人美好生活观的形成具有一定的冲击或诱导。社会现实问题可能会涉及个人社会生活的方方面面，对个人美好生活观的冲击也会影响到形成它的多个维度。首先是市场经济负面效应会模糊大学生的美好生活观认知，社会现实问题可能是一定阶级或阶层生活观念和生活方式的反映，体现了鲜明的阶级立场，在新时代中国是无产阶级的人民立场，在西方则是资产阶级的个人立场。大学生是思想最活跃的群体，特别关注社会现实问题，生活观念极易被个人立场所蛊惑和冲击，一旦思想受到社会现实错误立场和观念的侵蚀，大学生就会产生思想困惑，美好生活观的认知也愈加模糊。其次是社会发展矛盾凸显降低大学生的美好生活观情感认同，社会现实问题是社会变迁中的矛盾累积，是新时代社会主要矛盾的外延缩影。新时代大学生期待实现个人对美好生活的向往，但是在多元社会思潮的影响下，很容易将实现人民对美好生活向往的目标极化为自己对美好生活的向往，从而降低对新时代实现人民美好生活向往的情感认同。再次是消减大学生的美好生活观内容,大学生的美好生活观在形成过程中,社会主导的生活价值观念不断被"矮化"的、"腐化"的生活观念所冲击、抵消和否定。受此影响,部分大学生的美好生活观内容在向西方生活理念趋近,他们意识形态淡化和理想信念缺失,在社会生活中的责任感缺失。最后是极端和病态的社会现实瓦解新时代大学生的美好生活观,并导致其在美好生活追求中的行为失范,新时代大学生的社会生活经验缺乏,常常因为社会现实问题引发的丑陋生活现象,使大学生社会生活心理出现震荡、生活价值出现偏差、理想信仰出现危机,最终导致大学生正确美好生活观的形成终止。

其四是西方不良价值观的渗透消解破坏美好生活观的基础。对外开放的基本国策保持长期不变,积极参与国际交流合作使我国人民的思想越来越开放,接触到的社会思潮越来越多元化。这种长期的对外开放在为社会发展带来机遇的同时,也为西方多元文化价值观的输入提供了渠道,使社会主流意识形态所主导的价值观念面临渗透和消解的巨大风险,造成新时代美好生活观面临西方不良价值观的渗透和消解。首先,个别用心不良的国家精心包装其不良价值观念,以学生喜欢的文化形式和活动方式大肆推广其资本主义价值观等西方意识形态的内容,造成学生忘记中华优秀传统文化和社会主义意识形态的根本,盲目崇拜西方的意识形态和价值观念,造成价值认同危机。其次,西方多元文化思潮的广泛涌入,与主流意识形态既有交流交融也有交锋,如何对西方多元文化思潮进行辩证借鉴和吸纳,个别学生的价值观在此过程中面临政治观错误、人生观移位和价值观扭曲的风险。最后,西方不良价值观念多与大学生喜欢的时尚潮流相结合,与物质消费组合,与文化娱乐融合,虚伪地贴近大学生的日常生活,迎合大学生标新立异的心态;隐蔽地改变大学生的生活习惯、思想观念和价值判断,最终使大学生在物欲消费中迷失,在西方的精神文化中沉沦,丧失理想与自我,最终消解大学生原有的正确美好生活观。

其五是个人生活认知的错觉或错误影响美好生活观的方向。个人是生活的主体,个人对生活的认知是形成美好生活观的主要信息来源。新时代大学生对生活的认知主要是在大学到社会这个过渡期来完成,大学生总是主动或被动地根据他们正在进行的现实生活形成自己认可的生活观念。首先是中国的家庭教育、学校教育历来以知识教育为中心，学习成绩的好坏是主要评价标准，忽略真实生活多元发展的实际需求，对生活的认知维度比较单一，多数时间仅关注学习成绩的好坏。其次是社会教育以解决问题和行为结果为导向，历来以职位晋升快慢和物质收入的增减为成功与否的评价标准，全球化进程加速和社会全域深化改革，社会生活环境中存在开放多元的文化交流交融现象，其中的消极因素使大学生对生活的认知产生错误理解或错觉，部分学生的功利化和实用化价值取向明显、极端个人主义思想泛滥、人际关系虚化和淡化，美好生活观念认知出现偏离社会主义核心价值观主导的现象。再次是进入大学前和离开大学后的教育体系中很少涉及系统性地教育人学会如何生活的知识，高校的系统性生活教育又以大学生自我管理、自我约束和自我调节为主，但是新时代大学生目前的自治能力又略显不足，大学生个人对美好生活认知的自省和自悟能力存在明显缺失。最后是大学生的个人生活认知还缺少真实生活的检验，很多理论性的认知和观念还没有在真实的生活场域中发生过，关于个人生活的态度、生活处世的立场、价值是非的标准、生活行动的准则等方面的认知依然停留在理论层面，面对变幻莫测的真实生活环境，个人美好生活认知错觉和错误常常因虚幻生活的诱惑和错误观念的误导时时发生，最终导致大学生正确的美好生活观常常偏航。

其六是个人生活体验的差异或误判影响美好生活观的判断。生活体验就是个人从生活中获得的感觉和体会，是个人在真实生活中自发产生的一种关于生活的意识。个人生活体验好坏是检验生活美好与否的重要依据，个人的生活认识必须经受住生活实践的检验方能出真知，把自己融入生活并体验和检验生活，经过生活检验的真知方能出真行，经过生活检验后的真知才能助力个人形成正确的美好生活观，才能指导个人追寻其所向往的美好生活，过上属于自己的美好生活。首先是个人生活体验的真假、成败、得失、进退、乐悲、甜苦、轻重、大小等标准与社会意识形态主流标准存在误差，这将让个人形成的美好生活观出现偏航。其次是以偏概全，以个人生活认知的标准看待生活中的一切事情，符合个人标准的一切都好，而稍微偏离标准的就没有一点好了，就觉得完全不行，这种认知中的错误会造成个人美好生活观的错误。再次是个人生活体验中的评判标准没有尊崇新时代美好生活观的一元

第五章　新时代大学生美好生活观教育的调查分析

主导与个人美好生活观多样发展的关系，没有严格按照关于马克思主义揭示的客观规律思考问题，没有处理好大学生美好生活观的统一性和多样性的辩证关系问题，这样错误的认知评判标准最终会导致新时代大学生的美好生活观出现误读和误判。最后是对生活认知的实践评判依据主要源于个人生活体验，更多的个人生活体验是呈现为自己理想实现后的尽情欢乐和自己美好愿望成空后的闷闷不乐，将个人生活体验转化为辛劳奋斗与轻松自如、成功得意与败北失意的对比，再加之个人生活体验的成败、得失、乐悲、甜苦、大小等标准存在差异，成功是否源于奋斗、失败是否源于怠惰、满足是否源于得到、失望是否源于失去等体验的差异也将导致个人的美好生活观出现差异。

第六章　新时代大学生美好生活观教育的实施对策

新时代大学生美好生活观教育是高校落实立德树人根本任务的重要内容。它致力于引领学生坚守正确的美好生活方向，生成美好生活的愿望，培育美好生活能力，助力美好生活实践；致力于培养能传承和实现人民对美好生活向往的接班人。影响新时代大学生美好生活观教育的因素很多，结合调查发现的主要问题，针对其问题产生的关键原因，积极思考应对之策，怎样完善美好生活观的教育运行机制？如何创新美好生活观的教育方式？如何优化美好生活观的教育路径？本书基于上述思考进行了相应探索，致力于解决新时代大学生美好生活观教育现实问题和提高其教育实效性。

第一节　完善新时代大学生美好生活观教育的实施机制

教育实施机制主要是指教育实践过程中的主体机制。它是指在人类社会的教育实践活动中，影响教育实践活动的各种因素的结构、功能及其相互关系，以及这些因素产生影响、发挥功能的作用过程和作用原理及其运行方式。它是指教育实践和发展的内在功能及其运行方式，是教育实践的运行系统、活动创新系统、管理评价系统等实践过程中各环节内部以及各环节之间本质的内在的相互关联、相互制约的工作方式的总和，是决定教育实践行为的内外因素及相互关系的总称。它研究在运行过程中各教育要素之间相互联系和

第六章 新时代大学生美好生活观教育的实施对策

作用及其制约关系,是教育实践运行自我调节的方式,建立合理完善的实施机制可以使教育实践系列活动统筹协调开展,实现高效有序运行,增强教育实践内在活力和对外应变能力。

一、三位一体联合教育的外在机制

新时代的高质量发展为中华民族伟大复兴和中国人民幸福生活展现了更加确证的光明未来,人民对美好生活的需求和向往变得更加容易实现。但是,新时代的快速发展也为人们的生活带来了误导、困扰并增加了烦恼,处于复杂社会环境中的个人美好生活观极易受到来自各种因素和各个方面的影响。很显然,新时代大学生美好生活观的形成单靠学校教育发挥作用已经无法满足时代发展的需要,影响新时代大学生美好生活观的外在因素有的来自家庭、有的来自社会、有的来自学校。新时代大学生美好生活观教育本身就是一项复杂的系统工程,它需要参与教育的各方密切配合,打破各自的领域和时空界限,以家庭为基础,以学校为主体,以社会为平台,形成"三全育人"的整体教育运行机制。我们必须把家庭、学校和社会教育三者有机结合起来,充分发挥各自的优势和作用,开创"家庭—学校—社会"教育一体联合的新机制,从而增强三位一体教育机制的实效性。

个体生命和生活的开端始于家庭。人接受到最早的教育就是家庭教育,人能持续接受到的教育也是家庭教育,概言之,家庭教育是整个教育体系的重要组成部分,会一直伴随个体成长发展的一生,对个人美好生活观形成所产生的重要作用无可替代、影响久远。因此,三位一体教育机制的建构首先应该重视家庭教育为个人美好生活观形成奠基。利用家庭教育的传承性,将中华优秀传统文化中的文化精华和文明样态通过家教、家训和家文化传递给子孙后代,使好的生活意义、生活习惯、生活作风、生活习俗、生活目标、生活样态能在传承中得到发扬。利用家庭教育的持续性,从婴幼儿时期开始,在童年时期、少年时期、青年时期、成年时期、中年时期、老年时期等不同阶段,用贴合不同阶段发展所需的内容为其美好生活观的形成和调整持续护航。利用家庭教育的渗透性,将广博的生活常识、生活知识、生活技能和生活学问浸润到个人的头脑之中,使个体具备美好生活观形成的诸多实践要素。

家庭教育要重点关注个人在现实生活中的美好体验，注重围绕个体美好生活观的形成开展综合素质提升教育，加强科学的"三观"教育，从身体素质、心理素质、文化素质、道德素质和意志品质等方面去增强美好生活的建设、体验和创新能力，从而不断夯实基础和提升新时代大学生个人美好生活观水平。

个体关于生活的认识主要来自学校。个体从3岁进入幼儿园开始直到大学毕业进入社会，在长达近20年的成长关键阶段，一直在持续接受来自学校的教育，学校教育必然成为个人教育历程中的关键因素和重要内容，对个人成长起到至关重要的主导作用，甚至起决定性作用。首先，学校美好生活观教育是教育者依据社会美好生活的要求，依据学生的身心发展规律，有目的、有计划、有组织地对学生施加影响，它能帮助学生在接受教育时逐步形成自己的主体意识，在社会生活中形成具有个体自主性和独特性的美好生活观。其次，学校教育带给人的成长影响比较深刻、系统和全面，它既注重教育内容的知识体系，又注重是否符合学生的认识规律，学校教育帮助个体学习各种社会规范，掌握学习的工具、求知的手段，教会学生求知、做事、生存和生活，以培养造就社会美好生活所需要的合格建设者和接班人。再次，学校教育是专门培养人的实践活动，它是有目的、有计划、有组织地培养人的专业性实践活动，它规定着人的发展方向，具有专业的教育人员和严格的工作制度，从教会人生存开始，再到教会人求知和做事，最终目标是教人学会共同生活，最高目标是教会人追求和实现对美好生活的向往。这样的学校教育安排能确保教育实践活动的有效性，以保障能培养塑造社会美好生活所需要的全面完整的人。最后，学校教育的严密性和稳定性是其他教育体系所无法比拟的，从宏观上说，学校还有各级各类、灵活多元的教育体系结构；从微观上说，学校内又有专设的教育领导岗位和教育教学组织；它还有稳定的教育场所、稳定的教育者、稳定的教育对象和稳定的教育内容，以及稳定的教育秩序等等。上述特点保证了学校美好生活观教育实践活动目标达成的高度有效性，使它在各种美好生活观教育形态中占据主导地位，从而确保新时代大学生个人美好生活观的形成能满足新时代社会标准需要。

个体关于美好生活的体验来自社会。事实上，最早的教育形态就是社会教育。人类诞生之初，年轻一代的教育是在社会全体成员的共同劳动中，在

第六章 新时代大学生美好生活观教育的实施对策

日常社会生活中,由有经验的年长者向年轻一代传授一些简单的生产和生活的经验,或者由有生活经验的社会成员通过言传身教的方式进行的社会实践活动。随着生产力的发展和人类历史的演进,家庭和学校逐渐出现,广义社会教育中的部分实践活动因场域演变和专业演进而形成了如今的家庭教育、学校教育和狭义的社会教育。本研究的社会教育主要指狭义的社会教育,是除了家庭教育和学校教育之外的其他教育形式的总和。家庭教育和学校教育的确能很好地帮助个体形成美好生活观的理念和意识,但是只有社会教育才能让个体将美好生活观的理论与社会生活实践进行真实的联结,从而得到个体关于美好生活的真实体验,这种体验是一种活生生的现实教育。它的深刻性、丰富性、独立性、形象性远非家庭教育和学校教育可比,良好的社会教育有利于学生检验知识和获得真知、检验技能和发展能力,有利于对学生进行思想品德教育,有利于丰富学生的精神生活,有利于发展学生的兴趣、爱好和特长,为学生进一步全方位发展自己和追寻美好生活提供更多的思路。首先,新时代社会教育的自身显著特点如:统领性、终身性、重德性、广阔性、多样性、丰富性、复杂性、多变性和包容性等都将有助于社会成员美好生活观的形成和完善。其次,新时代社会教育的社会功能日趋扩大,人们将越来越多地感受到社会教育对人民美好生活的影响,感受到社会教育在提高人们美好生活水平方面所发挥的重要作用。再次,新时代社会教育对美好生活观教育工作的地位和作用已经有了新的认识,社会教育的服务对象将急剧增多,社会教育的内容将日益丰富,社会各部门都有责任和义务为社会成员美好生活观的形成提供优质教育服务。最后,新时代社会教育形式灵活,没有制度化和场域化的限制,它能直接对接社会现实生活,对个人美好生活观的影响面更广,作用更加直接,能更好地体现接受教育的公平性和自主性,更加有利于促进人的成长过程与社会现实生活接轨,能更加有效地检验个体形成美好生活观贴近新时代的真实水平。

新时代大学生美好生活观教育的三位一体外在教育机制要求学校教育、家庭教育与社会教育三个子系统在教育实践过程中相互协作和紧密关联。首先,三个教育系统的目标取向协调一致是教育实践协作的基础;其次,三个教育系统的教育内容互补和互为依托是教育实践协作的关键;再次,三个教育系统在时空上循环衔接、相互兼容、融会贯通是实现教育实践协作的条件；最后，三个教育系统既要发挥学校教育的主渠道作用、家庭教育的基础作用以及社会教育的平台和依托作用；又要使三者在实践中协调一致、取长补短，形成叠加效应，广泛开展各种教育实践合作，才能真正构建家庭、学校和社会密切配合的"三位一体"联合教育格局。

二、个人内在修德自省的内在机制

个人内在修德自省是个人美好生活观形成的关键环节，是教育灵魂之所在，它是美好生活观形成主体自觉地依据社会道德标准和个人理想生活愿景对自身的美好生活观现实状况进行自我分析、自我检查、自我评价，并通过自觉的思想观念斗争，提高自己的美好生活观现实水平的产物。从新时代大学生美好生活观教育活动的目的来看，教育实践本身就是要以激发大学生自觉形成美好生活观的主体性为目的。大学生美好生活观教育的本质是通过发展提高大学生认识生活、理解生活和追求美好生活的主体性，使其逐步地成长为自由全面发展之人，转变成为美好生活奋斗之人。在这个过程中，大学生自身是发展和转变的主体，承认并尊重和激发大学生这个主体，抓好新时代大学生美好生活观教育，面向全体新时代大学生，这是使其在教育活动中能主动进行美好生活观的自我设计、自我构建、自我省察、自我努力完善的关键。

个人内在修德自省机制的奠基从新时代大学生个人美好生活观知识体系的反省开始。马克思一直努力为全世界无产阶级谋求美好生活的核心诉求是帮助无产阶级争取经济、政治、文化、社会、生态等基本权益的回归和实现，达成人与社会、人与自然、人与人、人与自己之间的和解与和谐，最终促成人在过上美好生活的过程中实现人的自由全面发展。新时代大学生个人美好生活观的知识体系必然围绕上述目标维度而构建。首先是需要实现人的解放，并引导人在生活中实现人与自然和人类自身的和解；确立人在美好生活中的主体地位，实现人的主体价值，促进人的自由全面发展；尝试在美好生活的实现过程中学会合理地处理人与自然、人与社会以及人与人之间的关系，并合理地调节人类社会与自然世界的物质转换，从而增强人民实现对美好生活

第六章 新时代大学生美好生活观教育的实施对策

向往的知识储备自信。其次是需要理解古往今来的美好生活观是不断发展的美好生活观，新时代的美好生活观是马克思主义生活观中国化的新近表达，共产主义社会是人类社会发展的最美好的社会形态，而追寻共产主义过程中追寻和实现人自由而全面发展的状态就是人的美好生活状态，能够增强人民实现对美好生活向往的理论来源自信。最后是掌握美好生活观的基本内涵：强调人的尊严，认为自由才是人尊严的本质所在；强调社会正义，认为消除私有制、消灭剥削和劳动异化是达成社会正义的前提条件；注重普遍福祉，认为解放和发展生产力是满足人类普遍福祉的动力之源；强调平等自由，认为"每个人的自由发展"是一切人自由发展的条件，即个体美好生活自由选择的平等；从而增强实现人民对美好生活向往的价值目标自信。综上美好生活观知识体系的分析可知，新时代的美好生活不再是局限于个体或者集体的单一向度美好生活观，而是将现实个体美好生活实现融入共同体美好生活实现的整合向度美好生活观。它是马克思主义唯物史观的真实生活指导，它是新时代以人民为中心的美好生活价值多维度、多层次、结构化的总体性概念。

个人内在修德自省机制的蓄力通过新时代大学生个人美好生活观实践体验的反省维持。一切人类的认识都来源于社会生产与生活实践，实践是检验认识是否正确的最好标准。美好生活观就是一种人对美好生活的认识，检验美好生活观正确与否的最好方法就是通过真实生活的实践体验去判断。马克思主义哲学既强调实践对认识的决定作用，也强调认识对实践的指导作用。美好生活观在实践的基础上产生，生活实践对美好生活观的形成具有决定作用，美好生活观一经形成便具有了独立性，对生活实践具有指导作用。首先是通过实践检验美好生活观中的做人理念，修身养性严私德。做人讲人品，生活讲道德，这是维护社会公序良俗和营造美好社会生活环境的基本要求。私德是一种乡规民约，是对个人所设定的生活行为准则。为了人的美好生活而立私德应重视大学生的主体地位，教育内容从"细、小、实、近"等特点上着手，从生活中的一点一滴完善自己，慎独慎初慎微慎欲；教育策略是要严私德，从自我控制意识和能力的培养，强化自我约束和严格自我操守和行为；教育要求是要守住做人、做事、用权、交友的底线，守住个人安身立命的美好生活道德品性，守住自己实现个人美好生活的正确生活观。其次是通过实践检验美好生活观中的做事理念，智慧增长守公德。社会公德是社会整体利益的反映，是有关公众幸福和安宁的行为准则，它规范和调节着人们在社会生活之中的相互关系，反映了人们公共生活的道德需要。大学生作为未来美好社会生活的建设主体，他们所守的社会公德认知和社会公德行为应该是围绕时代发展的内涵所需，影响着未来美好社会生活的面貌和状态；大学生所守的社会公德必须包含社会公共生活中最基本的道德要求，决定着未来美好社会生活能否顺利实现；他们所守的社会公德应该是未来社会文明进步的标志，他们所守的社会公德必然是美好生活观的重要内容。最后是通过实践检验美好生活观中的生活理念，心灵开悟明大德。国无德不威，人无德不立，明大德是要求大学生有家国责任感，具有先天下之忧而忧和后天下之乐而乐的博大胸怀，明大德是家国安定的根基。明大德是社会的保护色，是中华民族的灵魂命脉，也是家富国强的精神源头。大学生为了实现人民美好生活而明大德，应该明白党和人民要求大学生担负起的责任；大学生明大德能点燃人民的道德热情，提升人民建设美好生活的凝聚力；大学生明大德既高屋建瓴又磅礴大气，能为实现中华民族伟大复兴提供强大精神支撑；明大德必然是美好生活观的核心内容。

个人内在修德自省机制的完善从新时代大学生个人美好生活观价值抉择的反省形成。价值抉择是衡量和判断人类行为目的正确与否的根本。马克思的生活观价值是着眼于和服务于个体、社会与人类美好生活，马克思生活观所内蕴的道德观价值也应该着眼于和服务于个体、社会与人类美好生活的实现。个人德性是私德、公德和大德在生活实践中的综合展现，个人德性的价值评判和自省目的就应该以"是否有利于着眼于和服务于个体、社会与人类美好生活的实现"为标准。首先，私德可以作为一种核心文化整合不同个体美好生活观的冲突，以求得个体美好生活观的最大公约数。亚里士多德认为良好的个人德性既是社会美好生活实现的必要条件，也是社会美好生活实现的充分条件。大学生个人的德性如何，一方面会影响他们生活观念的形成，另一方面也会决定他们生活中的实践态度、目标方向、实践选择和实践言行。新时代大学生个人美好生活观所内蕴的私德务必要以影响整合个体美好生活观的冲突为价值标准，为个体美好生活目标的实现明确方向和规划航道。其次，

第六章　新时代大学生美好生活观教育的实施对策

公德可以调整个体之间以及个体与社会之间的关系，以为构建美好生活之社会奠定基础。新时代，社会改革愈加深入，在当前社会转型特殊时期，个人和群体利益多元化，各阶层之间的美好生活目标冲突也愈发明显，公德通过向社会生活个体灌输生活的正义性，要求个体在追求自身正当利益的时候要遵循和守护社会公共利益，把人们的生活实践导入一定的秩序，保证社会美好生活发展的正确方向，加强社会生活的精神文明建设，为美好社会生活的实现共建和谐稳定社会。新时代大学生个人美好生活观所内蕴的公德务必要以实现最广大人民群众根本利益为价值标准，发挥其协调各个阶层利益冲突的功能与作用，为群体美好生活目标的实现凝聚共识和统筹协调。最后，大德可以维系一个民族、一个社会共同价值追求，具有强大的文化整合力，以为构建美好生活之国家夯实基础。习近平多次强调民族复兴的伟大梦想实现需要培养青年，也必须依靠青年，最终的实现也必须依靠一代又一代青年的接续奋斗。新时代大学生应该自觉承担为实现人民对美好生活向往的历史使命和道德责任，在生活实践中敢于担当和迎难而上。国家至上与人民至善在美好生活向往实现层面具有目标的一致性。鉴于新时代大学生所肩负的重大历史使命，新时代大学生有必要为自己的道德活动确立最高至善的准则。大道至简和大德至善在人民美好生活实现的价值标准上也具有一致性，体现了人之为人的全方位生活规定性，呈现的是各生活要素的最佳和谐状态，追求的是个人美好生活的向往、社会美好生活的实现。新时代大学生个人美好生活观所内蕴的大德务必要以实现中华民族伟大复兴梦想为价值标准，为伟大中国梦的实现提供强劲实践活力和强大精神动力。

新时代大学生美好生活观教育的内在机制必然要求大学生道德品性规范体系与时代同行，依据时代发展所需进行相应的调整和更新。既然新时代大学生个人所形成的美好生活观应该着眼于和服务于个体、社会与人类美好生活。美好生活观所蕴含的道德修养自省就应该从大学生的生活实际出发，引导大学生在现实生活实践中主动自省，最终以实现人民对美好生活的向往为归宿。以社会主义核心价值观为引领，构建回归生活世界的自省路径；以适应新时代要求为契机，形成新时代道德品性规范所需的自省路径；以融入实现美好生活向往的生动实践为举措，培养大学生德性判断和选择能力的自省路径；以社会主义核心价值观为核心，引导人们在大德、公德和私德上保持平衡，最终让美好生活观内蕴的德性自省教育源于生活、融入生活和为了美好生活。

三、生活实践体验反省的整合机制

生活实践是新时代大学生美好生活观回归现实生活，认知现实生活，融入现实生活，经受现实生活检验的重要教育过程。教育即生活，生活即教育。教育源于人追求一种更好或美好生活的动因，教育既是美好生活的一部分，还能对美好生活有所促进。习近平总书记还告诫我们："一种价值观要真正发挥作用，必须融入社会生活，让人们在实践中感知它、领悟它。要注意把我们提倡的与人们日常生活紧密联系起来，在落细、落小、落实上下功夫。"[①]生活实践体验是新时代大学生美好生活观形成、发展的根源与动力，是新时代大学生进行美好生活观自我教育的基础，是实现美好生活观有意义学习的根本途径。新时代大学生美好生活观教育要以新时代生活实践体验反省为导向，遵循新时代现实生活的实践逻辑，以大学生的现实生活为依托，在大学生复杂多元的生活观交往实践场域中，形成有效的教育统合机制。

教育主体在现实生活中创设新时代大学生美好生活观教育的生活实践体验情境。著名教育家陶行知的生活教育理论明确指出"生活即教育""社会即学校""教学做合一"，教育、生活与社会是紧密关联的，并主张把教育与生活完全融为一体，促使教育为生活服务。新时代大学生美好生活观教育更需要与现实生活和社会紧密关联，生活实践是将他们紧密关联的最好方式，也是学生正确美好生活观形成的必要环节。教育主体引导大学生形成美好生活观，在学习规范中只能实现初成，在生活实践体验中才能得到不断发展，最后在实践体验反省中才会不断加以完善，最终形成正确的美好生活观。美好生活观作为社会生活的主流意识形态，它的理论内涵高度概括又极具抽象性，生活实践体验情境的创设可使它在教育中呈现得更具体、更大众、更真实，能将美好生活观更有效转化为大学生能够认知、理解和认同的个体意识。新时

---

① 习近平. 习近平谈治国理政[M]. 北京：外文出版社，2014：165.

第六章　新时代大学生美好生活观教育的实施对策

代当下的大学生多为"00 后",他们更在意自己的生活感受和自身的实际发展,对社会主流意识形态的内容敢于质疑,是难以仅靠灌输进行"驯服"的一代。他们不再迷信权威,也不再盲从社会主流,他们更相信自己才是自己生活的主导者,从现实生活情景中学习是他们更愿意接纳和更有效的被教育方式。因此,教育主体在美好生活观教育中要积极协调各方,调动多种教育资源围绕大学生美好生活观的形成过程,搭建多维生活实践平台,采用灵活多样的教育实践方法,创设真实生活实践体验情境,帮助教育者在现实生活实践中接受美好生活观教育和检验美好生活观教育成效。

受教育主体在主动实践中生成新时代大学生美好生活观教育的生活实践情感体验。新时代大学生美好生活观教育的生活实践体验反省环节能帮助大学生从生活理论建构进入生活实践体验,在生活实践中累积直接的生活认知和生活经验、检验原有的间接生活认知和生活经验,从而在生活体验的对比中增加对原有美好生活观的真实评判,并不断更新自己的美好生活观,使其更接近现实生活本身和更满足新时代生活发展所求。美好生活观与美好生活实践本是一体两面,大学生本人就是这一体,新时代大学生的美好生活观就是指导大学生美好生活实践的行动指南,只有用美好生活观从实践的角度去理解生活,才能把握美好生活的本真。受教育主体希望"过什么生活便受什么教育;过好的生活,便是受好的教育,过坏的生活,便是受坏的教育"[①]。新时代大学生承担着实现人民对美好生活向往的历史责任,怀揣着实现自身美好生活向往的人生梦想,新时代大学生需要接受美好生活观教育,主动参与生活实践,用美好生活观指导生活实践,并生成自身的生活实践体验情感,以判断自身拥有的美好生活观是否为新时代所需要的科学正确美好生活观。因此,受教育主体需要把美好生活观主动引入自身的日常生活实践,使美好生活观与美好生活奋斗之间产生真实的联系,引导大学生运用所学习的美好生活观解决生活中的实际问题,利用所学习的美好生活观指导自身美好生活实践和奉献社会美好生活需要,并在相应的实践过程中产生独特的生活实践情感体验。让其自己感受自己的生活实践情感体验,自己评判自己的美好生

---

① 董宝良. 陶行知教育论著选[M]. 北京:人民教育出版社,1991:390.

活观，自己调整、完善和提升自己的美好生活观。

两个主体在实践体验中共同反省和完善新时代大学生美好生活观教育的统合机制。教育者既是美好生活观教育的施教主体，又是美好生活观的倡导者，还是美好生活观的引领者和践行者，要正确运用美好生活观指导自己的现实工作与生活；教育者要紧跟时代，与时俱进地研究美好生活观教育与美好生活，及时发现解决教育与生活过程中的新问题，及时适应教育与生活的新形势和新要求，做学生美好生活观形成的引导者、激励者、发现者和帮助者，做良好师生关系的构建者，在教育过程中与学生共同为美好生活而终身学习和奋斗，成为美好生活观构建队伍中的一员，做受教育者可信赖、可依靠的朋友，与受教育者共同成长。受教育者既是美好生活观教育的受教主体，又是美好生活观的形成主体，还是美好生活观承继者和创新者，要结合新时代需求，辩证传承和创新美好生活观，并以其指导自己美好生活的奋斗历程。积极发挥大学生的美好生活观教育的主动性，让其美好生活观完全融入新时代生活实践之中，感受自己和他人生活实践的真实场域，进而还能发挥同辈美好生活观之间的模仿、激励、竞争作用，促进其自身美好生活观的完善和提升。因此，美好生活观教育过程中的施教者与受教者都需要发挥彼此的主体作用，通过美好生活观接受生活实践的体验反省，共同反省和完善新时代大学生美好生活观教育的统合机制，促使彼此的美好生活观相互规定又相互影响，并持续动态生成。

第二节　改进新时代大学生美好生活观教育的实施方式

大学生作为新时代中国社会具备新技术、新思想的前沿群体、国家培养的高级专门专业人才，他们代表年轻有活力一族，是实现美好生活过程中具有开拓性的建设与创造的主力军，是推动人民美好生活更快得以实现的主要人群。高校应该整合利用个人、家庭和社会的一切资源，充分发挥学校自身的优势，在美好生活观教育过程中充分调动大学生的主观能动性，通过外在教育帮助和自我教育内化并形成新时代所需要的美好生活观。为更好地将大

第六章 新时代大学生美好生活观教育的实施对策

学生培育锻造成为美好生活不懈奋斗的主力军,新时代大学生美好生活观教育的实施要以高校"三全育人"体系为依托,以大学生思想政治教育为主导,以多维路径整合为阵地,以考核标准评价为导向,致力于培养与新时代美好生活需要相适应的建设者和接班人。

一、以三全育人体系为依托

高校作为新时代合格建设者和社会主义事业优秀接班人的培养基地,党和国家赋予高校立德树人的神圣使命。聚集校内外教育资源构建立体完整的大思政格局,建立系统化的"三全育人"体系是新形势下高校思想政治工作的重要举措。新时代大学生美好生活观教育是高校思想政治教育的重要内容,依托高校"三全育人"体系开展新时代大学生美好生活观教育,必须紧紧围绕"立德树人"这个根本任务,构建起符合新时代大学生自身发展成才的教育体系,实现全员、全程、全方位参与的美好生活观教育效果。

全员育人强调参与新时代大学生美好生活观教育主体之间的协作配合。积极调动一切教育有生力量,整合一切育人的人力资源,构建一支集以思想政治理论课教师为主体的教书育人队伍、一支以党委直接领导的管理育人队伍和一支以高校后勤服务中心为主体的服务育人队伍于一体的全员育人体系。美好生活观的理论知识和技能教育主要由教书育人队伍承担,思政课教师承担灌输和引导的主要职责,专业课教师承担启发和引导的协作配合职责,选修课等其他教师承担力所能及的协助职责;美好生活观教育的系统架构和实践管理主要依靠管理育人队伍承担,高校党委发挥美好生活观教育领导核心作用,各二级行政管理部门承担育人工作执行管理职责,全校广大教职员工共同参与配合的协助职责;美好生活观的生活教育和实践体验任务主要由高校后勤管理服务队伍承担,全校成员均以学生为中心,以美好生活观的实际行动教育、管理、服务于学生,向学生示范传递美好生活价值理念,从而提升大学生形成美好生活观的引导力。

全程育人强调新时代大学生美好生活观教育过程要有连续性和系统性。高校将新时代大学生美好生活观教育的过程作为一个系统工程,落实到大学生涯的关键阶段和每个环节,实现育人过程的有效衔接。高校要遵循新时代的育人规律和大学生的成长规律，以大学生对新时代美好生活观的学习、内化、外化和系统化作为全程育人主线，构建分阶段、有层次、有重点和逐步提升的全程育人体系。从学习阶段开始，入校以后对大学生进行美好生活观理论知识和生活技能的教授灌输和引导启发，以帮助学生记住和掌握；学习的内容需要被内化后才能被学生所认同，学习的推进阶段就是内化，以生动的生活案例分析阐述美好生活观理念和内容，以帮助学生理解和认同；认同的升级阶段就是外化，外化即是让认同的美好生活观内容影响和指导学生的美好生活言行，接受生活实践的检验和验证，以帮助学生持续生成美好生活的言行；持续地学习、内化、外化美好生活观内容，美好生活观教育进入系统化的优化阶段，以学习奠定基础，以内化把握关键，以外化检验成败，使美好生活观教育过程的连续性得到保障，持续推进使系统性也得到保障，从而持续助力大学生美好生活观系统化生成。

全方位育人强调新时代大学生美好生活观教育环境要有多维性和完整性。美好生活观教育要坚持以学生为中心的育人理念，整合学校、家庭、社会团体等各方力量，紧紧围绕校园、社会、家庭、网络搭建高校"四位一体"的美好生活观教育平台，共同建构成美好生活观全方位育人模式，并将美好生活观教育贯穿全方位育人体系，助力大学生美好生活观的形成。抓住校园课堂育人主导地位，充分发挥课堂育人作用，打造出校园一体化的美好生活观课程育人平台，充分利用校园其他育人平台和阵地，建设校园美好生活观环境文化协作育人平台；社会育人是高校美好生活观教育的延伸，高校管理部门要有效发现、利用、整合、协调好社会各方育人资源，围绕社会美好生活实践活动建立"社会大课堂"协助育人平台；家庭是培育大学生美好生活观的关键主体，父母是孩子最好的老师，高校要及时与家庭沟通和密切配合，积极搭建家校协作的美好生活观生活育人平台；网络育人打破了原有教育的时间和空间限制，充分利用美好生活观网络资源和网络载体，充分挖掘和释放育人主体和育人对象的自主性，打造美好生活观网络教育精品和构建美好生活观网络育人平台，使学生成为美好生活观自我教育的网络育人"主力军"。由此在空间上形成点面结合的全方位育人模式，从而增强大学生形成美好生活观的内生动力。

二、以思想政治教育为主导

高校是培养人德才兼备又全面发展的人才基地，大学生思想政治教育是高校人才培养的重要工作内容，它的根本目的在于提高学生认识世界、融入世界、改造世界的能力。它的过程是让学生理解知识、掌握技能、感悟生活、体验成长、筑牢信仰、感受快乐、创造美好、收获幸福。它的结果是为党和国家培育德智体美劳全面发展的美好生活建设者和中华民族复兴伟业接班人，这正好服务于新时代大学生美好生活观教育的核心诉求。以思想政治教育为主导可以主导美好生活观形成的方向，可以主导美好生活观形成的过程，可以主导美好生活观形成的结果，从而为美好生活观教育实践指明正确路径，最终保障将大学生培育成为新时代人民美好生活的追求者、建设者、奋斗者、享有者和接班人。

主导美好生活观形成方向。思想政治教育引导大学生通过能动的实践超越现实面向未来。新时代连接着过去的历史和未来的愿景，思想政治教育可引导大学生立足于新时代生活的实然状态，从观念和行动上走向未来美好生活的应然图景。思想政治教育可为引导大学生树立对世界的基本看法和观点提供正确方向标，正确把握社会发展的普遍规律和特殊形式，辩证看待人类社会发展的长期性、复杂性、曲折性和必然性，对大学生人生观、世界观和价值观的培育具有重要意义。思想政治教育引导大学生正确认识我国所处的历史方位和基本国情，树立正确的人生和社会理想，激发其对理想自我和理想社会的追求，帮助其形成正确的新时代美好生活观。思想政治教育帮助大学生正确认识美好生活观中的实然和应然矛盾，促使大学生对未来美好生活产生强烈期盼，并愿意通过不断提升自我和改造社会去成就未来美好生活的图景。

主导美好生活观形成过程。美好生活观教育具有强烈的意识形态性，它从属于和服务于思想政治教育的根本任务，也是一种为了人的活动，是一种基于实现人民对美好生活向往的教育实践活动。思想政治教育一直致力于服务人、解放人和发展人，最终目标和最高境界就是助力实现人民对美好生活的向往。思想政治教育是伴随人一生的复杂社会实践活动，它以教育人成为社会需要的人和成为更好的自己为根本任务,既具有政治属性,也兼具教育意义;它以人类生活文明成果为媒介,促成人的政治社会化发展,助力个人自由全面的成长成才;它一直关注和解决人在发展过程中遇到的矛盾问题,致力于调适个人与社会、现实与理想、理论与实践之间的冲突关系,促进个人与社会发展的有机统一,引导大学生克服"个体小我"的局限,主动融入"社会大我",并主动完善人民对美好生活向往所需的"社会之我",实现个人美好生活和人民美好生活的协同发展。思想政治教育的主导能帮助大学生正确认识美好生活观的形成必须与时代同向同行。

主导美好生活观形成结果。美好生活观教育的效果就是要培养一个又一个新时代美好生活的建设者和接班人。首先,思想政治教育可帮助大学生正确认识中国特色和进行国际比较,在实事求是的对比中识破西方"普世价值"的蒙蔽性和虚伪性,不断坚定对中国共产党的信任、对中国式现代化道路的信心、对马克思主义和共产主义的信仰。其次,思想政治教育可有效推动大学生正确"三观"和成才观的培育,助力其正确美好生活观的持续生成,对个人和人民的美好生活起到价值引领作用。再次,思想政治教育可阐释大学生的历史责任所在和时代使命担当,为大学生指明美好生活的奋斗目标,深刻理解个体的生动实践对于个人美好生活理想和人民美好生活梦想所具有的作用和意义,自觉做建设新时代美好生活的奋斗者和开拓者。最后,思想政治教育可充分激活新时代美好生活观对大学生自由而全面发展的指导作用,引导大学生在思想观念上摆脱自在自发的无视和盲动状态,趋近"从盲从到主动、从消极到积极、从自发到自为、从为己到为人"的实践行为发展,达成以美好生活观引领对现实生活的超越发展,最终在形成和完善美好生活观的过程中实现人民对美好生活的向往。

三、以多维路径整合为阵地

美好生活观教育是一个涉及面很广的系统性育人工作,它的出发点和落脚点都是对人的教育,是通过系统性教育助力学生健康成长成才,逐步形成新时代个人和社会所需要的美好生活观,并最终达到提高学生综合素质和促进学生自由而全面发展的实效。在当前的大数据时代,学生的现实生活已被

第六章　新时代大学生美好生活观教育的实施对策

信息网络所包裹，思想观念的影响因素多元复杂，思想观念的更新和变化加速，高校必须积极应对新时代的挑战，转变原有的传统育人理念，创新贴合时代和适合个人的育人多维路径，并围绕学生将多维育人平台进行系统化整合，建立美好生活观教育实践的主阵地，以提升美好生活观教育的时效性和实效性。

整合美好生活观问题发现渠道，形成信息收集平台。新时代多元信息收集渠道的传输联通机制形成了学生美好生活观问题的大数据网络，客观、多维、实时的学生信息数据为高校运用大数据平台发现和处理问题提供了精准服务，这为建成以学生为中心的信息收集平台奠定了良好基础。一是运用学生学习实践大数据，打造学生的思想、言行、德性成长信息立体视图。美好生活观教育工作者通过对学生的高考成绩、专业学习进展、社团活动情况、社会实践记录、身心综合素质等各个层面信息的数据进行分析汇总，充分利用大数据中的数据化优势，全方位生成学生美好生活观形成相关信息的立体视图。二是通过现代化服务机制收集学生生活大数据，并引导学生从美好生活服务的享有者转变为美好生活服务的提供者。美好生活观教育工作者可通过学生在学生公寓内的言行表现、生活一卡通的消费数据记录、校园场所轨迹记录、校园自助设施设备使用记录和社会活动轨迹记录等各个场域的信息数据进行分析汇总，充分利用大数据中的数据化优势，全方位生成影响学生美好生活观形成的信息来源视图。三是借助学生学习生活考评大数据，建立学生美好生活观形成过程的效果图。美好生活观教育工作者可通过各类学生证明、评奖评优证书、社会兼职评价、职业生涯规划、实习考核评价、求职意向期望等各类生活表现信息的数据进行分析汇总，建立学生美好生活观形成效果的动态发展图。立足于全方位收集美好生活观形成信息的大数据平台为高校更好地开展美好生活观教育工作提供技术支撑和决策导向。

整合美好生活观问题分析资源，形成教育应答平台。新时代大学生美好生活观问题解决的关键环节就是要系统整合教育的目的、教育的制度、教育的目标、教育的内容、教育的方法、教育的路径、教育者的能力、受教者的现状、教育的资源、教育的媒介和环境等各类教育基础信息，形成系统分析美好生活观问题成因和高效制定解决方案的教育大数据应答平台。新时代大学生美好生活观是新时代占主导地位的意识形态的集中体现,是一种科学的、正确的思想体系,它是一种系统化、理论化、中国化的马克思主义生活观。一是应答平台要形成系统化的应答理念。把新时代大学生美好生活观形成的所有教育因素、教育影响、教育内容、教育资源、教育渠道等均当作是教育实施前对教育分析、设计、准备和评价等系统应答的基础。新时代大学生美好生活观本身的系统性要求美好生活观教育本身要关注实施的整体性,充分考虑不同学段、不同学校、不同专业的差异,在遵循大学生思想政治教育工作规律的基础上,依据大学生群体的心理特点进行系统策划、组织和实施。二是应答平台要建立针对性应答机制。出于尊重大学生的个体差异、层次差异、生活差异和遵循大学生思想观念形成规律,首先针对不同差异合理制定教育目标、选择匹配教育资源、科学制定教育计划,再注意紧盯疑难问题解惑、抓住重点问题攻关、利用热点问题灌输,教育实践的针对性将重点体现在照顾教育对象和选择教育策略两个方面。三是应答平台要生成可行性的应答方案。无论是关照美好生活观教育实践的整体性还是注重教育活动的针对性,能快速高效地制定可行性的问题应答方案是建立教育应答平台的核心目标。准确研判学生现实生活中的物质生活和精神生活状况,准确分析学生现实生活和理想生活之间的矛盾,准确判定个人美好生活目标和社会美好生活目标的矛盾,立足于综合利用教育资源帮助学生化解社会的制约,为实现个人和社会美好生活的协同发展制定"因事而化、因时而进、因势而新"的美好生活观教育应答方案。

  整合美好生活观问题解决路径,形成教育实践平台。新时代大学生美好生活观的形成是个体认知、理解和接受新思想,内化新思想形成新观念,外化新观念产生新行为等完整循环的身心变化过程。利用现有教育资源、整合现有教育载体和教育路径,将每一个美好生活观教育应答方案认真践行到位是美好生活观教育成败的关键,建设更为精准化、高效化、系统化和集约化的美好生活观教育实践平台,这将成为新时代高等教育的发展趋势。一是创新美好生活观理论的传输路径,增强大学生对新时代美好生活观的认同感;二是运用多媒体等信息路径营造教育氛围,增强大学生对新时代美好生活观教育的自我代入感;三是应用多维路径突出新时代美好生活观教育内容的实效性表达和应用，提升新时代美好生活观入脑入心的时效感。四是针对教育实践过程中不同环节出现的不同问题，教育实践路径的选用要做到整体统筹和分类安排，对方案中选用教育路径做到统筹推进。五是针对教育实践过程中可能出现的问题，教育实践过程中要研判及时、精准介入和有效干预，对选用教育路径的应用过程做到动态管控。通过建构美好生活观教育实践平台，既解决现实问题又着眼于未来发展，既注重理论引导也解决实践难题，把解决大学生的美好生活观形成问题与解决现实生活问题相结合，以此提高大学生美好生活观教育工作的系统性和实效性。

四、以完善标准评价为指引

教育实践评价是指在大学生全面发展教育价值理念的指导下，依据形成新时代科学正确美好生活观的教育目标，通过使用一定的技术和方法，对所实施美好生活观教育的全部活动、过程和结果进行科学判定的过程。美好生活观教育的实践效果既关涉国家富强和民族复兴，又决定人民对美好生活的向往能否实现。如何让党和人民满意的美好生活观教育成为党在新时代凝聚人心和鼓舞民心的主阵地，用好针对教育实践的评价指挥棒至关重要。其一是明确美好生活观教育实践评价标准，有利于教育实践各环节自查探索工作中的问题和自省寻找问题对策；其二是完善美好生活观教育实践评价体系，有利于促进美好生活观教育工作质量的提升；其三是深化美好生活观教育实践评价应用，有利于新时代美好生活观教育目标任务得到更好的落实。

明确教育实践活动标准，发现美好生活观教育实践体系自身的问题。美好生活观教育是基于个人生命、立足于追求美好生活、体现人之自由全面发展目的的活动，其教育实践活动必须围绕上述价值目标的实现而设置和存在。美好生活观教育实践评价标准是美好生活观教育评价活动所需要遵循的活动准则，是对美好生活观客观教育事实的描述或对美好生活观既定教育目标达成度的认定。其美好生活观教育实践评价标准从最初的美好生活观内化知识接受度测量，到美好生活观外化行为的达成度描述，再到美好生活观内涵对人的需要的价值判断，目前发展到美好生活观基于人的发展的价值建构。不同阶段的美好生活观教育评价标准都是从教育者、受教育者、教育环境三个方面去建构和评判。教育者是否努力做好了大学生美好生活观知识内化的铺垫工作，是否创新了美好生活观行为外化的引导工作，是否成功协调化解了个人美好生活观的内外矛盾，是否唤醒了大学生主动追求美好生活而努力实现自身的全面发展；受教育者是否积极主动内化美好生活观知识，是否愿意和主动完成将美好生活观外化为行为或行动，是否积极主动协调美好生活观中涉及个人与社会的矛盾冲突，是否积极主动追求美好生活而努力实现自身的全面发展；教育环境的评价标准则主要观察其是否充分统筹教育过程中的客观因素实现相互协作与配合，是否充分助力于教育者和受教育者在以上教育过程中充分互动且有效达成相应教育目标；这样细化的各项评价指标，才能更加全面、系统、真实地展现教育实践整体状况和准确发现问题。

完善教育实践考核体系，查找美好生活观教育实践过程存在的问题。美好生活观教育实践考核体系的研究、制定和完善首先需要明确教育考核主体，通过考核体系的运用促使其尽职尽责；要关注教育实践活动的全员、全程和全域，保障教育实践活动正常有序高效开展；盯紧教育实践的关键步骤、关键方法和关键环节，督促教育者和受教育者在教育实践中保持不断优化和做到与时俱进。考核体系的建立要基于为美好生活培养奋斗者、创造者和共享者的考核价值理念，从整体出发，围绕评价标准，从考核组织结构、考核实施程序、考核基本方法及其考核结果反馈等方面建设，从"评什么、谁来评、如何评、评何用"的基本思路构成完整的有机系统。体系的建设要注重考核过程完整、内容全面、考核指标合理、考核方法科学，考核目的是助力美好生活观教育科学化、规范化和制度化。针对施教主体的考核体系必须包含教育者人员数量、学历、比例等组成概况，也包含对教育者自身综合素质的全面考察，还包含其教育能力素养水平与实践现状，关键是考核其教育实践水平和管理实效；针对受教育主体的考核体系必须包含受教育者的美好生活观知识素养基础、知识体系内化水平和掌握情况，还包含其美好生活观知识内化后的能力提升情况和外化行为表现，关键是考核其美好生活观在美好生活实践过程中体现出的大德担当、公德意识和私德体现。针对教育环境的考核体系必须包含对教育载体、教育渠道、教育方法、教育路径等的选用情况，还要包含教育实践过程中的物质环境和文化环境的营造效果，当然还应包含美

第六章 新时代大学生美好生活观教育的实施对策

好生活观教育实践过程所呈现的人际环境是否和谐美好。这样一个全方位、全过程、多角度的考核体系，既可以更加全面、系统、真实地展现教育实践整体效果，也可以更全更多更深地查找出教育实践过程中亟待改进的问题。

深化教育实践评价应用，解决美好生活观教育实践出现的相关问题。大学生是教育、科技、人才兴国的重要联结点，是未来人民对美好生活向往得以实现的中坚力量。重视和加强大学生的美好生活观教育工作，切实提高他们的新时代美好生活观素养，是中华民族伟大复兴和人民美好生活得以实现的有力保障。教育实践评价在整个美好生活观教育过程中占有重要地位，它既是完整美好生活观教育的必要组成部分，又是美好生活观教育信息反馈的基本方式之一；既为恰当评价美好生活观教育成效提供客观依据，又为进一步加强和改进完善美好生活观教育实践奠定基础。在考核评价结束后，针对考核评价中发现的各方面问题，要及时加以改正和解决，并对改正和优化过程进行监督和管理，确保新时代大学生美好生活观教育效果能够满足党和国家所需、时代所求和人民所向。教育实践前中后等不同时段的评价结果应用既可以方便教育者掌握新时代美好生活观教育各阶段工作推进的客观事实，又便于及时弥补新时代美好生活观教育过程中发现的问题不足，最大限度地发挥新时代美好生活观教育评价的育人功能。事前评价可确证筹备工作是否完备、人员认识是否准确、实施方案是否可行、保障条件是否到位等；事中评价可及时掌握教育实践过程动态，及时针对问题改进工作中的不足，确保教育实践有实效性；事后评价可对教育实践活动全程的教育影响要素进行效果评价，针对发现的问题提出可行性修正意见和建议。教育实践中的各要素评价要做到精准、全面、科学，解决宏观整体评价中发现的问题，可以保障新时代大学生美好生活观教育沿着科学、良性的方向发展；解决对教育管理主体和教育施教主体考核评价发现的问题，既要改进和优化新时代大学生美好生活观教育的理念和模式，又要提升教育者的专业性和科学性；解决对受教主体考核评价中发现的问题，既要改进受教者的学习方式方法，又要不断提升新时代美好生活观教育实践的时效性。从而不断推动美好生活观教育创新发展，扭转错误的育人导向，激活不积极的育人主体，优化不科学的育人举措，从而系统提升美好生活观教育实践工作的质量和实效。

第三节　优化新时代大学生美好生活观教育的实施路径

大学生即将成为建设新时代美好生活的主力，对大学生进行美好生活观教育，帮助他们建立正确的美好生活观是新时代中国实现人民对美好生活向往的必然要求。在新时代大学生美好生活观教育实践中，大学生对美好生活观普遍认同，但难以吸收、形成和坚守；大学生对美好生活观情感认同有余，但对理论根基认知不足；大学生对美好生活观的践行必要性普遍认同，但付诸实践行动的动力明显不足；学、知、行难以高度统一。高校要把美好生活观教育作为灵魂融入大学生思想政治教育，应抓好课堂灌输引领主渠道、融进专业成长实践大平台、利用校园文化育人多维度、发挥专家朋辈示范高效度、重视核心价值观教育统合力，使美好生活观在大学生心里落地生根，成为他们实现自己和人民对美好生活向往的精神追求和行动自觉。

一、抓住思想政治课堂灌输引领的主渠道

新时代恰逢百年未有之大变局，思想政治课教学作为培养青年全面成长的关键课程，其课程教学目的就是为党育人和为国育才，为社会可持续发展和实现人民对美好生活的向往培养合格的主力军。习近平指出："在大中小学循序渐进、螺旋上升地开设思想政治理论课非常必要，是培养一代又一代社会主义建设者和接班人的重要保障。"[①]思想政治课教学是落实党对教育工作全面领导的关键阵地，也是贯彻落实教育为党育人和为国育才的重要保证，思想政治课教学更应该对引导人向善向好向美的美好生活愿景积极响应作出贡献。为了培养新时代人民美好生活所需要的合格建设者和可靠接班人，向未来事业接班人传授美好生活经验和激励其为之而不懈奋斗，思想政治课教学要以"四应"教学目标护航青年美好生活。从情感维度激发学生生成美好生活的愿望，从价值观维度引领学生矫正美好生活的方向，从知识技能维度培育

---

① 习近平. 思政课是落实立德树人根本任务的关键课程[M]. 北京：人民出版社，2020：6.

第六章 新时代大学生美好生活观教育的实施对策

学生掌握美好生活能力,从过程方法维度助力学生参与美好生活实践。在课程准备、课程导入、课堂教学、课后实践等环节精心设计,最终引导学生成为为实现美好生活而不懈努力的向往者、追寻者、奋斗者、创造者、建设者和接班人。

首先,从情感维度激发学生生成美好生活愿望的应有之义。美好生活的社会生成是人类改造主客观世界所获得的积极成果的总和,是国家政治、经济、文化、社会和生态等方面成果的综合统一体。思想政治课教学是公民素质提升的关键性活动,能助力推进全民共建共享的美好生活的社会生成,为美好社会培育具有美好生活意识的向往者和追寻者,为美好生活输送具有美好生活意识的奋斗者和创造者。在教会学生正确处理个人与集体的关系时,要鼓励学生将个人实现美好生活的途径融入国家民族的发展之中,凭借自己的辛勤劳动去创造,在为社会和人类发展作贡献的同时,通过一点一滴的具体实践活动逐步实现个人美好生活目标。习近平指出:"在大中小学循序渐进、螺旋上升地开设思想政治理论课非常必要,是培养一代又一代社会主义建设者和接班人的重要保障。"[1]各级党委首先要保证学校的正确办学方向,掌握学校的思想政治课教学主导权,保证学校始终坚定作为培养社会主义事业建设者和接班人的阵地。人民美好生活意识培育要建立党委统一领导、党政齐抓共管、有关部门各负其责、全社会协同配合的思想政治理论课教学工作格局,推动形成全党全社会共同办好美好生活意识培育的思想政治理论课、学校组织落实好美好生活意识培育思想政治理论课、教师认真讲好美好生活意识培育的相关课程、学生积极学好美好生活意识培育相关课程。思想政治课教学要积极探索美好生活意识培育融入课堂的有效教学目标、内容、方法、途径和载体,努力争取为党和国家培养更多具有美好生活意识的建设者和接班人。

其次,从价值观维度引领学生校正美好生活方向的应尽之责。思政课教给青年人正确的美好生活意识,引导他们通过自身奋斗承担国家和民族复兴

---

[1] 习近平主持召开学校思想政治理论课教师座谈会强调:用新时代中国特色社会主义思想铸魂育人 贯彻党的教育方针落实立德树人根本任务[N].人民日报,2019-03-19(01).

的责任,将实现自己所向往美好生活的实践融入国家和民族百年复兴的伟大梦想。正确科学的三观认知是美好生活意识形成的起点,思想政治课教学的课程知识体系能引导学生形成美好生活所需的正确世界观、人生观和价值观。将美好生活意识培育作为思想政治课教学的核心内容,有助于学生树立向往至善至真美好生活的梦想。从世界观层面来说,美好生活意识即美好生活观的具体表现,是世界观的重要组成部分;从人生观层面来看,美好生活的意识是人生观最核心的生活化外延,也是帮助人寻找最理想人生方向的基础;从价值观层面来看,美好生活的意识影响人的价值观判断,是影响人面对生活时做出判断和选择的重要依据,是美好生活道路上的指南针。思想政治课教学一直承担着为社会培养合格公民的重任,在大中小学思想政治课一体化的实践过程中,个人美好德性的彰显、引领和提倡一直都在努力进行实践和探索,它既是个人美好生活意识形成的必备元素,又能促进个人美好生活意识中的优质德性实现行为外化的转变。这一转变要通过思想政治课教学课程知识体系到思想政治课教学知识体系再到美好生活引领的教学话语体系,最后转化为学生已经接收到的美好生活意识,在这一系列教学规划、准备、实践和内化的过程中让学生内心获得真知、产生真情、萌生真意、促成真信、出现真行。在思想政治课教学中培育美好生活意识要符合学生身心发展特征。这个时期的青少年思想和观念处于定型前的发展时期,具有明显的可塑性。他们既可能因为受主流美好生活意识培育变得纯真美好,也可能因缺少美好生活意识引导受不良思想的侵袭而堕入迷途自甘沉沦。因此,思想政治课教学用美好生活观念教育去增强他们热爱生活、向往美好生活的观念,把控他们生活的方向,提高其追寻美好生活的能力,继而助力其实现所向往的美好生活。这既是新时代思想政治课教学的主要任务,又是新时代青年人才培养的总要求。

再次,从知识技能维度培育学生掌握美好生活能力的应用之法。中外无数先贤追寻美好生活的实践感悟和经验都累积成世界文明传承至今,从中甄选出满足新时代美好生活所需的文明成就和经验教训,将其作为培育学生的思想政治课教学优质内容,以此来引领和助力学生的美好生活实践。思想政治课教师作为传播知识、思想和真理,塑造灵魂、生命和新人的时代先锋,

第六章　新时代大学生美好生活观教育的实施对策

要实现思想政治课教学的美好生活引导功能，就要以丰富的生活知识和明晰的生活理论回馈学生、说服学生和引导学生。增强学生热爱生命和认识生活的本能，增进学生对伟大中国和中华民族的热爱，增进学生对世界的认识和对中国道路的理解，从而认同习近平新时代中国特色社会主义思想；鼓励学生追寻美好生活，让他们在知识和理论的学习中积累成长中必需的素养，学会面对和解决生活中的问题与挑战，塑造乐观的态度，保持积极的心态，热爱祖国、关怀人民、健康成长、积极成才，促进学生真知增智，为个体实现美好生活向往奠定坚实的生活基础。习近平总书记强调，上好思政课"知识是载体，价值是目的，要寓价值观引导于知识传授之中"[①]。因此，思想政治课教学务必把当前时代所需的重要价值观念传导给学生，引领其追求美好生活，并注重把社会主义核心价值体系中的观念生动化、形象化、生活化，使每个学生都能感受、理解、领悟它，并将其内化为精神追求，外化为实际行动，这样才能在生活实践中最大限度地唤起学生对思想政治课所学价值观念的真心，促进其增行，坚定个体实现自己对美好生活向往和人民对美好生活向往的决心。习近平总书记强调："思政课教师，要给学生心灵埋下真善美的种子，引导学生扣好人生第一粒扣子。"[②]真正的信仰信念，不是停留在口头上，而是要用自己的行动乃至生命去践行。教师要用坚定的信仰和高尚的人格与德性去引领和感染学生、吸引学生；用自身的行动力和意志力感召学生、赢得学生，以教育者的实际行动和德性示范美好生活，促进学生真行增性，引领小我汇聚大我，最终助力个人美好生活实现和成就社会美好生活实践。

最后，从过程方法维度助力学生参与美好生活实践的应有之效。对人生而言，目标是航向，规划是路线，实践才是动力，美好生活的目标和规划再多，其最终实现务必要落实到行动中，即实施个人对美好生活向往的实践。对个体而言，可选择美好生活的态势多样、内容各异，学生在没有充分感受到较为丰富的美好生活样式之前无法对自己所向往的美好生活目标做出具象的描述和表达。因此，思想政治课教学要帮助学生间接或直接了解社会的不

[①] 习近平. 思政课是落实立德树人根本任务的关键课程[J]. 求是，2020(17).
[②] 习近平主持召开学校思想政治理论课教师座谈会强调：用新时代中国特色社会主义思想铸魂育人 贯彻党的教育方针落实立德树人根本任务[N]. 人民日报，2019-03-19(01).

同区域、不同领域、不同行业、不同职业、不同个体的美好生活实践概况，在教师的深入剖析和讲解之中去尽可能全面地感受新时代各行各业美好生活的共有内涵和定义，增强自己对新时代美好生活的体验与感悟；鼓励学生积极参与可能对自己人生有重大影响的社会实践活动，准确理解和判断什么是美好的正向体验和负向体验；引导学生将这些体验感悟与自己的美好生活偏好相比对与契合，学会如何去思考美好生活的问题；助力学生在未来面对美好生活目标的选定时，能自主从容选择，并在前行的道路上保持豁达的态度、愉快的心情与豁然的胸襟。思想政治课教学还可以帮助学生了解认识其自身的优缺点和个人特点及其生活偏好，并在他们充分累积美好生活体验和感悟的基础上帮助学生找准自己的美好生活目标定位；引导学生规划好学段生活，从学习计划方面帮助他们圆满完成学习任务，不断提升他们的生存学习能力；指导学生在学有余力的情况下，了解、感知、融入社会生活和认识到自身还需要尽责履行好自己的社会角色，不断提升他们的生存与生活的综合能力；鼓励学生在已经具备相应规划能力的前提条件下，制定出适合学生自己的美好生活目标规划，在学生实现该目标规划的过程中去逐步提升他们实现美好生活向往所需的能力素养；聚焦主责主业从过程方法维度助力和引领学生为实现人民对美好生活的向往而努力奋斗，促使学生在奋斗的过程中日益完善他们的美好品质德性，持续激励他们为实现人民对美好生活的向往注入源源不断的行动力。

二、融入专业理论学习和实践锻炼大平台

高校专业教育是人类美好生活的求知欲望与社会美好生活需要相遇，并诱发人类新的美好生活需要的过程。大学生既是未来人民美好生活的主体，也是自己未来美好生活的主人。习近平总书记在不同场合多次寄语青年，何以圆梦，唯有奋斗，美好生活都是奋斗出来的。将美好生活观教育融入专业理论学习和实践锻炼大平台，可以有效拓展和提升专业教育的思想性，激励大学生的奋斗意识，促使大学生勤学苦练提升专业本领，实践锻炼提升综合素养，二者协同发力，共同成就美好生活梦想。学好专业是大学生自我完善的第一要务，专业学习既包含理论知识，也包含实践技能，专业塑造了每个

人独特的思想特点，并提供给学习者一种通用的思维方式，为个体未来胜任社会职业打下基础。积极参与实践锻炼是大学生自我检验的第一平台，专业应用于社会实践锻炼能让个体与众不同，学好专业和提升综合素养既是个体未来立足社会的根本，也是未来职业生涯良性发展的源头，更是个体形成美好生活观的重要支撑，使大学生的人生更加美好。

美好生活观教育融入专业理论学习给予人创造美好生活的底气。大学的培养方案是大学生专业理论学习的重要指引，是每一名大学生进行专业理论学习的规划图。大学教育源于人的未来生活憧憬和社会现实发展需要。从理论学习的层面看，把美好生活观要求融入专业理论学习中，不仅能极大丰富专业教育的内容，也会提升专业理论学习的思想性，使专业教育变得更具有说服力，更容易被学生认知、认同和接受。首先，从专业课程的渗透开始。在专业课程教材中融入美好生活观教育，就是充分发挥专业课的价值传递功能，把专业知识传授和价值观念引导结合起来，将美好生活观的要义贯穿于专业课程学习的各个环节，将美好生活观的要求细化落实到专业教育的课程内容之中。其次，从教师的备课环节着手。教师要立足于学生的全面发展成才，结合专业特点深挖课程教材，尤其要符合美好生活观的要求，选用的专业案例和专业人物务必与大学生的美好生活需求相适应，与大学生的现实生活经验相关联，与大学生的美好生活向往相对应。选择恰当的教育方式和方法，适时实施美好生活观教育。再次，从课程的教学引导发力。专业理论课教师不仅是学生专业理论知识的传授者，更是学生美好生活的引路人。习近平总书记曾指出："广大教师必须率先垂范、以身作则，引导和帮助学生把握好人生方向，特别是引导和帮助青少年学生扣好人生的第一粒扣子。"[①]专业理论课教师在教学过程中要有效倡导大学生认同和践行美好生活观，必须遵循大学生成长的认知发展规律，采用大学生易于接受、乐于接受的方式。将新时代美好生活观积极融入专业课程教学活动，使学生成为专业课程学习的主体，努力将专业理论学习夯实为未来的美好生活之基。最后，与社会的需要有效融合。在专业理论达标的同时，更要注重培养学生高尚的职业道德，引

---

① 习近平. 做党和人民满意的好教师[N]. 人民日报，2014-09-09.

导学生进行科学的职业规划，树立正确的利益观和金钱观。学业之外是生活，我们既要重视专业对人的影响，也不能忘记活着的本质是好好生活。要特别注重培养学生的社会责任意识、敬业精神和诚信品质，塑造学生的美好生活观达成新时代社会美好生活的标准。在职业生涯发展规划时，引导学生积极践行社会主义核心价值观，坚持以诚待人、注重立德修身，争做美好生活的践行者、贡献者和守护者。

美好生活观教育依托社会实践锻炼给予人实现美好生活的信心。高校是大学生开始了解自己、认识自己、发现自己所向往生活的意义和目标的关键场所。高校除了对学生进行专业理论培训之外，还可以为学生们提供良好的实践锻炼平台，使学生将所学专业理论知识与社会实践锻炼有效结合起来，做到融会贯通，以便大学生更了解自身学习情况和社会现实需要，去判断选择的专业是否能够在社会上立足，是否可以达成自己未来美好生活的目标。大学期间的社会实践锻炼平台丰富多样，可供给学生自主地探索和实践，学习专业知识固然重要，但更重要的还是要将专业知识理论和社会实践锻炼结合起来，提升学生独立思考的方法，培养学生举一反三的能力，只有这样，大学生进入社会以后才能适应瞬息万变的生活世界。通过社会实践锻炼既可以深入理解所学专业理论知识，达到学以致用的学习效果，提升学生专业综合素养；还可以在实践过程中学会如何与人合作，接受社会生活考验和检阅，提升社会美好生活素养，培养团队精神，最终促成大学生美好生活观的自我完善。大学生美好生活观的自我完善就是一个不断依托社会实践锻炼而综合提升的过程，既需要有良好的专业技术能力托底，又必须参加一些丰富多彩的课外文化活动来提升这种素质，还应该要加强实践能力的锻炼，通过加强实践教学、专业实习，丰富社会实践的内容，在社会实践锻炼中不断提升自我，发展自我，完善自我。大学教育是人生步入社会之前的最后一次系统性学校教育，也是人生成长成才的关键阶段，更是最后一次可以拥有较高的可塑性、集中精力提升自我专业和才能的成长历程。"让大学生活对自己有价值"是每个大学生的责任，培养具备美好生活观的新时代人才是新时代高校立德树人的根本目标。大学之所以能为党和国家培养事业传承发展所需要的合格建设者和接班人，是因为高校抓住了大学生依靠专业成才的根本。从美好生活的行为养成层面看,在专业理论学习中融入美好生活观必须通过系统的专业实践活动来践行美好生活观,养成学生守护社会美好生活的意识和习惯,便于他们在未来运用正确的美好生活价值观分析和解决现实生活问题,在面临美好生活抉择时做出正确判断。也正是在这样一次又一次的社会实践锻炼中验证自己美好生活观的科学性和正确性,找准自身的美好生活方向和目标,每个人都会根据自己美好生活观的情况去判断,方向和目标的确定就在自己美好生活观的价值选择之中。因此,融入美好生活观教育指导的社会实践锻炼可以不断给予人实现美好生活的信心。

三、利用校园文化建构以文化人多维路径

校园文化是校园生活的一种群体文化,它是学校在长期办学历史过程中发展积淀而成的,体现学校办学理念、师生思想意识和行为规范的价值体系,它是学校校园生活、学习、实践等的精神和氛围的集中体现。2004年《关于加强和改进高等学校校园文化建设的意见》中明确了高校要重视校园文化在立德树人进程中的功效发挥,让大学校园成为培育大学生树立科学正确美好生活观的主要阵地。以校园文化润心、文化养德、文化导行,能够很好地启迪学生的心智,陶冶其情操,培养学生的综合素质,引导和助力大学生为追寻美好生活而全面发展。大学校园文化从来都是意识形态的"风向标",大学阶段也正是学生美好生活观形成的关键时期,面对西方多元意识形态的侵扰,利用校园文化影响的持续性、全域性、全员性做好正确舆论导向工作至关重要。大学需要从物质、精神、制度、行为和网络等方面积极建构校园美好生活的文化育人环境,创设引导学生理解、认同并践行美好生活观的育人多维路径。

美好生活观教育融入校园物质文化建设。物质文化包含两个要素——物质要素和文化要素,具有外显性和感官性。从物质文化的存在上来讲,是通过客观存在的事物和环境等载体来进行呈现,通过外部环境等载体给学生学习提供可靠的物质保障,让学生感知现代文化的浸润,自觉接受先进的思想和生活理念,主动掌握先进的科学技术来服务于生活,潜移默化地接受美好生活观的培育。校园物质文化的建设应该注重对中华优秀传统文化的传承与创新,重视对革命文化的吸收和升华,强调对新时代先进文化的融合和贡献,

充分挖掘高校自身独有的办学历史文化品格和当代独特的办学精神特质，将服务和体现新时代美好生活观作为校园物质文化建设的主题和灵魂。科学推行校园物质文化建设，提升校园文化环境的品位，创设具有丰富文化内涵的教育意蕴，需要高校从校园规划布局开始、从净化绿化着手、朝美化亮化努力，逐步形成自身独特的物质文化氛围。一是要对校园建筑和道路进行整体规划和系统布局，尤其是围绕学生学习、锻炼、生活和休闲的重点场所，无论是校园设施新建还是维护翻新，二者都需要加大投入、注重精心设计，并分步实施。布局合理的优美校园环境到处都充满了吸引力，既可以是古朴典雅，也可以是现代化气息，还可以是中外合璧，只要有利于大学生感知到新时代生活的美就都可以。二是要对校园环境进行净化和绿化，从劳动教育的环境卫生打扫和维护培育学生的劳动意识和奉献意识；从爱护花草树木，对校园生态环境进行养护和守护培育环保意识和生态意识；从而使学生自觉生成校园主人翁意识，主动建设规范、洁净、有序的校园生活环境，培育主动贡献美好生活的能力和意识。三是要对校园重点生活场域进行美化和亮化，美化是围绕教室、图书馆、食堂、寝室等重点场域打造让学生有美感的客观环境，亮化是围绕运动场、户外活动区、休闲区等场域打造有特色和亮点的客观环境；传承高校厚重的物质文化积累和设计高校自身独特的物质文化标识，让学生在生活中主动感知美、靠近美、欣赏美和创造美。

  美好生活观教育融入校园精神文化建设。精神文化是校园文化的深层结构，是一所大学的思想识别系统和思想内蕴体系，它是高校师生在校园生活过程中追求真善美统一的生活经验理论，它是师生的精神食粮，孕育师生独立生活的精神家园，决定校园师生的美好生活本质属性和影响师生乃至人民的美好生活状态。校园精神文化可以潜移默化地浸润进师生的灵魂，内化为师生的自我要求，激发师生的学习成长成才欲望，逐步引导学生形成正确的世界观、人生观和价值观，能有效整合塑造师生的正确美好生活观。高校用校园精神文化的力量，唤起人的觉悟，激发师生极大的生活热情和干劲，成为高校发展和贡献美好生活的活力之源。苏霍姆林斯基提出："用环境、用学生自己创造的周围情景、用丰富集体精神生活和一切东西进行教育，这是教育过程中最微妙的领域之一。"高校应该从精神文化载体角度出发，改善校园

第六章 新时代大学生美好生活观教育的实施对策

生活、学习和学术氛围，营造一个生命健康向上、生活服务便捷、学习环境舒适、学术气氛浓厚、思想自由开放的软环境，从而促进正确美好生活观在师生的思想层面生根发芽。一是高校要坚持围绕立德树人根本目标，深入开展理想信念教育，帮助师生树立正确世界观、人生观和价值观，扎实推进民族精神教育，坚持以社会主义核心价值体系教育为根本，大力弘扬社会主流意识形态的主旋律，以精神内核保证校园文化方向正确。二是重视"三生"教育，重视生命健康教育、注重生活习惯教育、狠抓学习习惯教育，营造优良教风、学风和校风；并对以上三风进行提炼和形塑，形成校训、校歌、校徽、校旗、校牌、校服和校史，最终升华为校园精神。三是营造和谐的校园生活氛围，坚持做好以人为本的人文管理服务，尽最大努力满足师生的优质教育管理服务需求，激发师生爱校之情。四是深入开展以社会主义核心价值观为基础的公民道德教育，帮助广大师生明辨是非、审视美丑、分辨善恶、认知荣辱，并自觉遵守社会主义公民基本道德规范，积极履行应尽义务、尽到生活多维责任，明大德、守公德、严私德，在良好道德品质基础上追求个人美好生活愿景。五是基于校情和学情为全校师生创设明确的共同愿景，教会学生正确面对现实和问题，引领正确发展和奋斗的思维方式，激励全校师生为实现共同的美好生活目标愿景而持续努力。

美好生活观教育融入校园制度文化建设。完善健全的校园制度文化是高校校园文化建设的保障系统，它包括学校累积的优良传统、得体的仪式和有效的规章制度，它主要依托于校园的规章制度建设、组织运行建设和队伍机制建设等，它是校园文化的内在机制。制度文化环境具有强制性，校园制度文化一经师生高度认同，不仅能有助于新时代大学生美好生活观的自觉形成，而且能催生高校师生主动传承的精神文化传统，是维系校园美好生活必不可少的保障机制。校园制度文化外显具有显性约束的功能，其内容的隐性育人功效具有美好生活正确导向、美好生活情操陶冶、美好生活行为规范的作用，创设一种能唤起师生向往美好生活的意愿，能激发他们追求美好生活的行为，能涵养他们内心持续为美好生活而奋斗的情感。高校校园文化建设，一是要确立制度文化为美好生活观服务的教育核心理念：教学为本，学术为根；立德树人，育人为魂；树立以服务美好生活为中心的校园文化定位；确立高校教育以教师为本、以学生为主体的教育政策导向。二是要将美好生活观的要求全面融入校园制度文化建设的要求中，赋予制度服务美好生活的色彩，将作为外在被动的制度文化转化为师生内在主动的自觉，以完整的规章制度对校园师生生活进行引导和调控。三是要将法治融入治校中，比如《民法典》等法治体现在日常生活的践行中，要在全校上下营造一种知法懂法守法的氛围，营造和谐校园师生生活关系，督促师生用法律知识武装头脑，学会维护自己的合法权益。四是要将民主融入校园生活治理中，人人平等，以学生为中心，以教师为主体，以美好生活为中心，尊重全体师生的合法权益，引领校园追求美好生活的更多的主体参与进来，创设民主的美好生活氛围。

美好生活观教育融入校园行为文化建设。校园行为文化源于教育实践中的活动文化所产生，是校风、校貌的重要体现，决定着校园文化的品质高低。习近平总书记在全国教育大会上强调："要更加注重以文化人以文育人，广泛开展文明校园创建，开展形式多样、健康向上、格调高雅的校园文化活动。"[1]美好生活观教育融入校园行为文化建设，就是将新时代大学生的美好生活观有效融入高校的系列教育实践活动，从活动文化载体的创建出发，通过创设丰富多彩的学术交流会、学术实践训练活动、学生各类竞赛创新活动、学生社会实践锻炼活动、学生职业实训实践活动、学生各类文娱实践活动，促进师生自愿共同参与到校园系列教育实践活动中，去感受、认识文化活动的魅力，深刻感知新时代大学生美好生活观的丰富内涵。把美好生活观的内涵要求作为高校师生行为的判断标准，明确什么样的行为应该被美好生活所接受，什么样的行为必须被美好生活所禁止。美好生活观不仅是一种观念、一种意识、一种思想、一种价值观上的要求，而且是一个培育和践行的长期动态发展过程。人的行为方式既是美好生活观的外化，也会反过来促进美好生活观的内化形成。一是教师必须躬身实践新时代美好生活观，树立美好生活的行为标杆，既要爱岗敬业，更要追寻更高生活目标，以美好生活观内涵带动学生成为新时代美好生活观的积极践行者。二是将美好生活观融入精心创设的

---

[1] 把思想政治工作贯穿教育教学全过程——全国高校思想政治工作会议交流发言摘编[N]. 人民日报，2016-12-09(10).

第六章 新时代大学生美好生活观教育的实施对策

活动本身,即将美好生活观贯穿于校园内外的学术、生活、文娱等系列校园文化活动,实现新时代大学生美好生活观的生活化,激发学生向往美好生活的热情和掌握美好生活的技能。三是在策划组织校园活动时,前期要做好调研,定好活动目标主旨,实施全程做好指导和监督,坚持贴近专业、贴近学生、贴近生活,在充分考虑培养人的实际需要基础上,从丰富的生活中挖掘素材,打造精品校园文化活动,不断加强文化活动的吸引力和感染力。由此支撑起美好生活观教育"内化于心,外化于行"的强大动力,使当代大学生勇敢担负起为人民实现对美好生活向往的责任,彰显其为美好生活而不懈奋斗的拼搏精神,展示其创造美好生活的行动能力。

美好生活观教育融入校园网络文化建设。新时代大学生作为网络空间的主力群体,大学生的学习、生活、社交等方式已经沉浸式融入网络,大学学习时间逐渐碎片化,大学生活泛娱乐化已成为校园生活的真实写照,校园网络已经成为新时代大学生共同的精神家园。网络正在改变人类发展的历史进程,国家于2022年8月在天津召开主题为"弘扬时代新风 建设网络文明"的大会,要求高校要肩负起新时代网络文明发展建设的历史重任,努力在网络空间讲文明、树新风、培育美好生活观,建设适应未来美好生活需要的精神氛围。习近平总书记指出:"网络空间是亿万民众共同的精神家园。……培育积极健康、向上向善的网络文化,……为广大网民特别是青少年营造一个风清气正的网络空间。"[1]高校对大学生进行美好生活观教育时不仅要建好网络、用好网络、管好网络,还要让学生们自愿进网、合理用网和主动护网,充分发挥网络文化育人优势和功能,推进美好生活观教育网络化。并通过美好生活观教育网络化引领互联网与大学生的协同健康成长。一是要搭建好校园文化网络化的虚拟空间,推进美好生活观进网络,巩固美好生活观在虚拟空间的指导地位。积极占领校园网络文化平台主阵地,让思想政治工作者主动入驻和建设校园网络文化场域,把握好网络舆论引导的时、度、效,使校园网络文化清朗起来,增强其隐性教育的吸引力和感染力。二是要遵循校园网络文化的传播规律,传播中国声音,讲好中国故事。选择符合社会和个人需要的

---

[1] 习近平. 在网络安全和信息化工作座谈会上的讲话[M]. 北京:人民出版社,2016:8-9.

主流意识形态内容，利用校园网络文化天然的吸引力，创新改进网络宣传方式方法，发挥校园网络文化传播优势，释放正能量，弘扬主旋律，大力培育和践行新时代美好生活观。三是提高网络治理能力，在保障安全的同时服务于学生健康成长成才。学校要及时更新教育理念，强化主动服务思维，对纷繁复杂的网络世界要屏蔽与疏导相结合，守护好阵地；要主动引入先进文化，实现校园文化与网络文化的融合发展，准确把握学生关心和关注的热点，积极对接学生需求，引领美好生活观的正确政治方向和价值取向；让积极健康的校园网络文化既能满足学生更好生活的需求，又能服务于大学生的自由全面发展。

四、发挥模范人物引领和朋辈示范高效度

树立各类模范一直是党和国家在群众思想政治工作中的传统和优势，是新时代思想政治教育工作的传家宝，"时代楷模""全国道德模范评选表彰活动""中国十大杰出青年""感动中国十大人物""最美人物"和"最美奋斗者"等活动的实践经验值得新时代美好生活观教育借鉴和使用。新时代的物质生活水平得到前所未有的提升，人们面对前所未有的文化多元，精神和生活极易迷茫和迷失，充分发挥美好生活观模范人物的引领作用和教育功能极其必要。无论是塑造、宣传在新时代为美好生活奋斗的模范人物，还是发现和选树优秀朋辈的美好生活示范案例，它们都是为新时代美好生活的追寻竖起了一个又一个美好生活的标杆，是对人民群众美好生活方向的指引和方法的指导。模范人物的美好生活全方位引领让人为之钦慕、动容而又令人神往，朋辈榜样的美好生活示范真实真切让人心动、认同而持续奋斗。让教育路径源于人的生活，又融入人的生活，还能再次回归人的生活能极大提升教育的实效性。

发挥美好生活观模范人物的引领作用，其本质就是树立模范的一切行为和活动都是为了美好生活目标的实现从而彰显出他们所具有的一种时代精神意识，以其广泛的美好生活认同感和扑面而来的真实性、亲和力给人们追求美好生活以精神上的鼓励和社会风尚的引领。一个美好生活观模范人物就是一本鲜活的美好生活实践教材，给人以追求美好生活的精神鼓励，给人以实现美好生活的信心动力，是架起美好生活观与人民群众美好生活向往的桥梁。

第六章 新时代大学生美好生活观教育的实施对策

美好生活观模范以其强大的影响力作用于社会现实生活，为人们提供美好生活的学习榜样，引发人们对生活问题现状和美好生活向往的思考，带动社会成员形成追求美好生活向往的美好生活观，为美好生活观的培育和践行夯实基础。一是解决好如何选树具有美好生活观的模范人物的问题。党和国家向来高度重视巩固马克思主义和美好生活观在意识形态领域的指导地位，巩固全党全国人民为实现人民对美好生活向往而团结奋斗的共同思想基础。邓小平指出："宣传好的典型时，一定要讲清楚他们是在什么条件下，怎样根据自己的情况搞起来的，不能把他们说得什么都好，什么问题都解决了，更不能要求别的地方不顾自己的条件生搬硬套。"[①]美好生活观模范的选树一定要实事求是、源于生活、符合主流、贴近群众生活实际。注意从社会各行各业发现典型来培育模范，发掘群众身边的模范，让模范更真实更立体，激励群众通过努力也能成为模范，并在模范选树中做到层层遴选、规范程序，标准考核，好中选优，从而为充分发挥模范作用奠基。二是解决好如何让选出的模范人物有更大吸引力的问题。社会生活领域广泛，各行各业的人民的美好生活观标准也略有差异，树立不同领域和不同行业的美好生活观模范，让模范来自人民群众，让模范回到人民群众中去，能拉近模范与人民群众的距离，能使更多的人民群众对模范的观念、行为、事迹与经历更加感同身受。注重对发现的各类模范进行精心培育和选树，让塑造的新时代模范人物具有时代性和群众性，宣传时才能具有感召力和影响力，力求让模范人物的事迹做到春风化雨、贴近生活、贴近群众，从而为充分发挥美好生活观模范人物的引领作用助力。三是解决好怎样让具有美好生活观的模范人物充分发挥引领作用的问题。模范作用的发挥也是一个永无止境的过程，模范人物要严格要求自己、承担好职责使命、树立好形象标杆，传递好能量价值，也要与时俱进，不断学习和反省自己，做扎根现实生活的美好生活模范。宣传美好生活观模范时，要积极和媒介沟通，加大推荐力度，增加模范人物的曝光率；不能将模范人物虚拟化、标准化、圣人化，要适度渲染美化，要回归生活现实，贴近人民群众的生活实际，使模范引领深入人心；宣传方式不能太单一，要综合运用

---

① 邓小平. 邓小平文选(第 2 卷)[M]. 北京：人民出版社，1994：316-317.

主题报告、新闻宣传、专题报道、节目访谈、公益广告等形式；宣传不能脱离群众的生活现实，通过微信、微博、QQ、抖音等新兴平台让人民群众感到模范就在身边并触手可及，模范的引领目的最终要实现美好生活的价值引领、思想引导和行为塑造。要积极改进宣传方式，充分利用新旧媒介、融媒体和自媒体，通过正向模范的引领，使理论抽象的美好生活观更加生动具体，变得可亲、可信、可行和可实践，人人向模范看齐，美好生活观深入人心，美好生活观就会真正形成。从而营造人人向往美好生活、追求美好生活和享有美好生活的良好社会氛围。

发挥美好生活观朋辈示范的高效度，朋辈榜样示范是一种无形的引导力量，朋辈教育的彼此之间具有天然的亲近性，示范交流更易产生共鸣，选树好的朋辈榜样等于插旗帜，通过宣传、表彰等舆论导向，激励广大人民群众向身边的朋辈榜样学习，产生一种生活世界的交往实践，在对话交往过程中提高思想认识和形成美好生活观，由一人影响十人，由十人带动百人，由少到多，从点到面，逐渐形成一种正向积极的美好生活氛围。青年大学生中涌现出来的朋辈榜样，有的追求理想为国为民、有的爱国爱家孝老爱亲、有的热爱学习躬耕专业、有的志愿奉献助人为乐、有的耕耘拼搏敬业乐群、有的讲求正义公平公正、有的与人为善诚实守信、有的见义勇为自修德性，他们虽然平凡，但他们一直在践行着新时代大学生的美好生活观，用自己的言行对美好生活观的真谛和要义进行了生动的诠释。他们的朋辈示范能更好帮助大学生群体把握美好生活观的言行准则和评判标准，使践行美好生活观的活动变得更加生动具体，逐渐升华为一种踏实、坚定的价值追求，有效地使广大青年学生接纳和认同美好生活观的思想、观念、体系，为美好生活观的生动实践提供指导和参照模式，最终引领大学生向美好生活前行。深入挖掘身边朋辈的优秀榜样和典型事迹，听身边朋辈讲述真人真事，接受美好生活观的熏陶和洗礼，创造美好生活要让身边人影响带动身边的人，让朋辈示范呈现美好生活观的集中表达和展现美好生活观的价值魅力，实现美好生活观教育的现实意义。一是要善于发现身边具有美好生活观的朋辈榜样，分类选拔，组建朋辈榜样团队。这些人物既是科学正确美好生活观的拥有者，也是美好生活观的践行者，他们是真善美的创造者和体现者，是我们生活中最具代表性和普遍性的"凡人善举"和"平民英雄",他们身上的朋辈示范最能贴近大学生和大学生的生活,更接地气和更易传播。二是精心把关美好生活观朋辈榜样示范的传播应用环节,精心策划,营造良好朋辈教育环境。要善于把握朋辈示范的先进属性与大学生成长成才需要的结合点,把美好生活观贯穿到朋辈榜样示范的宣传中,坚持实事求是,准确宣传,用事实说话,引导人们认知拥有和践行美好生活观的朋辈榜样事迹,使其他大学生也受到教育和激励,形成强大的美好生活观宣讲声势。三是用心创设美好生活观朋辈榜样示范教育学习研讨活动,积极示范,提高朋辈榜样教育的质量。高校要创设方式多样的学习交流活动,通过开展朋辈榜样示范座谈会、朋辈榜样学习经验交流会、朋辈榜样生活经验交流会,以及朋辈榜样示范的各类主题学习交流活动,要多渠道、多层次、全方位地开展,从而对朋辈榜样的美好生活言行及其美好生活观进行弘扬。鼓励更多优秀的朋辈榜样从生活中的学习做起、从生活中的善行做起,从生活中的德性修习,点滴美好生活言行汇成激流勇进的美好生活之势,形成美好生活的校园风尚,将高校变成践行美好生活观的最佳场域。四是建立合理的美好生活观朋辈榜样示范教育奖惩制度,全程监管,确保朋辈榜样教育的高效度。公正合理的奖惩制度是指以政府和高校主导的社会美好生活观主流价值标准,对大学生需要修习的美好生活观的不同表现所给予的反馈,选树朋辈榜样帮助大学生进一步认识当前社会中的美好生活对错标准,明白修习美好生活观应该肯定什么和否定什么,明确美好生活言行应该效仿什么和摒弃什么。为了使朋辈影响力持续发挥作用,务必要加强对教育过程的监管和引导,对大学生形成美好生活所需的意识观念和良善道德品性予以奖励,对其破坏美好生活的丑恶观念及其错误言行予以惩罚,引导大学生学会辨析美好生活观并坚持自己美好生活观选择,围绕高校美好生活观教育不断提升其教育工作的实效。

五、重视社会主义核心价值观教育统合力

新时代的信息技术飞速发展和多元文化繁荣纷呈,这既给新时代大学生进行美好生活观教育带来了机遇,又对传统的生活观教育模式提出了挑战。社会主义核心价值观是中华民族长存浩然气、富于顽强生命力的民族文化基

因。2014年5月4日,习近平总书记来到北京大学,他强调:"核心价值观承载着一个民族、一个国家的精神追求,是最持久、最深层的力量。广大青年要从现在做起,从自己做起,勤学、修德、明辨、笃实,使社会主义核心价值观成为自己的基本遵循,并身体力行大力将其推广到全社会去,努力在实现中国梦的伟大实践中创造自己的精彩人生。"[①]也直接关系人民生活幸福。面对为中华民族谋复兴和为中国人民谋幸福的伟大使命,美好生活观是让人民行动更加统合的思想之源,社会主义核心价值观是人民力量持续增加的灵魂。因此,社会主义核心价值观是新时代大学生美好生活观的关键内核,决定个人和社会美好生活的行为方式和行为选择,是个人追寻美好生活的行为先导和基础。新时代大学生个体生活观价值取向多元化,部分程度上冲击和弱化了主流意识形态的美好生活观;部分大学生获取生活信息的传播和被接收方式存在局限和缺陷,严重阻碍了大学生美好生活观的全面发展,导致大学生的美好生活观与社会主流意识形态的美好生活观离散甚至偏移。重视社会主义核心价值观教育对美好生活观教育的统合力是最佳路径选择,可以将大学生离散的美好生活观进行凝聚整合,也可以将偏移的美好生活观引向正途,还可以促进美好生活观全面发展。

围绕美好生活观的生成树立"以人为本"的社会主义核心价值观教育新理念。社会主义核心价值观精要概括并明确倡导:国家要"富强、民主、文明、和谐",社会要"自由、平等、公正、法治",个人要"爱国、敬业、诚信、友善"。"以人为本"的教育理念注重大学生的全面发展,培养自己有理想、有本领、有担当,既要为国家和社会而活,更要为自己而活,为实现自己和人民对美好生活的向往而活。树立"以人为本"的社会主义核心价值观教育新理念,以其丰富内涵帮助大学生坚定理想信念,并充实人的精神世界;以其明确的实践要求作为大学生的行为导向,并培育人的美好生活习惯;以其完整理论强化大学生的思想意识,并促进人的全面发展。教育中凸显"以人为本"教育理念,一是要切实提高教师的基本能力和素养,通过主动学习、培训和交流,

---

① 习近平. 青年要自觉践行社会主义核心价值观——在北京大学师生座谈会上的讲话[N]. 人民日报, 2014-05-05.

第六章 新时代大学生美好生活观教育的实施对策

了解社会主义核心价值观教育的先进理念和做法,提升自我的教育教学实践水平,真正做到"以学生为本",助力学生全面发展。二是要以社会主义核心价值观加强对大学生的思想引导,助力大学生树立积极向上、健康的世界观、人生观和价值观,确保大学生的综合素质的持续发展。三是要注重大学生社会主义核心价值观教育方式方法创新,必须以学生的变化为导向,更有针对性地运用多样教育方式方法,采用学生喜闻乐见的活动形式,提高社会主义核心价值观的学习效果,助力大学生创造美好生活的能力素质提高。四是要通过"以人为本"的社会主义核心价值观唤醒受教育者的主体意识,提升教育者正确的精神品位,培养全体人民的伦理道德情操,塑造适应新时代的独立美好生活观。

围绕美好生活观的生成打造"三全育人"的社会主义核心价值观教育大环境。社会主义核心价值观在大学生美好生活观的形成中具有核心地位,国家再怎么重视和加强对大学生进行社会主义核心价值观的教育都不为过。影响大学生社会主义核心价值观的形成因素具有多变性和复杂性,大学生社会主义核心价值观的形成具有长期性和系统性,高校必须为此打造"三全育人"的社会主义核心价值观教育大环境。一是高校要主动整合家庭、社会、学校等各方的教育资源,优化教育环境,形成教育合力。二是要主动构建内容完善、标准健全、运行科学、保障有力、成效显著的高校思想政治工作体系。三是高校要建设全员、全过程、全方位育人的育人体系,以培育大学生社会主义核心价值观固本,以服务实现人民对美好生活的向往为魂,着力培养全面发展的时代新人。四是高校要合理应用"三全育人"的大环境体系,以明确的育人目标,把握好大学生的价值观形成方向;以整合的育人资源,有系统性地创设高效的育人氛围;以恰当的育人方法,有针对性地服务学生价值观形成过程;以创新的育人机制,实现好社会主义核心价值观教育服务大学生美好生活观的形成。

围绕美好生活观的生成建立"实践规范"的社会主义核心价值观教育多维路径。社会主义核心价值观的树立与培育,既要靠教育灌输,又要靠自主探索,更要靠实践体验。习近平总书记也指出:"道不可坐论,德不能空谈。于实处用力,从知行合一上下功夫,核心价值观才能内化为人们的精神追求,外化为人们的自觉行动。"①高校是大学生意识形态教育的重要场所,高校要利用各种时机和场合,创设多维路径形成有利于培育和弘扬社会主义核心价值观的生活情境和社会氛围,使社会所提倡的"实践规范"对大学生的影响像空气一样无所不在、无时不有。一是利用好课堂教学主阵地,并坚持将课堂教学与课外教育相结合。通过课堂教学可以更系统地将社会主义核心价值观内容传授给大学生,也是社会和学生本人都比较习惯和认同的一种教学模式。而课外教育则是课堂教学的强化、固化,还能对课堂内教学缺失的内容做有益的补充,从而帮助大学生具备指引"实践规范"的扎实理论基础。二是营造好校园文化育人大环境,坚持通识教育与主题教育相结合。通过文化熏陶和制度保障促成学生的社会主义核心价值观"实践规范"养成,并自觉外化为人民的自觉行动,从而在实践过程中内化为人们的精神追求。坚持以社会主义核心价值观引领校园文化实践的发展,充分发挥校园文化实践的隐性教育功能,使育人大环境里的通识教育与课堂教育主阵地主题教育相辅相成、相互补充,从而激发大学生体验"实践规范"的文化生活实践意愿。三是建立全方位多领域的劳动实践教育平台体系,坚持日常教育与榜样引领相结合。通过劳动实践教育深化大学生对实现美好生活的科学认知,并改善其劳动精神面貌,帮助其矫正劳动价值取向和提升其劳动技能水平;使学生明白美好生活的实现不是天上掉下来的,它是一代又一代的劳动人民用勤劳、智慧、勇气干出来的。通过创新劳动实践路径,激发和调动学生用劳动创造美好生活的激情和热情,在提升自己劳动能力水平的过程中获得成就感、满足感和幸福感。并运用媒体的传播讲好劳动故事和传播劳动文化,发挥典型引领、榜样示范作用,使学生耳濡目染,感同身受,形成正确健康、积极向上的舆论导向,使劳动创造美好生活的观念润物细无声、入脑又入心。利用劳动实践教育打造社会主义核心价值观培育的养成机制,让美好生活观的树立与培育既融进日常教育灌输,也依靠榜样教育引领,更能在劳动实践和生活体验中升华。四是注重对学生生活的长期关怀和直接指导,坚持关心关爱和制度引导

---

① 习近平. 青年要自觉践行社会主义核心价值观:在北京大学师生座谈会上的讲话[J]. 人民教育, 2014(10): 6-9.

相结合。大学生面对纷繁复杂的生活世界，现实生活难免会遇到问题和困扰，人生理解易出现迷茫和困惑，这些都需要得到及时的帮助和疏导，使其真切感受到社会主义核心价值观的影响和关爱实实在在地存在着。身边人在生活中的言行处处遵循着社会主义核心价值观的基本要求，从而促使大学生将社会主义核心价值观带来的感受和感动内化于心，铸就美好生活观的价值内核；身边法德双修之人的德性彰显着新时代美好生活观的魅力，从而促使大学生将新时代美好生活观的理念和内涵内化于心，将美好生活的实践规则和要求外化于行；由此，依托社会主义核心价值观教育将散在的美好生活观统合起来，并持续进行完善和系统性优化，最终形成贴近新时代社会所需和个人生活所要的新时代美好生活观，真正为大学生追寻和实现美好生活提供方向指引、思想引领和行动指导。

结 语

美好生活观教育：一个面向未来并不断发展的美好生活追寻过程进入新时代，当代中国大学生生逢盛世，肩负时代使命，迎来实现个人对美好生活向往的最佳时机，也是能实现个人自由全面发展的最好阶段。站在新的历史节点，恰逢"世界百年未有之大变局"和"中华民族伟大复兴战略全局"，党和国家希望高校能在教育、科技、人才方面作出重要贡献。美好生活视域下的思想政治教育需要及时关注和回应时代、社会和个人的需要，为党育人和为国育才，积极推进美好生活观教育是一个向未来敞开并不断生成的教育过程，它是培养实现人民对美好生活向往的践行者和创造者的最好教育方式。

（一）研究结论

伟大的时代呼唤伟大的教育，关于新时代大学生美好生活观教育的研究恰逢其时，需要在新时代的呼唤下和在马克思主义中国化的最新理论指导下与时俱进地进行推进。本研究以"新时代大学生美好生活观教育"为研究主题，为破解当前大学生价值观教育的困境，探索并建构有效的美好生活观教育理论框架、实践遵循和实施对策，以此助力提高新时代高校立德树人的针对性和实效性。

对大学生进行美好生活观教育，是当代中国特色社会主义意识形态建设和实现人民对美好生活向往的内在要求，也是新时代高校担当培养"美好生活建设主体"历史使命的重要举措。当代青年大学生是人民对美好生活向往得以实现的生力军，在当前社会思潮多元、思想文化丰富和意识形态多样的时代背景下，对大学生进行美好生活观教育显得尤为必要而迫切。以新时代美好生活观塑造为核心的大学生美好生活观教育成效不仅影响着青年大学生的健康成长和未来人民美好生活的实现,还深刻影响世界百年未有之大变局的最终走向,直接影响中华民族伟大复兴全局事业能否实现,更关系到国家、民族的前途命运。新时代,人民实现美好生活向往既面临新机遇也遭遇新挑战。新的历史方位,新的奋斗目标,人民对美好生活的新需求需要新的美好生活观加以引导,并指导自身的美好生活实践,既贴近社会现实条件又符合时代发展潮流。在大学生美好生活观教育过程中,注重以新思想和新论述不断丰富美好生活观的理论语境和内涵特质,抓好新时代大学生美好生活观教育工作,在顺应时代要求和个人发展需求的前提下,落实高校立德树人根本任务和助力实现人民对美好生活向往的奋斗目标。

本研究在梳理新时代美好生活观教育的出场背景、源流演变和内涵特质的基础之上,重点研究新时代大学生美好生活观教育的价值阐释、目标厘定和内容梳理。着力为新时代大学生美好生活观教育实践引入系统性的科学指导思想,实践理论中以马克思列宁主义经典文本的教育思想为指导,时代现实中以习近平新时代中国特色社会主义思想为指导,教育实践活动中以古今中外教育文化科学中的先进思想为指导;并认真梳理和积极传承中外思想政治教育工作所应遵循的基本原则,再通过问卷调研将新时代大学生的美好生活观及美好生活观教育的现状、特点和问题成因分析认识准确,最后基于问题现状探索建构新时代大学生美好生活观教育的运行机制、路径铺设和实践方略。尝试构建三位一体联合教育外在机制、个人内在修德自省机制和生活实践体验反省统合机制,在策略上以高校"三全育人"体系为依托、以大学生思想政治教育为主导、以多维路径整合为阵地和以评价考核标准为指引,注重教育理论与实践相结合的研究取向,在实践中系统创设多维路径,营造新时代大学生美好生活观教育实践的良好氛围,助推高校落实美好生活观教育任务。

(二)研究不足

第一,理论研究有待提升。由于本选题涉及研究热点,关系生活全域,理论性和实践性要求都很高,本人在课题研究时总有一种力不从心之感。本研究立足于思想政治教育学科视域下,结合教育学、社会学等相关学科理论,将大学生美好生活观教育问题从思想政治教育整体中单列出来进行研究、探讨，试图厘清新时代美好生活观教育的出场背景、理论语境和内涵特质，在教育理论框架探索、实践遵循建立和实施对策思考上有所创新，为高校美好生活观教育实践提供参照。但限于笔者的学识能力，尚不能从更高、更全面的理论层次和研究水平对理论进行提炼和架构，今后还需要继续努力提升。

第二，调查研究有待深入。调查研究问卷的设计过程中尽量做到了科学规范，但是受制于要调研的内容覆盖面过多过广，尽管在调查前期搜集了丰富的资料，通过访谈预实验后制作了比较规范的问卷，请教相关学科专家把脉，并结合专家意见和预调研中发现的问题对调查问卷进行了科学检测和修正完善，但预调研范围小样本单一，调查问卷的编制仍有待进一步规范。在调查问卷发放的过程中，抽样预设样本选取量偏小，问卷引流量不足，填写率不高，受调查者仅填写问卷2117份，最终有效问卷仅为1587份，样本代表性和典型性不足，后续调查研究应考虑扩大调查范围、增加样本容量。

第三，实践研究有待完善。新时代大学生美好生活观教育研究本身就是一个实践指向性比较强的选题，尽管笔者具有高校思想政治教育实践经验，也搜集了大量的教育实践资源和资料，但是研究过程中的理论与实践相结合的研究方法仅进行了以往实践经验提取和未来实践方案预设，未能有效接受系统性全方位教育实践的检验，受时间和精力的限制，未设置实践对照试验，在实践研究的科学性方面还可以更加规范，这需要在后续研究中逐步完善和提高。

（三）研究展望

新时代大学生美好生活观教育已经成为社会和高校研究、探讨的热点和重点课题。新时代以来，党和国家领导人在多个场合多次强调："人民对美好生活的向往就是我们的奋斗目标"，培养实现人民对美好生活向往的合格建设者和接班人已经成为高校落实立德树人的根本任务。抓好新时代大学生美好生活观教育已经成为"为党育人、为国育才"这一根本任务的突破口。目前，学界对新时代"美好生活"理论语境、基本内涵、时代意蕴的研究成果日渐丰富，为持续研究提供了丰富的学术资源和研究方法。再有，党和国家高度重视大学生的思想政治教育工作，高校的思想政治教育工作已经成为新的研究热点,从学科视域下为持续研究提供了新的思路和视角。新时代大学生美好生活观教育研究是一个崭新的课题,它的相关理论研究和教育实践需要经历一个系统、长期的探索过程,需要全社会各领域高度重视,还需要更多的研究者来支持关注和参与实践,最终促成教育理论研究和教育实践形成合力,使新时代大学生美好生活观教育取得更好的研究成果和实践效果。这也将是本课题今后进一步深化研究的方向。

参考文献

著作类

[1]马克思恩格斯选集(第1～4卷)[M].北京：人民出版社，2012.

[2]列宁选集(第1～3卷)[M].北京：人民出版社，1995.

[3]毛泽东选集(第1～4卷)[M].北京：人民出版社，1991.

[4]邓小平文选(第1、2卷)[M].北京：人民出版社，1994.

[5]江泽民文选(第1～3卷)[M].北京：人民出版社，2006.

[6]胡锦涛文选(第1～3卷)[M].北京：人民出版社，2016.

[7]胡锦涛.坚定不移沿着中国特色社会主义道路前进 为全面建成小康社会而奋斗——在中国共产党第十八次全国代表大会上的报告[M].北京：人民出版社，2012.

[8]习近平.在庆祝"五一"国际劳动节暨表彰全国劳动模范和先进工作者大会上的讲话[M].北京：人民出版社，2015.

[9]习近平系列重要讲话读本[M].北京：人民出版社，2016.

[10]习近平.决胜全面建成小康社会 夺取新时代中国特色社会主义伟大胜利——在中国共产党第十九次全国代表大会上的报告[M].北京：人民出版社，2017.

[11]习近平新时代中国特色社会主义思想三十讲[M].北京：学习出版社，2018.

[12]习近平总书记教育重要论述讲义[M].北京：高等教育出版社，2020.

[13]习近平谈治国理政(第1～4卷)[M].北京：外文出版社，2014、2017、

2020、2022.

[14]习近平新时代中国特色社会主义学习纲要[M].北京：人民出版社，2019.

[15]习近平.高举中国特色社会主义伟大旗帜 为全面建设社会主义现代化国家而团结奋斗——在中国共产党第二十次全国代表大会上的报告[M].北京：人民出版社，2022.

[16]中华人民共和国简史[M].北京：人民出版社，当代中国出版社，2021.

[17]社会主义发展简史[M].北京：学习出版社，人民出版社，2021.

[18]中国共产党简史[M].北京：人民出版社，中国党史出版社，2021.

[19]改革开放简史[M].北京：人民出版社，中国社会科学出版社，2021.

[20]党的十九届六中全会《决议》学习辅导百问[M].北京：党建读物出版社，学习出版社，2021.

[21]中共中央宣传部.在纪念马克思诞辰200周年大会上的讲话[M].北京：人民出版社，2018.

[22]教育部课题组.深入学习习近平关于教育的重要论述[M].北京：人民出版社，2019.

[23]中共中央文献研究室.十八大以来重要文献选编(上中下)[M].北京：中央文献出版社，2014、2016、2018.

[24]中共中央文献研究室.十九大以来重要文献选编(上)[M].北京：中央文献出版社，2019.

[25]中共中央文献研究室.习近平关于青少年和共青团工作论述摘编[M].北京：中央文献出版社，2017.

[26]《思想政治教育学原理》编写组编.思想政治教育学原理(第二版)[M].北京：高等教育出版社，2018.

[27]陈万柏，张耀灿主编.思想政治教育学原理(第三版)[M].北京：高等教育出版社，2015.

[28]袁贵仁.马克思主义人学理论研究[M].北京：北京师范大学出版社，2012.

[29]孙正聿.人的精神家园[M].南京：江苏人民出版社，2013.

[30]顾海良,王越.道路制度理论体系——中国特色社会主义基本理论[M].武汉:武汉大学出版社,2014.

[31]刘同舫.马克思人类解放理论的演进逻辑[M].北京:人民出版社,2011.

[32]艾四林,王明初.社会主义主流意识形态与当今中国社会思潮[M].北京:人民出版社,2014.

[33]艾四林.社会主义核心价值观与大学生思想政治教育研究[M].北京:中国文史出版社,2015.

[34]于晓权.马克思幸福观的哲学意蕴[M].长春:吉林大学出版社,2008.

[35]马俊峰.真正的政治:回答一种美好生活方式:法拉比政治哲学研究[M].北京:中国社会科学出版社,2013.

[36]何玲玲.马克思人的发展与社会发展关系理论研究[M].北京:人民出版社,2014.

[37]伍揆祁.思想政治教育人文关怀论[M].北京:中国社会出版社,2007.

[38][加]克里夫·贝克.学会过好生活:人的价值世界[M].詹万生等译.北京:中央编译出版社,1997.

[39][美]德尼·古莱.残酷的选择:发展理念与伦理价值[M].高铦,高戈译.北京:社会科学文献出版社,2008.

[40][法]吕克·费希.什么是好生活[M].黄迪娜,吴晓斐译.长春:吉林出版有限责任公司,2010.

[41][美]布鲁姆.人应该如何生活:柏拉图《王制》释义[M].刘晨光译,北京:华夏出版社,2015.

[42][英]马丁·雅克.大国雄心:一个永不褪色的大国梦[M].北京:中信出版社,2016.

[43]江畅.新时代中国幸福观[M].北京:新华出版社,2021.

[44]顾燕峰.马克思生活观及其当代价值[M].上海:上海社会科学院出版社,2021.

[45]肖冬梅.马克思美好生活观及其当代启示[M].天津:天津人民出版社,2021.

[46]王治东,陈学明.美好生活论[M].北京：人民出版社,2020.

[47]戴木才等.实现人民美好生活之道：中国式现代化道路[M].北京：人民出版社,2022.

报刊文章

[1]胡锦涛.坚定不移沿着中国特色社会主义道路前进,为全面建成小康社会而奋斗[N].人民日报,2012-11-09.

[2]习近平：在实现中国梦的生动实践中放飞青春梦想,在为人民利益的不懈奋斗中书写人生华章[N].人民日报,2013-05-05.

[3]习近平.胸怀大局把握大势着眼大事,努力把宣传思想工作做得更好[N].光明日报,2013-08-21.

[4]习近平.把培育和弘扬社会主义核心价值观作为凝魂聚气强基固本的基础工程[N].人民日报,2014-02-26.

[5]《习近平接受俄罗斯电视台专访》[N].人民日报,2014-02-09.

[6]习近平.青年要自觉践行社会主义核心价值观——在北京大学师生座谈会上的讲话[N].人民日报,2014-05-05.

[7]习近平.在网络安全和信息化工作座谈会上的讲话[N].人民日报,2016-04-26.

[8]习近平.在哲学社会科学工作座谈会上的讲话[N].人民日报,2016-05-19.

[9]习近平.把思想政治工作贯穿教育教学全过程,开创我国高等教育事业发展新局面[N].人民日报,2016-12-09.

[10]习近平.动员社会各界广泛参与家庭文明建设,推动形成社会主义家庭文明新风尚[N].光明日报,2016-12-13.

[11]习近平.中共中央关于制定国民经济和社会发展第十四个五年规划和二〇三五年远景目标的建议[N].人民日报,2020-11-04.

[12]习近平.敏锐抓住信息化发展历史机遇,自主创新推进网络强国建设[N].人民日报,2018-04-22.

[13]习近平.在北京大学师生座谈会上的讲话[N].人民日报,2018-05-03.

[14]习近平.举旗帜聚民心育新人兴文化展形象,更好完成新形势下宣传思

想工作使命任务[N].人民日报,2018-08-23.

[15]习近平.坚持中国特色社会主义教育发展道路,培养德智体美劳全面发展的社会主义建设者和接班人[N].人民日报,2018-09-11.

[16]习近平.在纪念"五四运动"100周年大会上的讲话[N].人民日报,2019-05-01.

[17]习近平.在"不忘初心、牢记使命"主题教育总结大会上的讲话[N].人民日报,2020-01-09.

[18]习近平.用新时代中国特色社会主义思想铸魂育人,贯彻党的教育方针落实立德树人根本任务[N].人民日报,2019-03-19.

[19]中办国办印发《关于实施中华优秀传统文化传承发展工程的意见》[N].光明日报,2017-01-26.

[20]中共中央、国务院印发《中长期青年发展规划(2016—2025年)》[N].人民日报,2017-04-14.

[21]顾海良.马克思的"美好生活"观[N].中国社会科学报,2018-04-27.

[22]江畅.人民美好生活的内涵及实现条件[N].光明日报,2017-12-15.

[23]郑永安.发挥思政课立德树人的关键作用[N].光明日报,2019-05-28.

[24]罗碧琼,唐松林.新时代美好生活的变与不变[N].光明日报,2021-10-25.

博士论文

[1]杨进.论美好生活与学校教育[D].东北师范大学博士学位论文,2009.

[2]朱晨静.当代日常生活视域中社会主义核心价值体系认同研究[D].苏州大学博士学位论文,2012.

[3]柏路.大学生马克思主义幸福观教育研究[D].东北师范大学博士学位论文,2014.

[4]孙祺.好生活的理解与建构——对共产主义作为一种生活理想的理解[D].吉林大学博士学位论文,2017.

[5]任小琴.当代中国大学生幸福观养成教育研究[D].电子科技大学博士学位论文,2019.

[6]马纯红.新时代"美好生活"研究[D].湖南科技大学博士学位论文,2020.

[7]王桂敏.马克思生活世界理论视域下价值观教育研究[D].陕西师范大学博士学位论文,2020.

[8]时伟.新时代中国共产党美好生活思想研究[D].华东师范大学博士学位论文,2021.

[9]甄晓英.马克思美好生活观研究[D].兰州大学博士学位论文,2022.

[10]刘耀煊.新时代人民美好生活需要研究[D].哈尔滨师范大学博士学位论文,2022.

期刊论文

[1]陈忠.马克思生活哲学的三重内涵——马克思"原点语境"中的"生活哲学"[J].社会科学战线,2005(6).

[2]鹿林.论人的生活世界[J].哲学研究,2007(9).

[3]曹刚.美好生活与至善论[J].伦理学研究,2019(2).

[4]李雨燕."美好生活"的历史唯物主义透视[J].武汉大学学报(哲学社会科学版),2019(3).

[5]邱耕田,王丹.美好生活的哲学审视[J].北京大学学报(哲学社会科学版),2019(1).

[6]项久雨.新时代美好生活的样态变革及价值引领[J].中国社会科学,2019(11).

[7]李志.中国式美好生活的哲学解读[J].吉林大学社会科学学报,2018(6).

[8]龙柏林.《共产党宣言》与美好生活的实践[J].世界社会主义研究,2018(6).

[9]董辉,袁祖社."美好生活"的理想及其生存论人学逻辑——马克思发展价值观实践变革的实质[J].中国高校社会科学,2019(1).

[10]黎琼锋.从现实生存到价值生存——教育提升人性之意义探寻[J].现代教育管理,2011(8).

[11]李铭,汤书昆.马克思生活哲学视域下的"美好生活方式"[J].学术界,2018(11).

[12]李明.人民对美好生活的向往就是党的奋斗目标[J].人民论坛,2018(33).

[13] 强以华. 论人的美好生活[J]. 华中师范大学学报（人文社会科学版），2019(2).

[14] 邵广侠. 道德教育要引导人过上美好生活[J]. 云南社会科学，2005(3).

[15] 武素云，胡立法. 人民美好生活需要的三重追问[J]. 思想理论教育导刊，2018(08).

[16] 龚天平. 美好生活的基本元素[J]. 南通大学学报（社会科学版），2020(4).

[17] 刘须宽. "量""质""时""雅""界"人民期盼的美好生活，要从这五个字上下功夫[J]. 人民论坛，2018(11).

[18] 张三元. 论美好生活的价值逻辑与实践指引[J]. 马克思主义研究，2018(5).

[19] 韩喜平. 满足人民美好生活需要的理论指南[J]. 思想理论教育导刊，2018(1).

[20] 喻文德. 新时代美好生活的基本价值意蕴[J]. 兰州学刊，2020(6).

[21] 沈湘平，刘志洪. 正确理解和引导人民的美好生活需要[J]. 马克思主义研究，2018(08).

[22] 桑玉成. 论人民美好生活需要之制度供给体系的建构[J]. 武汉大学学报（哲学社会科学版），2018(2).

[23] 王习胜. 美好生活的文化需要：新时代文化建设的基本视点[J]. 中国特色社会主义研究，2018(3).

[24] 石若坤. 美好生活、道德契约与公民道德建设的内在维度[J]. 福建论坛（人文社会科学版），2017(12).

[25] 王丽萍. 论美好生活之伦理意蕴[J]. 伦理学研究，2018(6).

[26] 曾琰. 美好生活构建中需要的规范性问题及其破解：以历史唯物主义"需要"的规范性生成为依据[J]. 宁夏社会科学，2018(6).

[27] 范慧，彭华民. 美好生活需要与社会福利制度创新论析[J]. 安徽大学学报（哲学社会科学版），2019(2).

[28] 周亚平. 美好生活研究的理论视角与实践议题[J]. 西南民族大学学报（人文社科版），2019(4).

参考文献

[29] 武潇斐. "美好生活"的构成要素、内在规定与创造路径——基于《1844年经济学哲学手稿》的释读[J]. 中共福建省委党校学报, 2018(4).

[30] 时伟, 刘焕明. 美好生活需要的生成机制与实践价值[J]. 学校党建与思想教育, 2018(11).

[31] 袁富民. 美好生活需要：基于马克思人的本质理论的考察[J]. 中南民族大学学报(人文社会科学版), 2019(2).

[32] 张卫伟, 王建新. 美好生活的多重价值内涵及其现实构建[J]. 思想理论教育, 2018(4).

[33] 郑功成. 习近平民生重要论述中的两个关键概念——从"物质文化需要"到"美好生活需要"[J]. 人民论坛·学术前沿, 2018(18).

[34] 曾琰. 美好生活构建：前提性依据与现实性方案[J]. 思想理论教育, 2018(5).

[35] 汪青松, 林彦虎. 美好生活需要的新时代内涵及其实现[J]. 上海交通大学学报(哲学社会科学版), 2018(6).

[36] 陈学明, 毛勒堂. 美好生活的核心是劳动的幸福[J]. 上海师范大学学报(哲学社会科学版), 2018(6).

[37] 周杨. 美好生活视域下的绿色生活方式构建[J]. 中国特色社会主义研究, 2019(1).

[38] 潘晴雯. 论新时代生态消费观与美好生活实现腾飞[J]. 南通大学学报(社会科学版), 2019(1).

[39] 翟绍果. 共建美好生活的时代蕴意、内涵特质与实现路径[J]. 西北大学学报(哲学社会科学版), 2017(6).

[40] 黄秋生, 刘寅. 新时代的美好生活及其实现——习近平新时代中国特色社会主义思想的价值追求[J]. 南华大学学报(社会科学版), 2018(1).

[41] 陈国平, 韩振峰. 把握新时代人民群众美好生活需要的三个维度——基于新时代社会主要矛盾的分析[J]. 人民论坛·学术前沿, 2018(9).

[42] 蒋谨慎. 论生态学马克思主义的美好生活观及其当代价值[J]. 广西社会科学, 2018(7).

[43] 张全胜. 人民美好生活：五大发展理念的价值追求[J]. 内蒙古社会科学

（汉文版），2018(4).

[44]周中之.美好生活的伦理意蕴及其实现的价值引领[J].中州学刊，2018(10).

[45]王岩,秦志龙.满足人民美好精神文化生活新期待[J].红旗文稿，2018(18).

[46]张彦,郗凤芹.论新时代美好生活的选择悖论及其超越[J].思想理论教育，2018(6).

[47]史云贵,刘晓燕.实现人民美好生活与绿色治理路径找寻[J].改革，2018(2).

[48]赵建波,解超.新时代"美好生活"的价值期许与实践逻辑[J].青海社会科学，2017(6).

[49]方世南.马克思恩格斯关于美好生活的生态权益向度思想研究[J].毛泽东邓小平理论研究，2018(12).

[50]胡江霞.人民美好生活"心理平衡感"的缺失与满足[J].人民论坛，2018(15).

[51]王雅林.为创造人民美好生活的伟大实践提供理论滋养[J].哈尔滨工业大学学报(社会科学版)，2017(6).

[52]颜晓峰.满足人民美好精神生活需要的高质量发展[J].南通大学学报(社会科学版)，2019(1).

[53]项久雨.创造美好生活的中国道路[J].理论与改革，2022(4).

[54]杨魁森.哲学就是生活观[J].学习与探索，2004(3).

[55]王福民.论马克思哲学生活观的理论支点[J].哲学研究，2005(12).

[56]杨景祥.论马克思的"生活观"[J].河北师范大学学报，1982(3).

[57]崔唯航.马克思生活观的三重意蕴[J].哲学研究，2007(4).

[58]李磊.习近平的美好生活观论析[J].社会主义研究，2018(1).

[59]高炳亮.马克思生活观的哲学意蕴及其当代意义[J].东南学术，2018(3).

[60]郑金鹏.习近平"人民美好生活观"的逻辑阐释与现实启迪[J].山东社会科学，2020(4).

参考文献

[61]闫方洁."中国梦"与"美好生活":现代性语境下主流意识形态话语体系的创新[J].马克思主义与现实,2018(3).

[62]潘丽文,万欣荣.新时代"美好生活"话语的生成逻辑及其实质意蕴[J].江西财经大学学报,2019(1).

[63]张懿.马克思生命观视域中理解"美好生活"的三个维度[J].思想教育研究,2018(1).

[64]魏传光."美好生活"观念演进之40年[J].云南社会科学,2018(6).

[65]苏振宏.习近平美好生活观时代内涵与教育价值探研[J].教育理论与实践,2019(33).

[66]金生鈜.教育哲学怎样关涉美好生活?[J].华师范大学学报(教科版),2002(2).

[67]王振存.教育与生活命题的意蕴解读及致思路径[J].教育科学,2012(6).

[68]高民政.精神的呼唤与呼唤的精神——必须不断回应人民日益增长的美好社会政治生活需要[J].党政研究,2018(3).

[69]刘小文,冀学锋.社会主要矛盾转变与新时代思想政治工作的着力点[J].社会科学家,2018(3).

[70]张传燧,赵荷花.教育到底应如何面对生活[J].教育研究,2007(8).

[71]鲁杰.培养有理想的人[J].河南教育,2002(11).

[72]谢镒逊.教育:从"主体"到"人"之超越——兼论"教育回归生活"[J].教育理论与实践,2012(25).

[73]毛勒堂,韩涛.作为总体性的"美好生活"及其可能[J].吉首大学学报(社会科学版),2019(3).

[74]刘吕红.人民美好生活创造的逻辑理路——基于需要满足和价值实现的研究[J].马克思主义理论学科研究,2019(1).

[75]李伟.论思想政治教育对美好精神生活需要的满足[J].思想理论教育,2020(3).

[76]王立仁等.思想政治教育内容体系的整体建构[J].思想理论教育,2014(3).

[77]张林.思想政治教育助益美好生活建设的逻辑理路[J].思想理论教育.2020(5).

[78]陈华洲,赵耀.美好生活视域下思想政治教育的现代转型[J].思想教育研究,2018(11).

[79]黄刚.幸福生活观视域下大学生思想政治教育路径优化探究[J].南方论刊,2020(10).

[80]黄河,邹慧.美好生活需要视阈下思想政治教育创新研究[J].学校党建与思想教育,2018(11).

[81]韩英丽.新时代思想政治教育与人民美好生活的融通点[J].学校党建与思想教育,2019(16).

[82]颜晓峰.人民日益增长的美好精神生活需要对思想政治教育提出的新课题[J].思想教育研究,2018(3).

[83]宋芳明,余玉花.人民美好生活视域下思想政治教育发展的新任务[J].思想理论教育,2018(2).

[84]李伟.论思想政治教育对美好精神生活需要的满足[J].思想理论教育,2020(3).

[85]李敏.实现人民美好生活的思想政治教育路径探析[J].思想理论教育,2019(2).

[86]冯刚,张芳.新时代高校文化育人的理论与实践探析[J].湖北社会科学,2019(5).

[87]许雯.新时代美好生活思想的价值意蕴[J].中学政治教学参考,2018(15).

[88]杨晓慧.习近平青年价值观教育思想论要[J].马克思主义研究,2017(11).

[89]佟德志,刘琳.美好生活需要与中国社会主要矛盾的变迁分析——基于1990—2012年世界价值观调查(WVS)数据的分析[J].理论与改革,2019(2).

[90]张东姣.学校文化建设成就美好教育生活[J].中国教育学刊,2010(4).

[91]邓远萍.论"美好生活"的思想政治教育价值及其实现路径[J].中国石油

大学学报(社会科学版)，2019(1).

[92]范鹏，甄晓英.《共产党宣言》：人民美好生活观的思想源头[J].甘肃社会科学，2021(6).

[93]王学俭，许斯诺.论新时代党的教育方针与思想政治教育铸魂育人[J].思想理论教育导刊，2021(10).

[94]张红霞，钱秋蓉.中华传统美德教育助益美好生活建设的三重逻辑[J].思想政治教育研究，2021(10).

[95]李晶.时代变局下美好生活观的价值选择及超越——弗洛姆生活哲学的价值向度及其当代启示[J].国外理论动态，2022(2).

[96]雷春.用课程引领学生走向美好生活[J].中国教育学刊，2022(11).

[97]李晶，刘树宏.以社会主义美好生活观提升高校思政课共情力路径分析[J].黑龙江高教研究，2022(10).

[98]时伟.试析新时代中国共产党美好生活思想的核心内容[J].学校党建与思想教育，2022(23).

[99]王鹏，彭宇.新时代美好生活观：理论之源、历史之脉与价值意蕴[J].重庆社会科学，2022(9).

[100]陈欣.新时代美好生活观的生成逻辑、核心要义与实践进路[J].学术交流，2022(11).

[101]余萍，殷世东.课程何以建构美好生活——基于课程美育的视角[J].教育理论与实践，2023(1).

[102]项久雨.创造美好生活的思想政治教育[J].思想理论教育，2023(1).

[103]张洁钰，廖小琴.马克思恩格斯美好生活观的文化权益向度论析[J].北京理工大学学报(社会科学版)，2023(2).

附录　新时代大学生美好生活观教育调查问卷

亲爱的大学生朋友：

您好！感谢您能抽出宝贵的时间填写本问卷。为了调查大学生理解美好生活的情况，更有针对性地服务新时代青年大学生健康成长，我们组织了本次问卷调研，您的反馈将是本研究的重要参考。本次问卷调研采取无记名的方式，问卷中的问题并无对错之分，调研结果不涉及任何个人隐私和商业用途，我们将对调查数据完全保密，仅作为学术研究使用，请您根据自身的实际情况和真实想法作答。衷心感谢您的热心支持和配合，祝您生活愉快！

注意事项：

1. 本问卷需要用时约为15分钟，对于所耽误的时间我们对此深表歉意。

2. 问卷中有提示的为多项选择，无提示的为单项选择，请按要求作答。

谢谢！

一、基本信息

①您的性别：　　　　　　　　　　　　　　　　　　　　（　　）
　　A. 男　　　　　　　　　　　B. 女

②您的专业：　　　　　　　　　　　　　　　　　　　　（　　）
　　A. 文科　　　　B. 理科　　　　C. 工科　　　　D. 农学
　　E. 医学　　　　F. 其他

③您的年龄：　　　　　　　　　　　　　　　　　　　　（　　）
　　A. 未满18岁　　B. 18～30岁　　C. 31～39岁　　D. 40岁及其以上

④ 您的学段： （ ）

　　A. 大学专科　　　B. 大学本科　　C. 硕士研究生　　D. 博士研究生

⑤ 您接受义务教育的区域类别是： （ ）

　　A. 直辖市　　　　B. 省会城市　　C. 地级市　　　　D. 县城或乡镇

　　E. 农村

二、您的认知感受和理解

你对以下内容的理解程度		选项				
		A. 完全理解	B. 比较理解	C. 一般	D. 不太理解	E. 完全不理解
世界观	1. 世界上先有物质，后有意识，物质决定意识，意识是物质的反映。个人美好生活感受主要依赖个体的生活体验。					
	2. 社会存在决定社会意识，社会意识能反作用于社会存在，人类生活所需的物质和精神同等重要。					
	3. 人类全部社会生活在本质上是实践的，人通过实践能认识世界并改变世界，实践是检验真理的唯一标准。					
	4. 人与自然是相互联系、相互依存、相互渗透的矛盾统一体，人类社会提倡科学发展观。					
人生观	5. 人的本质都是处在一定的社会关系中从事社会实践活动的个体，人民群众是历史的创造者。					
	6. 人生观是人在实践中形成的对人生目的和价值的根本看法。					
	7. 过去决定了现在，现在决定着求精，未来指引着现在，人应该活在当下。					
	8. 个体赖其力者生，不赖其力者不生，劳动促进社会发展，勤劳创造财富价值。					

续表

你对以下内容的理解程度	选项				
	A. 完全理解	B. 比较理解	C. 一般	D. 不太理解	E. 完全不理解
价值观 9. 理想与信念是价值观的核心内容，是人生航向的灯塔。					
10. 共产主义代表人类社会发展的必然趋势，只有中国共产党才能带领人民实现对美好生活的向往。					
11. 中国特色社会主义理论体系是人民向往美好生活的共同思想基础，美好生活必须依靠自己的劳动创造。					
12. 党的奋斗目标就是实现人民对美好生活向往，个人美好生活应将自我发展融入国家和民族的发展之中。					

三、您的价值判断和选择

你对以下内容的认同程度	选项				
	A. 完全认同	B. 比较认同	C. 一般	D. 不太认同	E. 完全不认同
世界观 13. 人类通过自身的努力可以认识这个世界。					
14. 遵循自然和社会发展规律是发展的基础。					
15. 正确的价值观对人认识和改造世界有助力作用。					
16. 新时代大学生需要学习和传承马克思主义。					

附录　新时代大学生美好生活观教育调查问卷

续表

你对以下内容的认同程度		选项				
		A. 完全认同	B. 比较认同	C. 一般	D. 不太认同	E. 完全不认同
人生观	17. 美好生活需要建立正确的三观基础。美好生活实现需要美好生活观念引领。					
	18. 生活有且仅有一次，应该珍惜生活并活出意义。					
	19. 知识改变命运，美好生活必须奋斗，读大学对人生有很重要的意义和价值。					
	20. 人的美好生活实现需要思想政治教育，当前高校应该继续加强社会主义核心价值观教育。					
价值观	21. 周围人素质的提高会提升个人生活美好度。					
	22. 人民美好生活应携手前行，美美与共。					
	23. 共产主义需要确立为人民服务的人生观。					
	24. 国家和社会需要宣传时代楷模、感动人物、科学家等典型榜样。					
	25. 社会重视个人实际贡献，倡导按劳取酬。					
	26. 社会以个人财富多少定义成功标准。					
	27. 社会主义核心价值观被广泛认同是实现美好生活的基础。					
	28. 美好社会需要法治与德治相结合。					
	29. 社会接受和包容个人多样化的生活思想、方式和方法的创新。					
	30. 我国倡导"大道之行，天下为公"理念，推进"一带一路"构建人类命运共同体。					

四、您的美好生活感受和规划

31. 您对新时代"美好生活"的了解程度是?

    A. 很清楚　　　B. 比较清楚　　　C. 一般　　　　D. 不太清楚

    E. 不清楚

32. 您的"美好生活"目标规划情况是?

    A. 很清楚,且正在努力　　　B. 比较清楚,还没有实施

    C. 有一些想法,正在规划　　　D. 不太清楚,还没考虑

    E. 不清楚,比较迷茫

33. 您对当前中国社会美好生活现状(安全感、获得感、认同感、幸福感)的满意度为?

    A. 很满意　　　B. 比较满意　　　C. 一般　　　　D. 不太满意

    E. 不满意

34. 您对自身实现美好生活所需的能力水平现状满意度为?

    A. 很满意　　　B. 比较满意　　　C. 一般　　　　D. 不太满意

    E. 不满意

35. 您对自己目前生活(物质、政治、人际、环境)现状的满意度为?

    A. 很满意　　　B. 比较满意　　　C. 一般　　　　D. 不太满意

    E. 不满意

36. 您对自己目前大学学习现状(自己状态、教师水平、师生互动)的满意度是?

    A. 很满意　　　B. 比较满意　　　C. 一般　　　　D. 不太满意

    E. 不满意

37. 您对学校实现师生美好生活向往(教育环境改善、管理服务举措)所做努力的满意度为?

    A. 很满意　　　B. 比较满意　　　C. 一般　　　　D. 不太满意

    E. 不满意

38. 您认为对于美好生活实现的重要影响因素是下列哪一项?

    A. 学业方面(学业有成)

B. 社会方面(社会秩序安宁、基础设施完善、医疗系统完善)

C. 情感方面(有交心的朋友和另一半)

D. 生活方面(生活富足、安居乐业)

E. 国家方面(国家繁荣昌盛、早日统一)

39. 您的美好生活感受最需要得到满足的因素有哪些?(多选3项)

  A. 物质得到满足 B. 身体健康 C. 精神愉悦 D. 人际关系愉悦

  E. 安全感满满 F. 环境舒适 G. 心情美满 H. 社会和谐

  I. 其他

40. 您认为最能体现新时代人们"美好生活"的是以下哪3项(多选)?

  A. 收入水平 B. 教育程度 C. 健康状况 D. 家庭关系

  E. 社会交往 F. 兴趣爱好 G. 公平正义 H. 社会保障

  I. 生态环境

41. 您认为的美好生活应该是什么样子的?

  A. 对物质生活要求很高,无限享乐

  B. 在一定经济基础上,追求多元舒适的生活

  C. 自我奋斗自我实现的生活,对物质的要求是力所能及

  D. 疯狂赚钱,认为有钱才有安全感

  E. 其他(可简单描述)

42. 您认为生活中的美好主要来源于哪五项?(进行由重到轻的排序填写)

  A. 家庭生活 B. 社会关系 C. 朋友情感 D. 学业成绩

  E. 理想实现 F. 工作成就 G. 娱乐休闲 H. 物质保障

  I. 其他(可以补充)

43. 您认为影响您美好生活的主要因素有哪五项?(进行由重到轻的排序填写)

  A. 收入水平 B. 健康状况 C. 家庭关系 D. 婚姻情感

  E. 兴趣爱好 F. 社会交往 G. 受教育程度 H. 社会保障

  I. 生态环境 J. 事业成就 K. 主观心态 L. 其他(可以补充)

44. 下列生活理念的对比,您更倾向于选择哪一个?

  A. 得过且过,无欲无求 B. 顺其自然,随心所欲

  C. 娱乐至上,轻松自在 D. 乐观向上,美好生活

45. 您身边大学生同学的生活状态类型中，下面哪一种态度是多数人的选择？

    A. 得过且过，无欲无求　　　　B. 顺其自然，随心所欲

    C. 娱乐至上，轻松自在　　　　D. 乐观向上，美好生活

46. 您个人对美好生活向往的既定目标中最看重的是下列哪种状态？

    A. 金钱至上，把追求财富作为人生至高目的

    B. 享乐至上，人生的目的在于满足感官的需求与快乐

    C. 个人至上，把个人利益放在集体利益之上

    D. 集体至上，把人民的利益放在首位，以人民的利益为重

    E. 人民至上，坚持把实现个人追求与实现国家的奋斗目标紧密联系相协调

47. 您认为如何追求美好生活是最有效的？

    A. 通过自己努力，知识改变命运　B. 通过政府推进，进行深化改革

    C. 通过经济发展，提高物质水平　D. 通过科技进步，促进生活便捷

    E. 通过精神丰富，内心产生美好　F. 通过"幸运女神"，迅速走上巅峰

48. 您对自己未来的理想职业规划是什么？

    A. 高薪职业，即使不快乐也可以接受

    B. 感兴趣的职业，快乐比金钱更重要

    C. 为国家奉献的职业就是自己的理想职业

    D. 有份工作满足生活需要就行

    E. 没有规划，顺其自然

49. 您自己向往的未来生活是下面哪种类型？

    A. 自己创业，通过一番打拼，走到人生巅峰

    B. 只想过普普通通的上班族生活

    C. 努力工作，用辛勤和汗水，成为行业精英

    D. 有幸福的家庭，过着普通的生活

    E. 不思进取，顺其自然

50. 您有信心最终实现您的美好生活吗？

    A. 完全有信心　B. 有信心　　　C. 不确定　　　　D. 信心不足

    E. 完全没有信心

51. 为了实现美好生活,您认为自己首先应该从哪个方面改变?

    A. 身体素质　　B. 学识能力　　C. 道德修养　　D. 人际关系

    E. 兴趣爱好　　F. 目标调整　　G. 其他(可以补充)

52. 您认为您离美好生活有多少距离?

    A. 我现在的生活就很美好　　　　B. 近在眼前,但仍需要一定的努力

    C. 有点远,必须全力奋斗才能实现　　D. 非常遥远,拼尽全力也难以实现

    E. 无法触及,已经放弃努力了

53. 假如您已经难以实现自己的美好生活目标,您会?

    A. 据实调整目标　　　　　　B. 不达目的,决不罢休

    C. 继续努力,降低期望值　　D. 顺其自然,听天由命

    E. 放弃挣扎,直接躺平

54. 如果您已经处于较美好的生活中,您会追逐更高层次的生活吗?

    A. 一定会　　B. 可能会　　C. 不知道　　D. 可能不会

    E. 不会

55. 以下美好生活向往得以实现的必须要素和先后排序中,您比较认同的是哪一种?

    A. 世界和平稳定、祖国强大安宁、社会繁荣稳定、家庭生活美满、个人美好生活

    B. 个人美好生活、家庭生活美满、社会繁荣稳定、祖国强大安宁、世界和平稳定

    C. 祖国强大安宁、社会繁荣稳定、家庭生活美满、个人美好生活

    D. 个人美好生活、家庭生活美满、社会繁荣稳定、祖国强大安宁

再次感谢您的参与和配合!谢谢!
新时代大学生美好生活观教育研究课题组

新时代大学生美好生活观教育的访谈(学生)提纲

1. 如果给你的生活现状打分,以美好度为标准,1~10分你打多少分?

2. 你的生活还美好吗?若回答美好,则回答:哪些地方让你感到美好?若回答不美好,则回答:哪些地方让你感到不美好?能具体说说吗?

3. 你能经常感到生活的美好吗?抛开学习,近期你最想做的事情是什么?

4. 你怎么看待美好生活?美好生活在你心中的定义是什么?

5. 如果要实现美好生活,你觉得生活中需要改进的地方(比如居住环境、周围治安等)有哪些内容?(或者说,你有哪些需要得到满足了,才会觉得生活美好?)

6. 若生活体验要美好,你觉得其中最重要的需要有哪些?这些需要被满足难吗?

7. 你认为实现美好生活向往需要个体做出哪些准备?你正在为实现美好生活的向往做哪些准备?

8. 对于满足你的美好生活需要,家庭为你做了什么?你觉得家庭的做法让你还满意吗?你还希望家庭为你做什么?

9. 对于美好生活需要的满足,学校为你做了什么?你觉得学校的做法让你还满意吗?你还希望学校为你做什么?

10. 对于满足你的美好生活需要,社会为你做了什么?你觉得社会的做法让你还满意吗?你还希望社会为你做什么?

新时代大学生美好生活观教育的访谈(教师)提纲

1. 如果给大学生群体的生活现状打分,以其美好度为标准,1~10分你打多少分?

2. 大学生的哪些生活表现让你感受到美好?哪些生活表现让你感受到不美好?能具体说说吗?

3. 你认为大学生能经常感到生活的美好吗?他们最想做的事情是什么?

4. 你怎么看待美好生活?美好生活在你心中的定义是什么?

5. 如果要实现美好生活,你觉得生活中需要改进的地方(比如居住环境、周围治安等)有哪些内容?(或者说,你有哪些需要得到满足了,才会觉得生活美好?)

6. 若要让大学生的生活体验美好,你觉得其中最重要的需要有哪些?这些需要被满足难吗?

7. 你认为实现美好生活向往需要个体做出哪些准备?你看到大学生正在为实现美好生活的向往做哪些准备?

8. 对于满足大学生的美好生活需要,家庭为大学生做了什么?你觉得家庭的做法让大学生还满意吗?你还希望家庭为大学生做什么?

9. 对于美好生活需要的满足,学校为大学生做了什么?你觉得学校的做法让大学生还满意吗?你还希望学校为大学生做什么?

10. 对于满足大学生的美好生活需要,社会为大学生做了什么?你觉得社会的做法让大学生还满意吗?你还希望社会为大学生做什么?

后　记

感谢您热爱美好生活，感谢您选择阅读本书。本研究是我读博期间的学术成果，以下是创作过程中心路历程和真情感悟，希望能对您阅读本书有所帮助。

寒来暑往，时世不同；行路志远，遥盼归鸿；四年转瞬已至，叹春华秋实，心秉持初衷。回望来路，似曲径通幽，过程艰辛，有风、有雨、有雪，历数劫而终见彩虹。幸有良师得以指导，幸有学友聊以宽慰，幸有同事理解加持，幸有家人支持无忧。古往今来，人类穷其一生都在寻找的美好生活图景和人生意义是我向往学术研究的执着信念。本科学习生物科学使我理解了生命之源、解开了生命之谜和懂得了生存之法，研究生学习教育学使我了解了生活变迁、理解了人的成长和学会了前进方式，博士阶段学习思想政治教育学使我理解了人生本质、懂得了生活意义和发现了人生价值。于我而言，每一次学习的进阶都如幸运降临，虽然偶有困惑迷茫和力不从心，但是始终初心不改和砥砺前行，克服万难、咬牙坚持，终于按期完成了学位论文并付梓出版。

感谢新疆师范大学提供的成长机遇，给予我进步的机会，在能够兼顾工作的同时攻读博士学位。感谢新疆师范大学马克思主义学院的培养，四年来，学院为我们创造了宽松自由的学习环境，支持我们外出联合培养，提供各类学术交流机会，助力我们在学术道路上不断成长。感恩周月华导师的悉心关怀和学业指导，从入门时的惆怅和迷茫，从爱国主义、思政课程、公寓思政到现代化的超越，都在与您同行、共餐和语聊的一一点拨中得到解答和逐渐清晰，最终确定"新时代大学生'美好生活观'教育"为我的博士论文选题；在写作过程中还不忘经常监督和提醒，时常远程耳提面命，历时三年有余，学术论文在您的悉心督促下才得以顺利完成。周老师的教诲从立身处世到为学之道，宽博的人生格局和坚定的教育责任深深影响着我，严谨的治学态度和高尚的师德深深地感染着我，她宽严相济和慈爱温暖的育人风格始终鞭策着我，成为我不断前行的动力和压力；遗憾的是疫情阻隔，让我蹉跎了太多光阴，四年努力竟难及她分毫。感谢曾经在求学路上对我悉心指导和帮助的各位马克思主义学院老师，尤其要感谢在我读博期间给予我学业上真挚教导和帮助的孙秀玲、宋新伟、任新丽、倪培强、张峥、吴常柏等老师们。感谢西南大学马克思主义学院白显良老师在联合培养阶段的关心和指导，感谢在论文开题、预答辩和答辩中给予建议的各位专家，你们精准的点拨帮助我进步和成长。你们引领我在思想政治教育专业学习道路上不断前行，永远感念师恩、铭记于心！

感谢同门师姐师兄赵洁、马莹、李晓琴、杨峰、于尚平等在开题报告和论文撰写过程中的耐心指点和热情帮助。感谢杨娅同学在调查问卷数据分析中的帮助，感谢同学殷海鸿、张文龙、雷亚旭、李振宇、赵峰等在我于新疆生活期间对我的关照和帮助，尤其是分别后还不忘记对我进行学术培养。感谢师弟师妹和同学对我的鼓励和帮助，感谢2019级所有博士生同学一路走来所给予我的相伴相扶相助，这都是我的幸运！我们在学术上彼此鼓励，在生活上彼此照顾，永远珍惜这种缘分和这份感动！

感谢西华师范大学各位领导的支持和帮助，尤其是刘利才教授、龙汉武教授和黄元全教授对我在学术上的指引和帮助。感谢西华师范大学后勤处和人事处的各位领导对我外出求学的支持和理解。更要感谢后勤处的各位同事和我的学生们对我工作的理解和支持。感谢西华师大兄弟朋友们的关爱，谢谢你们给予我的包容和鼓励，永远感恩组织的关怀和培养！

最该感恩是我家人的无私关爱和默默支持。感谢淳朴父母的生养之恩，四十年始终不变的无私关爱和默默奉献；感谢仁爱岳父母在物质和精神上的双重鼓励，十五年的信任关爱和默默付出；感谢妻子持续给予我爱的鼓励和行动支持，十八年来一直给予我迎接挑战的强劲动力，支撑着我坦然面对人生的每一次悲喜；感谢儿子在生活中的积极主动、认真专注、善良诚实、勇敢自律，在成长中带给我一次又一次惊喜，你已经成为我学习的榜样，我以你为傲！家人们的爱始终滋润我的心灵，让我感到幸福和满足。我是如此平凡，却又如此幸运。感恩家人无私的关爱和无条件支持，我永远爱你们！

言至于此终难尽。最后必须感谢敬爱之党和伟大祖国，生在改革春风里，高考恰逢跨世纪，有幸走出农门，走在广阔中华大地，走进新时代的盛世，走向中华民族伟大复兴的图景，我深深地感恩党和祖国母亲！感恩伟大新时代！愿用实际行动与时代同频共振，与人民休戚与共，用追求和创造美好生活的实际行动来实现人民对美好生活的向往！

最后，我要感谢您对本研究的关注和支持，希望我的研究能对您的工作和生活产生积极的影响。您的阅读感受和意见反馈是我进一步做好研究的持续动力，您的批评和建议将为我提供新的研究知识和视角。如果您对本书有任何问题、意见或建议，欢迎与我通过邮箱联系。理论研究始于问题也终于问题，囿于资料收集不足和本人学养之不足，我非常乐意收到各位读者和学者的批评赐教！